全国建筑企业职业经理人继续教育培训教材

现代建筑企业管理

中国建筑业协会建筑企业经营和劳务管理分会　编

中国建筑工业出版社

图书在版编目（CIP）数据

现代建筑企业管理／中国建筑业协会建筑企业经营和劳
务管理分会编．—北京：中国建筑工业出版社，2012.4
（全国建筑企业职业经理人继续教育培训教材）
ISBN 978-7-112-14140-1

Ⅰ．①现… Ⅱ．①中… Ⅲ．①建筑企业－企业管理－
职业培训－教材 Ⅳ．①F407.9

中国版本图书馆 CIP 数据核字（2012）第 045368 号

本书是建筑企业职业经理人继续教育培训的通用教材，内容包括九章，分别是建筑业发展概述；建筑业产业政策与发展规划；建筑业职业经理人管理能力和职业素养；建筑企业经营创新和战略转型；建筑企业全面风险管理；国际工程合同制度；建筑企业劳务管理；建筑企业国际市场开拓与风险管理；建筑企业资金筹集与财务分析。

本书适用于建筑企业管理人员及相关人员参考使用。

*　　*　　*

责任编辑：常　燕

全国建筑企业职业经理人继续教育培训教材
现代建筑企业管理
中国建筑业协会建筑企业经营和劳务管理分会　编
*
中国建筑工业出版社出版、发行（北京西郊百万庄）
各地新华书店、建筑书店经销
北京国民图文设计中心制版
北京京丰印刷厂印刷
*
开本：787×1092毫米　1/16　印张：16¾　字数：411千字
2012年4月第一版　　2012年4月第一次印刷
定价：**40.00**元
ISBN 978-7-112-14140-1
　　　（22199）

《现代建筑企业管理》
编写人员名单

主　　编：吴　涛

副 主 编：王要武　尤　完　贾宏俊

编写人员：（按姓氏笔画为序）

王存庭　王要武　王洪强　尤　完　尤天翔

邢作国　朱　宇　孙成双　吴　涛　贾宏俊

陶　萍　崔　景　谢合勇　游　霞

编写办公室主任：邢作国

前　言

中国建筑业协会建筑企业经营和劳务管理分会自成立以来，在中国建筑业协会的领导下，紧紧围绕住房和城乡建设部的中心工作，以加快转变建筑业发展方式和企业转型升级为主线，以推动建筑企业职业经理人队伍建设为主题，在课题研究、创设制度、培训认证等方面开展工作，取得了一系列的成绩。

一是开展建筑企业职业经理人课题研究。2005年，由当时的中国建筑业协会建筑企业经营管理委员会牵头，承担了原建设部建筑市场管理司下达的"建筑企业职业经理人资质认证与建筑企业资质管理制度研究"的课题研究任务。经过三年研究和实践，取得了重要成果，于2008年7月按时完成课题报告，向政府主管部门提出了课题成果应用的建议。该课题的研究工作受到全行业的高度评价，大家认为，课题研究工作的开展加快了建筑企业职业化建设水平，企业职业经理人队伍建设引起全行业的高度重视。

二是创设建筑企业职业经理人评价与资质认证制度。根据课题研究和推动企业职业经理人队伍建设的需要，由中国建筑业协会牵头，组织成立了包括各省（自治区）市建筑业协会（联合会）、各行业建设协会和部分国资委管理的建筑企业、著名专家学者参加的"建筑企业职业经理人评价与资质认证指导委员会"，"建筑企业职业经理人评价与资质认证专家委员会"。2006年，中国建筑业协会颁布了《建筑企业职业经理人评价与资质认证组织管理办法（试行）》、《建筑企业职业经理人评价与资质认证条件（试行）》（建协［2006］40号）等文件，标志着建筑企业职业经理人评价与资质认证制度的正式创立。

三是组织编写建筑企业职业经理人培训教材。组织国内知名院校的教授，行业专家和我国大型建筑企业经营管理的实际工作者共同参与，编写了《全国建筑企业职业经理人培训教材（试用）》，为培养建筑企业职业经理人队伍，提高经营管理者学习能力、实践能力和创新能力创造了有利的条件。

四是全面推进建筑企业职业经理人队伍建设。建筑企业职业经理人评价与资质认证制度的建立过程，也是建筑企业职业经理人队伍逐步形成的过程。几年来，已有三万多名建筑企业经营管理者接受了职业经理人知识体系培训，两万多人通过了建筑企业职业经理人的评价与资质认证。到目前为止，全国建筑行业已有12640名企业经营管理者获得建筑企业高级职业经理人资格。通过培训与认证工作的实施，提高了建筑企业经营管理者的素质和企业经营管理水平，建筑企业职业经理人队伍初步形成，逐步满足了建筑企业在市场竞争和全面持续健康发展中对经营管理人才的需要。

面对国民经济和社会发展"十二五"规划的要求以及建筑业发展"十二五"规划目标，中国建筑业协会建筑企业经营和劳务管理分会虽然取得了一些成绩，但距离当初的目标设想、建设主管部门的殷切重托，建筑企业的发展要求、同行们的热切期望还有很大差距。建筑企业职业经理人队伍建设任重道远。

首先，要高度重视建筑企业职业经理人队伍建设的重要性。

世界各国经验的普遍规律表明，经济发展需要大量的企业职业经理人。建筑业是我国社会主义建设事业的重要组成部分，在加快转变建筑业发展方式过程中，企业职业经理人是创造建筑企业活力、推动建筑业持续发展的不可缺少的重要力量。职业经理人的重要性体现在以下几方面：

（一）企业职业经理人是社会主义市场经济体制下的特殊职业阶层

职业经理人是市场经济发展的产物。在西方，随着现代公司制度逐步成为企业制度的主流形式，职业经理人作为现代企业经营管理的主流群体已成为一个独特的社会阶层，在社会经济活动中发挥着日益重要的作用。西方企业的发展之所以使职业经理人成为一个日益引人注目的职业群体，是因为他们创造了一个又一个经济奇迹。在中国，随着改革开放的不断深入，企业职业经理人作为国民经济微观运行基础中市场运作主体的重要地位正在被更多的人们所接受和认同。

企业职业经理人作为一种社会分工，是在西方国家的企业组织由古典企业向现代化企业的发展过程中确立的。职业经理人产生的根本原因是为解决企业规模不断扩大、社会生产力不断智能化情况下而带来的资本占有与经营才能的不对称矛盾。在古典企业中，企业的投资者就是该企业的所有者和管理者，企业的所有权与经营者是统一的。随着企业规模的日益扩大，经营管理工作日趋复杂，一些无法适应社会经济迅猛发展、无法适应市场激烈竞争需求的资本家便把自己投资兴办的企业交给具有较高才能、符合企业发展要求的职业经理人去管理。职业经理人的这种管理技能不是生来就有的，需要接受专门的教育，经过较长时间的训练和实践才能获得。由此可见，职业经理人队伍的形成一方面是市场经济和现代企业发展的需要；另一方面，如果没有高水准的职业经理人群体，现代企业制度也难以形成，现代市场经济也不会有如此繁荣的局面。

职业经理人是我国企业领导人才队伍的主体，是经营管理人才中的骨干和中坚，其素质、能力的高低直接关系到企业的兴衰成败。目前我国企业经营管理人才队伍在总量上不能满足企业发展的需要，结构性矛盾也比较突出，特别是高素质的职业经理人才严重短缺，在一定程度上成为制约企业发展的"瓶颈"。企业作为建设创新型国家的经济细胞，作为自主创新的行为主体，亟需由职业经理人主持和参与企业管理。面对"十二五"期间我国经济和企业的快速发展，建设健康、有序的企业职业经理人制度显得尤为重要。

事实上，党中央、国务院历来十分重视企业职业经理人制度建设。2002年中央组织部和人事部在有关文件中已经明确提出"要建立一支职业经理人队伍，逐步实行职业资格制度，加紧研究制定资质证书标准和市场准入规则"。2003年12月19日，中共中央、国务院在《关于进一步加强人才工作的决定》中第一次强调指出"党政人才、企业经营管理人才和专业技术人才三支队伍一起抓"。第一次明确要求，要"发展企业经营管理人才评价机构，探索社会化的职业经理人资质评价制度"。第一次提出"企业经营管理人才的评价重在市场和出资人认可"等。这些内容既表明了党中央、国务院所要求的加强企业职业经理人制度建设的战略任务，也明确了企业职业经理人制度建设的总体思路，即"社会评价、资质认证、市场认可"。2010 年 6 月 6 日，《国家中长期人才规划纲要（2010～2020年）》进一步要求，以战略企业家和职业经理人为重点，建设高水平的企业经营管理人才队伍，加快提升经营管理人才的综合素质，特别是要注重培养他们的竞争意识、战略思维、现代经营理念和全球化视野，提高他们的战略决策能力、市场开拓能力、改革创新能力、驾驭复杂局面的能力和跨文化经营管理能力，使能够驾驭现代大公司、大企业集团的战略企业家和职业经理人不断涌现。

（二）实现建筑业发展方式根本转变和发展目标迫切需要一大批企业职业经理人

未来十几年是我国经济的重要发展战略机遇期，城市化、民生工程和基本建设任务十分繁重，加快建筑业发展转变方式，推动产业结构优化和服务模式升级，是关系国民经济发展全局重大而紧迫的任务。完成这一任务，关键是要发挥建筑企业作为经济建设主力军的作用，使建筑企业发展从主要依靠投资拉动向主要依靠技术创新、管理创新转变，这就对企业经营管理人才的数量、结构、质量都提出了更高的要求。因此，面向世界、面向未来，加快建设一支高水平的建筑企业职业经理人才队伍，对于提高我国建筑业发展质量、提升综合实力和国际竞争力，都具有重要的推动作用。

（三）建筑企业在国际化背景下的战略转型升级需要高素质的职业经理人才队伍

近年来，我国建筑企业公司制改造、市场化运作、国际化经营、集团化发展的步伐明显加快，建筑企业已有五十多家进入到 225 家全球承包商行列，但我国建筑企业整体上还存在大而不强、跨国经营水平不高的问题，其中一个重要因素就是严重缺乏国际化经营管理人才。人才是企业发展之本。当前和今后一个时期，我国要进一步适应经济全球化趋势，在更高起点上实施走出去战略，加快培养一批自主创新水平高，国际竞争力强的大公司、大企业集团，加快形成一批国际知名品牌公司，迫切需要培养造就、吸引储备一大批优秀企业家和国际化的职业经理人才，不断提高企业核心竞争力，用人才这个第一资源支撑建筑企业在更高层次、更高水平、更为激烈的国际竞争中发展壮大。

其次，要继续加大推进建筑企业职业经理人评价与资质认证以及培训工作的力度。

按照国家"十二五"规划的要求，建筑业在推广绿色建筑和绿色施工、用先进的建造、材料和信息技术优化结构和服务模式、淘汰落后产能等方面，仍将面临着十分艰巨的任务。因此，我们要认真贯彻"服务发展、人才优先、以用为本、创新机制、高端引领、整体开发"的人才发展指导方针，积极做好建筑企业职业经理人评价与资质认证工作。

党中央、国务院根据我国经济发展战略的需要，从企业经营管理人才队伍建设出发，在《国家中长期人才发展规划纲要（2010～2020 年）》中提出，到 2020 年我国企业经营管理人才队伍建设的发展目标是：适应产业结构优化升级和实施"走出去"战略的需要，以提高现代经营管理水平和企业国际竞争力为核心，以战略企业家和职业经理人为重点，加快推进企业经营管理人才职业化、市场化、专业化和国际化，培养造就一大批具有全球战略眼光、市场开拓精神、管理创新能力和社会责任感的优秀企业家队伍和一支高水平的企业经营管理人才队伍。

国家人才规划提出的企业经营管理人才队伍发展目标，为我们建筑行业企业职业经理人评价、资质认证和培训工作指明了前进的方向，我们要认真加以贯彻落实。因此，继续大力推进建筑企业职业经理人评价、资质认证和培训仍然是今后工作的首要任务。

一是继续按照"政府规划，行业指导，协会推动，市场认可"的原则，结合国家人才规划和建筑业"十二五"规划的要求，组织各地方建筑业协会（联合会）、有关行业建设协会和国资委管理的有关建筑企业，扎扎实实地开展企业职业经理人队伍建设的整体推进工作。

二是坚持职业化、市场化、专业化和国际化的发展方向，严格按照《建筑企业职业经理人评价与资质认证条件》的规定，客观、科学、公正地开展建筑企业职业经理人评价与资质认证工作，确保这项工作的权威性和公信力。

三是要充分调动各地方协会、行业协会和社会办学机构的积极性，切实做好建筑企业职业经理人培训工作。

四是各建筑企业要提高对企业职业经理人队伍建设重要性的认识，把对职业经理人的培训列为本企业职工培训的重要内容，并要确保一定量的培训经费投入，摈弃消极、被动的思想和短视行为，确立人才发展的战略意识。

再次，要在实践中不断完善建筑企业职业经理人评价与资质认证制度。

在认真总结几年来开展建筑企业职业经理人评价与资质认证工作成绩和存在不足的基础上，根据《国家中长期人才发展规划纲要（2010～2020 年）》、建筑业"十二五"规划以及建设部"关于贯彻《国家中长期人才发展规划纲要（2010～2020 年）》的实施意见"中对企业职业经理人队伍建设的新目标和新要求，对业已出台的相关文件进行修订、补充和更新，不断完善建筑企业职业经理人评价与资质认证制度。

最后，要适时启动建筑企业职业经理人的继续教育培训工作。

继续教育是企业职业经理人评价和资质认证制度的重要环节，继续教育也是一项投入少、见效快、见效大的智力资源再生工程。自从 2006 年开展第一批企业职业经理人资质认证以来，建筑企业的外部环境已经发生很大的变化。随着全球经济一体化和信息技术、网络技术的迅速发展，新技术、新知识、新理论、新技能、新思路的不断涌现，今天的全球市场竞争环境日趋复杂，企业经营管理者面临着前所未有的挑战。因此，要通过继续教育使企业职业经理人形成更为合理的、与时俱进的知识体系，着力提高学习认识能力、实践能力、创新能力和职业道德素养。职业经理人只有不断丰富自己的知识、提高国际化经营能力，才能适应新的历史发展时期的要求。

中国建筑业协会建筑企业经营和劳务管理分会、各地方协会、行业协会和广大企业要把继续教育作为企业职业经理人队伍建设的重要措施加以推进，使其更好地为经济建设、社会发展和建筑业转型升级服务。企业职业经理人要增强责任感、危机感和竞争意识，克服困难、创造条件、积极参加继续教育活动，以保持自身具备良好的竞争优势和发展优势。总之，要通过改进和完善继续教育这种形式，建立健全建筑企业职业经理人终身学习培训体系。

　　本教材是建筑企业职业经理人继续教育培训的通用教材，本教材的编写遵循了以下几个原则：

　　一是注意与《全国建筑企业职业经理人培训教材（试用）》在内容上的衔接，保持相互间的连续性，尽量避免重复。

　　二是要反映建筑企业在经营管理上的前沿动态以及现实中的热点问题和难点问题，帮助企业经理人提升实践能力。

　　三是适当压缩篇幅，精简内容，便于建筑企业从事繁忙的实际工作的管理人员学习和阅读。

　　本教材由中国建筑业协会建筑企业经营和劳务管理分会组织编写，中国建筑业协会副会长兼秘书长吴涛同志负责总体策划和统稿。

　　本教材的编写得到了国内相关高等院校、建筑企业、省市协会的学者和专家们的大力支持，并参考和借鉴了国内外同行业研究人员的成果和文献，在此一并深表谢意！

中国建筑业协会建筑企业经营和劳务管理分会

2012 年 3 月

目　　录

第一章 建筑业发展概述

第一节 中国建筑业发展政策环境

一、中国建筑业宏观政策

1. 全面落实科学发展观，促进建筑业可持续发展

中国已成为全球最大的建筑市场之一，为我国建筑业实现跨越式发展提供了机遇和条件。深刻理解、切实贯彻科学发展观对建筑业的可持续发展至关重要。

"十一五"期间，次贷危机波及全球，对我国建筑业造成了很大的影响和冲击。但是在党中央、国务院的正确领导下，我国建筑企业正确认识金融危机的性质、发展态势及其对我国的影响，在应对危机和挑战中觅得了先机，继续保持着较好的发展势头。在国民经济总量大幅度提升的情况下，建筑业增加值占国内生产总值的比重保持在5.5%左右，建筑业支柱产业地位保持稳定并不断加强。"十一五"期间，建筑业完成了一批规模大、技术含量高、结构复杂、采用新型材料、施工难度空前的公共和标志性建筑，展示了我国建筑业卓越的建造能力，代表性工程有：北京奥运会工程、上海世博会工程、青藏铁路、杭州湾跨海大桥、苏通大桥、新北京南站、京津城际铁路以及已开工建设的西气东输二线工程、京沪高速铁路工程等。适应新形势的要求，一系列维护市场公平交易、加强工程质量安全和建筑节能监管的法规政策相继出台。企业经营结构实现战略转变，产业组织结构进一步优化，国际国内市场开拓取得新进展。

"十二五"时期是我国深入贯彻落实科学发展观、构建社会主义和谐社会的重要时期，也是全面实现建设小康社会奋斗目标承上启下的关键时期，国家将在结构优化调整，内涵式发展的战略方向上统筹经济与社会、城市与农村、国内与国外，实现持续稳定发展，这一时期仍然是建筑业发展的机遇期。国家将更加注重搞好宏观调控，更加注重统筹兼顾，更加注重以人为本，更加注重改革创新，以推动经济社会全面、协调、可持续发展。建筑业整体发展上要深入贯彻落实中央政府的重要部署，坚持以科学发展观为指导，以和谐发展为主题，以整顿规范建筑市场秩序为抓手，以转变建筑业经济增长方式为主线，以改革开放和科技进步为动力，以提高人民生活水平为根本出发点，努力实现建筑业的机制创新、技术创新、管理创新，提高行业的整体竞争力，提高建设工程质量水平，提高建筑业的盈利能力，推动建筑业持续快速健康发展。

2. 建设和谐社会，关注建筑安全

安全社会是和谐社会的首要特征，也是最基本的特征，建筑施工安全生产是整个国民经济安全生产的重要一环，做好建筑安全工作，强化建筑工程质量监督机制，是全面建设小康社会和构建和谐社会的需要。

全国建设系统围绕当前的安全生产目标，认真贯彻国家有关法律、法规，使建筑行业的安全生产形势继续呈现相对稳定、趋于好转的发展态势。"十一五"期间，建设工程质

量安全监管法规和制度建设得到加强。《建筑起重机械安全监督管理规定》、《建设工程质量检测管理办法》等规范建设工程质量安全的部门规章及建设工程勘察质量管理、推进建设工程质量保险、质量监督机构和人员考核、安全生产责任制落实、企业安全机构设置和安全管理人员配备、安全投入、安全生产许可证动态监管等大量规范性文件陆续出台，一系列行业标准也陆续发布，法规政策的不断完善为进一步加强建设工程质量安全监管提供了依据，使工程建设参与各方质量安全意识明显增强，行为日趋规范。出台《建筑工程安全防护、文明施工措施费用及使用管理规定》、《关于开展建筑施工安全质量标准化工作的指导意见》，修订《建筑施工企业安全生产管理机构设置及专职安全生产管理人员配备办法》，严格规范建筑施工企业安全生产行为和安全生产条件，促使企业建立健全以法定代表人为核心的责任体系，切实履行安全责任，逐步建立自我约束、自我完善、持续改进的企业安全生产工作长效机制。出台《建筑施工企业安全生产许可证动态监管暂行办法》，建立企业安全生产条件动态监管机制，将安全生产管理薄弱、事故频发的企业作为监督检查的重点，促进建筑施工企业保持和改善安全生产条件，控制和减少安全生产事故。出台《建设工程质量监督机构和人员考核管理办法》，强化监督机构、监督人员的考核和培训，加强建设工程质量监管队伍建设。

当前工程建设领域建设规模快速增长，施工难度增大，建筑施工的发展与建筑安全的矛盾也日益突出，在安全保护环节上，存在着各种各样的安全隐患，给建筑安全工作提出了新的课题和挑战。建筑业应一如既往的坚持"以人为本、安全第一"的思想，不断探索，进一步贯彻实施安全生产管理法律法规，加大工程安全和质量监督力度，完善建筑安全生产长效机制和监督管理体系，建立并完善建筑施工企业和施工现场安全保证体系，强化施工过程安全和文明管理，使建筑业从业人员的职业安全与健康水平不断得到提高，推进安全与环境体系管理，开创建筑施工安全生产新局面，促进和谐社会发展。

3. 贯彻执行节能减排，大力发展绿色建筑

在建筑业高速发展的同时，行业能耗居高不下的问题也越来越突出。我国建筑业能耗占国家总能耗的 30％左右，已成能耗大户。中国现有住宅面积超过 400 亿 m^2，其中大多数是高能耗住宅，其能耗量是发达国家的 3 倍。随着经济的快速发展，建筑能耗将持续升高。建筑业只有加强节能减排，才能实现可持续发展。

（1）建立和完善建筑节能法律法规体系

《中华人民共和国节约能源法》从国家法律的层面，规定了建筑节能的领域和范围，明确了建设部门在建筑节能方面的责任。《民用建筑节能条例》的颁布实施为民用建筑节能提供了有力的制度保证。针对国家机关办公建筑和大型公共建筑高耗能十分突出的问题，出台《关于加强国家机关办公建筑和大型公共建筑节能管理工作的实施意见》。"十一五"时期，建筑节能技术标准不断完善，多项重要的国家标准和行业标准相继发布，为全面开展建筑节能提供了有力的技术支撑。

（2）发展绿色建筑，促进建筑节能

绿色建筑是指在建筑的全寿命周期内，最大限度地节约资源（节能，节地，节水，节材），保护环境和减少污染，为人们提供健康、适用和高效的使用空间，与自然和谐共生的建筑。绿色建筑更注重人的舒适以及人与自然环境的和谐，代表了现代建筑的发展方向。从降低内外热交换的外墙保温材料，到带有冷热桥隔断的新型窗框，到辐射低、保温

性能高的中空玻璃，再到充分利用地下热能保持房间恒温的地源热泵，这一系列节能措施的采用，可以有效提高建筑节能率。

建设部发布的《绿色建筑评价标准》、《绿色建筑评价技术细则》及《绿色建筑评价标识管理办法》，标志着我国绿色建筑评价工作的正式启动，对指导绿色建筑事业健康发展具有重要作用，大大推进了建筑节能工作的深入开展。

（3）依赖科技创新，发展低碳经济

我国的建筑业应以全面推进节能减排工作为契机，依赖科技创新，通过大量新技术、新材料、新工艺、新设备的推广应用，加快技术进步。同时，制定建筑业低碳经济应对战略，从排放目标、材料使用、建筑产品使用过程的节能等多个方面，整合低碳措施，增强推进力度，全面贯彻落实节能减排的方针政策，降低碳排放，发展低碳经济。

二、国民经济投资规模和产业结构调整

建筑业是历史最悠久的行业之一，从人类文明发展至今，始终保持了其核心经济活动的地位。这一行业的发展为所有其他行业提供了基础，建筑业始终被视为是对创造就业机会和维持国民经济增长具有战略意义的重要行业。随着国民经济不断向质量效益型的转型，建筑业在整个国民经济的资源配置中发挥着越来越重要的作用。2010年建筑业增加值达26451亿元，比2009年增长2.6%。全国具有资质等级的总承包和专业承包建筑业企业实现利润3422亿元，增长25.9%，其中国有及国有控股企业990亿元，增长35.0%。

建筑业是固定资产投资转化为生产能力的必经环节，在这个过程中建筑业从以往的被动执行者，越来越对这一过程的转化速度、转化质量、转化的经济性和先进性发挥着重要作用，并日益向这一过程的前向后向延伸，对其他行业包括制造行业、服务行业、资本领域具有越来越强的参与能力。市场经济追求的就是资源配置的最优方式，建筑业正是社会资源整合形成生产能力的最基础的环节，与各行业有着广泛的和深刻的相关性，在有形的资源配置环节发挥着关键作用。

所谓产业结构，是指构成整个国民经济运行中的诸产业及其相互联系、相互依赖、相互制约的关系的总和，是整个国民经济的全部经济资源在诸产业中的配置结构，反映的是生产要素在各产业部门间的比例构成和它们之间相互依存、相互制约的联系，即一个国家或地区的资金、人力资源和各种自然资源与物质资料在国民经济各部门之间的配置状况及其相互制约的方式。一定的产业结构是资源配置的一种状态和结果，不同的产业结构代表了资源配置的不同状态和结果。

建筑业产业结构，是产业结构概念在建筑业的引申，反映我国建筑业各类资源的配置结构与方式，各类生产能力的构成结构及其相互关系。

我国的建筑企业近年来取得了长足的进步，行业的整体规模继续扩大，对外市场开拓取得较大成效，但其发展很大程度上依赖于我国持续多年的积极财政政策，以及相应的高速增长的固定资产投资规模。目前我国建筑企业的现状是大而不强、多而不精、产值利润率水平低、科技投入小、社会包袱沉重等，这些都制约着企业竞争力和实际发展水平的进一步提升。长期以来工程建造企业存在着"四高四低"即高竞争性、高劳动强度、高负债率、高企业负担、低利润率、低技术水平、低资本含量、低收入水平。据《2007年中国统计年鉴》统计建筑业的各项指标多低于平均水平，其中：利润率为2.87%，仅高于化纤制造业和石油化工业，位于倒数第三，远低于第二产业平均利润率 6.16%；资产负债率为 64.92%，位于倒数第三；人均劳动生产率 2.5 万元/人不仅居于工业行业末位，而且远低于人均 12.38 万元的第二产业平均水平；人均资本含量为 2.92 万元，居于第二行业末位；行业投资比重持续回落，技术装备率人均 0.9109 万元，比 2006 年的 0.9273 万元下降了 1.77%。由数据可见，我国工程建造企业的竞争环境出现恶化，整体竞争能力进一步弱化。

（一）建筑业产业结构调整的发展及问题

2005 年 12 月 2 日，国务院发布实施《促进产业结构调整暂行规定》的决定，要求进一步转变经济增长方式，推进产业结构调整和优化升级。近几年来，建筑业产业结构调整不断深入，国有及国有控股的建筑业企业个数及在建筑业企业总数中的比重呈下降趋势，城乡集体企业、股份合作企业、联营企业、私营企业、中外合资企业的数量及所占比重呈上升趋势，建筑业产业资本结构正逐步趋向合理。产业结构调整仍存在不少问题，亟待解决。

1. 建筑业产业组织结构不尽合理

在建筑业中，中、小企业占多数是世界各国尤其是市场经济发达国家的普遍现象，这一特性是由建筑业多层次、专业化分工承包生产的需求所决定的。发达国家和地区的建筑业产业结构基本上呈明显的金字塔形。小型企业最多，一般在 60%～95%；中型企业数量较少，一般在 5%～40%；大型企业数量很少，一般在 0.1%～0.5%。而我国建筑业产业结构与发达国家和地区建筑业产业结构存在较大差异，主要是中型或中型偏大企业较多，小型企业数量过少。

由于产业结构不合理，直接导致行业内大、小型企业没有形成合理的分工协作关系，企业规模和实力相似，致使大量企业经营领域趋同，过度集中于相同的综合承包目标市场。一方面，缺乏具有国际竞争力的龙头企业；另一方面，中、小、精、专企业发展不充分，缺乏具有核心竞争力的"小巨人"企业。

2. 建筑业人力资源结构不尽合理

建筑业管理和技术岗位的人才学历层次和职称层次均有不同程度的提高，关键岗位如决策领导、施工技术、生产技术、质量管理和施工管理等岗位的管理人员学历和职称层次提高的幅度较大，说明建筑业主体岗位管理人员素质正在不断的提高。但从管理和技术人员队伍素质来看，管理型、科研开发型人才偏少，层次不高，科技成果转化能力较弱，技术创新能力差。项目管理人才尤其是懂得国际工程管理的总承包项目管理人才、懂得工程索赔的合同管理人才、懂技术善经营的企业经营管理人才严重缺乏，不利于提高企业的国际竞争能力。建筑业吸纳了大量农村转移的劳动力，农民工普遍受教育程度较低，整体素质偏低，在建筑领域的利益分配中处于劣势。

3. 国际化差异巨大

发达国家的大型工程承包商多占据资金流向的上游和高附加值段，我国的大多数企业多占据资金流向的下游和低附加值段。从建筑市场买方投入的资源看，低附加值段一般属于劳动力密集型，而高附加值段一般属于知识密集型和资本密集型。在产品/服务流程中融资和担保保险等活动属于资金密集型活动，设计和咨询等活动属于知识密集型活动，劳动力提供的活动属于劳动密集型，建筑业的竞争应在产品/服务流程上的每一个环节展开。

我国建筑业企业多为劳动密集型，与发达国家建筑业企业有很大差距。

（二）产业结构调整的发展思路与趋势

1. 继续深化所有制改革，建立现代企业制度

投资主体多元化或股权分散化是现代经济发展的产物，也是现代企业制度的首要特征和前提。投资主体单一的企业无法建立现代企业制度。

国有企业股份制改造不仅可以满足现代企业制度的要求，也有利于克服国有产权效率低下的问题。由于"国有产权"在理论上存在"虚置"的问题，所以，在企业财产归全民所有的情况下，企业产权无法完全"人格化"，财产的终极所有者就无法具体化，容易造成国有产权效率低下。国有企业产权改革可以通过控股或参股减少国有产权比重，提高国有资产经营效率。国有企业股份制改造也是削弱政府直接干预企业行为的一个有效措施，因为股份制企业投资者占有股权的多少决定其在参与企业重大决策时权力的大小。

"多元化"不但是指主体形式上的多元，而且还在于"多元化"的投资主体在实际中是否真正享有独立的法人地位，自主经营，自负盈亏，名副其实地发挥其应有的作用。改革过程中，一些企业虽然吸收了其他股份，但国家股仍保持绝对优势，其结果是产权主体形同虚设，政府仍可作为"唯一股"、"优势股"继续干预、控制企业，投资主体多元化流于形式。

大型企业之间可以采用相互持股、社会机构投资者持股、管理层持股以及员工持股等方式分散企业股权。目前国内一批在各自行业内具有极大竞争力的企业可以采取这种方式进行股份制改造。对竞争性行业的中型国有企业，国家可通过机构投资者享有一定股权，其余股权分散到社会法人、企业经营者和职工手中，提高企业竞争活力，也可完全私有化。

当前建筑业国有企业改革的重点是大型国有施工企业的改革：第一，目前大型国有施工企业在我国建筑业产业发展中仍发挥着主力军的作用，拥有最丰富的积累、工程施工和管理经验、广泛的对外交流合作、宝贵的品牌信誉优势、雄厚的人力资本的积聚，解决好了大型国有施工企业的问题，就是发挥好了产业经济中最重要的一部分资源配置。第二，大型国有施工企业的重组，无论是大型国有施工企业之间的重组，还是与民间资本的重组都必须以产权制度改革为前提或基础，否则很难开展。而这些大型国有施工企业的合理重组是培育我国建筑业龙头骨干企业的一个重要途径。

2. 加快优化步伐，进一步促进"金字塔"式产业结构模式形成

按照扶优扶强、扶专扶精、提高产业集中度、规范市场秩序的原则，充分利用产业政策、新资质标准就位等契机，科学合理的调控企业资质等级和数量规模。严格行政审批各项程序和规定，扶持高等级资质企业、专业企业发展，严格控制低等级总承包类企业的数量规模，形成总包、专业分包、劳务分包比例协调、分工合作、优势互补的"金字塔"式产业结构模式。"金字塔"式产业结构模式的顶层是由极少数大型企业形成的寡占结构，以谋求在更大范围和更高层次上的竞争优势，这些企业具备资金优势、技术优势和项目的管理优势，是行业的组织者；中层和下层是由为数众多的专业施工企业和当地化的劳务公司组成，它们具有专业化、当地化和低成本的优势。各层次的企业之间形成的是协作、互补关系而不是竞争关系。这种结构模式既能实现规模经济，又能使竞争在同一层面的企业间充分展开，避免了不同层面企业间的盲目竞争和过度竞争。

（1）大力培育龙头骨干企业集团

坚持扶优扶强的原则，继续通过联合、兼并国内外科研、设计及咨询企业，实行跨专业、跨地区重组，快速增强实力，形成一批资金雄厚、人才密集，具有科研、设计、采购、施工管理和融资等能力，业务领域涵盖房屋建筑、市政公用、道路桥梁、航空港口等的大型建筑企业，深入实施品牌战略，以提升我国建筑业企业在国内国际总承包市场上的竞争力。按照建立大企业、大企业集团的战略部署，积极为企业在人才引进、市场准入、融资、政策咨询等方面提供支持和服务，要把兼并重组作为推动企业做大做强、集约发展的重要措施，鼓励有实力的建筑企业跨地区、跨行业兼并或参股外地企业，促进企业做大做强。

鼓励引导企业开展多元化经营。大型建筑企业要努力形成"一业为主、多元并举、主业创名、三产创利"的经营格局。鼓励企业根据自身资金、技术、人员、市场等实际情况，围绕工程承包横向拓展，有选择地审慎地进入房地产业、服务业、建材业等与建筑业联系较为密切的行业，提高企业经济效益。鼓励企业发挥自身优势，向与建筑施工关联度较高的上下游产业延伸，力争进入工程建设各个环节。

（2）扶持发展专业承包企业

引导和支持中小型建筑业企业向专业化、技术型方向发展，培育一批经营特色明显、科技含量较高、市场前景广阔的专业企业，进一步提高专业企业在全行业中的比重。支持专业企业进入基础设施和高技术含量工程建设领域，逐步提升高端建筑市场的专业施工能力。

（3）大力发展劳务企业。鼓励无建制的劳务群体向有建制的企业转化，支持房屋建筑总承包三级企业转为劳务企业，积极促进劳务企业与大型总承包企业建立相对稳定的长期合作关系。加快建立劳务人员实名制管理体系，规范企业用工行为，推动劳务企业规范化发展。

3. 大力拓展国际市场，加快"走出去"步伐

"十二五"时期，应当发挥我国建筑业改革开放30年来形成的竞争优势，走出国门，拓展市场，提高在国际市场上的份额。

选择重点行业，突出重点市场，加大市场开拓力度。目前，我国建筑业在超高层建筑、高速铁路、水电站、火电站、核电站、公路、桥梁、化工等工业建筑方面都积累了丰富的建设经验，在这些领域的市场开拓具有条件和可能性。

形成资金、市场、设备、设计、建造综合优势。开拓国际市场，资金是重要条件。通过证券市场融通资金，取得国家政策支持，取得银行贷款支持，推动我国建筑业走出去的步伐。同时，加强企业间的合作，提高系统对外的合力，通过工程承包带动建材、设备出口，进行设计、施工、采购一体化的工程总承包，是建筑业走出去的重要内容。

采用灵活多样的交易手段，提供优质高效建造服务。用建造能力换取外汇，用建造能力换取资源，用建造能力换取市场，用建造能力换取人才技术，是建筑业企业在实践中探索和发展的交易模式，也是国家支持建筑业企业发展对外工程承包的重要内容，通过采用多种灵活交易手段，充分发挥我国建筑业的建造能力优势，进行国际贸易的优势互补，以取得稳定持久的盈利。

根据企业发展的实际和可能，逐步形成我国建筑业的国际经营团队。国际型企业在充

分发挥自己的管理、技术优势的前提下，应当与外国本土化劳务及商务环境很好结合，借鉴学习本土经营管理经验，在人力资源管理、薪酬管理、市场拓展等方面探索国际化的道路。

4. 创新建筑业企业的管理机制

推行职业经理人制度，大胆使用懂经营、会管理、专业精的复合型职业经理人。完善激励约束机制，积极探索以管理、技术、资本等要素参与分配的多种收益方式，充分调动企业经营者、技术骨干和广大职工的积极性。通过压缩管理半径、提高决策效率、再造企业管理流程，加强总部对项目部的管控，解决企业管理僵化、效率低下等问题。进一步加快企业经营管理方式的创新，充分利用信息技术建立管理网络，提高决策效率，降低生产成本。

5. 着力培育建筑业的核心竞争力

充分发挥科技进步和新技术应用在转型升级中的先导性作用，积极探索以科技进步和技术创新推动建筑业转型升级的有效措施。将保护环境、节约资源贯穿于建筑工程建设全过程，利用高新技术改造传统建筑业，大力发展低碳、绿色、环保建筑，坚持走技术含量高、环境污染少、经济效益好的发展道路。

进一步加快建筑业人才培养，着力培养和造就一批高素质的企业家、一批市场急需的项目经营管理人才和一批技术精湛的操作工人。建立农民工教育培训机制，加快建筑劳务基地建设，多渠道筹集农民工培训经费，切实发挥建筑企业开展农民工培训的主体作用，推进职业技能鉴定制度，提高农民工素质。

第二节 中国建筑业市场运行环境

一、中国建筑业市场运行机制的改革

1984 年 9 月 18 日，国务院发出了《关于改革建筑业和基本建设管理体制若干问题的暂行规定》之后，建筑业的改革不断深化，改革的内容和形式也不断发展，对建筑市场实施准入制，先后进行了工程招标投标制度、工程质量监督制度、建设监理制度、承包经营责任制、项目经理责任制（项目法施工）、合同管理制、调整企业组织结构、转换企业经营机制（明确企业经营权）、建立现代企业制度等一系列改革，逐步确立了我国建筑市场运行机制和基本的管理制度。

1. 建立了建筑业企业资质管理体系

对建筑业企业做了界定。建筑业企业是指从事土木工程、建筑工程、线路管道设备安装工程、装修工程等新建、扩建、改建活动的企业。

定义了企业资质。企业资质是指企业的人员素质、管理水平、资金数量、承包能力和建设业绩的综合体现。

对建筑业工程施工企业做了分类，实施分类管理。即建筑业资质分为工程施工总承包、专业承包和劳务分包 3 个序列。再按工程性质和技术特点分别分为若干资质类别，最后按施工能力和技术水平分成若干等级。制定了资质等级标准。

按《建筑法》、《招标投标法》及《建筑业企业管理规定》等法规进行动态监督管理。主要对企业进行资质年检。对年检不合格的重新核定其资质等级；对采取不正当手段骗取资质证书的，吊销其资质证书；对于超越本单位资质等级承包工程的，做出降低资质等级处理。进一步下放企业资质管理权限，在资质管理中，充分发挥省一级主管部门的职能。

建立了个人执业资格制度。逐步建立了注册建筑师制度、注册结构师制度、注册造价师制度、注册监理工程师制度、注册建造师制度等。除以上国家注册制度外，还强化了特殊岗位持证上岗制度。

2. 推行工程招标投标制度

工程招标投标制度在我国实施已有 20 多年，取得了长足的发展。我国建立并不断探索健全适应社会主义市场经济体制改革需要的工程建设招标投标制度。

1983 年 6 月，城乡建设环境保护部印发了《建筑安装工程招标投标试行办法》，并在全国试行。1984 年 9 月国务院作出了《关于改革建筑业和基本建设管理体制若干问题的暂行规定》。暂行规定指出，要大力推行工程招标承包制；要改革单纯用行政手段分配建设任务的老办法，实行招标投标；由发包单位择优选定勘察设计单位、建筑安装企业。这就是我国政府第一次出台有关工程建设招标投标的法规性文件。1992 年 12 月底，建设部印发《工程建设施工招标投标管理办法》，进一步规范建筑市场。为了进一步深化工程建设管理体制改革，探索适应社会主义市场经济体制的工程建设管理方式，1997 年 2 月，建设部印发了《关于建立建设工程交易中心的指导意见》。1998 年 3 月 1 日，《中华人民共和国建筑法》在全国施行，正式确定了建筑工程发包与承包招标投标活动的法律地位。1998 年 8 月，建设部又印发了《关于进一步加强工程招标投标管理的规定》，要求凡未建立有形建筑市场的地级以上城市，在年内要建立起有形建筑市场。有形建筑市场（即建设工程交易中心）的建立，规范了工程建设招标投标的工作管理，结束了工程建设招标投标工作各自为政、执法监察不力等状况。2000 年 1 月 1 日起，《中华人民共和国招标投标法》在全国施行。规定工程建设项目的勘察、设计、施工、监理以及与工程建设有关的重要设备、物资材料等的采购都必须进行招标投标。2007 年，九部委联合发布了《标准施工招标文件》。2008 年，建立了工程招标代理机构运营制度。住房与城乡建设部起草了《房屋建筑和市政工程施工招标投标资格审查办法》、《建筑工程交易中心管理办法》和《建筑工程交易中心考核办法》，更进一步巩固和加强了招标投标制度的建设，使得建筑业市场秩序日趋规范。为此，我国的工程建设招标投标工作开始全面进入了法制管理的轨道。

目前在建筑工程招投标市场中，还依然存在着诸如肢解工程、围标、串标、最低价中标、阴阳合同、恶意竞标等不规范行为，严重破坏了市场公平的竞争秩序，既给工程项目的组织实施造成了极大的难度，同时也对工程质量、安全生产以及工程按期完工带来了巨大的隐患，严重阻碍和制约了建设项目管理模式的发展与创新，迫切需要对现行招投标制度进行深化改革。

3. 推行建设监理制

1988 年，建设部下发《关于开展建设监理工作的通知》，并确定了八市两部作为开展监理工作的试点单位，即将北京、天津、上海、哈尔滨、沈阳、南京、宁波、深圳市和原能源部的水电系统、原交通部的公路系统作为监理试点。1988 年 11 月 12 日建设部制定印发了《关于开展建设监理试点工作的若干意见》。据此，试点地区和部门开始组建监理单位，建设行政主管部门帮助监理单位选择监理工程项目，逐步开始实施建设监理制度。

1993年5月，第五次全国建设监理工作会议召开，标志着我国建设监理制度走向稳步发展的新阶段。1995年12月15日，建设部和原国家计委印发《工程建设监理规定》的通知，自1996年1月1日起实施。1997年《中华人民共和国建筑法》规定，国家推行建设工程监理制度，从而使建设工程监理制度进入全面推行阶段。

目前，全国31个省、直辖市、自治区和国务院等部门开展了建设监理工作。工程建设监理已由开始的"一管理、三控制、一协调"（即监理单位主要实行合同管理，对工期、质量、成本进行控制，协调建设单位和承包单位的关系）发展成为"两管理、三控制、一协调"（增加了信息管理），并逐步延伸到工程前期的项目评价、勘察设计阶段。

2008年11月，住房与城乡建设部印发了《关于大型工程监理单位创建工程项目管理企业的指导意见》，促进监理企业向项目管理企业的转型，更好地完善项目管理职能，充分体现全过程、全方位管理要求，逐步引导市场健康发展。

4. 实行建设工程质量监督制度

1984年9月，国务院出台《关于改革建筑业和基本建设管理体制若干问题的暂行规定》，指出要改革工程质量监督办法：大中型工业、交通建设项目，由建设单位负责监督检查；对一般民用项目，在地方政府领导下，按城市建立有权威的工程质量监督机构，根据有关法规和技术标准，对本地区的工程质量进行监督检查。该机构实行企业化管理，向委托单位收取一定的监督和检测费用。《暂行规定》的出台，标志着我国工程质量监督管理制度的初步建立，对于提高工程质量，促进建筑行业的健康发展，起到了历史性的推动作用。1993年11月16日建设部第29号令发布《建设工程质量管理办法》，对加强建设工程质量的监督管理，明确建设工程质量责任，保护建设工程各方的合法权益，维护建筑市场秩序具有重要作用，是我国建设工程质量监督的进一步深化改革。2000年1月30日国务院279号令发布实施《建设工程质量管理条例》，对我国建设工程质量监督工作提出了更为明确的思路，质量监督趋于规范。

5. 建立了适应市场经济要求的工程造价管理制度

中华人民共和国成立之初，引进苏联一套概预算定额管理制度，为国营施工企业建立了企业管理制度，形成了比较完善的定额体系。随着我国社会主义市场经济的发展，建设部对传统的预算定额计价模式提出了"控制量，指导价，竞争费"的基本改革思路。1994年，建设部、国家体改委印发了《全面深化建筑市场体制改革的意见》，提出要把建筑市场培育发展成统一、开放、竞争有序的大市场，使竞争成为交易的主要方式，价格引导生产要素合理流动，优化配置，供求机制引导业主合理决定投资方向和引导建筑企业及时调整经营战略、发展方向。在计价模式上，提出"加快改革现行定额取费制度，建立由市场形成价格的新机制"的改革设想，为此，我国一些省市工程造价管理部门积极开展改革探索，其中顺德市起步较早，至1993年建筑业已完成改制，自2000年3月至今，在计价方法、定价方式、合同价理等方面，先后出台了一系列规范文件，其总的思路可以概括为："控制量、放开价，由企业自主报价，最终由市场形成价格"，比较系统地形成了与国际惯例相适应的工程造价管理体系。

2003年2月17日《建设工程工程量清单计价规范》（GB 50500—2003）出台，并于2003年7月1日在全国范围内执行，规定对于全部使用国有资金投资或国有资金投资为主的大中型建设工程应执行本规范，并实行工程量清单报价。这标志着我国工程造价管理体制进入了实质性的改革阶段，预示着在工程建设领域将彻底摒弃带有计划经济色彩的传统计价模式。2008 年 7 月 9 日，住房和城乡建设部与国家质量监督检验检疫总局联合发布了《建设工程工程量清单计价规范》（GB 50500—2008），并于 2008 年 12 月 1 日起实施。2008 规范总结了 2003 规范实施以来的经验，针对执行中存在的问题，特别是清理拖欠工程款工作中普遍反映的，在工程实施阶段中有关工程价款调整、支付、结算等方面缺乏依据的问题，主要修订了 2003 规范正文中不尽合理、可操作性不强的条款及表格格式，增加了采用工程量清单计价如何编制工程量清单和招标控制价、投标报价、合同价款约定以及工程计量与价款支付、工程价款调整、索赔、竣工结算、工程计价争议处理等内容。2008 规范的发布施行，必将提高工程量清单计价改革的整体效力，加快工程量清单计价的全面推行，更加有利于规范工程建设参与各方的计价行为。

工程量清单计价模式是国际通行的计价办法，充分体现了企业自主报价，增加了市场的能动性，更好地鼓励企业管理创新和技术进步，对建立公开、公平、公正的市场竞争秩序、推进和完善市场形成工程造价机制的建设发挥重要作用，有利于我国工程造价政府管理职能的转变，有利于提高国内建设各方主体参与国际化竞争的能力，是促进建设市场有序竞争和健康发展的需要，进一步推动我国工程造价改革迈上新的台阶。

6. 工程项目建设组织方式多样化

多年来，工程项目建设组织方式由设计—招标—施工分别发包的传统模式逐步向推行工程总承包和项目管理方式转变。为深化工程建设项目组织实施方式改革，培育发展专业化的工程总承包和工程项目管理企业，建设部印发了《关于培育发展工程总承包和工程项目管理企业的指导意见》（建市［2003］30 号），具体阐述了推行工程总承包和工程项目管理的重要性和必要性，明确了工程总承包和工程项目管理的基本概念和主要方式，并提出了推行的具体措施，为建筑业生产方式的深层次变革奠定了基础。

7. 技术创新机制逐步形成

1997 年 11 月，建设部发布了《建筑技术政策纲要》（1996～2010），作为振兴建筑业，促进建筑技术进步的宏观指导性文件，确定我国 1996～2010 年十五年的建筑科学技术发展方向、技术路线和重大技术措施，指出了我国建筑技术进步的方向。2005 年 2 月，建设部印发《关于进一步做好建筑业 10 项新技术推广应用的通知》。2006 年 7 月，建设部印发《关于进一步加强建筑业技术创新工作的意见》，明确了到"十一五"末，基本形成与市场经济相适应的建筑业技术创新体系和工程项目组织管理方式；逐步完善工程技术咨询体系和知识产权得到有效保护的技术市场体系，并且在建筑企业特级资质的认定标准中将企业资质与技术创新挂钩，并建立技术开发中心。这些制度的确立都有力推动了建筑业技术进步的发展。

8. 工程担保及信用体系建设

建立和推行工程担保制度，加强信用体系建设，是我国建设主管部门长期以来为了解决控制工程风险，保证工程质量，遏制拖欠工程款和农民工工资，以及减少或避免工程建设安全事故等与国家经济发展和人民群众利益息息相关的问题而进行的一项重要工作。

早在 1996 年，国务院就颁布了《质量振兴纲要》，强调改变用计划经济手段抓质量的思路，重点解决机制问题，提出建立新型的质量保证监督机制。1998 年 5 月，建设部发布"关于一九九八年建设事业体制改革工作要点"，明确提出"逐步建立健全工程索赔制度和担保制度"；"在有条件的城市，可以选择一些有条件的建设项目，进行工程质量担保的试点"。并于 1999 年 2 月形成了《关于深化建设市场改革的若干意见》。此后，建设部下发了《关于在我国建立工程风险管理制度的指导意见讨论稿》，提出建立以工程保险和工程担保为主要内容的工程风险管理制度，以此作为我国政府对建设活动监督管理方式改革、用经济手段强化工程质量管理的一个重要手段。2000 年全国建设工作会议把实行工程担保制度作为"十五"期间的一项重点工作，要求在"十五"期间有重大进展。2002年，建设部与国务院有关部门联合成立了课题组，组织部分建设行政主管部门、高校和企业的专家对建立我国工程风险管理制度的主要内容、理论依据、国际惯例等进行了研究，并在广泛调查研究的基础上，完成了《关于在我国建立工程风险管理制度的课题研究报告》。课题报告全面分析了在我国建立工程风险管理制度的必要性，充分借鉴了发达国家和地区在政府投资工程管理和工程风险管理方面的做法和成功经验，细化了建立工程风险管理制度的设想。为制定适合我国实际情况的工程担保管理制度打下了良好的基础。2004年 8 月，建设部印发了《关于在房地产开发项目中推行工程建设合同担保的若干规定（试行）》，要求工程建设合同造价在 1000 万元以上的房地产开发项目，实行业主工程款支付、投标、承包商履约和承包商付款担保。2005 年 5 月，建设部又印发了《工程担保合同示范文本（试行）》。

2006～2007 年，我国加快了工程担保制度的建设，在深圳等一些城市进行了试点。各省都确定了本地区工程担保试点城市或试点项目。目前，工程担保制度已在我国初步建立，许多国家重点工程如国家大剧院、广州新白云国际机场、首都博物馆新馆、奥运会主场馆和各个比赛项目场馆以及一些城市的房地产建设项目和市政工程建设项目等都实行了工程担保，取得了良好的效果。工程担保制度的建立和推行将与政府行政管理手段相互补充，共同促进我国建筑市场有序、健康的发展。

从 2006 年起，建设部组织对湖南、山东、河北、江苏、安徽和广东等省市的调研，2007 年 1 月颁布了《建筑市场诚信行为信息管理办法》和《建筑市场各方主体不良行为记录认定标准》。2008 年 1 月 7 日，全国建筑市场诚信信息平台正式启用，标志着建筑市场信用体系建设迈出了关键的一步。

二、中国建筑业市场监管的完善

近年来，全国各地建筑市场监管工作紧紧围绕经济、社会发展大局和建设行业的中心工作，突出抓好促进建筑业健康发展的重点工作，建筑业的市场监管工作成效明显。

1. 建筑市场法规制度逐步健全

各级建设主管部门高度重视建筑市场法规制度建设。近年来，住房和城乡建设部修订了《建筑业企业资质管理规定》，出台了《施工总承包特级企业资质标准》及有关配套文件；全国有 30 个省、市出台了规范工程建设活动的地方性法规，为进一步加强市场准入清出管理，规范建筑市场秩序，提供了有力依据。完善了注册建造师执业资格管理制度，调整修订了注册建造师考试大纲和考试内容，出台了《注册建造师继续教育管理暂行办法》，进一步健全了注册建造师考试、注册执业和继续教育制度。

2. 资质资格动态监管工作初见成效

为加强对建筑业企业和注册执业人员的监管，住房和城乡建设部于 2010 年 8 月出台了《关于加强建筑市场资质资格动态监管，完善企业和人员准入清出制度的指导意见》，提出了具体的监管思路和措施，加强了对各地开展资质资格动态监管工作的指导。指导意见要求，各级住房和城乡建设主管部门应当依据《建设工程质量管理条例》、《建设工程安全生产管理条例》等法规规定，将工程质量安全作为建筑市场资质资格动态监管的重要内容，强化质量安全事故"一票否决制"；加大对资质资格申报弄虚作假查处力度，明确资质核查及处理的主体、程序、具体措施以及责任追究等制度；加强建筑市场动态监管；加快建立完善建设工程企业、注册人员、工程项目和质量安全事故基础数据库，最大程度利用各地现有信息化建设成果，实现注册人员、企业、工程项目和质量安全事故数据库之间的动态关联，实行住房和城乡建设部数据库与省级住房和城乡建设主管部门数据库数据信息的同步共享；加强建筑市场诚信体系建设，引导市场各方主体重视诚信记录，加大对违法失信企业和注册人员的信用惩戒，切实解决建筑市场中存在的突出问题。

各地积极探索，认真贯彻《指导意见》，分别实施了资质主要条件普查、重点抽查、企业电子身份证等资质资格动态监管方式，及时查处弄虚作假等违法违规行为，清出不符合资质条件的企业，有效地维护了建筑市场的正常秩序。

3. 市场行为监管工作不断加强

大部分地方建设主管部门进一步健全了市场监管机制，加大了对建筑业企业和个人市场行为的执法检查力度，打击了违法违规行为，保证了工程质量安全。如上海、天津等地建立了工程招标、合同备案、施工许可、企业资质、人员资格、质量安全监管等综合监管系统，实现了工程项目建设全过程闭合管理；北京、内蒙古、浙江、海南、黑龙江、青海、重庆、湖北等地通过对合同备案、中标后履约监管以及工程款结算纠纷解决等环节的监管，加强了对施工分包行为的监督；吉林、山东、广西等地着重查处中标后随意更换项目经理、任意变更合同、拖延支付工程款和竣工结算等违法违规行为，切实加强了市场行为的动态监管工作。

4. 建筑劳务企业规范发展。各地大力推行劳务分包制度，建筑劳务分包企业取得了进一步的规范和发展。为有效规范劳务企业经营行为，部分地区试点推行了劳务人员实名制管理和施工队长的信誉管理，取得了较好效果。一些地方通过建立健全农民工工资保证金和农民工维权告知等制度，加强了对建筑劳务企业的监督。另外，四川、新疆、宁夏、云南等地积极推进劳务基地建设，搭设劳务供需平台，有序组织劳务输出，促进了建筑劳务企业的可持续发展。

5. 诚信体系建设进展明显。建立建筑市场信用体系，是整顿和规范建筑市场秩序的治本之策。住房和城乡建设部先后印发了《建设部关于加快推进建筑市场信用体系建设工作的意见》、《建筑市场诚信行为信息管理办法》和《全国建筑市场各方主体不良行为记录认定标准》，明确了工作思路。启动了长三角（上海、江苏、浙江）和环渤海区域（北京、天津、石家庄、济南、青岛、沈阳、大连七城市）试点工作，建立了区域性的试点工作联动机制，并正式开通启用了全国建筑市场诚信信息平台，初步发挥了市场动态监管的作用。

当前，我国正处于全面建设小康社会的关键时期，也是工业化、城镇化、市场化、国际化深入发展的重要时期。随着国家深入实施西部大开发，全面振兴东北地区等老工业基地，大力促进中部地区崛起以及稳妥推进城镇化等重大战略政策的推进，我国的基本建设、技术改造、房地产等固定资产投资规模在今后相当长的一段时期内仍会保持在较高的水平,为建筑业提供了重要的发展机遇。但必须清醒地认识到,新形势既是机遇,更是挑战。建筑市场总体供过于求、过度竞争的矛盾依然存在,建筑市场监管工作中仍存在着一些亟待解决的问题。

1. 法规制度有待完善,部分规定可操作性不强。一是现行法律法规对肢解发包、转包、挂靠等行为定性不够准确,缺乏具体的界定标准。二是建设工程总包和分包的部分规定制约了工程建设组织实施方式的改革,以及社会专业化的发展,不完全适应工程建设实际情况。三是建设单位作为市场主体之一,对其法律责任的规定过于原则,相关处罚条款缺乏可操作性。四是个人执业制度不健全。现有管理规定对执业人员应承担的责任规定及处罚规定不具体,导致责任追究不到位。

2. 建筑市场不统一,缺乏全面监管机制。一是没有形成统一的建筑市场管理体制,企业资质、个人执业资格"多头管理、重复发证"问题依然存在,并且比较突出。二是政府监管部门之间没有形成有效的市场监管联动机制。政府部门之间、同级建设主管部门之间、上下级建设主管部门之间,在投资与建设、招标投标管理、市场违法违规查处、市场与现场、动态监管等方面还没有形成有效的联动管理机制。三是部分地方变相设置市场准入门槛,人为分割建筑市场。个别地方甚至在省、市、县三级层层设置审批性备案制度,限制外省、市企业进入本地市场承揽工程,影响了全国建筑市场的统一开放和有序竞争。

3. 重准入、轻监管、少清出的问题依然存在。一是监督检查力度不够。近年来,在着力完善管理制度的情况下,我们对地方建设主管部门执法情况监督检查不够。二是监管方式单一,重审批、轻监管,审批后的监管薄弱,不掌握企业市场行为、注册人员执业状况等情况,没有把市场监管贯穿于工程项目建设的全过程,监管工作缺乏连续性和完整性;市场清出力度不够,市场中存在的"易进难出"、"只进不出"、"只升不降"现象,使得建筑市场"供大于求"的矛盾突出。三是监管手段落后,建筑市场综合监管系统开发滞后,企业、注册人员、工程项目三大数据库尚不健全,未能实现市场主体信息的动态记录,信息化技术运用不足。

4. 建设单位行为不规范问题十分突出。建设单位行为不规范是当前建筑市场秩序较为混乱的重要原因。一是部分建设单位违反法定基本建设程序,不遵守规划许可、施工图设计文件审查、施工许可和竣工验收备案等规定,恶意压价、肆意压工期,不具备开工条件擅自开工建设等问题十分突出,严重影响建设工程质量安全。二是部分建设单位在发包过程中规避招标、虚假招标、肢解发包工程,非法指定分包单位或材料设备生产厂、供应商,签定"阴阳合同"。三是拖欠工程款的现象依然存在。一些建设单位在建设资金不到位的情况下擅自开工建设,强迫建筑业企业垫资施工,不按合同约定支付工程款或拖延结算,严重侵害建筑业合法权益,扰乱市场秩序,危害工程质量安全。

5. 转包、违法分包、挂靠等现象较为普遍。一是部分高资质的建筑业企业面对建设单位的苛刻条件和"供大于求"的竞争环境,不是努力提高自身实力,而是在承接工程后采取转包工程,让其他企业挂靠、借用自身资质,或者违法分包等方式来提高产值、赚取利润,扰乱建筑市场秩序。二是部分总承包和专业承包建筑业企业为了降低成本、赚取利润、层层分包,往往将工程最终转包给劳务企业,造成施工现场管理失控,工程质量、施工安全的各项措施得不到落实,由劳务企业甚至包工头掌握工程质量和工期进度,埋下事故隐患。三是部分建筑业企业因转包、违法分包、挂靠行为不能及时获取建设资金,形成层层垫资、层层拖欠，并直接将成本转嫁到农民工头上，或者造成施工合同纠纷，引发群体性事件，危害社会和谐稳定。

6. 企业管理粗放，从业人员素质偏低。多年来，建筑业的发展很大程度上依赖于高速增长的固定资产投资规模，机械化、工业化、信息化、标准化水平相对较低，管理水平较低，管理理念及管理手段落后。多数建筑业企业科技研发投入偏低，科技积累不足，专有技术和专利技术拥有量少。高素质的复合型人才缺乏，一线从业人员技术水平不高，农民工流动性大，培训不落实，企业人员素质整体偏低。整个行业利润水平长时期在低水平徘徊不前，"走出去"层次不高，可持续发展能力不足。

2011年是"十二五"规划的开局之年，在新的形势下要坚持以科学发展观统领建筑市场监管工作全局，以工程质量安全为核心，以规范建筑市场秩序为主线，深入开展工程建设领域突出问题专项治理，加强建筑市场动态监管力度，严格市场准入清出管理，严厉打击各种违法违规行为。进一步健全建筑市场法规体系，优化建筑市场环境，创新动态监管方式，促进工程建设管理水平的提高，为社会和人民提供安全、节能、优质的建筑产品。

1. 加快法规制度建设

法律法规是监管主体行为的准绳，依法行政是建筑市场监管工作的根本原则。要以《建筑法》、《安全生产法》、《合同法》等为基础，针对近年来建设工程中出现的新问题，进一步完善立法和规章制度建设。加快《建筑市场管理条例》的研究制定工作，解决当前法律法规相对滞后，不适应建筑业和建筑市场发展的问题，为公平交易提供良好法制环境，从而为加强建筑市场监管工作提供有力的法律依据。各地也应结合实际，加强长效机制建设，进一步健全完善地方性法规制度，为依法行政、严格执法提供依据，为改革和创新监管体制机制提供法律保障。

2. 创新动态监管方法

针对当前建筑市场监管工作中比较突出的"重审批、轻监管、少清出"的问题，要努力创新监管方法，提高监管效能，实现动态准入清出，促进建筑市场"优胜劣汰"机制的建立。第一，要加大市场清出力度。在严格资质资格审批的基础上，继续完善动态监管制度，加快建立建筑市场企业、专业技术人员和工程项目管理三大数据库，全面掌握企业和人员现状及其市场行为，实施分类监管，优化监管等资源配置，对违法违规企业和人员，及时开展资质资格条件核查，不符合条件的，坚决依法撤销许可或降低资质等级。第二，要把资质资格动态监管与诚信体系建设相结合，对违法违规企业和人员，在依法重新核查其资质的同时，加大信用惩戒力度，通过向社会公示诚信信息，引导市场各方主体选择依法诚信的合作者等手段，从单一的注重资质等级，向注重企业和人员诚信行为转变。

3. 发挥资质标准引导作用，促进高端骨干企业发展

充分运用资质标准的引导作用，推动建筑业转变发展方式，加快转型升级，培育一批具有技术创新、自主研发能力和国际竞争力的骨干企业。建设部于2007年出台了新的《施工总承包企业特级资质标准》，详细阐述了企业申请特级资质所必备的条件，淡化了过去施工企业资质标准中机械装备、办公场所等硬件条件，强化技术创新、融资能力、抗风险能力等软件条件，凸显一个"特"字，引导特级企业占据"高端"市场，把特级企业定位为建筑业先进生产力的代表，全行业科技进步和自主创新的火车头，带动全行业技术进

步的标兵。新特级资质标准的颁布引起了行业和社会的广泛关注，普遍认为新特级资质标准对推动高端骨干企业发展、做强做大，促进企业优化产业结构，提高核心竞争力具有积极作用。

4. 提高农民工从业素质，维护农民工合法权益

农民工是工程建设的一线操作者，直接关系着建设工程质量安全。加快提高农民工的从业素质，切实维护其合法权益是一项紧迫和重要的任务。首先，在当前农民工年龄结构及市场供求关系发生变化的新形势下，建筑业企业要进一步规范劳务用工管理，重点加强农民工技能培训、岗前教育，强化特殊岗位持证上岗制度，保证其具备工作岗位所需要的基本能力。其次，各级建设主管部门要督促企业加强内部管理，充分运用记工考勤记录、工资支付台账、劳务人员从业手册或电子信息卡等方式，积极落实劳务人员实名管理，切实维护农民工合法权益。第三，在保障农民工合法权益的同时，各级建设主管部门要鼓励企业建立劳务基地，培养相对稳定的劳务工人队伍。有条件的地区可鼓励符合条件、相对稳定的农民工在城镇落户，保障其具有与城镇居民享有同等的创业就业权益，为打造新型建筑产业工人队伍奠定基础。

我国建筑业发展仍将处于可以大有作为的战略机遇期，建筑业在国民经济中将发挥越来越重要的作用。新形势给建筑市场监管工作提出了更高的要求，建筑业面临的任务和压力将更加艰巨。要认清形势，以科学发展观为指导，以强烈的责任感、使命感和紧迫感为动力，改革创新，开拓进取，推动我国建筑业动态监管工作迈上新台阶。

三、低碳经济的市场主导

目前我国的城镇化水平已达 45.68%，现正以每年 0.93% 的速度发展，预期到 2015年，我国的城镇化水平将达 50%。一方面大量的农村人口要向城市转移，另一方面城市的功能要进一步提升，这为我国的建筑业发展提供了很好的契机。

我国的基本建设总量巨大，按 2008 年底统计，我国每年的房屋施工面积高达 52.76亿 m^2，竣工面积高达 20.27 亿 m^2，这些大量的公共建筑、住房与工业厂房的建设，将消耗大量的建筑材料，包括钢铁、水泥、平板玻璃、木材和砂石资源。2008 年我国建筑用钢中的螺纹钢与线材已达 1.037 亿 t，约占全国钢产量 22%。2008 年全国水泥产量 13.9亿 t，水泥消耗量已达世界总量的一半，其中建筑工程的水泥消耗约 7 亿 t。建筑材料产量的巨大需求，对我国的煤炭电力、交通运输、原材料开采、铁矿石进口都构成了很大的压力，并带来大量排放，对环境构成了很大的压力。房屋建筑除了在建造过程中要消耗大量原材料与能耗外，在使用过程中还需要大量的能源消耗。我国既有建筑总量大约为 430亿 m^2，单位建筑面积采暖能耗是发达国家的 2～3 倍，既有建筑节能改造的节能潜力巨大。目前达到节能要求的节能建筑只占房屋总量的 1%。近些年来，我国建筑企业发展主要表现为量的扩张，建造资源耗费量大，碳排放量突出，建筑寿命缩短，耐用性降低，后续维修周期缩短，投入增大，在持续发展能力上仍存在较大欠缺。因此，必须对新建建筑严格执行节能标准，对既有建筑加快进行节能改造，以显著降低建筑能耗。

当今低碳经济、生态保护已成为我们在经济建设中考虑的第一要务，我国政府已郑重承诺到 2020 年实现单位 GDP 二氧化碳排放比 2005 年下降 40%～45% 的目标。我国的建筑业还必须有强劲的发展，我国的建筑业必须以全面推进节能减排工作为契机，在建筑节能技术、可再生能源利用、绿色建筑、绿色建材等方面加大科技投入，加快研发与工程应

用。要研发推广应用各项节能减排新技术，以实现"四节一环保"的目的。

为保持我国经济的规模发展，同时按城镇化进程要求，提升城市功能与改善民生，我们的建筑业还必须持续发展，我们必须加强技术创新，积极应用新技术，使传统的建筑业符合低碳经济的发展模式。这些新技术主要从建筑物的设计技术、应用材料、施工与管理方法、建筑设备、使用过程，同时也包括对于既有建筑的改造。

1. 高强、高性能结构材料与体系的应用

通过应用高强高性能材料，在提高建筑结构的安全等级的同时，显著减少材料消耗，提高建筑物的耐久性，实现节能减排的目标。

推广与促进高强钢筋与高性能混凝土在建设工程中的应用，如 500MPa 钢筋、高强度钢绞线、钢筋网片、高强混凝土等，以高强材料代替现在仍在广泛应用的低强度等级材料，显著减少材料用量。

在大型、大跨度公共建筑中积极应用钢结构，推广钢—混凝土组合或混合结构。在住宅建设中加强钢结构住宅体系的研发与应用，以减轻建筑结构自重，减少材料消耗，尤其减少混凝土的用量。

在房屋建筑与市政工程中要应用高性能混凝土，提高混凝土结构耐久性，可以减少不必要的维修，延长建筑物与市政工程的使用年限。

2. 建筑保温节能和新能源的研发与应用

对建筑工程，包括住宅与公共建筑要全面应用建筑节能技术，通过建筑围护系统的保温、新能源与采暖制冷的应用，以显著降低建筑能耗，实现使用过程的节能与低碳要求。

大力改进与推广高性能建筑外墙保温技术，实现住房和建设部强制建筑节能的要求。开展建筑新能源的开发与利用，主要在可再生能源的利用上要下大力研究，包括地源热泵、太阳能综合利用技术等。

开展新型采暖制冷设备的研发与应用，主要是提高现有设备的热效率与配合可再生能源的利用设备的研发。

3. 推广绿色建筑

绿色建筑是指在建筑的全寿命周期内，最大限度地节约资源（节能、节地、节水、节材），保护环境和减少污染，为人们提供健康、适用和高效的使用空间，与自然和谐共生的居住生活空间，是低碳生态城市中举足轻重的一项内容，重点体现为低碳模式。

所谓"绿色建筑"的"绿色"，并不是指一般意义的立体绿化、屋顶花园，而是代表一种概念或象征，指建筑对环境无害，能充分利用环境自然资源，并且在不破坏环境基本生态平衡条件下建造的一种建筑，又可称为可持续发展建筑、生态建筑、回归大自然建筑、节能环保建筑等。绿色建筑的基本内涵可归纳为：减轻建筑对环境的负荷，即节约能源及资源；提供安全、健康、舒适性良好的生活空间；与自然环境亲和，做到人及建筑与环境的和谐共处、永续发展。

积极采用绿色建材，使绿色建材在实际工程中能够真正发挥绿色效应，创新低碳技术，减少温室气体的排放。

做好建筑节能与绿色建筑设计，如小区规划与建筑设计、节地与地下空间利用、节水与中水雨水利用，建筑节能、采暖与空调设备节能、照明与设备节电、太阳能利用、建筑物通风、装修一体化等方面。为了配合绿色建筑设计，研发一系列建筑节能与绿色建筑设计支撑软件。

倡导绿色施工，施工过程中制定并实施保护环境的具体措施，积极采用新技术。

4. 既有建筑的改造技术

我国量大面广的既有建筑改造是节能减排的一个重要方面，对既有建筑应以通过改造、提升使用功能，减少大面积的拆建工作，最有效实现节能减排，并对保护环境有极为积极的意义。

做好中小学校舍的安全性评估与抗震加固工作。

应通过改造加固技术来延长既有建筑的使用年限、提高结构安全储备与提升使用功能与性能。

对既有住宅与既有公共建筑，应开展以节能为目标的改造工作，通过对既有建筑的节能改造，以大幅度降低我国的建筑能耗。

5. 建筑业施工技术的提升

提高我国建筑行业的施工技术水平，是有效实现节能减排目标的一个重要方面。

要全面改变我国目前钢筋在施工工地加工的落后施工方法，钢筋加工实现工厂化、商品化。推广采用钢筋机械连接技术，保证钢筋连接质量、提高施工功效、节约钢筋用量。

开展新时期房屋建筑预制工业化施工技术的研究与应用，预制施工技术对节能减排有很积极的意义。

在工程建设中积极推广绿色施工技术，在保证质量、安全等基本要求的前提下，通过科学管理和技术进步，最大限度地节约资源与减少对环境负面影响的施工活动，实现"四节一环保"。积极推广应用新型模板、清水混凝土、预拌砂浆、结构与装修一体化技术等绿色施工技术。

6. 建筑业信息化

应用信息技术提升工程项目管理水平和效率，提高建筑业的技术水平与核心竞争力。利用信息技术进行工程施工质量与安全的行业监管。

通过企业与项目的信息化管理，以缩短施工工期、节约材料消耗、减少项目成本。

将制造业的"计算机辅助制造技术"引入到建筑业，可有效推进建筑业的工业化。

7. 建材资源再生与建筑垃圾的利用

提高我国建筑行业的建材资源再生与建筑垃圾的综合利用。要对房屋建筑拆除过程中的各项构件、材料进行资源的再生综合利用，废旧材料要分类回收，最大限度减少建筑垃圾，提高建筑资源的再生利用。对建筑垃圾应做好综合利用，实现建筑垃圾的减量化。

城镇污泥处理与利用已经成为我国城镇发展过程中面临的新问题，利用污泥制造建筑材料是消纳污泥的有效途径。

做好混凝土搅拌站清洁生产和低排放。

8. 建筑地基基础技术进步与节能减排

推广应用填海工程的软基处理新技术，加强工业、矿山废渣填埋场的地基处理技术与采空区场地的再利用技术，以节约建筑用地。

研究地基基坑施工中的水资源保护，研究基坑工程施工的环境监测及保护的信息化施工方法；研究软弱地基的基坑支护和地下水控制技术。

我们应高度重视我国建筑业所面临低碳发展模式的迫切性与必要性，我们应通过各项新技术的应用有效改变目前建筑业高能耗、高污染的不利发展模式，做好新技术的研发与推广，促进建筑业以低碳模式发展。

通过行业主管部门制定有利于以推广低碳新技术应用的政策与鼓励措施，将建筑业低碳发展模式作为我们的最基本政策，做好政策上的引导工作。

组织科研院所、高校的科研力量积极研发建筑业低碳模式的新技术，并与有关企业形成产、学、研的联合模式，进行新技术应用的试点，尽可能以较快的速度进行推广。

国家应从经济政策上对于研发与采用建筑业低碳模式新技术的企业予以支持，包括政府补贴、信贷、税务等方面，使低碳模式的新技术在发展与推广应用中有更大的活力。

要在地方行业主管部门、建筑设计单位、施工企业进行低碳模式新技术的宣传与培训，提高全行业管理与技术人员应用低碳模式新技术的技术水平与积极性。

我们相信，通过对我国发展低碳建筑业的迫切性的认识、对于低碳模式新技术的了解与正确制定政策保障措施，我们一定能以较快速度推进我国建筑业低碳经济的发展，实现我国政府承诺的节能减排与降低单位 GDP 二氧化碳排放的目标。

四、诚信共赢的市场理念

诚信是建设和谐社会的基本要素，良好的社会信用体系是建立和规范市场经济秩序的重要保证，是促进经济持续健康发展的先决条件，是培养和谐社会文明道德风尚的重要一环，也是社会不断进步的重要标志。

党的十六届六中全会通过的《中共中央关于构建社会主义和谐社会若干重大问题的决定》指出："加强政务诚信、商务诚信、社会诚信建设，增强全社会诚实守信意识"。党的十七大报告指出："促进国民经济又好又快发展，要完善现代市场体系，健全社会信用体系"。从 2006 年起，建设部组织对湖南、山东、河北、江苏、安徽和广东等省市的调研，2007 年 1 月颁布了《建筑市场诚信行为信息管理办法》和《建筑市场各方主体不良行为记录认定标准》。2007 年 3 月，国务院办公厅正式制订并下发了《关于社会信用体系建设的若干意见》，这个意见明确了社会信用体系建设的指导思想、目标和基本原则。《意见》指出：社会信用体系建设要以邓小平理论和"三个代表"重要思想为指导，牢固树立和全面落实科学发展观，以法制为基础，信用制度为核心，以健全信贷、纳税、合同履约、产品质量的信用记录为重点，坚持"统筹规划、分类指导，政府推动、培育市场，完善法规、严格监管，有序开发、维护安全"的原则，建立全国范围信贷征信机构与社会征信机构并存、服务各具特色的征信机构体系，最终形成体系完整、分工明确、运行高效、监管有力的社会信用体系基本框架和运行机制。《意见》对于加快推进我国社会信用体系建设，进一步完善社会主义市场经济体制，构建社会主义和谐社会具有推动和指导作用，也是建筑行业加强信用体系建设所必须遵循的工作原则。2008 年 1 月 7 日，全国建筑市场诚信信息平台正式启用，标志着建筑市场信用体系建设迈出了关键的一步。

（一）建筑行业信用体系建设的意义

第一，建筑行业信用体系建设是建立健全社会信用体系的重要组成部分。《中共中央关于完善社会主义市场经济体制若干问题的决定》指出："建立健全社会信用体系，形成以道德为支撑、产权为基础、法律为保证的社会信用制度，是建设现代市场体系的必要条件，也是规范市场经济秩序的治本之策"。建筑业企业是市场经济活动的主体之一，建设工程渗透到国民经济的各个领域，建设投资可以拉动近 50 个与之相关的行业，可以说建筑业的发展，建筑业企业的诚信度，建筑工程的质量和安全会影响全社会的各个角落。因此，加强建筑行业的信用体系建设，提高企业的良好信誉和社会责任，规范市场行为和秩序，对建立健全全社会的信用体系影响极大，至关重要。

第二，建筑行业信用体系建设是构建和谐社会的必然要求。诚信是建设和谐社会的基本要素，和谐社会的核心基础是社会稳定，建筑企业的诚信经营和优质产品有利于促进社会稳定。保证人民群众享用企业的安全产品是促进社会稳定，保障可持续发展的基本前提，只有在这个前提下才能加快建设和谐社会，才能在信用的基础上实现充分的交换交易，从而扩大经济活动的领域，促进经济建设又好又快地发展。

第三，建筑行业信用体系建设是推动企业可持续发展的重要途径。诚信是企业核心竞争力的体现，没有诚信的企业不可能持续发展，没有发展的企业迟早会被市场所抛弃。现代市场经济被称作诚信经济，特别是现在的市场从卖方走向买方，在激烈竞争的情况下，大众消费正逐步朝着认同质量和品牌的方向发展，提高质量争创品牌成为企业开拓市场，在激烈的竞争中战胜对手的发展对策，而诚信是提高企业信誉、树立企业品牌形象、推动企业可持续发展的必由之路。拥有诚信的企业将赢得更多客户的信任和赞赏，也将拥有更大的市场份额。企业只有以诚信为根基，尊重原则，尊重消费者，才能实现可持续发展，铸就诚信品牌的永恒。

（二）建筑业信用体系建设现状及问题

建筑行业信用体系建设是规范市场秩序和行为的自律机制，尽管在政府行政主管部门和广大企业共同努力下，市场秩序已有了很大改善，但是还应看到建筑市场存在的问题仍然不少。

1. 政府信用意识亟待提高

政府是否真正依法行政，加强监管，提供服务是否真正是诚信政府，直接对企业信用以及社会诚信风气的形成起着巨大甚至是决定性作用。但目前政府信用差强人意，主要表现就是政府部门对信用经济的管理不到位，即"政府信用缺失"。一些地区和部门信用意识不强，有法不依，执法不严，违法不究。由于对项目审查不严，使资金不到位的工程盲目上马，造成一些烂尾工程多年无法解决，严重影响了政府部门的信用形象。

2. 企业信用制度不完善

企业信用是企业重要的无形资产，是企业市场竞争力的一个表现，诚信是企业的生命，是企业发展的基本前提，更是市场信用经济的基础，它对从业人员的个人信用起着支撑性的决定作用，在整个行业的信用建设中发挥着不可替代的重要作用，不讲信用的企业所组成的行业是谈不上发展的。

企业信用是指企业在从事生产经营活动中给内部职工及社会公众留下的印象和获得的评价。这种印象和评价是综合性的，它取决于企业活动的方方面面。对内部职工来讲，信用的好坏取决于企业经济效益、社会福利、内部机制、工作环境、对未来的信心及外界的评价等，它直接影响和决定着员工个人的积极性和创造性。而对社会及公众来讲，企业信用则取决于企业的产品质量和提供的服务、资质与资信等，是一个企业在市场经济中的价值取向、所具实力、社会责任等诸多方面在社会公众和法人团体中的综合反映，企业信用不能直接带来效益，但失去信用的企业是谈不上效益的。

目前，我国社会主义市场经济正处于发育阶段，企业信用制度还没有真正建立起来，信用意识淡薄，信用观念扭曲，企业信用缺失的主要表现有：有些建设单位信用意识淡薄，不按工程建设程序办事，规避招标或规避公开招标，强行要求垫资承包，强迫建筑企业签定"阴阳合同"，恶意拖欠工程款，或搞肢解发包、虚假招标、明招暗定；有些施工企业采取串标、围标等不正当方式承揽工程，或通过挂靠无证或越级承包，承揽工程后层层转包、违法分包，不依法履行合同，不严格按照政府已有的、比较完整的法规体系从事经营活动，采取消极、规避方式逃避监管，有的规避招标、串通投标，有的违反强制性标准，导致工程质量不高、安全事故频发、工期延误以及拖欠农民工工资等现象屡见不鲜，在寻求利益最大化的同时，也使自身的信用降到最低。再有就是企业之间缺失信用。企业与企业不是一种以诚相待、相互信赖的局面，取而代之的是互不信任，突出表现在不认真履行合约，或者在签订合约时故意隐瞒自己的缺陷，甚至出现相互攻击等不良现象，最终导致履约率低下，两败俱伤。这些不良现象扰乱了建筑市场秩序，影响了工程建设的顺利实施，加大了安全经营成本，直接导致了社会信用和商业信用危机，对建筑业的发展和社会的稳定造成了极大的威胁，给企业和行业发展带来了很大风险，也败坏了社会风气，为滋生腐败提供了土壤，与中央关于构建和谐社会的需求更是背道而驰。

（三）建筑业信用的发展趋势

建筑市场信用建设的目标是约束建筑市场各方主体的行为，使失信者难以生存发展，守信者赢得竞争优势，促使企业和从业人员不断强化信用意识，自觉维护自身的信用形象，营造健康、公平、有序的建筑市场信用环境。要实现这一目标，需要社会各方共同关注，建立信用建设体系，并在实践中不断加以完善。

1. 建立和完善建筑市场信用法规体系

有效发挥法律和市场机制对失信行为的惩罚机制，切实保护守信企业的合法权益，为建筑市场信用制度建设奠定基础。国家颁布的法律法规指导整个建筑市场信用制度的建设，建设领域要根据国家信用法规，结合行业特点，颁布和实施相关的信用法规和条例。

2. 加强和完善信息的披露

尽可能减少信息的不对称，增强信用信息的透明度，是建立公开、公正、公平竞争秩序的关键。要做到这一点，就必须努力加强和完善信息披露制度，比如信用公示制度和信用评级制度。建立企业和个人的红名单和黑名单，有奖有罚，真正提高市场主体守信的积极性。目前要做好的是建筑市场主体信用行为记录以及相关信息的公开，形成信用信息查询平台，增大信息的透明度和对称性。

3. 注重建筑市场信用意识的培养和提高

要加大舆论宣传力度，引导企业加强信用管理和防范意识，强化个人信用观念，让"诚实守信"的理念深入人心。要加强信用教育，培育"信用至上"的意识。要加强舆论的正确引导，形成"守信光荣，失信可耻"的道德氛围，使人们真正认识信用的重要性。

4. 处理好政府在信用体系建设过程中的定位问题

由于我国的市场经济还不成熟，目前建筑市场信用制度建设需要政府来启动和推进，但要有长期规划，分阶段实施。在信用制度建设的过程中，要始终明确：形成由市场运作、完善有效的建筑市场信用体系是一切工作的最终目标。在信用体系建设中，政府应以信用为立法基点，制定并执行相关的法律法规；扶持和推动市场化信用；推动与信用体系建设相关的机构和部门加快改革步伐。

　　建筑市场信用体系建设是促进建筑业各方诚实守信的充分条件，信用缺失是建筑市场秩序混乱的根本原因，应建立更完善的建筑市场信用平台，全面推动建筑业诚信评价工作的进行，规范企业竞争，培育市场主体自律和诚实守信行为，使信用建设更加制度化、规范化和体系化。信用体系建设又是一项系统工程，具有长期性、艰巨性和复杂性，需要建筑行业各方主体的配合和努力，共同营造健康、有序的建筑市场信用环境。

第二章 建筑业产业政策与发展规划

第一节 建筑业产业政策

一、建筑业在国民经济和社会发展中的重要作用

1980 年，邓小平同志从国家经济建设发展的战略高度出发，借鉴发达国家建筑业发展的经验，结合中国国情，高瞻远瞩地提出建筑业是国民经济的支柱产业，为我国建筑业改革与发展指明了方向。

改革开放 30 多年来，随着国民经济的快速增长和社会的不断进步，我国建筑领域的相关法律法规、产业政策得到不断完善，建筑业作为国民经济支柱产业的作用日益增强，为国民经济和社会发展作出了巨大贡献。

（一）建筑业的支柱产业地位日益显著

建筑业增加值在 GDP 总量排序中，长期稳步居于国民经济各产业部门的前列。根据《中国统计年鉴 2010》，建筑业占 GDP 的比重为 6.58%，居制造业、农业、采矿业、批发零售业之后，位列第五。建筑业的快速发展，大大改善了城乡面貌和人居环境，加快了城镇化进程，带动了相关产业发展。

（二）工程建设成就举世瞩目

长江三峡水利枢纽、青藏铁路、京沪高速铁路、苏通跨江大桥和杭州湾跨海大桥、北京奥运场馆、上海世博会场馆等一大批高大精尖工程的顺利建成，充分说明了我国建筑业的技术、管理和工程建造能力达到世界领先水平，这些工程为我国的经济建设、国防建设、文化建设和民生改善发挥了巨大作用。

（三）建筑业提供了大量就业机会

目前，建筑业的从业人员已达到 4100 多万人，约占全社会从业人员的 5%，至少直接影响到全国 1 亿多人口的生存和生活质量。建筑业不仅直接拉动了国民经济增长，同时吸纳了城镇化及农村结构调整所转移的大量劳动力，缓解了就业压力，有力地支持了社会主义新农村建设和"三农"问题的解决。

（四）建筑业是应对各类金融危机和突发事件、抢险救灾的重要力量

特别是汶川、玉树地震灾害发生后，建筑业积极响应党中央、国务院的战略部署，率先进入灾区抢险救灾，为经济运行稳步回升，为保障人民生活，为灾后重建，建立了卓越功勋。

二、建筑产业政策需要进一步完善的方面

数十年的实践证明，对于中国这样一个幅员辽阔、人口众多、劳动力基数大、经济发展不平衡的发展中国家，在战略机遇期乃至更长的历史发展时期，持之以恒地大力发展建筑业这样一个多功能、多层次、包容性强、弹性大的支柱产业，对于实现宏观调控目标、解决社会就业、消除贫困、缓解社会矛盾、建设和谐社会，意义极为重大。

随着我国社会主义市场经济的逐步建立，建筑业产业政策对建筑业的持续快速发展起

到了积极的推动和引导作用。但同时也应清醒地认识到，我国建筑业产业政策尚有许多地方有待进一步完善。

（一）工程建设法规制度有待完善

现有法律法规不能完全适应国民经济和社会发展的新形势，对工程建设各方主体行为缺乏有效的制约机制，建筑市场不规范行为依然存在；工程保险与担保制度的推行缺乏强有力的法律依据；信用体系建设缺乏长期的系统规划。

（二）工程质量与安全生产形势依然严峻

法律法规和技术标准的制定滞后于工程质量与安全生产管理工作的需要，监督机制不够健全，重大事故预防控制体系有待健全。

（三）产业规模与结构不够合理

建筑业产业集中度需要进一步优化，建筑企业资质管理政策有待进一步完善，融资渠道也需要进一步拓展。

（四）科技进步与节能减排工作有待加强

科技进步投入不足，科技政策执行力度不够；科技成果向现实生产力转化能力薄弱；建筑节能减排管理体制及标准体系需要进一步完善，建筑节能经济激励政策的实现形式有待完善和创新。

（五）企业经营与市场拓展能力较弱

大型建筑企业的经营模式和经营方式比较单一，管理水平不高，国际化程度较低，企业利润率较低；企业经营范围比较窄，主要在房屋建筑、土木工程等领域，不利于分散经营风险，企业综合利润也较低；建筑企业一般只承揽工程设计、采购、施工，利润较高的融资及前期策划缺乏竞争优势，工程咨询、勘察设计、项目管理等方面的国际市场开拓能力依然较弱。

（六）工程建设实施组织方式尚需深化改革

因法律法规不完善、相关制度不配套、市场接受程度不高等，致使工程总承包、工程项目管理服务等工程建设实施组织方式未能得到广泛推行。BOT（建造—运营—转让）、PPP（公私合伙）等模式的实施也缺乏完善的法律法规。

（七）建筑业从业人员资格及培训制度有待完善

个人执业资格管理的法律效力较低，执业范围受到限制。产业工人的培训动力不足，建筑工人的工作时间超长和工资拖欠问题依然存在。

（八）建筑工业化水平需要进一步提升

建筑业仍在使用大量传统技术，科技进步贡献率较低；建筑标准化工作滞后，部件标准化和通用化程度低；施工机械化程度不高；节能减排等先进技术尚未广泛应用。

三、促进我国建筑业持续健康发展的政策及措施建议

为将我国建筑业打造成具有较高贡献率的支柱产业、引领时代发展潮流的低碳绿色产业、自觉履行社会责任的诚信产业、具有较高产业素质的现代产业，必须深入贯彻落实科学发展观，不断完善建筑业法律法规及产业政策，加快建筑业发展方式的转变步伐。

（一）创新和完善建筑市场体系

1. 完善法律法规体系

（1）尽快修订《建筑法》。《建筑法》自 1998 年 3 月 1 日实施以来，在规范建筑市场行为、促进建筑业改革与发展中发挥了十分重要的作用。但是，随着我国社会主义市场经济体制的建立和不断完善，特别是我国加入 WTO 以来，建筑市场环境发生了重大变化，《建筑法》已不能完全适应我国建筑业发展的需要。修订《建筑法》，应着重考虑下列内容：

1）调整拓宽《建筑法》范围。现行《建筑法》的内容主要涉及房屋建筑工程的施工阶段。《建筑法》的修订应考虑范围的调整拓展，工程类别应覆盖各类土木工程和建筑工程，实施阶段也应覆盖工程勘察、设计、施工等各个阶段。此外，还应充分考虑对社会主义新农村建设活动的调整。

2）明确相关制度的法律地位。现行《建筑法》基本上是在工程设计、施工相分离的前提下制定的，而对于近年来推行的工程总承包（DB、EPC 等）、项目融资（BOT、BT、PPP 等）实施模式未能涉及；对于国际上普遍采用的工程担保、工程保险、工程咨询服务（包括工程项目管理服务）等也缺少相应的法律规定。《建筑法》的修订应充分考虑建设工程新型实施方式及相关制度设计，为建设工程的科学实施提供法律依据。

3）加大对业主行为的规范力度。现行《建筑法》更多地涉及的是承包单位的行为，而对于业主方的行为规范较少。从建筑市场长期存在的难以根治的问题来看，多数问题与业主不规范行为有关，业主管理已成为现阶段建筑市场管理的难题之一。为有效规范建筑市场，《建筑法》的修订除加强规范和调整承包单位的行为外，还应充分考虑对业主方行为的规范和调整。

（2）完善相关法规。在修订《建筑法》的基础上，修订和出台包括《建筑市场管理条例》在内的配套法规，具体解决市场主体违法行为界定不清、定性不准、监管手段缺乏、执法效力弱等问题。

（3）制定统一的建筑业产业发展规划。长期以来，建筑市场由多个部门共同管理的局面尚未得到根本性转变。为确保各相关部门在建筑市场管理上的通力合作，应由国务院或国务院委托相关部门统一制定和发布建筑业产业发展规划。

2. 完善市场准入制度

我国决定建筑企业市场准入的唯一条件是建筑企业资质管理等级标准，资质管理成为建筑业最主要的法规政策壁垒，限制了新企业进入市场及中小企业承揽大型和复杂工程项目。因此，应充分发挥资质管理对企业择优汰劣的作用，实现产业结构优化调整。

（1）提高自然准入壁垒，降低退出壁垒。要鼓励以具有资金、人才、管理等综合实力的企业为龙头，兼并和联合其他各种类型的建筑企业，有助于提高行业准入门槛、优化企业组织结构和调整产业结构。此外，为打破建筑业生产能力过剩和建筑产品同质化的格局，应降低行业退出壁垒。

（2）改革资质评级方式，逐步转变为资信评级。对于企业资质升级，应重点通过考察其在市场活动的业绩，包括其资信水平。应严格按照市场规则办事，杜绝低级别企业降级易、高级别企业降级难等情况的发生。应加大企业违规处罚力度，增加其违约成本。此外，可由行业协会受政府委托负责资质管理，政府则对其进行严格监管。

（3）建立不同资质等级企业的市场分工制度。借鉴国际上的成功经验，对不同资质等级的企业设定合同额度的上下限范围，引导各资质等级企业进行合理的市场定位，实行有差别的市场分工，在各自不同的市场层面上进行有序竞争。以此规范企业市场行为，维护市场竞争的公平和高效率。

3. 加强信用体系建设

政府建设主管部门在行政许可、市场准入、招标投标、资质管理、工程担保与保险等工作中，应积极利用企业的诚信行为信息，依法给予守信行为激励和支持，给予失信行为惩戒，逐步健全有效的诚信奖惩机制。

（1）完善建筑市场信用法规。应在国家信用法律的基础上，建立建筑市场的信用管理法规，引导和监管建筑市场信用系统的建立和运行。

（2）完善建筑市场信用奖惩制度和信用评价制度。各地建设主管部门不仅要建立信用体系与招标投标、资质监管、市场稽查等的纵向联系，还要实现信用体系与相关管理部门和机构（如工商行政管理部门、银行）等的横向联系，以此来逐步完善信用奖惩制度。应建立科学的评价指标和评价标准，并加快培育中介组织，将信用评价管理主体由政府逐步过渡到中介组织。

（3）推进信息平台建设。包括建立征信机构信用数据库、加强信用动态评价以及建立全国统一的信用信息平台。

（4）充分发挥行业协会作用。建筑市场行业协会应参与信用体系建设，协助政府部门研究制定信用标准，参与征信和评价，并以自身会员单位为基础，开展建筑市场信用体系专题研究，指导有关信用评价机构研究建筑市场各方责任主体的信用标准模型和评价方法。

（二）进一步完善工程质量和安全生产管理体系

质量和安全是建设工程的生命线。确保工程质量安全，不仅是建设问题、经济问题，也是民生问题、政治问题。应进一步完善建设工程质量和安全生产管理体系，包括企业内部的自控保障体系、政府主管部门及社会机构的监管体系。

1. 加强建筑市场监管

（1）完善监管法律法规。法律法规是监管主体行为的准绳，要以《建筑法》、《安全生产法》、《合同法》等为基础，针对近年来建设工程中出现的新问题，进一步完善法律法规和规章制度建设。

·（2）完善联合监管机制。随着监督管理分工的进一步细化，工程质量和安全生产监管职能分布在政府各部门。应建立跨行业、跨部门的联合监管机制，以便总结经验，提高监管执法水平。

（3）加强监管队伍建设。监管队伍是建筑市场监管体系的执行者，监管人员素质的高低，关系到监管效果的优劣。因此，必须加强监管队伍建设。首先，应加强监管队伍的专业化建设，提高其业务素质。其次，应加强监管队伍的规范化建设，严格按照程序审核监督人员资格。最后，应加强对监管队伍的监督，规范监管人员的行为。

2. 建立和完善工程保险和担保制度

建立和完善工程保险和工程担保制度，强制推行工程保险和担保制度，有利于充分发挥市场制约作用，促使建筑市场形成优胜劣汰的良性竞争机制，为业主选择合格的承包商创造条件，同时也是利用市场机制加强工程质量、安全生产管理的有效途径。应在以往试点工作基础上，制定出台相关法规政策，引导工程保险和担保市场的健康发展。

（1）完善法律法规。完善的法律法规、合同条件是我国全面推行工程保险和担保制度的重要保证。应通过修订《建筑法》，明确工程保险和担保制度在建筑市场中的重要作用，并在《建筑市场管理条例》等行政法规及部门规章、建设工程合同示范文本中予以进一步明确，保证建设工程保险制度和担保制度的推行。

（2）强制推行工程保险和担保制度。从国际经验看，强制推行工程担保制度，有助于有效解决我国建筑市场信用、工程承发包合同纠纷、工程质量和安全生产、工程款拖欠等方面的问题。在强制推行工程担保制度的同时，也需要强制实行工程保险制度，不仅为担保公司开展业务提供保险，而且在我国目前建筑市场机制不够完善、交易行为不够规范、风险防范意识普遍不高的情况下，工程保险制度的推行，对于保障工程建设顺利实施、规范建筑市场和防范金融风险具有重要作用。

（3）调整建设工程费用组成。为推行工程保险和担保制度，需要改革建设工程费用组成，明确规定工程保险和担保费用是工程造价的组成部分。这样，实力强、信誉好的建筑企业，能够争取到工程保险和担保公司较低的费率，报价可降低。通过工程保险和担保制度可实现市场对建筑企业能力和信誉的检验，有利于建筑企业的优胜劣汰。

（4）推行业主投保方式。国内外工程实践证明，业主主导建筑市场，是建筑业发展的动力。在我国，由于业主压低承包价格、与承包商签定不平等合同、要求垫资承包、拖欠工程款等现象仍较为普遍，承包商缺乏主动投保动力。因此，工程保险制度的推行必须要通过相关政策推动业主投保。

（5）发展工程保险中介机构。政府建设主管部门应联合相关部门，共同培育和发展专门的工程保险中介机构，包括工程保险代理人、工程保险经纪人、工程保险公估人和工程风险管理咨询公司。由中介机构为保险公司提供承保、理赔、风险管理等方面的技术支撑，甚至直接承揽保险公司的业务，以共同承担市场风险，获得共同发展。

（6）健全监管体系。工程保险和担保制度的推行需要完善的监管体系，这也是保护被保险人、被担保人的利益、维护社会经济稳定的必然选择。监管职能可由行业协会来承担，也可由工程质量和安全生产监管机构来承担。

（三）推动建筑业技术进步与管理创新

通过政策引导，规范建筑业科技进步与科技创新主体的行为，在全行业倡导技术创新与管理创新的价值理念，通过建筑企业的技术创新与管理创新，不断提升产业整体竞争力。

1. 加强规划和政策引导

（1）组织制定建筑业中长期技术研发与应用规划，确定研究方向和重点开发的技术领域，以此作为建筑业技术创新的指南。

（2）完善科研项目责任制，明确科研项目验收标准及奖罚办法，以有效地激发科研人员的积极性，并确保项目实施效果。

（3）科学评估科技资源优势，进行技术创新的战略分工，减少或避免低水平重复研究。

（4）完善知识产权保护和促进技术扩散的相关法规政策，促进我国建筑业及其关联产业新知识的产生以及在国际建筑市场的传播与应用。

（5）加强与国家自然科学基金委员会及教育、科技、财政等部门的有效沟通，努力加大对土木建筑等相关学科研究的资助力度。

（6）制定更加有利的政策，鼓励建筑业产、学、研分工与合作，以及相关产业科技人才的自由流动。

（7）建立建筑业创新基金，推进重大科技项目以及新产品研制，对积极参与科技创新的企业加大资金支持力度。

2．加速科技成果转化

积极推进建设领域重点新技术推广项目的实施，完善科技成果转化体系，加快新技术、新工艺、新材料、新设备、新工法的推广应用，加大对工程建设的专有技术、计算机软件等知识产权保护的力度。

3．加强技术创新与管理创新指标的考核

政府在制定政策时应加强技术创新与管理创新指标的硬性考核，督促建筑企业积极进行科技创新活动。从评优评奖、企业资质管理、企业负责人等方面加大对科技进步的考核比重。

4．为技术创新与管理创新活动引入多种融资渠道

拓宽市场融资渠道，鼓励创新成果的推广应用，如科技研发和推广基金、创新风险基金、创新援助基金等；采取增加贷款、贴息、税收优惠、价格补偿等措施，鼓励创新活动；积极将风险资本引入结构技术、施工工艺、材料形式变革等技术含量较高的领域。

5．继续加强科技人才培养

要进一步完善有利于建筑业人才培养的配套制度，营造有利于建筑业人才成长的政策环境。高等学校、企业和科研院所应通过教育、培训、技能训练、国际人才交流等多种形式，培养青年科技人才的科学精神、团队精神、创造才能和创新意识，培养出开拓国际市场所需要的懂技术、会管理、善经营的复合型人才。

（四）加大落实建筑节能减排力度

我国是一个建筑大国，每年新建房屋面积高达 $17\sim18$ 亿 m^2，超过所有发达国家每年建成建筑面积的总和。随着全面建设小康社会的逐步推进，建筑能耗迅速增长，建筑节能减排已成为建设资源节约型社会、环境友好型社会的重要工作内容。

1．进一步完善节能减排管理体制

要进一步完善节能减排管理体制，逐步完善管理体系，明确各方职责，做到各职能部门和责任单位分工明确、协调有序，将节能减排目标和措施落到实处。

2．实施多样化的经济激励政策

（1）设立建筑节能投资基金，对建筑节能项目进行资金支持，资金来源主要包括政府的直接财政投资和民间资金。节能投资基金可以对外直接投资，作为项目资本金，也可以向企业提供担保，为企业的节能投资融资进行担保。

（2）建立抵押贷款激励机制。借鉴国外经验，建立抵押贷款激励机制，激励对象从生产方转向购买方，刺激市场对节能产品的需求，从而促使节能产品交易的成功，加快实现建筑节能减排目标。

3．加大能源科技投入

技术进步是提高能源资源利用效率的根本性措施。实现低耗能、低污染、高效率的增长方式，最关键的是通过引进和消化先进技术，发展高附加值、低能耗、低排放的建筑节能产品。国家应加大对建筑节能减排的科技投入，支持建筑节能减排项目的技术创新。

4. 完善并严格执行标准规范

进一步加强建筑"四节"（节能、节地、节水、节材）标准规范的制订工作，鼓励有条件的地区在工程建设国家标准、行业标准的基础上，组织制订更加严格的建筑"四节"实施细则。同时，标准涉及内容要逐步覆盖全国各个气候区的居住和公共建筑节能设计，从采暖地区既有居住建筑节能改造，全面扩展到所有既有居住建筑和公共建筑节能改造，从建筑外墙外保温工程施工，扩展到建筑节能工程质量验收、检测、评价、能耗统计、使用维护和运行管理，从传统能源的节约，扩展到太阳能、地热能、风能和生物质能等可再生能源的利用，以促进先进适用技术通过标准得以推广。

（五）推动企业组织结构和工程建设实施方式的深层次变革

建筑企业的健康发展是产业政策的核心目标。为企业提供良好的市场环境，使其在工程实施中有多种方式可以选择，能够保障企业完善自身经营管理和不断开拓市场；针对不同的企业制定适当的扶持政策，有利于产业结构的调整。

1. 深化改革工程建设实施组织方式

丰富的工程实施组织方式对我国建筑企业提高管理水平、提升整体竞争力具有积极作用。为此，应推进工程建设实施组织方式的改革，为建筑企业提供更加广阔的发展空间。

（1）完善法律法规。要明确工程总承包的法律地位并尽快出台相配套的政策措施、不同类型总承包方式的合同示范文本等，以便为建筑企业开展工程总承包业务打下基础。为适应工程总承包的要求，招标投标制度要进行相应变革，包括将招标工作提前到施工图设计以前，由中标的总承包单位负责施工图设计，有利于最大限度地减少工程量、节约能源，从而降低工程造价。

（2）引导业主认同。首先，应在不同行业中选择一批工程项目，进行工程设计、施工一体化承包和工程项目管理服务试点，通过总结经验和积极推广，引导业主认同新型的工程建设实施组织方式。其次，在政府投资工程中积极推进工程实施组织方式的改革，在具备相应管理能力的基础上，优先选择工程设计、施工一体化承包方式。

2. 促进建筑企业扩展一体化服务功能

随着工程建设的日趋复杂化和技术的不断进步，国际工程承包不再仅仅局限于工程施工管理，而是覆盖到投资策划、项目设计、工程咨询、国际融资、设备采购、技术贸易、劳务出口、项目运营、人员培训、后期维护等项目的全寿命周期中，工程项目日益成为国际投资和贸易的综合载体。国际工程承包正从传统劳动密集型建筑服务交易向带动本国或本公司技术与管理资源、建材或机电产品出口综合贸易转变。因此，应切实从国家政策层面扶持和推动有条件的大型建筑企业成为具有科研、设计、采购、施工一体化管理和工程总承包能力，能与跨国公司竞争的国际化企业集团。

3. 做强、做大核心建筑企业

要采取必要措施，通过进一步提高大型企业资质评审门槛，评选出 50 家左右特大企业集团，构成我国建筑业的核心企业，使其成为中国建筑企业跻身国际市场的主导力量。此外，应制定相关政策，推动建筑企业联合兼并科研和设计企业，实行跨专业、跨地区重组，形成一批资金雄厚、人才密集，具有科研、设计、采购、施工管理和融资能力的大型工程承包企业，提高企业的整合经营能力，在经营方式上与国际快速接轨。

4. 大力支持企业联合重组

加快产权制度改革，吸引外国资本和民间资本进入建筑业，营造富有活力和相互促进的产权机制；制定政策措施，指导工程施工、设计单位积极寻求联合、重组的机遇和方式，加快企业联合、重组、改制的步伐，尽快形成一批专业特点突出、技术实力雄厚、国际竞争力强的大企业、大集团。

面对国际工程承包市场激烈的竞争环境，除了企业间的联合、重组外，有必要采取各种政策措施，鼓励对外承包工程企业以各种方式进行联营，使企业间资质互补、优势互补，增强在市场上的综合竞争能力。这对有效聚集资金、优化资源配置，解决企业普遍存在的资金不足问题具有重要作用。

5. 扶持中小建筑企业健康发展

中小建筑企业是建筑业发展的重要支撑。政府应积极支持中小建筑企业的发展，如在资质管理上要保护中小建筑企业的市场空间，在建筑市场招标投标活动中要明确中小建筑企业参与投标的范围界限，大企业不得参与竞争；要解决专业化企业融资困难的问题。建设主管部门可编制重点扶持专业目录，向金融机构推荐效益好、偿债能力强的中小建筑企业。

6. 着力推进企业信息化建设

信息化是推动传统建筑业向现代建筑业转型的重要途径。要着力推进信息化建设，使信息化覆盖到工程项目管理的全过程和全要素，促进企业管理整体水平的提高。

（六）积极开拓国际市场

随着经济全球化趋势的进一步发展，进入国际市场既是建筑企业的必由之路，也是最佳选择。建设主管部门应积极为企业开拓国际市场创造良好的竞争环境。建筑企业要发挥比较优势，增强参与国际建筑市场竞争的主动性、自觉性和紧迫性。

1. 创造良好的竞争环境

为支持建筑企业积极参与国际竞争，建设主管部门应联合商务、外交等相关部门，充分利用政府间谈判以及经济技术合作，帮助企业开拓工程承包市场，保护我国建筑企业在工程所在国的合法权益。

2. 提高企业核心竞争力

建设主管部门应通过制定相关政策，鼓励和引导建筑企业全方位涉足石化、交通、电力、水资源、环保及工业制造等多种类型的工程项目，不断提高企业的一体化服务水平和承包工程的科技含量，为建筑企业综合竞争力的提升创造条件。

3. 推进工程建设标准的国际化

目前，对外工程承包业务正逐步进入到利用工程建设标准巩固和开拓国际市场的高层次竞争范畴。要加大对我国工程建设标准国际化的研究，确立工程建设标准国际化的战略路径，推动国内工程建设标准更多地转化为国际市场认可和通用的标准，从而提高我国建筑企业在国际工程承包市场的主导地位。

4. 增强建筑企业的风险识别和防范能力

国际市场的政治、经济、文化、法律、科技等因素都会对建筑企业经营活动产生影响。近些年来所披露的国际工程承包案例说明了建筑企业增强风险识别和防范能力的重要性。为此，要强化建筑企业的风险意识，建立国际工程项目全面风险管理体系，有效地化解国际工程承包市场风险对建筑企业的不良影响。

（七）大力开发建筑业人力资源

根据《国家中长期人才发展规划纲要（2010～2020 年）》的要求，应加快人才发展体制机制改革和政策创新，推进执业资格制度的完善，使人才结构合理化，维护建筑业从业人员的基本权益。

1. 继续完善执业资格人员管理

（1）拓宽执业资格人员的执业范围。根据国际惯例和我国国情，应将建造师的执业范围拓宽为工程项目全过程管理，包括项目前期策划及设计阶段、施工阶段的项目管理。

（2）加强和改进专业教育评估工作。理顺工程管理专业教育评估与注册执业资格制度之间的关系。采取激励措施，使高等院校的专业设置和教学更能满足建筑市场需求，促进产业素质提升。

（3）加强注册管理，完善信用和保险制度。利用计算机及信息网络技术，建立注册师执业资格信息库及信用档案。对注册执业人员，实施个人职业责任保险制度。一旦出现执业人员责任事故，除企业承担主要责任外，执业人员应该承担连带责任，并将个人职业责任保险逐步纳入执业资格人员注册条件。

2. 逐步改善人才结构

我国建筑业从业人员中很大比例来自农村的剩余劳动力。为尽快提高建筑业从业人员素质，需要建立政府主导的职业培养机制，加大从业人员（特别是施工作业层操作人员）的科学文化和专业技能培训力度。

（1）规范从业人员就业市场。建立建筑劳务市场，从业人员凭有效的技能证件和安全合格证进入市场与企业进行双向选择。实现持证上岗制度与市场准入制度的衔接。

（2）完善建筑业从业人员培训制度。要根据我国建筑业从业人员特征，有针对性地开展教育培训，特别要重视加强产业工人的安全生产培训。以技能实践为主，以理论知识为辅，按照《国务院办公厅关于做好农民进城务工就业管理和服务工作的通知》（国办发〔2003〕1 号）要求，由建设主管部门规划，委托行业协会组织具有职业教育资质的培训单位具体落实。

（3）加强企业内部培训。建筑企业要着眼于长远利益，针对企业内部不同的岗位层次，采用差异化的培训手段和方式，将企业文化的建设融入到对各层次员工的培训中，培养一批具备专业技能和职业道德的管理和操作人才。

3. 维护建筑业从业人员的基本权益

应将维护建筑业从业人员的合法权益当作关注民生、建设和谐社会的大事来抓，紧密结合实际，突出重点，多措施并举，有效保障建筑业从业人员的权益。

（1）改善从业人员的工作条件。在贯彻实施《建设工程安全生产管理条例》的同时，应加强工地安全管理人员的技术水平培训和责任心教育，坚持专职安全员制度；应重视建筑业从业人员岗前安全常识的培训和考核。重视文明工地建设，强化实施现场施工人员基本生活设施的有关标准，进一步修改完善施工现场文明施工标准，不断改善工作环境。

（2）建立工资支付长效机制。应探索建立工资支付担保制度，提高技工待遇，优化技术人员成长环境，提高技术人员社会地位。同时，建立完善的激励机制，对不断进步、不断创新的技术人员进行各方面的奖励。

（八）提升建筑工业化水平

实现建筑工业化是社会生产力发展的必然结果。我国市场经济的发展还不成熟、不完善，市场信息还不能完全正确地反映客观经济规律。因此，需要有正确的技术和经济政策进行引导，以实现局部利益与全局利益、经济效益与社会效益的结合，持续加速建筑业的整体技术进步，加快建筑工业化步伐。

1. 培育和引导建筑工业化市场需求

各级政府应当加大建筑工业化的宣传力度，制定激励政策，培育和引导建筑工业化市场需求，引导和支持建筑工业化的各相关主体，包括研发机构、建筑企业、工程材料和机械制造加工企业、房地产开发企业，积极发展和采用标准化、通用化构件；大力推动住宅产业化发展，为建筑工业化发展提供广阔的市场。

2. 提高构配件和制品生产与供应的商品化、社会化水平

构配件和制品不仅是指一些预制的结构构件，而且包括门、窗、隔断、商品混凝土、预制钢筋网等建筑用成品和半成品，也包括建筑设备，特别是住宅建筑中的厨卫设备。这些制品不仅要实现生产工厂化，而且要实现商品化、社会化，而商品化和社会化是以构配件和制品的规格化、系列化和通用化为前提的。因此，提高构配件和制品生产与供应的商品化、社会化水平是建筑工业化的重要内容之一，它不仅关系到最终产品的工程质量，而且关系到功能质量和使用寿命。当前，我国推行建筑工业化应以发展构配件和制品的商品化、社会化为主要标志，以有效地提高整个行业和建筑最终产品的工业化水平。

3. 推动现场施工的机械化和合理化

工厂生产和现场施工的机械化是建筑工业化的前提，合理化则强调了通过合理的组织与管理来求得最佳综合效果。发展现场施工的机械化、合理化，需要加速建筑企业机械设备的更新，逐步用先进机械取代性能差、能耗高、安全性能差的老旧机械；结合不同地区和工程特点，实现各类机械、设备的最佳组合，以多层次的装备结构获得最佳效果；对一些难以实现机械化的工作，要改进操作工艺和工具，减轻劳动强度，提高劳动效率；不断将高技术成果引入建筑业，提高机械化、自动化水平。

4. 发展综合效益好的各类建筑体系

尽管我国已形成多种建筑体系，但在建筑工业化发展过程中，要继续加大设计、施工配合力度；结合不同工程和部位，对钢筋混凝土结构体系合理选用现浇和预制两种工艺；继续改造砖混建筑；促使不同建筑体系在一定条件下的相互渗透，以形成新的建筑体系；研究开发灵活性大、适应性强的各类大开间、大柱网的多功能建筑体系；就一个地区或大型建筑企业来说，需要有自己的主导体系，完善其成套技术，形成工法，保持竞争中的优势。

5. 促进建筑标准化的发展

标准化是科技成果转化为生产力的接口技术，也是实现建筑工业化的基础。要发展建筑工业化，必须制定和执行一些重要的基础标准，如模数、模数协调、合理建筑参数、公差与尺寸配合、连接等。同时，还要强调产品标准。此外，设计标准化是建筑标准化的重要组成部分，要处理好标准化与多样化的关系。

第二节 建筑业"十二五"发展规划解读

一、"十一五"期间建筑业发展回顾

（一）宏观经济背景

"十一五"时期，我国处在城市化、工业化高速推进时期，国家以科学发展观统领经济社会发展全局，着力解决关系人民群众切身利益的突出问题，注重城乡、区域协调及社会事业发展，下大力气调整经济结构，积极应对特大自然灾害和全球金融危机的挑战，部署低碳经济发展战略，保持了经济社会全面、协调、可持续发展。"十一五"时期，在积极的财政政策的主基调下，我国固定资产投资规模不断扩大，增速持续保持在 25% 左右，维持历史高位，为建筑业的发展提供了较好的市场环境。

（二）建设规模及成就

重大工程建设成就。"十一五"期间，建筑业完成了一系列全球瞩目的重大工程，展示了我国建筑业卓越的建造能力。具有代表性的工程有：结构造型复杂、科技含量高、使用要求高、设计理念超前、施工工艺复杂的北京奥运会工程；众多富有创意、充分演绎"城市，让生活更美好"主题的上海世博会工程；全球海拔最高和最长的高原铁路——青藏铁路；世界上最长的跨海大桥——杭州湾跨海大桥；世界上跨径最大的斜拉桥苏通大桥；国内铁路客站中规模最大、先进技术运用最多、现代化程度最高的车站——新北京南站；我国第一条具有完全自主知识产权、世界一流水平的高速铁路——京津城际铁路。以及已开工建设的西气东输二线工程、京沪高速铁路工程等。

产业规模增长。"十一五"期间，以国家重点建设项目、基础设施建设、房地产开发、交通能源建设、工业项目建设、社会主义新农村建设为主题的建筑市场呈现勃勃生机，建筑业保持快速发展势头，产业规模和增长速度都达到历史最高水平。2009 年，全国具有资质等级的总承包和专业承包建筑业企业完成建筑业总产值 75863.78 亿元，全社会建筑业实现增加值 22333 亿元。2005～2009 年建筑业总产值平均增速达到 21.19%，2006～2009 年建筑业增加值平均增长速度达到 21.15%。至 2009 年，建筑业增加值已经大大超过《建筑市场"十一五"时期发展规划》规划目标的上限值 19928.4 亿元。

在国民经济中的重要作用及贡献。"十一五"期间，在国民经济总量大幅度提升的情况下，建筑业增加值占国内生产总值的比重保持在 5.5% 左右。从业人员达到 4000 万人以上，成为稳定提供就业、转移农村富余劳动力的重要产业，产业为农民增加收入提供了来源。建筑业对相关的上下游产业，包括钢铁、水泥、机械设备制造、家具、家用电器、相关的研发、咨询服务以及各类新型建材产业的发展发挥着重要的拉动和辐射作用。"十一五"期间，建筑业支柱产业地位保持稳定并不断加强。

（三）重要变化和进步

建造能力明显增强。"十一五"时期，建筑业完成了一批规模大、技术含量高、结构复杂、采用新型材料、施工难度空前的公共、标志性建筑，这些项目无论是工程规模、建筑形式、工程质量，还是技术难度，都代表着当今世界的先进水平。"十一五"时期，我国居民住宅处在高速发展时期，在完成近百亿平方米巨量住宅建设的同时，住宅的功能、节能、智能、环境、质量、工业化建造都达到了一个新的水平。

企业融资能力实现历史突破。"十一五"以来，建筑业企业股份制改革步伐加快。一些大型建筑业企业抓住国资委积极推进中央企业股份制改革、支持具备条件的企业实现整体上市的机遇，加快集团公司范围内资产、业务和人员重组，实现整体上市。通过整体上市深化产权制度改革，建立规范的法人治理结构，并具备了前所未有的融资能力，一举改变了长期以来建筑业企业融资难，资金紧张的状况，进入具有主动发展能力的时期。

企业经营结构实现战略转变。"十一五"时期，大型建筑业企业的经营结构发生了较大变化。一是大型企业普遍实现了多领域的综合承包。形成了适合企业特点的多领域的工程承包业务板块，大大增强了企业抵御经营风险的能力。二是企业积极拓展经营领域和盈利空间，构建主业突出、相关多元化的产业结构布局，在开发建设一体化、投资、建设、运营一体化等方面取得了长足的进步，盈利能力大大增强。三是企业围绕提高核心竞争能力开展企业组织结构调整，强化技术、资金、机制、功能、市场营销等关键竞争要素，打破部门、行业、地区、所有制的界限，在广泛的空间展开了兼并重组和资源优化配置活动，大大提高了企业资源优化和产业结构合理化程度，增强了自身的综合实力特别是工程总承包能力和市场占有能力，企业做大做强的趋势日益明显。为有效扩展市场，本着优势互补、互惠互利、实现双赢的原则，企业间还注重加强战略协作，通过优势资源整合，巩固和扩大市场份额，进一步提升各自的核心竞争力，共同实现又好又快发展。

产业组织结构进一步优化。根据形势的发展，行业主管部门对《建筑业企业资质管理规定》进行了修订，引导企业注重技术创新和管理水平提高，并为其创造更宽领域的业务发展空间。在政策引导下，行业内在高端就位的综合承包、开发建设一体化、工程总承包力量不断加强，专业承包深入发展，劳务分包逐步规范，产业结构合理化、优化步伐加快。

国际国内市场开拓取得新进展。"十一五"期间，各地建筑业根据国家发展战略的调整变化积极拓展市场，特别是建筑业发达地区采取多种措施紧随国家发展战略调整步伐，加大市场开拓力度，提高市场占有率，企业展开经营活动的地域范围普遍拓宽。建筑业还积极实施"走出去"战略，大力开拓国际市场，"十一五"已经成为对外工程承包发展最好时期，对外承包工程营业额年均增长 30％以上，亚洲、非洲传统市场得到巩固，拉美地区市场有效拓展，发达国家市场拓展取得初步成效，国际市场占有份额持续扩大，而且，对外工程承包个体规模、承包模式也明显变化，高端市场比重不断加大。整个对外工程承包进入快速、良性发展的轨道。

技术进步及节能减排部署展开。"十一五"以来，行业主管部门积极推动技术创新，加快建筑业技术进步的步伐，出台《关于进一步加强建筑业技术创新工作的意见》，引导建筑业企业采用先进、成熟、适用的新技术，全面提高技术创新能力。在政府部门的引导和市场竞争的促进下，许多大、中型建筑企业把科技创新、自主创新作为企业持续发展的根本，制定科技发展规划，加大科技投入，突出关键核心技术和重大瓶颈技术攻关，建立科技发展管理体系，建立博士后科研工作站和企业技术中心，高科技含量的工程承包能力日益增强。

（四）重要法规政策

"十一五"期间，适应新形势的要求，一系列维护市场公平交易、加强工程质量安全和建筑节能监管的法规政策相继出台。

1. 建筑市场监管法规政策举措

加强市场准入管理制度建设。"十一五"时期，住房和城乡建设部组织修订了建筑业企业资质标准和管理办法，引导企业科学发展。修订后的《施工总承包企业特级资质标准》力求通过资质标准的引导作用，增加企业科技含量，提高管理水平和人员素质，发展模式由规模型向效益型转变，逐步形成具有资金技术密集、管理先进、科技创新能力强的建筑业龙头企业。同时，推进高端企业与国际惯例接轨，转变施工组织模式，为开展设计施工一体的工程总承包创造条件。此外，2006 年以来，行业主管部门在资质管理方面贯彻落实《行政许可法》，转变资质审批方式，规范受理程序，完善一个窗口受理制度，并由定期集中受理改为随时受理，限时审批。

健全完善个人执业资格制度。"十一五"期间，行业主管部门进一步健全完善个人执业资格制度，强化专业技术人员的执业准入，并监管其执业责任的完善和落实。出台了《勘察设计注册工程师管理规定》、《注册监理工程师管理规定》、《注册造价工程师管理办法》、《注册建造师管理规定》、《中华人民共和国注册建筑师条例实施细则》、《注册建造师执业管理办法》（试行）等部门规章和规范性文件。

大力推进市场机制建设。"十一五"期间，建筑市场信用体系建设取得进展。《建设部关于加快推进建筑市场信用体系建设工作的意见》明确了"政府启动、市场运作、权威发布、信息共享"的工作思路，突出工作重点，分阶段实施，努力实现"统一的信用信息平台、统一的信用评价标准、统一的信用法规体系、统一的信用奖惩机制"。《建筑市场诚信行为信息管理办法》和《全国建筑市场各方主体不良行为记录认定标准》的出台，明确了信息采集、报送及成果的使用，公布了 175 条不良行为认定标准，使建筑市场信用体系建设逐步实现统一化、制度化、规范化。2008 年 1 月，全国建筑市场诚信信息平台正式开通启用。

加强建筑设计招投标管理。为规范建筑设计招投标工作，提高设计方案质量水平，出台《建筑工程方案设计招标投标管理办法》，对大型公共建筑工程的招标、投标、评标、定标等关键环节提出明确要求，从源头上保证大型公共建筑工程建设项目方案的适用、经济和美观；对抑制低价中标、杜绝恶性竞争规定了具体的实施要求，强调设计招标投标的目的是选择优秀的设计方案；同时，要求在方案评选中加强节能、节材、节地和环保内容的审查，并作为重要指标进行考核。

《建筑市场管理条例》制定工作启动。针对现行法律法规对转包、挂靠、违法分包、围标串标以及拖欠工程款等各类市场违法行为缺乏有效的制约和处罚机制，作为治理工程建设领域突出问题长效机制建设举措之一，2009 年《建筑市场管理条例》制定工作全面展开，旨在通过规范建筑市场各方主体市场行为，明确政府监管的内容、环节和方式，加强建筑市场机制建设，使建筑市场规则更加明确、合理、科学、可行，解决目前相关法律规范对于市场主体违法行为界定不清、定性不准、执法效力弱的问题，促使实现建筑市场的公平交易。

2. 建设工程质量安全监管法规政策举措

"十一五"期间，建设工程质量安全监管法规和制度建设得到加强。《建筑起重机械安全监督管理规定》、《建设工程质量检测管理办法》等规范建设工程质量安全的部门规章及建设工程勘察质量管理、推进建设工程质量保险、质量监督机构和人员考核、安全生产责任制落实、企业安全机构设置和安全管理人员配备、安全投入、安全生产许可证动态监管等大量规范性文件陆续出台，一系列行业标准也陆续发布，法规政策的不断完善为进一步加强建设工程质量安全监管提供了依据，使工程建设参与各方质量安全意识明显增强，行为日趋规范。

推动企业建立健全安全生产责任体系。出台《建筑工程安全防护、文明施工措施费用及使用管理规定》、《关于开展建筑施工安全质量标准化工作的指导意见》，修订《建筑施工企业安全生产管理机构设置及专职安全生产管理人员配备办法》，严格规范建筑施工企业安全生产行为和安全生产条件，促使企业建立健全以法定代表人为核心的责任体系，切实履行安全责任，逐步建立自我约束、自我完善、持续改进的企业安全生产工作长效机制。

创新监管机制，提高监管效能。出台《建筑施工企业安全生产许可证动态监管暂行办法》，建立企业安全生产条件动态监管机制，将安全生产管理薄弱、事故频发的企业作为监督检查的重点，促进建筑施工企业保持和改善安全生产条件，控制和减少安全生产事故。

出台《建设工程质量监督机构和人员考核管理办法》，强化监督机构、监督人员的考核和培训，加强建设工程质量监管队伍建设。

3. 建筑节能可持续发展法规政策

《中华人民共和国节约能源法》从国家法律的层面，规定了建筑节能的领域和范围，明确了建设部门在建筑节能方面的责任。《民用建筑节能条例》的颁布实施为民用建筑节能提供了有力的制度保证。针对国家机关办公建筑和大型公共建筑高能耗十分突出的问题，出台《关于加强国家机关办公建筑和大型公共建筑节能管理工作的实施意见》。发布《绿色建筑评价标识管理办法》及《绿色建筑评价技术细则》，正式启动了我国绿色建筑评价工作。"十一五"时期，建筑节能技术标准不断完善，多项重要的国家标准和行业标准相继发布，为全面开展建筑节能提供了有力的技术支撑。

（五）发展中的主要问题

1. 发展模式。建筑业的发展很大程度上依赖于我国持续多年的积极财政政策，以及相应的高速增长的固定资产投资规模，发展模式表现为外延的、粗放的增长，低端劳动力和机械设备在投入要素中所占比重较大，企业人才、技术、资金等关键要素普遍缺乏；企业科技积累不足，科技研发投入较低，专有技术和专利技术拥有数量少，转化效率低；科学管理和技术进步对产业发展的贡献有限，整个行业利润水平偏低，可持续发展能力不足。

2. 生产方式。建筑业的生产方式与现代科学技术、生产组织方式创新提供的可能性仍然存在较大差距。施工中传统的手工作业方式仍然大量存在，机械化、工业化、信息化水平低，围绕最终建筑产品的不同生产环节，包括勘察、设计、施工、采购等组织融合度低，施工现场管理标准化程度低，建筑产品质量不均衡、不稳定，建筑产品功能品质提升潜力巨大，安全事故的威胁长期难以消除。

3. 产业素质。单纯的劳动密集型产业的性质没有根本改变，高端人才不足，一线操作人员职业化水平低，技术素质不高，企业的对外合作、要素组织能力、资本市场运作能力、投资建设一体化能力、设计施工一体化能力、重大工程技术管理能力、风险管控能力存在明显的不足。市场行为不规范现象，包括转包挂靠、违法分包等社会影响较大的问题还较多发生，管理水平与国际先进水平相比差距较大，高资质企业实际施工能力弱化，中、小、精、专企业发展不充分。企业的社会责任意识有待加强。

4. 可持续发展。近些年来，我国建筑企业发展主要表现为量的扩张，建造资源耗费量大，碳排放量突出，建筑寿命缩短，耐用性降低，后续维修周期缩短，投入增大，在持续发展能力上仍存在较大欠缺。

5. 发展环境。建筑市场不平等交易大量存在，虚假招标投标、肢解发包、低价发包、拖欠工程款等问题依然突出，建筑市场法规制度不完善，现行法律法规对市场主体违法行为界定不清、定性不准、执法效力弱，缺乏有效的制约和处罚机制，不适应监管和执法的需要，不规范的市场环境扼杀企业发展壮大、增强竞争实力的动力，造成优不胜、劣难汰，制约行业的健康发展。

二、"十二五"时期建筑业发展环境

"十二五"时期是我国深入贯彻落实科学发展观、构建社会主义和谐社会的重要时期，也是全面实现建设小康社会奋斗目标承上启下的关键时期，国家将在结构优化调整，内涵式发展的战略方向上统筹经济与社会、城市与农村、国内与国外，实现持续稳定发展，这一时期仍然是建筑业发展的机遇期。

（一）国家发展战略、政策

1. 全面深入贯彻落实科学发展观。国家将更加注重搞好宏观调控，更加注重统筹兼顾，更加注重以人为本，更加注重改革创新，以推动经济社会全面、协调、可持续发展。

2. 建设和谐社会，保增长保民生。国家将继续完善保障民生的政策措施，增加群众收入，完善保障机制，改善衣食住行教育医疗条件，促进和谐发展，保证社会公平。

3. 建设资源节约型社会，应对低碳经济挑战。国家将下大力气推进资源节约型、环境友好型社会的建设，转变经济增长方式，走新型工业化道路，改造传统产业，积极发展低碳经济，提高资源利用效率，迎接全球低碳经济时代的挑战。

4. 深化投资建设体制及国有企业产权制度改革。投资体制改革将继续深化，国有企业产权制度改革将加快推进，通过引进战略投资者、改制上市等多种方式，促进投资主体多元化。

5. 完善市场机制。随着我国社会主义市场经济的进一步发展，市场机制将逐步完善，要求进一步转变政府职能，发挥市场机制作用，促进有序的市场竞争机制逐步形成。

（二）国内外建筑需求环境

1. 国内建筑市场规模结构展望。"十二五"时期，我国处于工业化、城镇化加速发展阶段，大规模的基本建设仍然是国民经济发展的主要特征之一。铁路、公路、水电、核电、城市轨道交通等基础设施建设进入高峰期；大量人口进入城市对城市基础设施建设、旧城改造、新城建设、住宅建设及相关配套设施建设也提出旺盛的需求；社会主义新农村建设将推动农村基础设施建设、住房建设、医疗卫生及教育文化设施建设；新一轮沿海开发开放战略的推进将加快这些地区基础设施建设的步伐；为应对金融危机，一批重大基础设施、民生工程、环境保护工程等项目集中开工。因此，"十二五"时期是我国建筑业发展的重要历史机遇期。

2. 国际建筑市场规模结构展望。展望未来，作为我国对外工程承包主要市场的东南亚、南亚、非洲等发展中国家正处在经济发展的高峰期，受金融危机影响程度有限，基础设施建设存在刚性需求；近年来，我国承包企业介入拉美市场工程承包、资源开发的领域扩大，联系加深，在中东和非洲基础设施建设领域已经具有良好基础和口碑；尤其是随着我国国力的增强，建筑业投资建设能力和水平的不断提高，对外投资规模逐年加大，对外投资客观上对于建设工程承包具有拉动和带动作用，加之国家对"走出去"战略的政策支持力度加大，企业将获得更多的业务便利和政策支持，我国企业在国际建筑市场规模中所占比重应当稳中有升，工程承包中大型工程、技术、资本密集型工程所占比重会不断增加，对外工程承包前景依然看好。

（三）新时期面临的挑战

1. 产品需求结构变化。"十二五"时期，工程建设需求结构的特点是，建设规模大、品质要求高、技术难度大的产品需求增加。高速铁路、高等级公路、城市轻轨、成品型住宅以及技术要求特殊建设需求的出现，对于建筑业的技术、管理、风险控制、适应能力都提出了很高的要求。

2. 高端市场国际竞争加剧。工程建设高端市场是指国内国外技术、资金、管理要求高的发承包市场。这类市场是全球建筑承包商瞩目的承包领域，相对于中低端市场，具有风险大收益可能性大的特点，未来的竞争态势必然推动我国企业与具有丰厚技术、管理、商务经验积淀的美、法、英、日、韩承包商同台竞争，加之我国本国企业进入的数量不断增多，高端市场的国际竞争会更加激烈。

3. 对技术进步快速发展的反映要求迫切。当前，工业制造技术、信息化技术、新材料技术、智能技术、生态技术、新能源和节能技术日新月异，全社会要求建筑业对其作出反映，在工程建造过程中采用和整合采用这些新技术，实现传统产业的优化升级，这对建筑业对市场的反应能力、研发能力、技术运用能力都提出了更高的要求。

4. 社会各类业主对于建造水平和服务品质的要求不断提高。随着经济发展和社会进步，社会各类业主对建筑产品的安全、质量、适用性、功能、节能环保、所提供的建造服务等的要求会越来越高，迫切需要采取多种有效的技术和管理措施，着力提高建筑功能质量，符合社会日益提高的各类需求。

5. 节能减排外部约束加大。"十二五"时期，我国将全面进入降低碳排放战略的实施期，实施日益严格的节能减排政策，对于所有产业的节能减排约束会持续加大，以实现可持续发展。工程建设是节能减排的重点领域，建筑产品的节能减排性质、所使用的建筑材料所受的限制增多，建筑业企业在贯彻落实节能减排战略中的责任会不断加大。

6. 产业素质提高迫切需要政策引导。"十二五"时期，转变建筑业增长方式，提高建筑业的产业素质是十分迫切的任务。要完成这一任务，单靠企业或某一行业部门具有难度，需要财政、税收、国有资产管理、各工程建设管理职能部门通力配合，深入研究建筑业发展当中所面临的深层次问题，全面、慎重提出促进行业发展的政策措施，制定切实有效的法规政策。

三、"十二五"时期建筑业发展的指导思想、主要目标和任务

（一）指导思想

以邓小平理论、"三个代表"重要思想和党的"十七大"精神为指导，深入贯彻落实科学发展观，通过市场机制作用和产业政策的引导，通过企业、协会、政府的共同努力，实现建筑业整体素质的稳步提高和健康可持续发展。

（二）"十二五"时期建筑业发展目标

1. 定性目标

满足我国经济腾飞、社会进步、人民生活改善对建筑产品的巨大、丰富需求，向全社会提供质量优良、功能先进、安全耐用、节能减排效能不断改善的建筑产品，将我国建设工程的设计建造能力提高到一个新水平；

调整优化产业结构，建立适合建筑业特点的大中小型企业、综合与专业企业、市场覆盖地域范围不同企业的有机结合、协作互补、协调发展的组织格局；

破除传统发展模式形成的行业、地域分割，按照市场配置资源的内在要求，优化开发与建设、设计与施工、制造与建造、国际与国内不同领域和环节的组合，提高建筑业的资本、技术含量和管理水平；

努力改变建筑业一线操作工人技术水平低、组织松散、操作质量不稳定的状况，建设一支达到一定技术水平、稳定而富有弹性、精干高效的产业工人队伍；

加强建筑业节能减排工作，推广绿色施工；

增强建筑业的国际竞争力，持续扩大建筑业在国际建筑市场中的份额，为我国经济、社会发展作出贡献。

2. 定量指标

（1）建筑业企业总产值、建筑业增加值年平均增幅达到 15％以上，对外工程承包营业额年平均增幅达到 20％以上；

（2）施工过程的单位增加值能耗下降 10％；

（3）C60 以上的混凝土用量达到总用量的 10％（预计 2010 年 C60 以上的混凝土用量占总用量的 5％左右），HRB400 以上的钢筋用量达到总用量的 45％（预计 2010 年 HRB400 以上的钢筋用量占总用量的 20％）；

（4）特级企业年科技活动研发经费占营业收入的 0.5％以上，特级企业在施工程项目 60％实现网络实时监控，特级、一级企业建立内部局域网及管理信息平台；

（5）有资质企业施工现场建筑工人持证上岗率达到 90％以上；

（6）生产安全事故死亡人数比 2010 年下降 11％以上。

（三）"十二五"时期建筑业发展重大任务

1. 以市场为导向优化产业组织和服务模式

"十二五"时期，针对市场的需要和当前建筑业组织结构的问题，着重从如下方面优化产业组织和服务模式：

支持大型建筑业企业提高综合服务能力。要提高产业集中度，推动有条件的大型企业成为具有科研、设计、采购、施工管理和融资等能力的企业集团，增强其对建设工程项目的综合服务能力和国际市场开拓能力。

推动设计施工生产组织管理方式的改革。要提高建筑业企业的施工图设计能力。要通过改变设计与施工脱节的状况，实现设计与施工环节的互相渗透，提高工程建设整体效益和质量水平。

促进中小型专业化企业和劳务分包企业的健康发展。通过简化工商、资质管理，降低税负，提供融资便利，给予中小型企业市场空间等措施，促进中小型专业化企业和劳务分包企业从隐性地下向公开规范发展，将其纳入统一的行业发展规划指导及市场监管范畴。加强对从业人员培训考核，促进其管理水平和技术水平的提高，促进建筑业产业结构的合理化。

注重效率，加强管理，优化企业组织。在企业内部，应当弱化行政关系，减少管理环节，克服管理层过于庞大侵吞利润的弊端；明晰简化纽带类型，严格按照产权、承包、协作、竞争、行政管理等不同类型确定目标考核，提高管理水平和风险控制能力。

发挥政府投资工程建设组织模式的导向作用。通过法规和政策导向，使政府投资工程在采用先进的发承包模式，运用风险控制手段等方面发挥示范作用，促进新型建设组织方式和市场手段的采用。

2. 发展现代工业化建筑生产方式

形成新型建筑工业化政策体系。根据当前和新时期建筑材料、建造工艺、建筑技术的发展，研究制定新型建筑工业化政策体系。加快制定有关建筑工业化的标准。通过制造和建造相结合，提高工业化制造和装配水平，促进建筑产品生产效率、质量和品质的提高，节约建造成本。

全面提高行业的信息化水平。在企业管理方面，加大信息化技术在市场营销、设计建造、项目管理等方面的应用水平。在建筑技术方面，进一步促进传统技术与信息化技术的整合，通过提高建筑技术的信息化含量，提高建筑技术水平。在行业管理方面，加大信息化技术在建设工程招投标、行政审批备案、企业信息及诚信体系建设等方面的应用水平，丰富管理手段，提高管理效率，实现管理创新。

探索以可持续发展为目标的建筑生产方式。将减少建设工程建造和使用过程中的碳排放作为重要目标，降低碳排放量大的建材产品的使用，逐步增加高强度、高性能建材的使用比例，研究建筑垃圾的处理和再利用，控制建筑过程中的噪声、水污染等，降低建筑物建造和使用过程中对于环境的不良影响。

3. 全面提高人员素质、产业素质和产品品质

全面提高各类从业人员素质。企业经营管理人员应当更新经营理念，提高经营能力，提高管理水平和战略规划能力，增强市场行为自律自觉性，增加社会责任感。要充实具有现代金融、投资、风险管理知识和技能的人才，改善建筑业企业的经营管理人才结构。

要增强行业内的专业技术人员对国家、社会和企业独立承担相应技术责任的意识，使其自觉执行国家法律法规、强制性标准，成为行业内敬业自律的中坚力量。要通过给予专业技术人员相应的技术权力、地位和待遇，充分发挥专业技术人员的作用。

对于一线操作工人，要逐步地提高行业进入门槛，克服非职业化导致的操作技术素质不高的问题。通过建立国家、企业、个人投入相结合的建筑劳务工人基本技能培训考核制度，建筑劳务工人职业经历、技术水平记录证明制度，与个人职业经历能力匹配的劳动保障及流动认可制度等，形成个人技术能力的刚性和职业经历的弹性相结合的建筑业劳务工人职业发展模式。

全面提高企业素质。企业应当从单一的经济效益的追求转向兼顾社会责任的全面发展。建筑业企业的经营目标、经营理念、经营方式应当逐步提升，在诚信经营、严格自律、安全生产、善待员工、节能减排等方面，尽职尽责，取得市场和社会的认可，形成建筑业的品牌企业。

提高建设工程质量安全水平，大力提高建筑产品品质。建筑业企业应当严格贯彻执行有关质量安全、环境保护、节能减排的法律法规和强制性标准，完善企业自身制度、标准，建立起企业质量安全保障体系，为社会提供品质不断提高、用户更加满意、无质量安全隐患的建筑产品。

4. 促进建筑业技术进步和节能减排

进行建筑业技术研发的合理分工，推广应用先进技术。建筑业的技术进步需要科研储

备。国家应当投入资金，组织力量进行工程建设相关的基础性研究。大型建筑业企业应当作为应用研究的主体，依托自身力量或者与科研单位、大专院校、生产厂家合作，进行应用研究。通过制定产业政策和技术标准，推动先进技术的推广应用。

引导和促进企业形成技术进步机制。通过政府的市场准入、招标投标管理以及发挥市场的作用，引导和促进建筑业企业形成技术进步机制，加大企业技术进步投入，进行技术总结、贮备、积累、推广、交流，形成一批独立的或依附于建筑业企业的建筑技术研发企业。对于在技术进步中作出突出贡献的单位和个人，应当给予表彰奖励。

大力推进建筑业技术改造。通过开发利用先进适用技术，提高建筑业技术水平和经济效益。大力推广新技术、新材料、新工艺，适时淘汰落后技术工艺及材料。

制定建筑业低碳经济应对战略，全面贯彻落实建筑节能政策。通过调查统计现有排放数据，制定切实可行的排放目标。在材料使用、建筑产品建造和使用过程等环节，制定并整合低碳措施，增强推进力度，降低碳排放。同时，应当将低碳经济时代的到来视为机遇，在国家全面进入低碳经济的发展环境中寻找利润增长点和发展机会。

强制提高建筑产品使用寿命。通过工程建设标准的提高和建设工程数量、质量的严格控制，强力提高建筑产品的品质，严格控制建筑产品的粗制滥造，延长建筑产品寿命，有效节约资源。

5. 完善现代建筑市场体系

更多地发挥市场机制在建造施工领域的资源配置作用，形成以市场机制为基础，行政管理为补充的建筑业运行机制。

逐步形成政府和市场相结合的准入清出制度。在调整完善现行市场准入制度的基础上，逐步发挥市场机制在市场准入清出中的作用，形成全面有效反映企业能力的准入清出制度。

采用风险转移手段，形成市场制约关系。改变单纯依靠政府监管维持建筑市场秩序的做法，发挥法律、经济手段的作用，加强建筑市场主体自律机制、风险管理机制和纠纷解决机制的建设，形成建筑市场主体之间的市场制约关系。

转变政府职能，优化市场环境等。政府应当进一步转变职能，发挥行业组织作用，制定行业发展战略规划，引导企业发展。政府相关部门应当积极营造公平竞争的市场、法制环境和促使行业健康发展的政策环境，加大面向全社会的工程建设公共服务力度，建立起建筑市场违法行为投诉、质量安全投诉、建筑违法使用投诉等沟通处理渠道和程序，为各类市场主体、广大人民群众提供畅通、便捷、高效的相关公共服务。

6. 大力拓展国际市场，加快"走出去"步伐

"十二五"时期，应当发挥我国建筑业改革开放30年来形成的竞争优势，走出国门，拓展市场，提高在国际市场上份额。

选择重点行业，突出重点市场，加大市场开拓力度。目前，我国建筑业在超高层建筑、高速铁路、公路、桥梁、水电站、火电站、核电站、化工等方面都积累了丰富的建设经验，在这些领域的市场开拓具有条件和可能性。

形成资金、市场、设备、设计、建造综合优势。开拓国际市场，资金是重要条件。通过证券市场融通资金，取得国家政策支持，取得银行贷款支持，推动我国建筑业走出去的步伐。同时，加强企业间的合作，提高系统对外的合力，通过工程承包带动建材、设备出

口，进行设计、施工、采购一体化的工程总承包，是建筑业走出去的重要内容。

采用灵活多样交易手段，提供优质高效建造服务。用建造能力换取外汇，用建造能力换取资源，用建造能力换取市场，用建造能力换取人才技术，是建筑业企业在实践中探索和发展的交易模式，也是国家支持建筑业企业发展对外工程承包的重要内容，通过采取多种灵活交易手段，充分发挥我国建筑业的建造能力优势，进行国际贸易的优势互补，以取得稳定持久的盈利。

探索成功国际化的道路。根据企业发展的实际和可能，逐步形成我国建筑业的国际经营团队。国际型企业在充分发挥自己的管理、技术优势的前提下，应当与外国本土化劳务及商务环境很好结合，借鉴学习本土经营管理经验，在人力资源管理、薪酬管理、市场拓展等方面探索成功国际化的道路。

7. 提高行业协会服务水平

开展调查研究，为政府决策提供参考。行业协会要深入调查研究，广泛听取企业意见，反映企业的诉求。要跟踪分析建筑业发展中具有全局性、前瞻性的新情况、新问题，提供有价值的调研报告。要积极与政府有关部门沟通协调，参与涉及行业利益的决策、立法的论证咨询，就强化节能减排、调整产业结构、促进产业升级换代等重大问题向政府部门提出意见和建议。

加强行业自律。行业自律是政府监管的重要补充。要通过制定行业自律公约和开展信用评价等手段，大力倡导诚实守信的道德规范和行为准则。要建立健全行业信用信息档案，做好诚信行为记录和信息发布等工作，把建筑行业诚信建设推向一个新的水平。

（四）"十二五"时期促进建筑业发展的有关政策

1. 规范建筑市场秩序

制定出台《建筑市场管理条例》，为公平交易提供良好法制环境。加强建设工程业主投资建设行为监管，引导业主的理性投资，遏制压缩工期、压低造价、拖欠工程款等源头上影响建筑施工行业发展的违法违规行为；严格监管承包单位的转包、挂靠行为；加强政府投资工程业主行为监管，使其成为工程建设业主行为的表率及楷模。

完善建筑业企业市场准入法规及标准，逐步发挥市场机制在市场准入中的作用。修订完善企业市场准入标准、条件，新标准应当更加强调企业的管理能力、技术水平、产品品质及其现场管理等。引导企业适应我国社会主义市场经济不断成熟的环境，在市场竞争中实现优胜劣汰，产生市场、社会公认的品牌企业。

以资质管理、战略规划、指导意见、信息发布等手段引导建筑施工行业、企业、项目组织的优化。围绕优质建筑产品的建造目标，促进建筑施工行业与房地产开发、勘察设计、材料采购、构配件制造的结合发展，形成新型设计施工一体化的工程公司、开发建设一体化的建筑产品建造营销商、为总承包企业提供专业和劳务分包服务的专业分包企业共同发展的局面；优化建造过程中勘察、设计、施工、采购环节的组织融合；通过改善政策环境，促进国际市场开拓，破除地方封锁，促进全国统一建筑市场形成。

2. 加强质量安全监管

将质量安全的现场监管与建筑市场准入清出监管结合起来，施工现场的质量安全状况作为资质动态管理的重要考核内容。

通过对发包人、承包人的双向约束，强化造价管理和招标投标管理，使得建造成本能够保证质量、安全的投入需要，防止恶性竞争对于质量、安全的不利影响。

克服"重创制，轻监管"的倾向，加强政府日常、随机的质量安全监管工作，加大执法力度。

加强一线操作人员的技能培训和职业化进程，进一步提高建筑产品的技术含量和品质。争取"十二五"末期使70％建筑工人建立记录其技术等级、职业经历、薪酬待遇的职业档案，并在全国或一定区域范围流转有效。

3. 促进行业技术进步

加大研究投入。争取国家给予建筑施工行业基础技术研发经费支持，该项目应当作为中央和地方财政的常规支出项目，经费总额应当逐年增加。

鼓励技术创新。运用市场准入、招标投标条件、表彰等多种手段，鼓励企业积极采用工业制造装配、信息化、节能减排等技术。

加快折旧。制定适合建筑业特点的加快折旧设备名录及折旧年限，推动建筑业的设备更新。

税收减免。在建筑业企业中贯彻落实国家关于鼓励企业技术进步的各项税收政策，包括鼓励企业用于开发新产品、新技术、新工艺所发生的各项费用应当逐年增加。

4. 鼓励企业节能减排，建造绿色建筑

做好基础工作。加强和完善节能减排的设计标准、施工验收规范、计算机辅助应用软件、检测评价方法和手段等工作。

用标识制度引领节能减排、建造绿色建筑。建立绿色建筑标识制度。标识内涵应当贯彻建造使用全寿命周期的评价观点。鼓励企业全面贯彻节能减排的强制性技术标准，积极采用相关技术和材料、设备，有效实现能源、资源的节约和环境保护。

严格监督执法。实现建设工程全过程——包括项目立项、施工图审查、竣工验收备案、使用维护、拆除及建筑垃圾处理等环节的严格监督执法，落实有关节能减排的法规和强制性标准要求。

5. 发挥工程建设标准对产品品质和技术进步的保障作用

加强工程建设标准的制定、修订管理工作，以反映日新月异的技术进步状况，完善产品标准、工程标准和质量监督管理体制。鼓励有条件的地区在工程建设国家标准、行业标准的基础上，组织制定更加严格的工程建设标准。

6. 协调相关政府部门出台政策，优化行业发展环境

取得国家对于建筑业农民工培训工作的支持，减轻中小型建筑业企业的税负负担，制定保护公平交易的基本规则，严格政府对项目的资金到位审查，优化行业发展环境。

第三章 建筑业职业经理人管理能力和职业素养

第一节 建筑企业职业经理人管理能力

职业经理人最早起源于美国，发展到今天已经有160多年的历史。20世纪70年代以来，美国现代企业制度不断走向成熟，职业经理人阶层也随之不断走向完善，成为在美国社会发挥越来越重要作用的阶层。目前我国职业经理人阶层还处在孕育和形成阶段，真正意义上的职业经理人为数还很少，与国外成熟和高水平的职业化发展相比还有差距。随着企业改革改制的不断深入，我国《公司法》所规定的企业所有权和经营权分离、出资人和经营管理者相对分开的企业领导体制已是必然趋势。《公司法》明确规定企业的总经理由董事会聘任，那么，董事会按什么标准去聘任总经理的问题就非常现实，这就使经理人职业化、社会化的要求非常迫切。

职业经理人是一种市场化的资源，在建筑企业层面上，是一种商品，是有价并可交换和流通的商品。它是以企业经营管理为职业，深谙经营管理之道，熟练应用企业内外各种资源，以实现企业经营目标为目的。

在影响管理行为的管理要素中，职业经理人在管理活动中处于主导地位。在客观条件相近的两个组织中，决定管理工作好坏的关键因素就是经理人。经理人能力的高低，对保证组织目标的实现和管理效能的提高，起着决定性的作用。因此，经理人的管理能力就成为管理学研究的一个重要课题。管理的本质就是追求效率，因此，经理人的管理能力从根本上说就是提高组织效率的能力。

职业经理人的管理能力（administrative capacity/capacity of management）应该涉及三个主要的方面：

（1）管理者如果要提高组织的效率，首先要有具体的效率标准作为衡量的依据。标准是用以比较将来、当前和过去行动的准则。确定标准的方法有很多种，管理者可以把组织的许多特征作为效率衡量的标准，包括量的、质的等依据。例如人均产值，产品平均成本以及各种物品销售价格等。

表面看来，制定效率标准并非难事，写在纸上似乎就够了。其实不然，制定一个科学的能够体现效率原则的标准并非易事。管理者必须进行深入调查，透过眼前的、明显的事实找出能了解、反映眼前问题的充分信息，并对信息进行深入分析，才能正确估计到他负责监管的所有设备和人员的最大能量，从而制定出符合效率原则的标准。

（2）管理者必须具备敏锐地察觉目前工作水平同效率标准的差距的能力

实际工作与标准比较总有一定偏差。如果没有偏差，就不需要管理。正因为有偏差存在，才需要我们去做工作。一个优秀的管理者应当能够及时了解目前工作的进展，必须敏锐地察觉目前工作水平同效率标准的差距，以便在它发展成危机前得到改进。

寻找实际工作与标准之间的偏差，若工作有数字标准，找出并确定偏差并不是一个大问题，如产量、利润，但若对一些技术性较少的工作，工作标准不但难以量化，甚至连评定的内容都很难确定，管理者有时就不得不凭直觉和经验来判断，如管理人员的积极性、职工的精神面貌等。一名精明而有远见的主管，有时能够预见到脱离标准的偏差。缺乏这种能力的，则无论如何也应该尽早认识偏差。如果标准制定适当，又有明确的评定下属人员工作的手段，则对实际业绩或预期业绩的评价就相当容易了，就很容易确定偏差的存在与否。另外，管理者通过制定科学的制度可以在一定程度上弥补自身能力的不足。

如果目前工作明显地偏离原定的各项效率标准，那说明一定有什么问题或哪儿需要改进。管理者应当敏锐地察觉目前工作水平同具体标准的差距，在把握工作时不要局限于眼前的困难和问题，还应当注意那些较深远、较不明显但今后可能造成严重后果的症状，以便其在发展成危机前得到改进。

（3）管理者应有纠正偏差的能力

管理者得到发生偏离的信息，认为有必要采取措施来纠正实际结果与标准结果之间的偏差时，必须进行矫正偏差。只要目标和成效之间存在偏差，总是有一定原因，矫正偏差应该从研究出现这种偏差的原因入手。但最先引起管理者注意的，可能往往只是一个症状，而不是问题的实质。有时，已获得的事实能提示出真正原因，并能为随后的事实检验所证实。然而有时事实所提示的原因并非问题根本所在，或者管理者设想的原因同事实所提示的相悖。尤其在一系列表面上互不相干但是出于一个根源的迹象发生时，更容易产生这种情况。管理者应仔细考虑各种可能的原因，然后根据已获得的事实，确定哪一个是真正的原因。只有找出偏差的原因，才有助于确定适当的矫正行动，否则很可能南辕北辙，事倍功半。

对于建筑业而言，建筑企业职业经理人就是以建筑企业的经营管理（包括企业综合管理、工程项目管理、市场营销、采购供应、技术管理、财务管理、人力资源管理、质量安全管理、法律事务管理等）为职业的复合型人才，主要包括任职企业及其各部门经理与项目经理的人员。职业经理人是人才市场中最有活力与前景的阶层，职业经理人必须具备良好的职业化素质，对股东负责，肩负企业经营管理的重任，为社会创造价值，获得企业及社会的认同。一个优秀的职业经理人应该是具有良好的职业道德、熟练的专业技能、丰富的管理经验、超前的创新思维、深厚的文化底蕴的人。

随着我国经济社会的快速发展，带动建筑业企业迅猛发展，随之在企业管理方面产生的问题也逐渐增多，尤其是建筑业企业管理人才建设的问题日渐突出。建筑企业职业经理人是财富的创造者，具有从事建筑行业的实践经历，有良好的管理能力和职业素养，能够运用所掌握的职业知识和能力，从事建筑企业经营管理工作的高素质人员是目前企业所急需的。

企业的发展离不开管理人才，建筑企业职业经理人管理能力的强弱从根本上说就是提高组织效率的能力。建筑企业职业经理人首先应当具备广泛的管理类知识，结合实践将管理知识运用到实际中去，从而总结出符合本企业发展的管理理论、管理实践、管理方法、管理技巧等。对于建筑企业职业经理人的管理能力主要从经营能力、业务管理能力、技术提升能力和综合协调能力四个方面来体现，它贯穿于企业经营管理的各个方面，是促进建筑企业发展的动力。

一、建筑企业职业经理人经营能力

（一）企业经营的内涵及要素

1. 企业经营的内涵

建筑企业职业经理人经营能力，首先要明确经营的内涵，有利于职业经理人加深对企业经营工作的理解。根据《辞海》，"经营"这个词最早出现在中国古代的一本诗集《诗．大雅．灵台》中，叫"经度营造"，这是本来的概念；第二个概念是"南北为经，东西为营"，经营是纵横的一种区域，所以有"疆理九野，经营五山"之说；第三个概念是"经管办理经济事业"，这与现在所说的经营的概念比较相似。那么在当代社会，经营主要是指企业以市场为对象，以商品生产和商品交换为手段，为实现企业的目标，是企业的投资、生产、销售等经济活动与企业的外部环境保持动态平衡的一系列有组织的活动。它是商品经济的产物，是随着商品经济的发展、市场作用的增强和市场竞争的加剧而不断发展起来的。

企业生产商品并非最终目的，其最终目的是为获取更多的利润，满足社会需要，为达到这个目的，就必须首先进行生产，然后销售其产品，实现产品的价值和使用价值，补偿劳动消耗，以实现简单再生产和扩大再生产。在市场经济条件下，企业在进行商品生产活动前，需要购买各种生产资料和用品；商品生产出来以后，还要进行销售活动。这些活动都要通过市场来进行，企业为了得到购买与销售的有利条件，取得较好的经济效益，必须了解市场供求现状、价格水平及发展变化的趋势，以选定市场范围和对象，选择生产方向、商品品种、生产方式、销售方式、定价原则和售后服务等，这些在流通领域和消费领域的活动，均属于经营活动。

2. 建筑企业经营的要素

建筑企业经营要素是指构成建筑企业经营有机整体的各个组成部分，它是企业进行经营活动的基本条件和手段。若从建筑企业的功能来考察，建筑企业是以投入转换为产出的经济组织，企业经营要素与企业功能的关系如图 3-1 所示。

建筑企业经营要素的主要内容包括：

（1）人力资源。这是建筑企业经营的人力要素，人的素质是影响企业经营效益最关键的因素。

（2）生产资料。这是建筑企业经营的物力要素，生产资料作为生产经营的物质手段和条件，是企业经营不可缺少的物质要素。

（3）资金。这是建筑企业经营的财力要素，包括企业所拥有的固定资金和流动资金。

（4）经营组织与管理。这是建筑企业经营的组织要素。

（5）环境。这是建筑企业经营的外部要素，主要包括经济环境、政治环境、社会与心理环境等，其中对企业的经营影响最直接、影响最大的是经济环境，经济环境中最重要的是市场供求与竞争。

（二）建筑企业中职业经理人经营能力的体现

21 世纪是高科技迅猛发展和信息化的时代，也是经济全球化和国际竞争日趋激烈的时代，这个世纪全球经济将以知识经济为上导。我国加入世贸组织以来，对外开放的范围不断扩大，领域越来越广，这为企业参与国际经济技术合作提供了有利条件，同时使企业面临更加激烈的市场竞争。随着我国经济体制改革的深化特别是打破行业垄断引入竞争机

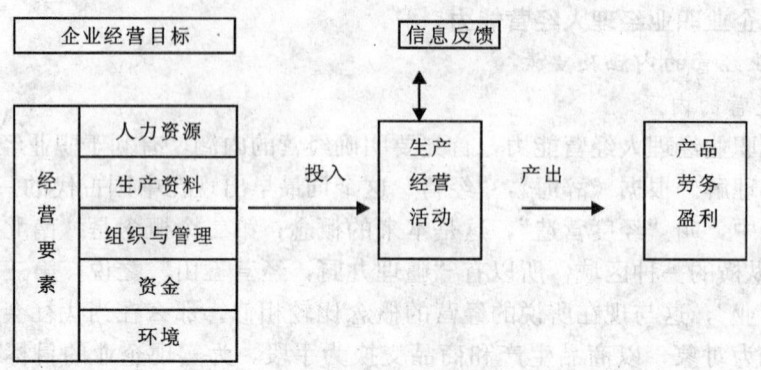

图 3-1　企业经营要素与企业功能关系图

制，以及国内多种经济成分的快速发展，也使得企业面临更加严峻的挑战。企业是社会经济的"细胞"，是创造国家财富的重要基地。企业经营管理人才，是我国企业人才队伍的重要组成部分，是发展和壮大我国企业先进生产力的核心力量，是实现我国企业跨越式发展的希望所在。

企业的质量，最终决定了一个地区的经济质量；企业的发展程度，最终决定了一个地区的工业化程度；企业的竞争力，最终决定了一个地区的整体竞争力。发展和壮大我省企业经济，关键在于人才，尤其在于企业高层次人才，企业职业经理人的地位显得尤为重要。世界经济发展史早已表明：优秀职业经理人可以凭借他们对市场的高度敏感，准确而不失时机地把握企业发展机遇，可以在不增加任何生产要素的情况下，凭借他们高度的经营智慧，驾驭企业在变幻莫测的市场经济大潮中纵横驰骋。随着经济体制改革的深化和政府的职能转变，限制和阻碍企业发展的各种不利因素正在消除，企业发展环境进一步优化。一大批具有较强市场竞争力的企业抓住机遇，发挥优势，不断成长壮大。面对全球化竞争态势，面对信息化带来的一系列新课题，加快我国职业经理人经营管理能力的建设步伐，是适应当前国际国内经济形势的迫切需要。

建筑企业职业经理人经营能力就是职业经理人对所从事的项目进行计划、组织、指挥协调和控制的能力。建筑企业职业经理人作为企业的经营管理人才，在企业中具有较高的权力和职位，对企业发展战略做出决策，或依据企业发展战略，对企业拥有的各种要素进行配置，并对经营管理结果负责。在现代组织里，凭借他们的职位和知识，对该组织负责并做出贡献，就能具体影响这个组织的经营成果，职业经理人不能只是执行命令，还必须做出决策。企业经营过程中的市场调查、市场预测、经营决策、资金运用、物质技术设备的使用和商品买卖等活动，都要依靠人来完成，尤其是管理人员。因此建筑企业职业经理人作为建筑企业的高级管理层对企业的正常发展起着决定性的作用。建筑企业要想在其经营活动中正常有序地开展，就离不开职业经理人这个角色。

经营能力是建筑企业职业经理人首先应当具备的管理能力之一。职业经理人的存在价值就是为企业经营资产，因而经营能力是职业经理人的一项基本能力。在现代市场经济条件下，一个称职的经理人，必须通过不同途径掌握企业管理和资产经营的理论，并能灵活地运用不同情景下的企业生产经营实际。他们不同于纯粹的理论工作者和专家学者的地方，在于他们善于在各种管理和经营理论的丛林中准确地选定"精"而"管用"的理论法则，并能在专家学者的指导下，将这些理论转化为本企业经营战略策略等操作性方案；另一方面，他们不同于企业中一般的事务性工作者和技术人才的地方，又在于他们能站在企业发展的宏观背景下，透视企业全局性和长期性的根本问题，而引领企业工作者"知其然"，更知其"所以然"，做一个清醒而自觉的企业领路人。

建筑企业职业经理人的经营能力主要体现在企业的经营管理过程中，企业的经营不是独立存在的，也不是静止不动的，而是由企业管理人员，通过一定的管理手段，运用各种经营要素，形成的若干相互连接、相互制约的动态过程。（图3-2）

有效地将经营要素（人力、物力、财力等）运用到企业经营活动中，通过职业经理人的管理能力和技术水平，实现企业的经营效益，达到企业的经营目标。在这个过程中职业经理人的决策力、执行力和风险的控制力是职业经理人经营能力的重要体现。

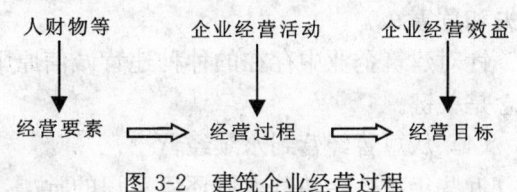

图 3-2　建筑企业经营过程

企业决策者往往拥有战略眼光，职业经理人队伍是企业上通下达，提高执行力的主导力量。许多企业败就败在管理环节的软弱无力。从高层到中层到基层，执行力和纠错能力都依赖职业经理人去完成。如在国际市场中，职业经理人对风险控制能力非常重要，往往影响着企业的存亡。

建筑企业职业经理人在经营企业的过程中，要注意经营能力的提高和经营意识的转变，注意从实践经验中不断总结，主要从以下几个方面来体现：

（1）从机会经营到能力经营

随着经济的快速增长，城市化进程的不断加快，市场需求迅速上涨所带来的机会，促进了建筑企业的快速发展。建筑企业职业经理人在抓住机会的同时，应转变经营意识，将这种机会经营转变为能力的经营，在实践中不断总结经验。随着市场竞争的日渐激烈、市场规则的进一步完善，跨国企业的大举入侵，更重要的是随着知识经济的影响日渐增强，企业在失去或减少机会的同时，还要面临严峻的挑战和一系列新的能力的要求，因此建筑企业职业经理人应当充分发挥所长，在机会经营的同时，提升能力经营。

（2）从战术经营到战略经营

建筑企业要想在竞争中长期生存下去，职业经理人必须转变经营理念，将战术经营转变成战略经营。

众所周知，战术是指企业经营过程的具体操作，战略则是关乎企业全局的系统运筹。战术结果是具体工作的成败，战略结果则是企业的存亡兴衰。

建筑企业需要职业经理人形成全局性的战略观念，从战术经营过渡至战略经营，以战略指导战术，以战术落实战略，才能切实提升企业的经营能力和管理水平。

（3）从失信经营到信用经营

诚信第一，言行一致。诚信是适应市场经济发展的价值观念和行为准则。首先是诚信经营，以义取利。如中国建筑工程总公司提出"追求阳光下的利润"，就是诚信经营的口号。不见利忘义，不谋求暴利，不偷工减料，是建筑企业诚信的具体表现。其次是讲求商业信用，言必行、行必果，确保建筑工程质量、工期满足顾客要求。再有是诚信待人，上下左右都要以诚相待，团结同事，取信顾客。四是保守企业的商业秘密，遵守原则。

职业经理人的职业道德不仅关系企业的信誉，甚至决定企业的兴衰命运。2002 年，美国的一些大公司，如安然公司、施乐公司、默克公司、世界通信公司等一些世界一流企业，相继发生失信行为，暴露出一连串欺诈丑闻，震撼了有上百年信用制度历史的美国社会。分析这些舞弊企业的特征，我们可以发现，这些企业的经理人为了追逐不正当的商业利益，尤其是短期利益，丧失了起码的职业道德，或是造假账，或是与一些中介机构串通一气，欺骗投资者。最终将自己、将企业引上了绝路。我们可以得出这样的结论，职业经理人如果没有良好的职业道德，那么，他的能力再强，对企业、对社会，都会造成更大的损失和危害。

针对建筑企业中存在的种种违背诚信原则和社会责任的现象，加强诚信建设转变思想观念是关键。

（4）从短暂经营到永续经营

近些年，社会随着人们环境意识的觉醒，各国政府与社会各界的积极推动，社会可持续发展事业进一步得到发展。但在我国企业经营过程中，许多管理者还没有意识到开展生态管理、实现永续经营的必要性。

目前我国的城镇化水平已达 45.68％，现正以每年 0.93％的速度发展，预期到 2015 年，我国的城镇化水平将达 50％。一方面大量的农村人口要向城市转移，另一方面城市的功能要进一步提升，这为我国的建筑业发展提供了很好的契机。

我国的基本建设总量巨大，按 2008 年底统计，我国每年的房屋在施工面积高达 52.76 亿 m^2，竣工面积高达 20.27 亿 m^2，这些大量的公共建筑、住房与工业厂房的建设，将消耗大量的建筑材料，包括钢铁、水泥、平板玻璃、木材与巨量的砂石资源。2008 年我国的建筑用钢中的螺纹钢与线材已达 1.037 亿 t，约占全国钢产量的 22％。2008 年全国水泥产量 13.9 亿 t、水泥消耗量已达世界总量的一半，其中建筑工程的水泥消耗约 7 亿 t。建筑材料产量的巨大需求，对我国的煤炭电力、交通运输、原材料开采、铁矿石进口都构成了很大的压力，最主要是带来大量排放，对环境构成了很大的压力。

当今低碳经济、生态保护已成为我们在经济建设中考虑的第一要务，我国政府已郑重承诺到 2020 年实现单位 GDP 二氧化碳排放比 2005 年下降 40％～45％的目标。我国的建筑业还必须有强劲的发展，我国的建筑业必须以全面推进节能减排工作为契机，在建筑节能技术、可再生能源利用、绿色建筑、绿色建材等方面加大科技投入，加快研发与工程应用。要研发推广应用各项节能减排新技术，以实现"四节一环保"目的。

"十二五"时期，我国将全面进入降低碳排放战略的实施期，实施日益严格的节能减排政策，对于所有产业的节能减排约束会持续加大，以实现可持续发展。工程建设是节能减排的重点领域，建筑产品的节能减排性质、所使用的建筑材料所受的限制增多，使建筑业企业在贯彻落实节能减排战略中的责任会不断加大。

在这种背景下，建筑企业职业经理人应当紧跟时代的步伐，根据国家的政策，提高节能意识，开发低碳节能建筑，在生产过程及商品消费过程都尽力做到减少、避免污染、浪费，我们的社会才能实现可持续发展。

（5）从经营对象到经营人生

人是在对象中反观自己，在实践中造就自己。中国改革开放、市场经济发展到今天，建筑企业职业经理人既是经营企业又是经营人生，既是发展企业又是生成主体。只有两者统一起来，我们才能真正实现企业的发展与人的提升。

（6）从个人智慧经营到组织智慧经营

企业由经营者管理，所以企业必不可免的带有经营者的个人色彩。职业经理人的思维方式、决策习惯、个人经验也必将影响企业的经营发展和经营特点。职业经理人的个人智慧往往成为建筑企业得以生存和发展的关键。但在全球经济一体化和知识经济新形势下，企业绝不能只凭个人智慧来经营，而要整合大家的智慧，形成集体智慧。

二、建筑企业职业经理人业务管理能力

要想做好职业经理人的工作，毫无疑问应当具有熟练的业务管理能力，以驾驭建筑企业这个高度复杂的"机器"。这种能力是一个人的素质结构、知识结构和专业结构的综合体现，而尤以决策能力、市场营销能力、服务创新能力更为重要。

（1）决策能力。企业有技术专家，有智囊群体，他们负责给企业提出多种建议性方案，而职业经理人的职责就是从中进行选择，拍板决断，所以认为管理就是决策并不为过。如果职业经理人缺乏这种决策能力，就难以分辨各种方案的优劣，无法进行准确的取舍，那么，即使他的其他能力再强，也不会成为一个出色的企业家。职业经理人一定是权限内的出色决策者，另外还能迅速领悟董事会推出的决策的内涵，并具备对高层决策可行性与科学性的判断能力。一个没有决策远见的经理人，很可能只想到追求企业的短期效益而考虑不到涉及企业长远发展，诸如并购、长期投资、技术开发等重大战略问题。

（2）市场营销能力。其组成的具体要素是：深入理解和准确把握业主意图的能力，即理解标书的能力、企业的信誉和品牌、服务的能力。服务能力的重要一环是如何把无形的服务转换成有形的商品去和业主沟通，能够把为业主增加的价值信息传递给业主。

业主在签订一项新的建设工程合同时，无法预先选择有形的建筑产品，也无法预先检测工程的质量。因此，企业的信誉和品牌往往成为至关重要的评判标准，业主通过比较企业以往的业绩和在行业中的信誉来做出决策。对提供工程咨询服务的企业来说，信誉意味着技术能力和依靠技术控制风险的能力。如负责造价达 40 亿美元的南海石油项目的 PMC 联合体，其超过约定预算的最大赔付责任只有 2000 万美元。因此，业主选择 PMC 的目的正是依靠它的技术能力和已取得的经验为业主控制风险。对施工企业来说，信誉就意味着对建筑师或设计意图的理解能力、工程质量保证能力和履约能力。

对标书的深刻理解来自于比竞争对手更理解业主，了解业主的追求，业主的理念，甚至主动发现业主，与业主结成伙伴，引导业主的需求，培育业主的个性化需要，提供竞争对手不可替代的服务，形成自己的优势。

（3）服务创新能力。包含了制度安排、企业的文化和灵活并最大限度地接近市场的工作流程。硬件环境容易被模仿，而企业的制度安排、企业文化等"软件"是难以简单复制的，因此成为企业竞争力不可分割的组成部分。

制度安排体现在企业的内部运行规则必须符合企业的市场需要和战略发展，其核心是产权制度，最突出的作用是人力资本化。人才作为一种可以组合配置的资源，直接构成到企业的竞争力中去。

服务创新能力还意味着通过灵活的工作流程，保证迅速转型以开发新的市场。工作流程的创新，意味着企业服务能力的重组或升级换代。如香港的保华德祥公司于 1996 年开拓澳大利亚和新西兰的道路、铁路、电网、通信网的维修市场，2001 年仅在维修服务市场的营业额即达到 50 亿港元（而在香港市场的新建工程营业额为 70 多亿港元），并且维修保养工程的利润率高于新建工程。企业文化是人的价值观的体现，要为用户带来价值并能够被用户所认可，在一定程度上可称之为"文化营销"。企业内部管理的思想、组织、方法、手段等，都可以融入到企业文化中，文化是一种能力，在工程咨询企业表现为创新的气氛。在把低成本作为竞争优势的纯粹施工企业，则应有严密控制的精细生产文化。内在表现为能够激发企业成员的创造性思维和持续创新的能力，外在表现出来则为企业的团队精神、企业成员之间的协作关系，充分体现为追求业主利益最大化的服务创新能力。

随着市场需求的变化，服务的模式也应有一个优化升级的过程，原来的高端产品市场现在可能会变为中间产品市场，所以虽然还是原来的服务模式，甚至表现为增长，但实际上竞争力已沦为中等水平，最明显的特征就是产值不断上升，但利润率在下降，甚至利润总额也在下降。许多企业被由于经济增长而带来的营业额增长所迷惑（有时由于原有的竞争对手已经采用新的服务模式，腾出了原有市场的部分空间），而没有看到自己在项目管理服务链中的位置在后移，也就意味着核心竞争力的下降。因此，简单地为市场份额领先而竞争，容易导致混淆竞争的原因和结果，实际上营业额增长本身对竞争并不重要，重要的是具有竞争优势。

建筑企业职业经理人业务管理能力的提升有助于增强企业在市场中的核心竞争力，树立企业形象。那么，建筑企业职业经理人的业务能力就主要体现于市场营销的能力、财务管理的能力和项目管理的能力。

（一）市场营销能力

和一般工业企业的产品营销工作相比，建筑企业营销有其自身的行业特征：

（1）先订单，后生产。工业企业的营销是把产品（或商品）卖出去，而建筑企业的营销则是把工程订单拿回来。建筑工程具有地点分散、产品独特、不可复制的特点，一项工程要经过规划、立项、设计等必需的程序，在投资建设前，往往要通过招标投标来选择建筑企业，也就是选择这一产品的生产者。因此，建筑企业只有拿到工程承包业务，企业的各项生产和管理活动才有作用对象。这种订单式的生产方式，不仅交易双方，包括设计、监理单位都是产品生产的具体组织实施者。不断地从市场中获取工程订单，是建筑企业营销工作的中心任务。

（2）先满足条件，后兑现承诺。和工业生产企业比，招标单位选择承包商，不是选择已有成品，更重视选择企业的生产要素和生产过程。由于建筑市场粥少僧多，导致竞争日益激烈，建筑企业作为卖方市场，多处于被挑选的位置。由于产业集中、投资导向及行业壁垒等历史原因，致使我国大多数建筑企业在比较简单的土建和房屋工程上进行低层次的重复竞争，不同所有制的大、中企业都在相同的平台上，以相同的组织形式、相似的管理方式及相近的生产水平，仅是以价格差异作为主要手段进行非有效竞争，甚至恶性竞争，这就迫使建筑企业市场需求什么，企业就要提供什么，招标单位有什么条件，就要满足什么条件。

（3）先营销品牌，后产品生产。每个建筑企业都十分重视对经营品牌、理念的总结和发展，参与投标前都通过邀请招标单位来考察企业已建成的精品工程和在施项目，了解企业的综合技术实力和管理能力，这实际上是建筑企业向招标单位推销自己企业品牌的一个过程。中建总公司更响亮地提出了"过程精品，质量重于泰山"、"中国建筑，服务跨越亚洲"的经营理念。工业企业可以把自己的产品或样品先提供给客户，让客户使用后产生购买的意愿。而建筑企业一开始能给客户提供的往往只是表达企业经营理念和管理内涵的精美画册或业绩照片等。

（4）营销工作贯穿于企业管理全过程。相对于工业企业来说，订单的签定意味着一次营销工作的结束。对建筑企业来说，营销—生产—营销这几个环节是一个循环往复不间断的过程，订单签定只是营销工作新阶段的开始。工程合同签定后，为承接工程所制作的报价资料、技术方案等文件都成为企业实施生产过程的重要依据，工程成本控制、工程索赔、工程结算以及工程款的回收等必须依靠营销人员的继续工作才得以最终实现和完成。从中建系统所属企业情况看，通过实践总结摸索出营销工作三阶段理论，即把企业营销划分为三个阶段：参与工程投标、签定工程订单只是第一次营销；降低工程成本、工程索赔是第二次营销；工程结算和资金回收则是第三次营销。三个阶段环环相扣，缺一不可。

建筑企业营销工作的特殊性，对经理人提出了更高的要求。主要体现于以下几点：

（1）对宏观市场形势分析判断能力。任何企业的营销工作都不能离开对市场宏观形势的分析与判断。对建筑企业来说，国家的宏观经济形势好、每年的固定资产标准规模大，其市场容量就大，而企业营销的空间和平台就大。反过来国家控制经济过热，实施宏观调控，固定资产投资规模紧缩，当年新开工项目就会减少。因此，建筑企业经理人要善于分析和掌握国家政策投资导向，重点跟踪那些国家政策支持和投资倾斜地区、行业的工程项目，及时调整企业的营销战略与策略，并从企业的实际出发，提出切实可行的营销思路，抢占市场制高点。

（2）公关协调能力。由于建筑市场属卖方市场，工程项目的投标上竞争异常激烈，要求企业营销人员通过自己的不懈努力，积极主动地联系招标单位和业主，以自己扎实的工作和诚实的表现，展示企业的实力和能力，以取得建设单位的信赖和支持，以增强企业的核心竞争力。工程项目的招标投标，从立项、规划、设计到招标，要经过几个月、一年甚至几年的时间，这一阶段营销人员锲而不舍的工作精神，变项目跟踪为工作服务的务实作风至关重要。实践证明，营销人员的诚信形象，富有成效的工作，拉近了业主或招标单位与企业的距离，增强互信了解，也为工程最终中标提供了良好环境。

（3）项目投标的实施组织能力。这是建筑企业经营业务必须具备的基本素质，是竞争制胜关键。特别是一些国有资金投资的项目，一些"高、大、重、特"项目，体现在投标招标上运作规范，操作严格，体现公平、公开、公正原则。

（二）财务管理能力

财务管理能力是指协调、控制企业财务管理循环过程，整合完整的财务管理工作体系的能力，包括财务预测能力、财务决策能力、财务计划能力、财务控制能力和财务分析能力。财务管理能力与财务能力是两个不同的概念。通常认为财务能力是对企业自身所拥有的筹资能力、投资能力、获利能力的综合评价。财务管理能力与财务能力的区别表现为：财务能力是有形资源，财务管理能力是无形资源。财务能力是企业整体经营活动的集中体现，通过财务分析计算的财务比率予以评价；财务管理能力是企业所积累的与财务管理相关知识的集中表现，在评价方法上更多的是以定性的方式并结合模糊评价法来反映。

财务管理能力与财务能力的内在联系表现为：财务能力是企业所拥有的各项能力在过去经营活动中共同作用的结果，财务管理能力是形成财务能力的基础之一，其最终价值体现在企业未来的财务能力之中，财务管理能力的直接目标在于形成良好的财务能力。

财务管理能力的基本构成要素包括：

1. 学习能力

学习是一个知识获得、知识共享、知识利用的过程。学习能力是财务管理能力的基础，财务管理能力是企业长期积累和学习的结果，并存在于员工的身体、战略规划、组织规划、文化氛围之中。财务管理能力积累的关键在于使财务管理部门成为学习型组织，不断地发挥"干中学"，使财务管理工作能够灵活适应外部环境的变化。

企业经营环境的变化，要求财务管理者成为复合型人才，应该具备基本分析能力、系统构思能力、组织机构整合能力、策划能力等，而这些能力的获得则必须以学习能力为基础。财务管理者不能仅局限于对财务报表的分析，必须了解企业各个部门的有关情况，以拓展财务分析的领域；他们不仅要了解企业的运作，还要掌握产品的流程。为了适应新的要求，财务管理者必须对一些方面进行改进，包括产品及市场知识、领导能力、对各业务环节之间相互联系的理解以及交流技巧。所以，财务管理者必须经常和部门经理、采购人员、顾客以及供应商接触，以更深入地了解行业知识以及本行业和其他行业的最佳采购方案，还要参加关于谈判技巧、交流技巧和有效团队工作的培训。

2. 金融关系能力

金融关系能力是财务管理能力在资本市场的外在表现。金融关系是企业在资金的筹集、调度过程中与有关金融机构形成的合作关系。金融关系不仅是企业的一项重要资产，而且是企业在资本市场上融通资金的主要依据。金融关系不是一朝一夕就能建立的，它是企业在与金融机构的不断交往中通过信息的不断双向传递所形成的企业财务管理重要组成部分。从资金供应的角度来看，金融机构也是企业重要的客户。

与金融机构交往，凭借的不单纯是企业的经济活动，财务管理者的作用也不可忽视。完整的金融关系是财务管理人员对资本市场的知识，对金融机构信息的了解，对企业经营活动准确把握的集中体现，其中也包含了财务管理者在资本市场上的公共关系。良好的金融关系在某种意义上为企业摆脱暂时的资金周转困难发挥积极作用，也可以在企业资金充裕时寻找最佳的投资渠道。在企业与金融机构长期的交往中所建立的金融关系，是企业对金融机构不断深入了解的结果，也是金融机构对企业不断了解的结果，更是财务管理人员与金融机构长期交往并在资本市场中努力的结果。

3. 财务控制能力

财务控制能力是财务管理能力在企业内部管理中发挥作用的集中体现。由于财务管理在企业管理中所独有的基础性和全面性特征，财务控制不仅是财务管理的重要内容，更是企业经营战略得以实施的有力工具。战略管理包括战略制定、战略选择、战略实施。实践证明，绝大多数战略的失败都发生在其实施阶段。战略实施过程的实质就是控制，而企业内部能够从全局角度进行控制的只能是财务控制。

财务控制涉及企业治理结构与组织管理的各个层次、生产经营全过程，覆盖企业所有的部门与岗位，要求财务管理者全面了解企业的经营活动，并从企业战略角度出发，形成符合企业实际的财务控制方法。邯钢的"模拟市场核算，实行成本否决"集中体现了其财务控制能力，形成了"牵一发而动全身"的独特控制方法。

4. 信息处理能力

知识经济时代财务部门作为企业信息中心的地位将更加突出，信息处理能力直接影响财务管理作用的效果。在一个充满信息的世界里，信息处理能力是一个将数据转化为决策智慧的过程，财务部门则从信息储存者变成信息提供者和分享者。财务管理者需要学会如何将数据变为信息，再由信息转化为知识，最后由决策者将知识转化为决策的智慧，并通过财务部门将决策以信息方式付诸行动。

（三）项目管理能力

建筑企业的主要业务是工程项目，所以建筑业职业经理人的业务能力应包括项目运作管理的内容。既包括单一项目管理能力，也包括项目组合管理能力等内容，特别是后者对于经理人有更高的要求，要求管理者能根据企业发展战略选择项目，能根据项目优先级配置企业资源。

1. 单一项目管理能力的体现

根据 PMBOK 指南，项目管理的内容被概括为 39 个项目管理过程（Project Management Process）以及 9 个知识领域（Knowledge Area），9 个知识领域分别为项目集成管理（IM）、范围管理（SM）、时间管理（TM）、成本管理（CM）、质量管理（QM）、人力资源管理（HM）、沟通管理（COM）、风险管理（RM）和采购管理（PM）。在我国对建设项目管理也被高度地概括为"四控、三管、一协调"，即"四控"——"质量控制、工期控制、成本控制和安全控制"，"三管"——"信息管理、合同管理和现场管理"，"一协调"——"组织协调"。所以，经理人项目管理能力体现于对以上知识体系的掌握及应用程度。

2. 项目组合管理能力的体现

根据 PMI 对组合管理的定义，项目组合管理是指在可利用的资源和企业战略计划的指导下，进行多个项目或项目群投资的选择和支持。项目组合管理是通过项目评价选择、多项目组合优化，确保项目符合企业的战略目标，从而实现企业收益最大化。

越来越多的组织面临着企业在同一时间内正在进行许多项目和项目群的情况，每个企业都希望对项目的投资取得最大的收益回报。作为项目管理领域未来的发展趋势之一的项目组合管理，已经受到了越来越多的企业的重视，其重要性也日益显现出来。所以，作为建筑企业的职业经理人应具备项目组合管理的能力，是其业务能力的重要体现。

项目组合管理能力主要体现于：

（1）项目战略定位能力

项目战略定位的主要目的在于判断企业的项目是否与企业的战略方向一致。在宏观上进行与相关企业战略目标分解，按照战略目标将企业项目进行组合分类，使企业战略目标与项目组合的目标结合在一起。同时在项目与企业战略目标相匹配的前提下，进行企业项目整体资源配置。要了解企业整个项目资源的情况，就需要建立企业所有项目信息和资源库，了解与项目相关的所有信息，以帮助企业后续进行选择决策。

（2）项目分析选择能力

主要是对具体的项目进行分析选择，衡量项目为企业带来的收益。核心是建立企业项目统一的评价标准，并将每个项目与该标准进行衡量。同时对项目的资源、进度、成本、风险等影响评价标准的各种因素分析。最后进行项目选择，对不符合评价标准的项目进行暂停或中止。

（3）项目组合优化能力

能够在项目分析的基础上，结合企业目前的资源约束条件，进行项目优化组合，使企业项目投资收益最大化。一方面通过优化模型进行多个项目的选择优化，另一方面在资源、成本等约束条件下，进行组合内项目平衡，确定最优项目组合。

（4）项目组合决策

本阶段的主要目的是在上阶段项目组合优化的基础上，进一步调整项目组合，最终进行企业项目组合决策。企业项目决策者结合实际经验、企业现有项目的情况以及具体项目用户需求，进行项目组合最后调整，使企业项目组合之间进一步得到平衡。

（5）项目实施与跟踪管理能力

主要是通过企业项目的实施跟踪，及时了解组合项目的状态信息和变化情况。一方面建立企业项目组合视图，及时监控并了解影响项目组合分析的各种因素变化情况；另一方面及时对项目环境、战略目标、影响因素等变化情况进行审查，进行变更控制。发生变更情况或者一定时间周期内企业都需要重新开始项目组合管理流程。可见，项目组合管理过程是一个动态的、持续执行、循环反复的过程，随着环境的不断变化，项目组合的分析优化也随之变化。企业通过实施上述过程，能够在企业中建立所有项目的全景图，动态地跟踪项目的执行情况，进行项目和资源优化组合，最终实现企业的战略目标

三、建筑企业职业经理人技术提升能力

当前，工业制造技术、信息化技术、新材料技术、智能技术、生态技术、新能源和节能技术日新月异，全社会要求建筑业对其做出反映，在工程建造过程中采用和整合采用这些新技术，实现传统产业的优化升级，这对建筑业对市场的反应能力、研发能力，技术运用能力都提出了更高的要求。从长远发展战略的角度，技术水平的不断提升进步是企业生存和发展的重要因素，可以说，在知识经济的 21 世纪，不坚持技术创新和发展，就没有企业的未来。

影响企业技术提升与创新的因素很多，各因素之间相互促进又相互制约。有企业的外部因素，如宏观政策法规、科学技术的进步等，也有企业的内部因素，如企业家精神、企业技术创新资金和人力投入等；有客观因素的影响，如企业的外部因素大多是不以企业的意志为转移的，也有主观因素的制约，如企业家对技术创新的支持程度、企业技术创新人员对技术创新态度等；有硬件方面的影响，如技术创新资金，也有软件方面的影响，如企业文化、企业的运行机制和企业制度等。对于企业职业经理人而言，其技术发展战略眼观、对技术进步的支持程度和态度是决定建筑企业技术进步的重要推动力量。当然，除了一般意义上的技术进步和创新外，建筑企业职业经理人技术提升也包括通过对已有产品或者技术的组合来产生新的产品和新的功能，以及能够集成各种知识、信息、技术、产品、人才的能力。

（一）技术进步对建筑企业发展的作用

"技术"是一个宽泛的概念，其基本内容可概括为三个部分：一是物化技术，即物化于劳动手段和劳动对象中的技术；二是操作技术，即体现在劳动技能、工艺流程、操作方法等方面的技术；三是管理技术，即对生产活动要素进行组合、配置的技术。从这个角度来看，技术进步既包含了科学技术的进步，也包含了资源配置与利用效率的提高。

技术进步会促进建筑业经济增长，这种促进作用不单纯依赖资金和劳动等生产要素投入量的增加，还取决于生产要素组合及其利用方式的改进。技术进步对于转变建筑业经济增长方式、提高建筑业整体运行效率有促进作用。它从供给和需求两方面对建筑业的形成、成长、成熟和衰退产生影响，并促进建筑业结构的优化和演进。

1. 提高企业的经济效益

在有些国家，经济增长速度很快，表明有旺盛的市场需求，但相当数量的企业产品销售不畅，库存积压增加，经济效益也不好，甚至出现较严重的亏损，显示出市场疲软的迹象，这就出现了矛盾。我国有些建筑企业也存在同样的问题，它们的设备陈旧、技术落后、产品质量低下、原材料能源耗费多，它们始终在从事简单的、重复的生产，连扩大生产规模也无法摆脱产品在结构、性能、质量和档次上的雷同，产品的附加值始终上不去，因而没有经济效益。显而易见，如果不用先进的设备更替陈旧落后的设备、提高员工的知识水平、不断实施技术创新活动、提高建筑企业资源利用效率，这些建筑企业是没有前途的。然而，我国建筑企业应该是很有出路的，因为它们面对的建筑市场有潜力，需求旺盛，只要它们改进产品结构和性能、提高产品的附加值、提升产品的档次，提高建筑企业的经济效益完全是有可能的。而要做到这一点，进行技术创新，是唯一的出路。

2. 促进企业开发新产品、进入新领域

任何一种产品的市场容量都是有限的，当建筑产品的市场发展到一定程度时，就会出现市场饱和或供大于求的情况。任何产品的市场都有自己的生命周期，最后都会走向衰退和消亡，被新产品所替代。这种产品之间的替代有可能使企业的命运发生转折，现有产品的技术领先者不一定能保证是新技术的领先者，不能跟上技术创新步伐的企业一定会遭受挫折，有些企业遭受的挫折是局部的，而有些则可能是致命的。也正是由于建筑产品市场的更新和替代导致建筑企业的更新替代，才使得产品、企业和整个经济不断地发展前进。建筑产品市场的成熟化和替代化会影响建筑企业的生存和发展，当某类产品的市场容量饱和并开始下降时，企业间的竞争会进入白热化，实力较弱的竞争者会被迫退出市场，最后整个市场将被少量实力雄厚的竞争者所占据。在这种形势下，竞争的胜利者，必须通过持续的技术创新才可能保持竞争优势，而竞争的失败者也只有通过技术创新另谋生路，开发新产品、进入新市场才能得以生存。在产品市场替代阶段，任何的等待观望都意味着放弃机会，所有建筑企业都必须通过技术创新寻求新的发展机会。

3. 提高企业的竞争力

传统计划经济下的建筑企业实质上是"拿来主义"加"保护主义"，建筑企业的生产完全是指令性的，建筑产品可以几十年"一贯制"，不愁无人要，例如原有的建筑物，千篇一律，全是方方正正的，没有任何造型。在这种情况下，企业内无技术创新的动力，外无技术创新的压力，因而，传统计划经济与技术创新无缘。市场经济与传统计划经济最根本的区别就是引入了竞争机制，在市场经济中，产品是由用户来选择的，争夺顾客是竞争的焦点，优胜劣汰是市场竞争的根本法则。竞争就是通过制造一种有利于自己的差异来战胜竞争对手，这种差异可以来源于生产同样产品的较低成本，可以来源于某种歧义化的产品，也可以来源于异于竞争对手的某种管理模式、组织结构或服务体系，但无论这种差异表现为何种具体的形式，它都与技术创新密不可分。建筑企业在竞争的压力下，必然要开展技术创新，以取得竞争优势。而且，为了保持持久的竞争优势，建筑企业还必须不断进行种种技术创新，以维持甚至加大与竞争对手的差异。竞争加剧的环境，给企业带来更大的生存压力，迫使它们在更大的范围内和更高的层次上展开技术创新。技术创新是建筑企业生命力的源泉。

（二）对职业经理人技术提升能力的要求

对于施工企业而言，不同的项目类型对其技术创新能力的要求是不同的，不一定都表现为企业拥有自己的核心施工技术。如房屋建筑工程，施工技术创新的前提主要表现在方案设计的新颖性方面，如果对结构没有特殊要求，它所需要的施工技术基本没有特殊性，或者说施工技术基本上都是通用技术，创新更应注重对施工工艺的改进，以力求降低成本、提高建筑质量，从而提高竞争力。因此，从事房屋工程施工的企业掌握发展核心技术，可能更多地体现在一些大型的标志性公共建筑上，建筑师的设计方案创新会对结构产生特殊要求，因而要求提供总承包或施工服务的企业职业经理人具备相应的技术创新能力。对于新的结构，总是先有设计，才有施工技术和设备的改进，因此，只有把设计与施工方法相结合，才有施工的核心技术。结构体系的设计创新是施工技术创新的动力。对许多为建筑工程配套的专业公司，如玻璃幕墙、智能化等，首先从产品体系的研发需要体现出自己的核心技术，再到工程设计、生产工艺的改进直至施工安装工艺，都需要较强的技术创新能力。

1. 职业经理人要具备企业技术发展的战略观念

技术创新是企业家精神的集中体现，企业家要有长远的发展眼光，有胆识和谋略、有能力，能够提出符合企业发展战略的技术创新规划。决策层在企业每年的重要会议上，多次提出对企业技术创新的要求，明确提出企业的技术创新计划，对企业的技术创新战略开展专题研究，明确提出技术创新不同层次预期达到的目标。

企业技术战略其内涵为积累、开发、利用技术资源和技术能力，保持和提高企业核心竞争力的方式。企业技术战略的目的不是技术本身，而是通过技术提高企业的资源和能力价值，使企业在市场竞争中持续保持优势。企业技术战略的效果最后要体现在企业的产品和服务中，因此它不仅仅是技术引进和技术开发的过程，企业技术战略包括广泛的资源、能力和市场机遇中的技术方面问题。

职业经理人要根据国家技术创新战略指导制定本企业的技术发展战略，把技术发展战略作为企业战略的一部分。企业技术战略必须同企业发展战略保持一致，作为经营层面的企业技术战略，要解决的问题是如何积累企业独特的资源和能力，如何整合和激活企业独特的资源和能力。在有些企业的有些时期，企业技术战略也可能同时就是企业发展战略的核心。如高技术企业，或者某些大企业采取技术领先战略等。企业发展战略为企业技术战略指明了目标和方向，而企业技术战略为企业发展战略的实现创造支持条件。技术战略要落实到实处，要立足企业发展实际。技术战略只有在实施过程中才能得到检验，它的正确性和有效性及其相反的可能性，只有通过战略实施才能发现。如果在战略实施过程中发现了战略制定时的隐含错误，就要及时地加以修补和调整。如果战略错误极大，就要改变战略或终止战略执行。因此，技术战略也必须保持灵活性和可调整性，尤其技术变革的时机和速度很难预测，技术战略保持灵活开放是合理的。技术战略方案的具体实施活动，在没有遭遇重大困难或突发阻碍事件时，要严格按照技术战略方案的内容要求执行。在战略行动中获得的经验，会提高企业的技术能力，为战略目标和战略方案的完善和调整起到推动作用。

2. 职业经理人要重视技术提升的资金投入，设立企业技术创新基金。

建筑企业创新资金的投入已经作为企业资质评审的条件之一，根据国际经验，企业创新投入占销售收入的1％则难以生存，占2％企业才能勉强维持，占5％以上才有较强的竞争力。创新投入能力分为资金投入、人员投入和技术投入三个方面。资金投入和技术投入偏重于企业的硬件方面，人员投入偏重于企业软件方面。资金投入是企业技术创新的物质支持，没有资金，企业就无法进行技术创新；技术投入是技术创新的载体，企业只有拥有一定的技术能力，才能不断向前；人员投入是技术创新的实现保障，技术创新必须要通过人的活动才能实现。

3. 职业经理人要重视技术提升人才的培养。

建筑业在国际产业已从以劳动密集与资本密集型产业为主向以知识密集与智力密集型产业为主转变过程中，中国的建筑企业应根据技术创新与经济发展的需要，尽快实施智力资本优化配置战略，逐步建立起一个研发能力强、专业匹配、结构合理、适应企业技术创新发展需要的高智力支撑体系。其一，要确立以智为先的发展新理念，改革用人制度。面对新一轮国际智力（人才）竞争，中国企业不仅要牢固树立以人为本，而且要确立以智为先的发展新理念，尽快实施"智力资本积累优先战略"，使人才在企业有舞台、留住心、才尽其用。其二，要加快科技人才（智力资本载体）管理创新步伐。其三，要加大智力投资力度，加强基础研究科研人才队伍建设。现代高新技术产业化的智力密集性、学科综合性、技术集成性决定其发展依赖于大批受过良好教育与训练的、具有竞争意识和创新意识的高精尖人才，中国企业不仅要彻底解决投资体制上长期投资"见物少见人"的问题，明确加大对科技人才培养的投资就是对增强科技竞争力的投资，而且要超常规地加大人才（智力）尤其是基础研究人才的投资力度，这是大势所趋（中国的基础研究在R&D经费中仅占10％，而美国基础研究却是R&D经费的两倍）。其四，要建立学习型企业科技人才的培养新机制。通过切实实施企业高科技人才继续教育工程与高精尖特殊人才特殊培养工程，不断提高企业科技人才的整体水平与质量档次，只有通过科技人才定期参加国际学术交流、及时捕捉国际科技前沿信息、组织科技攻关，才有把最先进的科技成果转化为知识与技术密集型的新产品的可能。

4. 职业经理人应进行制度创新，促进企业技术提升。

职业经理人应在企业技术提升战略的基础上制订详细的技术创新目标计划，明确企业具体的技术创新研究方向，制订详细的目标计划，并落实到各个部门。

制定技术提升规章制度，明确决策层、执行层在技术提升中的职责与考核标准，建筑企业技术提升作为一项基础性工作应常抓不懈。

四、建筑企业职业经理人综合协调能力

职业经理人应具备良好的沟通协调能力，而且在企业面临多变复杂环境下，综合协调能力尤其重要。所谓沟通协调是指管理者在日常工作中妥善处理好上级、同级、下级等各种关系，使其减少摩擦，能够调动各方面的工作积极性的能力。一个优秀的管理者，要想做到下级安心、上级放心、同级热心、内外齐心，必须要有良好的沟通协调能力。

建筑企业职业经理人的综合协调能力体现在组织能力、沟通能力和协调能力等方面。

（一）组织能力

项目的执行者要像导演，谁负责灯光设计，谁在台前谁在幕后，谁先演谁后演，什么人充当什么角色，要成竹在胸；作为经理人，就要统筹全局，安排得当，使人尽其用，各显其能，制度健全，结构精干，让整个"演出"有条不紊，使整个组织向着既定目标奋进，直达预期效果。

组织能力是指开展组织工作的能力，是公司在与竞争对手投入相同的情况下，具有以更高的生产效率或更高质量，将其各种要素投入转化为产品或服务的能力。组织能力包括企业所拥有的一组反映效率和效果的能力，这些能力可以体现在公司从产品开发到营销再到生产的任何活动中。精心培养的组织能力可以成为竞争优势的一个来源。对于一个集体而言，建立一种能使员工为实现集体目标而在一起最佳工作并履行职责的正式体制，即组织结构，是实现目标的重要保证。因此，如何建立组织体系，并规定体系中每个人的活动和相应的责任以及各项活动的关联规则将直接影响集体的行动效率和效果。建立科学、高效、合理分工、职责明确、制度健全的组织体系，是对领导能力的考验与挑战。

在实际工作中职业经理人的组织能力应当包括：

① 善于根据职权的合理分配，建立精干高效的组织运行系统；

② 善于授权和分权，建立工作程序和工作规划，发挥组织的作用；

③ 善于凝聚团队，用目标统一团队行动，言传身教，具有说服力、影响力、亲和力和号召力；

④ 善于使用检查、总结、考核、奖罚等方法，对下属进行控制管理。

（二）沟通能力

沟通就是信息的交流。在项目的实施过程中，信息交流主要是人与人之间和组织之间的交流。人与人之间的沟通是将信息由一个人传递到另一个人，这主要是人们带着一定的动机、目的、态度通过各种途径传递信息、情感、态度、思想、观点等。在这个过程中，可能会有阻碍有效沟通的因素，如不同的人对同一信息的理解程度受其知识结构、经历、职业、价值观的不同影响，从而产生不同的看法和不同的理解。职业经理人的沟通能力就是指经理人采用一定的沟通方法和方式，与组织内部和外部进行信息交流，提高组织内部效率和组织对外应对能力。

职业经理人有效沟通应注意以下几点：

（1）澄清概念。信息发送者在沟通前要有系统地思考、分析和明确沟通信息，并充分考虑接收者及可能受到该项沟通影响的所有人。

（2）只进行必要的信息交流。现代社会变化迅速，信息传递者应从大量信息中进行选择，只把那些与工作有密切关系的信息提供给接收者，避免造成信息负担过重的问题。

（3）明确沟通的目的。信息传递者必须弄清楚做这个沟通的真正目的和意义。要别人理解的内容，确定了沟通的目标，进而确定沟通的内容。

（4）沟通环境。考虑沟通时的一切环境包括沟通的背景、社会环境、人的环境以及过去沟通的情况，以使沟通的信息得以配合环境情况。

（5）征求他人意见。计划沟通内容时应尽可能取得他人的意见，与他人商议，既可以获得更深入的看法，也易于获得其积极的支持。

（6）准确表达。要把真正要表达的想法用语言和非语言准确地表达出来，而且要使接收者从沟通的语言或非语言中得出所期望的理解。

（7）信息追踪与反馈。在信息沟通后必须同时设法取得反馈，以弄清下属是否确已了解，是否愿意遵循，是否采取了相应的行动等。

（8）言行一致。项目经理必须以自己的行动支持自己的想法和说法，而且更有效的沟通是"行"重于"言"。

（9）着眼于未来。沟通时不仅要着眼于现在，还应该着眼于未来。大多数的沟通，均要切合当前情况的需要。但是，沟通也不应忽视长远目标的配合。例如，一项有关如何改进绩效与促进士气的沟通，固然是为了处理眼前的问题，但也是为了改善长远的组织改革。

（10）做一个"好听众"。项目经理在听取他人的陈述时，应专心注意，成为一个"好听众"，才能明确对方说些什么。

（三）协调能力

管理中不仅要做好内部的沟通协调，还要与企业外部的有关单位、人员搞好关系，如果没有这诸多协调，经理人就无法取得方方面面的支持，而致使工作难以开展下去。要善于协调，能合理调度和使用各种资源；善于组织，有良好的语言表达能力和演讲能力；善与沟通，能与上级、同级、下级、客户沟通交流，达成共识；善于攻关，能与各种社会势力建立良好的关系，寻求合作，实现双赢。

所谓协调是指企业管理者或领导者为了实现既定目标，而运用各种方法、技巧，对影响因素及其相互关系进行合理配置和调整、沟通，使各个要素、各个环节、各个层次、各个方面的行动一致起来、和谐起来，以便密切配合获得最佳的整体效益。协调能力是指决策过程中的协调指挥才能。决策的领导者应该懂得一套科学的组织设计原则，应该熟悉并善于运用各种组织形式，还应该善于用权，能够指挥自如，控制有方，协调人力、物力、财力，以获得最佳效果。协调能力一般应包括人际关系协调能力和工作协调能力两个方面。

职业经理人的协调能力是指经理人为了完成企业发展目标，促进工作的顺利进行，为调整好企业活动各参与因素之间的相互关系，减少内耗和摩擦，缓解或化解矛盾，达到团结共事、协调合作之目的，而表现出来的组织领导艺术，它是经理人必须具备的基本能力之一。

第二节　建筑企业职业经理人职业素养

新世纪，以经济为中心的综合国力的竞争将更加激烈，竞争的基本单位是企业，竞争的焦点是企业的职业经理人。企业的成败兴衰在很大程度上取决于职业经理人的管理艺术和素养。为了使企业能取得更好的发展和赢得最后的胜利，职业经理人要在人格魅力、学习能力、人际交往、专业素养等方面加强学习、实践和锻炼，努力提高自己的素质和修养。

我国已经加入 WTO，建筑企业要在国际上谋求发展，迫切需要大批有开拓意识和创新精神的企业职业经理人。作为国际化的建筑企业职业经理人，应有良好的人格魅力，对所承担的工作有清醒的角色认知，熟知经济社会的各种规则，有娴熟的人际沟通技巧，有高度的专业素养和创新决策能力，才能在新世纪的国际经济竞争中抓住机遇、占领先机、稳操胜券。

目前，我国已将提高建筑企业职业经理人职业素养纳入"十二五"规划当中，规划强调："全面提高各类从业人员素质。改变建筑业为劳务密集行业的传统单一归属，通过建筑业组织结构的优化调整，创造技术密集型、科技开发型、资本运作型、资金密集型、综合承包、专业承包、劳务分包等企业平台，以形成适合不同层次人才从业和发展的载体，为各类人才提供适合发展的位置和环境。

企业经营管理人员应当更新经营理念，提高经营能力，提高管理水平和战略规划能力，增强市场行为自律自觉性，增加社会责任感。要充实具有现代金融、投资、风险管理知识、技能的人才，改善建筑业企业的经营管理人才结构，适应时代的要求。

要增强行业内的专业技术人员对国家、社会和企业独立承担相应技术责任的意识，使其自觉执行国家法律法规、强制性标准，成为行业内敬业自律的中坚力量。要通过给予专业技术人员相应的技术权力、地位和待遇，留住并充分发挥专业技术人员的作用。

对于一线操作工人，要逐步地提高行业进入门槛，克服非职业化导致的操作技术素质不高的问题。通过建立国家、企业、个人投入相结合的建筑劳务工人基本技能培训考核制度、建筑劳务工人职业经历、技术水平记录证明制度，与个人职业经历能力匹配的劳动保障及流动认可制度等，形成个人技术能力的刚性和职业经历的弹性相结合的建筑业劳务工人职业发展模式。

全面提高企业素质。行业应当促进诚信守法经营、市场认可、经营效益稳定、质量安全业绩好、企业文化先进、具有社会责任感的优秀企业发展，形成一批行业骨干代表企业。

我国"十二五"时期，发展战略的转变将越来越体现为经济社会的协同发展。相应地，企业也应当从单一的经济效益的追求转向兼顾社会责任的全面发展。建筑业企业的经营目标、经营理念、经营方式应当逐步提升，在诚信经营、严格自律、安全生产、善待员工、节能减排等方面，尽职尽责，取得市场和社会的认可，形成建筑业的品牌企业。"

因此，提高建筑企业职业经理人职业素养，对建筑业结构优化调整、转变经营方式，实现企业经营效益起着至关重要的作用。

通常来讲，职业经理人的职业素养构成如图3-3所示：

（1）此图包括两个三角形，从里向外，第一个三角形是品质层，第二层是能力层。

（2）品质层即"道德层"，包括人格魅力和角色意识，这是职业经理人素养的核心。

（3）在"能力层"中，学习能力为底座、基石。此能力的缺乏，在知识时代，将会行步艰难、困难重重。

（4）人际沟通能力和专业素养是职业经理人的左膀右臂，是成就事业的两根筋，缺一不可。

以上内容是微观角度，指出了职业经理人职业素养的基本内容。本节根据建筑企业发展的特点，从建筑企业职业经理人的职业教育、道德修养、社会责任三个大的方面，介绍职业经理人所应具备的职业

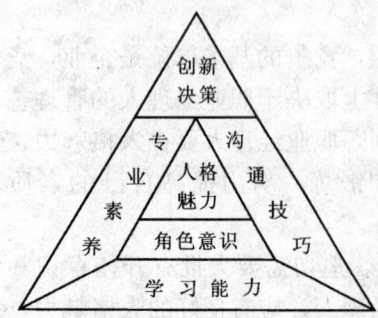

图3-3 职业经理人职业素养构成图

素养。

一、建筑企业职业经理人职业教育

改革开放 30 年来，中国建筑业有了天翻地覆的变化。据统计，2007 年全国建筑业企业完成建筑业总产值 5 万多亿元，房屋建筑施工面积 47 万亿 m^2，签定合同额 8 万多亿元，从 2005 年开始，建筑业增加值连续突破 5 万亿元。30 年来，我国对外承包额、市场范围、专业领域不断扩大，业务遍及全世界 160 多个国家和地区，2007 年我国对外承包工程完成营业额 406 亿美元，新签合同额 776 亿美元。截至 2007 年底，我国对外承包工程累计完成营业额 2064 亿美元，签定合同额 3295 亿美元。2007 年，我国 5 家建筑业企业进入世界 500 强企业的行列。

建筑业是国民经济和社会发展的支柱产业，培养和造就一大批掌握高新建筑施工技术，能操作会管理的技能管理型人才，是建设事业可持续发展的重要保证。建筑企业近年来在产业结构调整、国企改革、管理创新、机制转换等方面都进行了不少积极探索，但由于历史包袱沉重等多方面原因，建筑企业在人才队伍素质上仍存在很多薄弱环节。其中从业人员素质偏低，而且建筑企业由于人才流失严重，技术人才更是匮乏；原有职工群体年龄偏大，知识结构老化，成建制的班组已所剩无几；劳务层人员多数为农民工，操作方法单一，劳动率水平低下；高层次的技术和管理复合型人才尤其缺乏。因此加强建筑企业职业经理人职业教育培训是提高职业经理人职业素养的关键。

1. 加强职业经理人职业教育的必要性

随着经济的发展，我国建筑企业的对外开放进一步加大，国外建筑企业的进入，对我国建筑市场产生了很大的冲击。

建筑业作为中国城市经济体制改革的突破口，建筑企业股份制改制改造的步子迈得最快，对职业经理人的需求最为迫切。从 20 世纪 80 年代初期建筑业率先实行招投标制开始，建筑业的市场竞争机制已经有二十多年的历史。建筑业的市场化程度越来越高，人才竞争越来越激烈，经理人才的竞争更是炙手可热。建立建筑企业经理人职业化、社会化、市场化的选拔机制，已是全行业发展的迫切需要。

2. 建筑业职业教育中存在的问题

从管理和技术人员队伍素质来看，应用型人才多，管理型、科研开发型人才偏少，层次不高，科技成果转化能力较弱，技术创新能力差；管理人才的专业技术深度不够。中国建筑业的人才队伍中具有国际知名度的大师级人才较少，而直接从事国际工程承包业的这种人才就更寥寥无几。管理人才的知识结构不合理。中国建筑业目前拥有的管理人才中，既熟悉建筑管理又懂得技术、经济、法律的人才严重短缺；外语水平较高且能熟练地进行对外工作交流的从事国际化经营的人才短缺；懂技术、会经营、能管理的人才短缺；既懂建设技术又懂建筑材料、既懂建筑技术又懂定额概预算的人才短缺；能熟练准确地计算国际投标报价的人才短缺；能熟练运用国际或工程所在国的各种法律法规维护自身利益的人才短缺。

21 世纪的竞争是人才的竞争，国内外历史经验都证明了开发智力、培养人才、全面提高民族素质在推动社会政治经济发展中的关键作用，所以，建筑业必须重视职业经理人职业教育培训。

3. 加强职业经理人职业教育的对策

（1）大力推行执业资格制度。执业资格制度是市场经济国家对专业技术人员管理的通行做法。1993年党的十四届五中全会《中共中央关于建立社会主义市场经济体制若干问题的决定》正式提出要建立我国的职业资格证书制度。国家将专业技术人员职业资格分为从业资格和执业资格两类。截止到2002年6月底，我国已建立了23个执业资格制度，其中建设行业进展最快，已建立了注册建筑师、注册工程师、房地产估价师、房地产经纪人、监理工程师、造价工程师、注册城市规划师等7个执业资格制度。

（2）建立建筑企业职业经理人社会评价体系。2005年，为推行建筑企业职业经理人制度，经营委和中国建筑业协会，经调查研究，参照国际职业标准的规范，结合我国建筑企业的特点，制定了《建筑企业职业经理人资格认证标准》（讨论稿）。根据标准的要求，起草了《建筑企业职业经理人资质认证管理办法》，编制了《建筑企业职业经理人资格认证培训大纲》，以及根据大纲要求，编写了《建筑企业职业经理人资格认证培训教材》的提纲，为开展培训工作做了基础性准备。

建筑企业职业经理人资质认证社会评价体系的工作内容，包括职业培训和评价认证两部分。培训是评价认证的必要条件，评价认证是培训的必然结果。

职业培训由定点培训机构进行，定点培训机构由全国各省、直辖市、自治区建筑业协会（联合会）、各行业建设协会、部分国资委管理的建筑企业推荐，经过认证办公室按要求条件考核合格认可。培训要求指定教材、合格师资、严格测试、统一证书。集中培训一般3天，授课六大讲。内容既浓缩职业经理人的一般性要求，更重点突出建筑企业职业经理人的特殊性要求。经过培训测试合格者由培训机构颁发认证办公室统一制作的证书，作为申报评价认证的必要条件。

评价与资质认证工作，是在认证指导委员会统一规范下，由认证办公室和各地方、各行业的建筑业协会按职责分工来进行。

（3）组建专家库。为做好工程担保专家委员会的工作提供组织保证。确保职业经理人评选工作的顺利实施，在全国范围内，根据推动工程担保体系建设工作的需要，从研究机构、大专院校、政府管理部门、各大公司进行选拔，做好聘请工作。组建多学科、多领域、多层次的专家库。

（4）加强国际交流与合作。中国加入WTO后，建筑行业的运行规划应和国际惯例接轨，这就要求建筑业职业经理人要知己知彼，加强国际交流与合作，以促进我国建筑业整体水平的提高。

二、建筑企业职业经理人道德修养

1. 道德与职业道德

（1）道德

道德现象在人们日常生活中广泛存在，它渗透到社会生活的每一个角落，大到经济领域、政治领域、文化卫生领域，小到人们的衣食住行。人们在处理各种关系的时候，都要遵循一定的原则和规范，这里面就有道德问题。"道德"一词的含义很广，运用也极其广泛。除指调整人们之间的关系和行为准则外，在西方，道德一词来源于拉丁语，指人的善恶评价、道德品质、个人道德修养和理想境界等。到了近代，马克思主义认为，道德属于上层建筑意识形态范畴，是由经济基础决定的，是随着经济基础的发展而发展的，反过来又对经济基础有极大的反作用。我国最早典籍中，是把"道"和"德"分开解释的。"道"表示事物运动和变化的规则；"德"表示对"道"的认识，践履而后有所得。"道""德"二字连用，成为一个概念，始于春秋战国，荀况在《荀子·劝学》中说："故学至乎礼而止矣，夫是之谓道德之极。"即指人们在社会生活中所形成的道德品质、道德境界和调整人和人之间关系的道德原则和规范。可见，道德是调整人们相互关系的行为原则和规范的总和。

（2）职业道德

职业不是从来就有、永恒不变的，而是在历史上产生并随着社会历史条件的变化不断发展。社会发展的进程表明，人类的职业生活是一个历史范畴。社会出现分工以后，人们进入社会生活，分别终身或长期地从事一种具有专门和特定职责的社会活动，以此来获得生活的主要来源。职业作为人的社会关系的一个重要方面，对人们的道德意识和道德行为产生重大影响。大体上说，人们各种职业生活的实践主要从三方面影响其心理和行为：其一，从事不同职业的人对社会所承担的责任不同，影响着人们对生活目标的确立和对人生道路的具体选择，同时也不同程度地影响人们的人生观和道德理想；其二，作为在特定职业中长期生活的人，有其特定的职业地位和职业利益。不同职业的不同利益和义务直接影响人们的道德信念及其评价行为的道德标准，造成人们不同的职业良心；其三，职业活动的不同影响着人们的兴趣、爱好以及性格和作风，以致影响整个品德和人格的形成。因此，对于长期从事某一职业的人来说，由于他们有着基本相同的活动方式，受到相同的职业训练和教育，就会产生相同或相近的职业偏好、兴趣、习惯和职业心理，同时形成相似的职业责任感、荣誉感和职业纪律。他们在职业生活中认识到，要维护本职业的信誉和共同利益，履行本职业的义务和责任，什么样的行为是可以做的、有益的，什么样的行为是不能做的、有害的。在这种实践的基础上，各职业团体就会逐步建立起一些本职业从业人员应遵守的职业行为规范，也就是职业道德，以此调节从业人员间的人际关系，与社会间的相互关系。

2. 职业经理人的职业道德

当前，学术界对其职业道德的概念没有明确的定论，存在着不同的理解，但共同之处就是认为，职业经理人与常人一样，应该具有常人应具有的道德标准；但由于很多职业经理人身上担负的是企业生死攸关的大事，关系的是企业的长期战略发展的问题，因此对其职业道德要求就会更高一些。道德规范的特性是它具有和法律、制度一样的约束和导向功能，只不过法律是强制执行，而道德是自觉履行，二者分别从外在要求与内在要求两个角度对人的行为进行约束。经理人在其职业活动中形成的道德规范既是对一定职业道德关系的反映，也是一定社会对经理人提出的一定的职业道德要求的反映。因此，所谓职业经理人的职业道德，就是指职业经理人在其职业活动中应该遵守的道德规范，是职业经理人与社会、所有者及内部职工交往中应遵循的行为准则和规范。同时也是指职业经理人在其工作实践中形成和表现出来的道德传统、道德心理意识和道德品质等。

随着职业经理人职业化进程的深入和职业经理人市场建设的推进，职业经理人职业道德的概念也得到进一步的丰富和深化。不少学者提出一种新的观点，指出职业经理人职业道德不仅体现为其职业活动工作中应当遵守的一些基本要求，还应包括职业经理人的道德信仰、道德品质、道德操守等，以及经理人群体在职业过程中基于上述意识和品质而形成的职业习惯和职业文化。

职业经理人的职业道德由其职业性质所决定。由于职业道德和职业主体的社会地位、工作职能和权利义务相关，职业经理人的职业道德有一些自身的特点：

（1）突出观念层的建设。职业经理人作为一种高层次人才，既负有重大的责任，又享有崇高的社会地位。职业经理人作为管理层，其职业道德水平的高低往往影响着员工的道德表现，加强职业经理人职业道德，有助于改善企业全体员工的精神风貌和道德水准。因此，就不能仅满足于言谈举止等表面行为的道德化，更重要的是从思想观念上真正树立合理的职业道德观，才能对内带好职工队伍，对外树立企业的良好形象；才能体现高层次的道德要求，从而有效地推进企业的物质文明建设和精神文明建设。

（2）强调自觉性。道德是有一定价值取向的，它和人的道德认识、道德情感、道德意志、道德信念结合在一起。因此，职业道德是一种深层次的社会价值取向的体现，对整个管理活动都起着导向作用。从一定意义上讲，职业经理人的职业道德都体现着道德基本精神和价值导向。这种基本精神和价值导向为人们所接受，就会发生很大的作用。现实生活中大量事实告诉我们，只要人们接受了一种道德观深层的价值取向，便会表现为自觉遵守某种与此种价值取向相一致的行为原则。职业经理人一般拥有高学历、高智商，只有职业经理人本人意识到职业道德的重要性，不断加强自身的职业道德修养，才能提高自身的整体素质。职业经理人的职业道德是一种内在的、柔性的、自律的道德管理。

（3）与企业活动的紧密性。职业经理人一般位于企业的领导层，其思想素质、道德修养的好坏不仅反映在日常的管理方式之中，更会对企业的经营宗旨、经营目标、经营手段的制订和选择产生重大的影响，从而也影响到企业的未来发展状况。把职业道德放在首位，是因为诸多企业的经验教训告诉我们，如果一个管理人员的职业道德素质低下，那么他的能力与他对企业造成的损失将是正相关关系。

3. 建筑企业职业经理人职业道德建设

（1）建筑企业职业经理人职业道德的重要性

建筑企业职业经理人道德，与其他行业相比更具有独特的内容和要求。这是由建筑企业所生产的产品特点而决定的。建筑企业的施工行为是开放性的，从开工到竣工都是裸露式的，管理人员的一举一动都有一定的社会影响。在施工过程中，某一道工序，某项材料，某个部位的质量疏忽，直接影响今后整个工程的正常生产。人们常说"百年大计，质量第一"。建筑业产品的价值和使用年限远比一般产品大得多，长得多。因此，职业经理人质量意识必须比其他行业更强，要求更高。再者，建筑产品的资金投入，施工到竣工投入使用后，才是回报开始的这一特点，保证工期就更显得重要了。所以，建筑企业"重合同、守信用"的信誉度比一般行业都高。由此可见，行业的特点决定了建筑企业道德建设的特殊性。

众所周知，建筑市场是先有交易，后有产品；先有合同，再进行建造。顾客凭什么在没有见到产品之前就和建筑企业发生交易行为呢？主要就是对建筑企业的认可，包括对建筑企业能力的认可、信誉的认可，对政府授予建筑企业资质评定的认可。而对建筑企业信誉的认可，很大程度上是对建筑企业经理人信誉的认可。企业经理人讲诚信，企业就给人以诚信的印象。反之，如果一个建筑企业的经理人言而无信、声誉不佳，这个企业还能有良好的社会信誉吗？由于建筑产品体量大，使用范围广、周期长，其质量的可靠性和安全性关系到人的生命财产的安危。一栋大楼的倒塌，一座大桥的断裂，死伤者往往是几人、几十人甚至几百人。2004年四川綦江大桥的倒塌事件，造成车辆坠入大江，人员丧命等重大损失，经调查落实，就是大桥发包人贪污受贿、大桥承建者粗制滥造的结果。显然，对建筑活动和建筑产品质量安全的严格监督管理，是建筑业作为国家特许行业的重大原因。对建筑活动和建筑产品质量安全的监督管理，虽然要靠政策引导，靠制度规范，靠技术进步，但首先要靠建筑企业从业者对质量安全的高度重视和实施保证，尤其是对建筑企业经营者职业道德的具体要求。可见，建筑企业职业经理人的职业道德，对建筑企业尤为重要。

建筑企业的职业道德具有其行业的特殊要求。市场经济条件下，企业要在激烈的市场竞争中站稳脚跟，对职业经理人进行职业道德建设是势在必行的，它更具有客观的必要性。任何时候企业的生存和发展，都需要多找任务，找好任务，但很重要的一条，是尽可能地满足业主要求，做到质量优、服务好、信誉高，这样才能在市场上赢得更好的份额。从某种意义上说，职业道德是建筑企业参与市场竞争的"入场券"，企业信誉来源于每个管理人员及职工的技术素质和对质量的重视，来源于企业全体人员的职业道德水平。尤其是企业职业经理人的道德修养提高，往往对企业内部整体的职业道德水平有着重要影响。

从目前建筑市场的混乱局面来看，由于建筑法规不健全，市场不规范，再加之管理者的素质低下，有法不依，在工程发包过程中，泄漏标底、弄虚作假、行贿受贿、偷工减料、粗制滥造，用不正当的手段骗取优质工程等现象时有发生。特别在施工过程中，由于不文明施工给居民的正常生活造成了严重干扰。种种这些不文明现象，已经严重损害了企业的形象，长此以往，将阻碍建筑企业的发展，进而影响企业的效益和信誉。

近年来，建筑质量事故频频发生，有的造成了恶劣的社会影响。究其原因，表面上看是因市场竞争激烈，市场运作不规范造成的，一些建筑企业为了拿到工程项目，使用各种手段，其中手段之一就是盲目压价，用根本无法完成工程的价格去投标，中标后就在设计、施工、材料等方面做文章，施工中偷工减料，材料上购买质次价低的产品，从而使建筑物的"百年大计"大打折扣。但归根结底是忽视职业道德建设的结果，是只追求经济效益而忽视社会效益的结果。

现代建筑企业都在强化自己的内部管理，再造管理流程，规范管理程序，创新管理模式。在做这些工作时，一定要把职业道德建设规划进来，让自己更了解建筑业，热爱建筑业，献身建筑业，这是建筑企业管理的一个重要组成部分。

职业经理人对于自己所从事的职业意义和职业生涯中应遵守的职业操守，要有明确的认识，一旦职业确定后，一个对个人、对企业、对社会负责的人，必须善于约束自己，承担起自己的责任和义务。我国建筑行业在20世纪50年代显现出一片生机勃勃的景象，那时候的建筑企业管理人员以主人翁的自豪感建设自己的国家，忠于职守，工作严谨认真，立于首都的十大建筑就是这种职业修养铸就的代表作。经过几十年的岁月冲刷，那些建筑物依然闪烁着光辉，无论是从外形设计，还是内部功能；无论是施工质量，还是材料性能；无一不是最好最优的。然而，进入市场经济后，一些企业把追求经济效益作为了唯一的目的，起码的社会责任感没有了，建筑业职业道德病蔓延，一些管理者只对上级负责，不对人民负责；一些技术工作者，只顾自己头上的光环，不顾业务素质的提高；一些施工人员劳动纪律松散，不按施工规范操作。这种种的问题与现象，直接导致了工程合同履约率低下，工程质量通病的频频发生，甚至质量事故的出现。因此，职业道德建设迫在眉睫，崇高的敬业乐业精神和严格的职业道德规范是一个有远见的建筑企业应重视的课题。

（2）当前建筑企业职业经理人职业道德建设存在的问题

改革开放以来，由于新旧体制的交替和片面强调物质利益忽视精神文明建设，在职业道德建设上存在的突出问题是，职业道德理念淡化，思想道德建设严重滑坡，主要表现在以下方面：

① 价值观念发生错位。在职业道德领域表现为拜金主义盛行，享乐主义、极端个人主义抬头，见利忘义、唯利是图、甚至损公肥私四处蔓起，吃拿卡要在一些掌握人财物权力的部门和人员中普遍存在。

② 道德评判出现偏差。表现在职业道德上，评判是非的标准模糊，对那些兢兢业业、一心扑在工作上而很少顾及个人利益的优秀职工视而不见，甚至嗤之以鼻，而对那些靠钻政策空子肥了个人亏了企业的人，视为精明，敬若神明。

③ 社会道德心理失衡。表现在职业道德领域是部分职业经理人在工程建设过程中，疏于职守，或为了谋取利益，对建设过程中出现的质量、安全隐患视而不见。

（3）加强建筑企业职业经理人道德建设的途径

通过上述对建筑行业特点和职业道德建设上存在问题的分析，加强建筑企业职业经理人道德建设应把握好以下三点：

① 把职业道德建设的着眼点，放在提高职业经理人自身素质上。自身素质应包括文化、思想、业务、技术等方面。文化则是提高职业经理人自身素质的前提和基础。

② 把职业道德建设的着力点，放在强化爱岗敬业教育上。良好的职业道德，要靠思想和技术两个基本要素维系。技术的发挥需要思想的指导，而思想是意识的反映。也就是说良好的思想意识是提高整体素质的核心。特别是要完善企业管理制度，强化绩效考核制度。

③ 把职业道德建设的落脚点，放在塑造良好的自身形象上。质量是企业的生命，那么职业道德建设则是树立企业形象、赢得社会信誉的窗口。讲职业道德，就是要以精湛的技术，严格的劳动纪律和严谨的职业道德行为，保证工作质量，最终实现建筑产品达到优质，成为建筑精品。

总之，建筑企业应根据自身的行业特点制定可行的职业经理人职业道德公约和条则，真正用健康的社会主义思想道德教育进行引导，提高管理人员的思想境界，陶冶思想情操，养成良好的职业习惯，把加强职业道德建设落到实处。

三、建筑企业职业经理人社会责任

随着全球化趋势的不断深入，企业社会责任日益成为全球企业的共同义务、挑战和追求，也成为企业参与解决社会问题的重要途径和方式，人们对企业履行社会责任的期望越来越高，许多企业已经将社会责任作为一种商业机会和竞争模式，融入企业运营和管理。

建立职业经理人社会责任管理体系可以为建筑企业培育良好的企业文化，增强企业内部凝聚力。一个企业职业经理人切实尊重和维护劳动者的合法权益，可以使雇员产生强烈的归属感，激发他们的积极性和创造性。

（一）我国建筑企业的社会责任现状分析

建筑企业的蓬勃发展，吸纳了大量的社会劳动力，但是当前建筑企业在劳动力使用上存在很多不容忽视的问题，它们已经严重影响了建筑企业的持续健康发展。

1. 工程安全事故频发

据统计，2008年全国建筑业共发生事故2224起，死亡2538人。随着施工的技术复杂性和组织复杂性不断提高，建筑安全生产面临的压力越来越大。建筑企业工作条件恶劣，时刻面临机械伤害、物体打击、触电和雷击、建筑火灾、粉尘危害、噪音危害和震动危害等对人身健康与安全的侵害。

2. 工程款拖欠

截至2006年，拖欠额度已经达到3600亿元。拖欠项目中既有政府投资项目、国有企业项目，也有民间项目和外资项目。其中，房地产项目，大型、特大型项目拖欠尤为突出，造成了较为恶劣的社会影响。政府投资项目中，由于资金不到位，业主强行规定建筑企业带资、垫资承包，但最终却无力归还，损害了政府的形象。

2003年11月22日，国务院办公厅下发《关于切实解决建设领域拖欠工程款问题的通知》，计划用3年时间基本解决建设领域拖欠工程款及拖欠农民工工资问题。我国有关部门进一步加大了清理工程款拖欠的力度。2005年9月，劳动和社会保障部、建设部等九部委联合下发《关于进一步解决拖欠农民工工资问题的通知》。在建设部的主导下，到2006年，清理已竣工工程的拖欠工程款和农民工工资问题初见成效。

但是，由于目前整个社会的信用机制尚未健全，政府部门监管力度不够，业主行为得不到约束，施工承包单位自身管理不善，仍未形成工程款支付的有效制度，新建项目的工程款拖欠现象仍有发生。

3. 拖欠农民工工资

当前建筑市场普遍存在非法分包、转包行为，业主跟包工头结算工人工资，包工头中间克扣甚至一跑了之。由于工程项目法人或法人代表发生变更而引起多头债务关系时，各方对民工工资的支付互相推诿。同时大部分民工缺乏组织，没有与用工单位签订规范的劳务合同，一旦发生纠纷，很难得到法律保护。

4. 从业人员工作、生活条件较差

在工作现场许多劳动保护措施不到位，没有按规定配发劳动保护用品。建筑企业从业人员一般住在工程项目现场的暂时设施内，宿舍空间狭小，设施简陋，基本的通风、采光等都难以保证，工地缺乏卫生的饮用水和清洁的厕所。同时，工地的食品安全问题也令人担忧，普遍存在着卫生管理制度不健全，卫生设施缺乏等问题。

5. 建筑行业能耗较高，对环境影响较大

在建筑的建造和使用过程中，需要消耗大量的自然资源，同时增加环境负荷。据欧洲建筑师协会测算，全球50%的土地、矿石、木材资源被用于建筑。建筑建成之后，建筑的使用运行过程中，都需要耗用大量的能源。如45%的能源被用于建筑的采暖、照明、通风；5%的能源用于设备的制造；40%的水资源用于建筑的维护；16%的水资源用于建筑的建造；60%的良田被用于建筑开发；70%的木制品被用于建筑。同时，50%的空气污染、42%的温室气体效应、50%水污染、48%的固体废物和50%的氟氯化物均来自于建筑。无论是能源、物质消耗，还是污染的产生，建筑都是问题的关键所在。

目前我国城镇民用建筑（非工业建筑）运行耗电占我国总发电量的 22％～24％，北方地区城镇供暖燃煤占我国非发电用煤量的 15％～18％（建筑消耗的能源约占全国商品能源的 22％～26％）。这些数值都仅为建筑运行所消耗的能源不包括建筑材料制造用能及建筑施工过程能耗。

（二）建筑企业职业经理人社会责任的体现

中国矿业大学博士后张长立在《职业经理人管理责任体系的构建》中指出职业经理人社会责任的主要领域包括：

（1）社区或社团：指承担对社区或社团有利的社会责任。承担社会责任的组织能够在社区或社团服务方面有别于其他组织，如在解决社区有压力的问题上提供帮助，出资资助残疾人、妇女和无家可归者等。

（2）健康和福利：许多组织相信，投资于公共健康业不仅是承担社会责任，而且是必要的、有价值的。

（3）教育：各类组织对教育的社会责任都有兴趣。面对熟练工人的短缺问题，管理者认识到，他们必须做某些事情以改善各类教育。

（4）人权：某些组织把其承担的社会责任工作集中在人权问题上。

（5）自然环境：许多组织选择自然环境作为其社会责任的领域。如生态学研究，对环保及垃圾处理问题的研究等。

（6）消费者权利：保证提供高质量的产品和服务，做安全和可信的广告等。

（7）文化：组织对文化、艺术、体育活动的支持。对文化活动的支持是组织对提高人们生活质量的一种投资；对组织而言，它能为组织赢得更广泛的顾客。

（三）提高职业经理人社会责任的对策

（1）建立职业经理人社会责任管理体系。基于上述情况的分析，建筑企业推行职业经理人社会责任守则，以高道德标准约束自身行为，可以赢得商业声誉。同时遵守劳工守则，也可以避免负面的法律诉讼，促进企业与社会的和谐相处。

建立社会责任管理体系对我国建筑企业培育良好企业文化、积极参与国际竞争以及促进建筑企业可持续发展具有重要意义。我国建筑企业目前在劳动力使用上存在很多突出的问题与不足，亟须加强社会责任建设。

促进建筑业持续健康发展，加强市场信用体系建设，全面推动建筑业诚信评价工作的进行，规范企业竞争，培育市场主体自律和诚实守信行为。逐步在行政许可、市场准入、招标投标、资质管理、工程担保与保险、表彰评优等工作中，积极利用已公布的诚信行为信息，依法对守信行为给予激励、支持和市场保障，对失信行为给予惩戒，逐步健全有效的诚信奖惩机制。

（2）加强职业经理人培训教育，提高行业认识。建筑业是国家支柱产业。建筑不仅反映城市面貌，更显示国家实力和人们生活水平。建筑形态、周围环境和内部空间，直接关系着人们工作效率及生活质量，进而影响一代人的精神面貌。所以，建筑企业职业经理人手里的这支笔关系到国计民生，肩负着重大的社会责任。

（3）端正工作的态度。有人说态度能决定一切，积极、认真或消极、马虎的态度将决定未来整个事件的导向。众所周知，建筑物的建成，要花费大量社会资源及资金，开发商几亿元、几十亿元投入项目，业主花几十万元甚至几百万元购房，他们把这么多的钱交给你去操作，项目及房屋的好坏，都直接关系到企业或个人的财富增减。业主花钱在买未来两年甚至更长一段时间的预期服务及效果，企业之间的相互信任是难能可贵的。因此，职业经理人在日常工作中，要更多地站在业主及使用者的角度来考虑问题。

加强建筑企业职业经理人社会责任建设，真正将职业经理人管理体制落到实处，对加快建筑企业职业经理人建设，促进建筑业发展，具有重要意义。

第四章 建筑企业经营创新和战略转型

第一节 建筑企业经营管理模式创新

一、建筑企业经营模式存在的主要问题

（一）国有大型建筑企业经营模式存在的主要问题

从当前建筑市场竞争情况看，现有的企业集团经营模式存在的主要问题如下：

（1）业务管理职能错位、越位

三层次组织结构虽然确定了各级成员在结构中的职能，但在运作过程中，各级成员的业务交叉重叠：母公司在履行管理中心职能时可能错位到利润中心的角色；子公司在履行利润中心的职能同时，又进行了本应由母公司主导的投资活动；子公司下属公司更多时候履行的是利润中心和成本中心双重职能。业务交叉重叠，分散了各个管理层的注意力，加大了企业的内耗。

（2）利润分散使监管失效

工程施工承包一般采用集团公司和子公司两级管理体制，集团项目承包部提取一定的费用作为项目部日常开支，大部分利润实际上是在总承包项目部形成，再层层上交。虽然目前集团公司均在项目部大力推行"责任成本"工作，以图将大部分利润集中于集团公司项目承包部。但是，由于尚未形成严格经营管理机制，利润仍大量滞留于集团子公司项目部。集团母公司的监管既要到集团项目承包部又要到子公司项目部层面。利润分散得越广泛、资金管理链越长，监管效果越差，则利润越容易流失。

（3）多层次投资难于控制

由于工程承包积累的利润下沉，即使在对投资活动权限设置的情况下，集团子公司由于手握一定的资金，在投资领域中各显神通，四面开花。少数投资项目事前评估不科学，事中运作不专业，使项目未能达到预期收益。

（二）大型建筑企业经营模式存在的主要问题

（1）经营模式单一，施工承包仍然是主流模式

工程承包能力弱。无论是施工企业发展成为工程总承包企业，还是设计型企业改制为工程总承包企业，总是一腿软，一腿硬，设计和施工能力总是不能同时具备较强的能力。

（2）多元化发展过度，主业不突出

大型国有建筑企业，尤其是国有大型建筑企业，经营领域过多，过度多元化增加了经营风险。例如，有一些大型建筑企业涉足建筑施工、房地产之外的教育、汽车、娱乐等非相关产业。

（3）国际化程度低，与国际先进的经营模式融合能力弱

国际市场开拓能力不强。进入非洲或亚洲市场比较早，在这些地区的市场占有率较高，但是，在欧洲和美国市场，除了中国建筑总公司有一点市场外，其他企业几乎没有

工程。

（4）过多强调企业为中心，不能以项目为中心

不能以项目为中心。过于强调集团母公司、子公司、项目部的分工责任，没有形成以项目为中心的"管理中心、利润中心、成本中心"的三层次企业经营模式。

（5）企业对品牌经营重视不够

有一些大型建筑企业规模很大，但是，到目前为止还没有形成自己的品牌。

（6）经营模式国有特色明显，市场特色弱化

国有建筑企业难以摆脱社会责任。我国大企业主要是央企或地方国企，社会责任和经营责任并存，与发达国家的大承包商相比，经营的负担相对比较重。

（7）企业融资能力弱

企业与银行的合作，限制在授信额度之内，企业与银行的关系是借贷关系，没有形成一般的企业合作关系。

（8）企业技术创新的动力不足

企业技术创新少。企业对技术创新和技术专利不重视，对企业的技术创新和研发的投入不足。

（三）中小建筑企业经营模式存在的主要问题

中小建筑企业一般投资少收效较快、规模较小、对市场变化的适应性强、机制灵活、能发挥小而专、小而活的优势。但是，由于建筑业市场化改革在曲折中推进和国有建筑企业退出机制滞后等市场竞争环境因素影响，中小建筑企业经营模式存在主要问题如下：

（1）中小企业多数隶属于大型建筑企业，经营模式单一，一般是专项产品生产企业，如门窗企业、沙石场等，经营效益直接与上游产业关联，自身应对或规避经营风险能力弱。

（2）中小企业多属于劳动密集型企业，劳务人员管理是其主要经营特征。中小建筑企业人员平均规模较大，一般为每企业 200～300 人，比国外中小企业高出十倍以上。中小建筑企业经营管理队伍平均文化素质低，专业技术管理人员紧缺。

（3）中小企业进入门槛低，科技含量低，市场竞争激烈，为降低成本，一些企业长期属于大企业内部经营单位，也不愿意进行正式注册，因此，技术、质量管理不规范。一些小企业由于没有法人地位，企业扩大经营规模融资难，依法管理、依法经营、依法保护企业的能力较弱。

（4）中小建筑企业产权结构中，国有资本比例仍然较大，由于长期受国有体制的影响，一些中小建筑企业经营模式模糊或不明确，小总包经营模式多，专业化企业经营模式少。

（四）大型建筑企业国际承包存在的主要问题

（1）产业规模不断扩大、过度竞争依然存在

中国正处于从低收入国家向中等收入国家发展的过渡阶段，建筑业增长速度快、对经济增长贡献大。1978 年以来，国内建筑业产值增长了 20 多倍，建筑业增加值占国内生产总值的比重从 3.8％增加到了 2009 年的 6.7％。在国民经济各产业部门增加值占 GDP 比重排名中，建筑业位居第 4 位，成为拉动国民经济快速增长的重要力量。

我国建筑业长期沿袭原有经营机制，各行业、各部门、各地方政府都有相应的建设管

理部门及建筑企业，这些企业都是按照"大而全、小而全"的企业模式成立，企业规模、结构、产品类同。在运作机制上，建筑企业存在内部多级法人制度，体制不顺，管理机制不灵活，企业包袱沉重等弊端；在具体经营上则表现为企业数量较多、竞争激烈、企业效益低下甚至亏损。

我国建筑业基尼系数小于美国，建筑业企业规模相差不大，企业规模层次性不如美国鲜明。我国建筑业由于产业集中度低，大、中、小型企业比例不合理，导致竞争格局缺乏层次性，再加上建筑业进入壁垒和退出壁垒的不对称、部门或地方存在对进入和流动企业的人为限制和企业承揽工程中的排外性，阻碍了生产要素自然流动，形成"过度竞争"和"有效竞争不足"并存的低效率局面。

（2）企业规模仍然偏小，经营市场范围有限

我国对外承包工程企业中除少数原中央各部的专业性公司和部分发展较快的省市大公司外，大量的工程承包企业规模较小，结构单一，经营范围狭窄。他们主要是从事劳务分包，实行工程总承包的项目较少。而且，勘察设计、工程咨询、项目管理等方面的国际市场开拓能力依然较弱，即使我国的大公司与国外公司相比规模也偏小。

（3）恶性竞争严重，经营秩序混乱

我国工程承包企业之间缺乏合作，相互压价、恶性竞争现象比较严重。有的企业仅以中标为目的，不计成本和利润，报价远低于合理的价格水平，严重损害国家利益和行业利益。国际市场的低价竞争也引起了其他国家承包商的担心，大部分国际承包商表示担心新的竞争者出现，特别是中国这样低成本的国家进入国际市场，担心投标正在变得不公正和不适当。投标价过度低于建筑业平均水平虽能中标，但结果往往导致不完整的或低质量的产品。此外，低价竞标可能导致业主担心工程质量无法保证而拒绝授标，使承包商中标困难，并影响到今后的进一步合作。

（4）资金短缺，金融支持力度不够

由于新的承包方式要求承包商提供从设计、采购到建设、管理、运营等全程服务，拥有雄厚的资金和很强的融资能力已成为赢得工程项目的重要因素。一些发达国家的大承包商凭借其融资能力强及其政府出口信贷等的支持，在竞争中占据十分有利的地位。我国对外工程承包企业融资能力普遍较弱，已成为我国工程承包企业承揽大型国际工程项目的最大"瓶颈"，主要表现在以下几个方面：

1）融资渠道窄。国际上通行的项目融资在我国尚未开展，因为国内工程承包企业缺乏资信记录，需要一个逐步被国际金融市场了解和接纳的过程，企业境外融资还面临着很大的障碍。由于我国工程承包企业大多存在资本金不足、资产负债率较高的情况，国有商业银行一般不愿向无抵押和担保的工程承包企业提供巨额贷款。

2）融资担保难。国家设立的对外承包工程保函风险专项基金，在一定程度上缓解了企业投标、履约、预付款保函的担保问题。但是，这种专项基金的规模太小，满足不了项目保函担保需求。另外，使用基金的程序也复杂、审批时间过长、支持范围有限。

3）融资成本高。据统计，大企业的融资成本一般在 10% 左右，一些中小企业甚至达到 20%~30%。现在我国银行对外工程贷款利率虽然低于其他国内企业贷款两个百分点左右，但远高于国际通行工程承包 1% 的贷款利率。较高的融资成本削弱了我国工程承包企业的国际竞争能力。

（5）面临市场准入障碍和技术壁垒

我国在技术和法律方面仍未与国际市场完全接轨。国内的设计标准，设备材料标准自成一体，尚未与国际市场接轨。而欧美等发达国家普遍实施专业执照或企业许可、人员注册资格等制度，其他国家的市场准入条件和管理法规往往制约了我国企业进入市场。

发达国家和跨国公司想方设法地控制国际标准化的制定，力求将自己的专利变为国际标准，并通过标准建立贸易技术壁垒以获取最大的经济利益。预期未来几年，国际服务贸易的标准化对工程承包商的资质要求和对服务的质量标准要求，将成为市场准入的新的技术壁垒。

（6）我国企业自身能力亟待提高

经过多年的市场磨炼，我国对外工程承包企业已具备了较强的施工能力和设计能力，且具有低劳动力成本的优势，但与国际大型工程承包集团相比仍有很大的差距：

1）在工程融资方面，我国企业资金实力不足、缺乏企业信誉和国际融资经验。

2）在施工技术方面，缺少专利技术和专有技术，对国际上最新建筑技术、建筑材料、建筑机械应用不多。在机电安装，使用先进设备的大型高难度土木工程等专业领域存在着技术差距。

3）缺乏国际采购网络系统和国际采购经验，在项目中标后往往要采用发达国家的材料设备，而我国的机电设备及建筑材料较难进入国际市场。

4）在进行成本控制，处理纠纷索赔等方面经验不足。

5）缺乏国际通行的项目管理经验和先进的工程项目计算机管理系统。缺少熟悉国际市场技术标准、操作规范以及市场运行规则的各类人才，包括技术人才和管理人才。

（7）安全和风险问题日益突出

当前，恐怖主义威胁各国安全，伊拉克等国家和地区局势比较紧张，导致国际形势不稳定因素增加。突发事件和地缘政治动荡不安带来的风险，给企业造成了巨大的经济损失，如一些企业因海湾战争遭受巨大损失，至今仍未能解决。近年来一系列针对中国人的恐怖袭击事件有增加的趋势。纵观国际市场，一方面受石油价格飙升及地区安全形势不明朗等因素影响，许多业主取消或延缓了项目上马；另一方面工程承包项目的保险成本不断提高，从而影响了企业收益。

（8）多数大型建筑企业缺乏核心竞争力

分析国内外建筑企业专注的领域，就可以发现，我国绝大部分企业集中于建筑业价值体系的低附加值环节上，如建筑施工，而在复杂的、高附加值的价值链环节缺乏国际竞争力，如项目融资和规划阶段。另外，我国企业在设计与施工一体化，融资和管理一体化，前期和后期管理一体化方面缺乏综合竞争实力。

尽管我国劳动力成本低廉，但国外企业凭借先进的管理和信息技术、机械化施工等，使得国外建筑企业劳动生产率远高于国内企业。国内绝大部分企业缺乏以技术创新、管理创新为核心的企业核心能力。

近几年，随着我国国民经济的持续、快速发展以及开放程度提升导致的国际竞争加剧，国内建筑行业中出现了少数优秀国际承包企业，它们经过多年积累，凭借不断的技术创新、管理升级，逐渐从传统的价值链低附加值环节中脱离出来。但是，从总体上看，当前，我国多数大型建筑企业在国际市场仍缺乏核心竞争力。

二、中外建筑企业经营模式比较

（一）发达国家建筑企业经营模式情况

以美国为代表的西方发达国家的建筑企业，生产规模庞大，资本实力雄厚，建筑产业的功能扩展到融资、规划、设计、建筑施工、房地产经营等综合性建筑产品的生产和销售。同时，建筑产业分工细化，行业性建筑企业的品牌特征明显，施工专业化成为建筑企业市场竞争的重要特征。发达国家的建筑企业经营模式主要以 EPC 模式、特许经营模式（BOT、BT 模式等）、伙伴合作模式为主。承包商带资承包、代业主管理和融资、设计、施工一体化运作是主要经营模式。

（1）设计施工一体化是欧美基本经营模式

无论是菲迪克（FIDIC）条款合同，还是欧洲国家采用的建筑师负责制承包合同，其内在统一的要求是工程承包实施设计施工（EPC 模式）一体化。EPC 项目模式和过去单纯施工项目模式相比，除了对业主有利外，也使得建筑承包商从简单的价格竞争中解放出来，因为在 EPC 和设计-施工（DB）项目中，标价已不是唯一的评价中标与否的标准，这对承包商来说是好事，但是，同时这类项目又对承包商的融资能力、设计、施工供货安装能力、运营管理能力、风险控制能力提出了挑战。这种经营模式在欧美等发达国家应用很普遍，是基本的承包经营模式。

（2）政府与民间资本合作，产生特许经营模式

西方国家的政府在实施公共工程建设时，由于缺乏资金，提出了与民间资本合作的政策，因此产生了以"政府与民间资本合作"的工程承包的特许经营方式。特许经营模式是指某国政府以特许授权方式，允许某些大型承包商参与投资、建设、经营本国的机场、铁路、电站、污水处理以及其他公共基础设施项目，这种经营就是特许经营。采用这种方式经营就是特许经营模式，例如，BOT，BT，PPP、BOOT，TOT 等。

（3）特大型特许经营项目催生合作伙伴模式

随着西方国家的特许经营项目规模不断扩大，业主要求工程项目"一揽子"承包给一家承包商，面对 BOT、PPP 项目、EPC 项目等大型的环节复杂的项目，任何一家承包商都难以独立承揽，原因是在融资、技术、施工、供货或运营管理、风险管理、法律等方面有难以逾越的障碍。因此，结成联盟共同承揽项目成为项目承揽模式的新的发展趋势。所谓联盟是两个或两个以上的企业，为了达到共同使用资源共同拥有市场等的战略目标，以契约的形式结成优势互补、风险共担、要素双向或多向流动的松散的组织。由于联盟的各方将自己最有竞争力的资源投入，体现了国际分工和比较优势，实现了优势互补，提高了整体竞争力，承揽了一方不能单独承揽的项目，增加了市场份额，降低了一方独自承揽项目的风险，最终使参与各方利益最大化，延长了各方的价值链。近十几年，采用这种"合作伙伴"经营模式的国际大承包商比较多，其中，最成功的国际承包商是德国的 Hochtief 公司。

（二）发达国家建筑企业经营模式特点

综合分析发达国家的建筑企业经营模式特点主要有以下几点：

（1）收购或兼并、重组催生大企业

为了整合资源以应对日趋激烈的国际市场竞争，提升国际承包工程企业的本地化运行能力，很多国际工程承包商相继实施业内资产重组，不断扩大企业经营规模。比如，西班

牙 Grupo ACS 公司 2003 年收购了总部位于马德里的 Grupo Dragados SA 公司，使公司规模扩大了 1 倍多，也使公司在当年的国际承包商 225 强排名中从第 98 位跃到第 20 位；荷兰承包商 Royal BAM Groep 收购了 HBG 后，排名也大幅度提高。

（2）利润重心向产业高端转移

随着国际工程承包市场的发展，国际建筑工程的发包商越来越重视承包商提供综合服务的能力，传统的设计与施工分离的方式正在快速向总承包商式转变。EPC（即设计、采购、施工总承包）、PMC（即项目管理总承包或我国实施的"代建制"）等"一揽子"式的交钥匙工程模式以及 BOT（即建设、经营、转让）、BT（即建设、转让）、PPP（即公共部门与私人企业合作模式）等带资承包商式成为国际大型工程项目中广泛采用的模式。承包商不仅要承担项目的设计和施工、运作任务，还要承担工程所需的融资任务。单纯的工程施工业务利润逐渐降低，承包商的业务开始朝着项目的前期和上游发展，利润重心向产业链前端和后端转移，其中，带资承包表现最为突出。据世界银行和联合国贸发会议的统计分析，工程建筑业是发展中国家吸收外资最大的服务部门之一。除少数国家的政府项目不需要承包商带资外，多数项目基本上需要承包商以不同形式带资承包。据有关部门初步估算，带资承包项目约占国际工程承包市场的 65%。

（3）产业分工细化深化

欧美等国家的大型跨国建筑企业都有自己的技术和专利，在国际工程承包市场上具有明显优势，资金实力、技术和管理水平远高于发展中国家的企业，在技术和资本密集型项目上形成垄断。发展中国家建筑承包商凭借劳动力成本的比较优势在劳动密集型项目上也获得了发展机会，而且，逐渐开始向技术和知识密集型项目渗透。分工体系细化的同时，建筑企业也在寻找着各自的定位。比如，瑞典的斯堪斯卡公司卖掉了在拉脱维亚和立陶宛的子公司，将业务主要集中在"能够长期占据优势地位"的美国市场；土耳其承包商面对国内市场的萎缩，开始大举进军国际市场，并且取得了成功。另外，建筑企业在技术研发领域开始走向合作，并逐步形成了全球技术资源共事的新局面。一些企业为了降低研发成本，寻找合作者共同分担，逐步将技术研发机构从母体脱离出来的同时，引入新的投资者；另一方面，独立的研发机构为提高研发成果的效益，开始向更多的企业提供服务。在一定程度上讲，这是建筑业内部分工进一步深化的必然结果。

（4）信息化为标志的科学管理

基于 GPRS、PDA 和短信应用的无线技术应用普遍。企业高管层、现场施工管理者以及出差人员凭借手机、掌上电脑就可以使"随时办公"成为可能。互联网技术应用普遍。企业内部需要，包括与下属分公司、分布在外地、外国的项目部进行沟通，企业外部需要，包括与政府职能机构、客户以及项目相关方进行信息交互，因此，集成化的网络应用是建筑企业信息化的必然趋势。通过网络化集成，实现现场工程质量管理、物资供应、工期管理以及总部管理信息系统的一体化，为客户创造真正的商业价值提供可能。

（5）推广新材料、新技术

国外消费者对建筑装饰材料的环保程度要求很高，西欧各国和美国等发达国家的建材目前达到环保标准的已超过 90%，日本还推出了无化学住宅。在倡议和发展环保型建材的基础上，一些国家已经建成了居住或办公用的样板建筑，取得了良好的社会和经济效益。另外，充分利用老旧建筑的材料，尽可能使用由再生原料制成的材料，这样可以减少固态垃圾以及能量消耗，而且节省自然资源，这种具有环保意识的做法已经开始逐渐流行。

（三）中外建筑企业经营模式情况比较

自 2005 年建设部出台推进实施工程总承包意见之后，我国大型建筑企业积极实践工程总承包，国内建筑行业中出现了少数国际承包优秀企业，这些企业经过多年积累，凭借不断技术创新、管理升级，逐渐从传统的价值链低附加值环节中脱离出来，向高端、高附加值领域转变。但是，从全局和国际水平比较来看，我国大型建筑企业的经营模式比较单一，经营方式比较落后，在管理水平上与发达国家承包商相比，也有较大差距，主要表现在以下几个方面：

（1）从企业经营范围分析

我国工程总承包的标底范围与国际大承包商不同。欧美一些大承包商标底包括融资、前期规划、设计、采购、施工、及相关咨询服务，而我国承包商一般只承包设计、采购、施工阶段，利润较高的融资及前期规划阶段缺乏竞争优势或管理水平还没有得到业主的认可。

（2）从企业经营业务领域分析

我国企业经营领域比较狭窄。我国工程承包企业主要集中在房屋建筑、土木工程、交通等领域。然而，国际大承包商一般有三个以上的经营领域。例如，法国的 VINCI（万喜公司）主要经营领域产值比例分别为建筑 41.8%，道路 29.6%，能源 17.3%，特许 10.6%。有四个经营领域都在 10% 以上。美国的 Bechtel（柏克德公司）产值比例分别为石化 31%，工业 20%，电力 14%，建筑 12%，交通 11%，环保 11%。有六个经营领域的产值都在 10% 以上。然而，我国某大型国际承包企业产值比例为建筑 75%，交通 11%，电力 7%，加工 6%。只有两个领域产值在 10% 以上。由于经营领域较集中，不利于分散经营风险，企业的综合利润也较低。

（3）从企业管理水平分析

我国大企业国际总承包管理水平与国际一流大承包商相比还有较大的差距，主要表现在：① 国有企业的产权结构单一，企业经营机制不灵活；② 管理层次多，从集团公司、子公司、分公司或项目承包部，至少有三个管理层次，影响决策速度和效果；③ 我国工程总承包企业一般都有自己的二、三层次企业或分包企业，分包企业是自己的下属企业，在国内实施总承包管理中，主要是采用行政手段而不是真正意义上的合同管理手段。由于不愿意放弃自身的分包企业，形成"爷、子、孙"三代总包与分包关系，必然影响企业的最终利润，影响企业的国际市场竞争力。

（四）国际承包经营未来发展趋势

（1）工程承包规模趋势

从当前分析看，各国经济将逐步从美国金融危机的影响中走出并回升向好，2010～2015 年全球经济增长的主要因素预期良好，包括：全球投资和贸易发展、发达国家和发展中国家的经济增长势头、建筑业投资规模、各国建筑业市场开放程度等。局部战争冲突和自然灾害偶有发生，将加大建筑业投资规模。

尽管世界服务贸易谈判预期难以达成新的开放建筑业市场的协议。但是，区域和次区域经济一体化以及双边自由贸易协议的签署，会使区域和双边建筑服务市场局部开放，因此，国际工程承包市场总量将持续稳定增长。

（2）发包方式变化

在发包方式上，越来越多的私人投资项目不再通过国际公开招标来确定承包商，而是根据以往服务质量和经验，通过议标甚至直接委托承包，确定从规划、组织、设计、采购到施工"一揽子"项目的总承包商。在国际直接投资再度回升的形势下，日本和欧美企业由于本土对外投资的增多而增强了对国际市场的控制。

（3）技术壁垒增加

ISO9000、ISO14000、ISO8000 以及国际工程管理规范认证，成为国际市场准入的通行证。不同国家建筑市场的特殊规范、运行机制，也将成为阻止他国企业进入的障碍。国际规范将成为建筑承包业市场准入的技术壁垒。

（4）承包商经营风险加大

业主为了降低投资风险以及国际产业结构升级的影响，将一般项目化零为整并将"打包"后的整个项目发包给一家大型承包商，国际发包项目的规模将越来越大，单项造价超过十几亿美元的项目逐渐增多。另外，国际工程带资承包盛行，承包商的风险增大。同时，承包商为了自身的经验安全，其权益保护方式也将发生变化，国际承包商会选择项目融资、工程保险、伙伴合作等方式规避风险。

（5）兼并重组增多

为了适应国际工程承包市场发包项目的大型化和激烈的国际竞争的需要，国际工程承包商之间乃至承包商与其他产业之间的兼并和重组不断产生，在更大范围、更高层次上实现资源整合，以期扩大经营规模，提高竞争力。今后，随着国际工程承包市场在规模、技术、资金和管理水平等方面对承包商能力要求的不断提高，国际建筑市场的并购和重组将更加活跃。以少数大型国际承包商为核心、带动中小企业松散承包合作的市场运行机制将成为全球模式。

（6）各国政府支持力度加强

各国政府对本国工程建筑服务出口的政策支持力度也会影响国际市场的竞争格局。这些政策有很多方面，多双边谈判的力度和影响会扩大市场准入或者保护国内市场；税收、信贷、保险和财政补贴政策，会减少企业成本提高竞争力；信息服务和行政支持，会增加企业的商业机会。

我国加快实施"走出去"战略必然扩大对外投资，尤其是资源和加工工业领域的投资，因而会给我国承包商带来一些机遇。但是在新的国际市场竞争格局中，以中小型企业为主的中国承包商，在国际市场将面临更多新的考验：

① 企业规模无法与发达国家相提并论，尽管近年来我国承包商之间也发生了些许重组，但是整合结果难以令人满意，实力增强尚待时日；

② 资金瓶颈，由于国家金融政策和企业规模等原因，我国企业开展业务的融资方式单一，成本高，规模小，风险大，严重制约业务发展；

③ 我国建筑企业长期居于产业链末端，附加值难以提高，而在公开招标减少、成建制劳务难以进入国际市场的新情况下，传统的低成本优势正在丧失，业务升级迫在眉睫；

④ 我国企业不适应发达国家市场的技术规范和运行规则，不能以新的手段规避风险，导致市场和融资渠道更加狭窄；

⑤ 我国企业国际化程度低，本土化水平不高，也是影响业务发展的重要因素。

凡此种种挑战，使我国对外工程承包在发展的道路上荆棘丛生，这些均需要我国企业成长方式和我国政府支持方式的转变。

（五）创新企业经营模式的对策

（1）政府产业政策引导和金融政策支持

出台相关政策和规定，允许大型建筑企业与银行参股联合经营。解决大型企业实施工程总承包的融资问题。

随着经济全球化的不断进展，许多国家都把促进外贸出口与实施海外投资战略结合起来，对本国企业"走出去"提供多方面的政策性金融支持。例如，20 世纪 60 年代以来，日本银行大幅增加海外投资贷款，1988 年其海外投资贷款额超过出口信贷额的四倍。美国商务部也用一部分资金以不同的方式补贴美国的企业开拓海外市场，以援外的方式提供一些资金，补贴它的承包商或提供政府担保。我国为了促进企业"走出去"，也采取了一系列的政策措施，但还有许多不足，需要适度加大支持力度。

1）国家应该鼓励金融机构积极开展金融创新，提供适合对外工程承包的新金融产品，对于符合国家支持条件的大型工程项目进行项目国内外融资试点。对资信高的大型公司或大型基础设施项目等，国家在政策上应允许政策性银行和商业银行提供无抵押贷款。

2）部分国家对外工程贷款利率只有 1‰ 左右，我国也要考虑适当下浮对外承包工程的贷款利率和保险费率，或提高贷款的政策性贴息率和延长贴息期限，特别是对大项目给予利率和费率优惠。

3）利用我国比较充足的外汇储备，适当增加中国进出口银行、中国出口信用保险公司资本金，提高政策性金融机构的支持能力，以适应支持企业"走出去"的需要。除了对带动国内设备出口的工程承包项目给予政策性出口信贷外，还应将政策性金融支持扩展到其他国际工程承包项目。

4）向支持对外工程承包业务的国有商业银行提供信用风险担保，设立对外工程承包融资担保基金，以减轻商业银行承担的风险压力。增加对外工程承包保函风险专项基金的数额，简化使用程序，扩大使用的范围。

5）对于从事境外工程咨询、设计、工程承包的企业，特别是从事资源开采或带动成套设备及机电产品出口达到一定比例的企业予以所得税减免和其他税收优惠。对我国企业的境外工程承包项目（包括传统的施工承包、EPC 总承包以及 BOT 等项目）实施有弹性的外汇管理制度，放宽项目的外汇资金融通。

6）重点支持具有大型工程承包能力的企业和资源开采型的企业。要转变观念，积极启动推行 EPC（交钥匙总承包）、DB（设计、施工总承包）、PM（项目管理服务）、PMC（项目管理承包）和 CM 建设管理等先进管理模式。支持通过对外工程承包来开采国外的资源，保障国内市场需求。

（2）调整资质管理的重点，从规模到实际能力

以往行业部门注重对企业资质中的规模、人力资本、设备能力的评估和检查，而在国际化的工程承包市场中，更重视企业的融资能力和以前的工程业绩和市场信誉。综合服务和带资承包已成为国际市场的惯例做法，我国的大型建筑企业要适应这一市场的需求变化。

（3）设计和施工能力的全面融合

从 2005 年建设部下发推进工程总承包实施意见后，许多大型建筑企业进行了整合与并购，使企业旗下同时具有了自己的施工和设计企业，但是，在实际工程任务承揽和承包经营工程中，设计与施工是机械地联系，是真正地脱离。设计不能为投标方案提供优化的施工图设计，在施工中设计人员不能根据现场的实际情况提出施工简便的设计变更，设计人员不懂施工，没有施工经验；施工人员不懂设计规范等等。

（4）约束各类业主支持工程总承包经营

在传统意义上讲，业主习惯于把一个工程项目分成几个标段，尽量让更多的同类企业都有工程任务干，这是计划体制的做法。建筑业已改革开放 30 年，总承包、施工承包、劳务承包的三层次结构已基本形成。行业管理部门应出台相关政策要求业主在可能的情况下，整合同类工程，尽量以大标段、综合服务性工程对外招标。选择大企业进行工程总承包能保证工程质量，同时有利于培育总承包、施工承包、劳务分包三层次结构形成。

（5）大型企业集团应建立新的经营机制

在新的形势下，建筑企业要尽快建立和完善"投资中心、利润中心、成本中心"新的三级经营管理体制，加强集团管控体系制度建设和体系运行的监督工作，变分散为集中，使三级管理责权利统一。

"投资中心、利润中心、成本中心"三级管理和核算体制，使分散的项目利润变得相对集中起来，资金管理链条也相对变短，但是由于加强了利润资金管理力度，必将使子公司在资金使用权限上受到了限制，因此在推进时，必须运用合理的薪酬管理和激励方式，激发各个管理层和领导人的内在动力，调动他们经营管理的积极性。

（6）建立对外工程承包风险保障制度

国际工程承包是风险较高的领域，特别是大型工程项目投入大、工期长，回报要在工程完工后才能实现，易受不可预见的外来因素如自然灾害、暴乱、战争等不测事件影响而造成巨大的损失。针对这种情况，一些国家采取各种风险保障措施，如设立政治风险担保基金，一旦发生政治风险，企业可以得到很大一部分赔偿，最高可达百分之二十几，企业只承担一小部分风险。我国的工程承包市场大多集中在发展中国家，政治经济不稳定，各种不可预见的风险更为突出，2004 年针对中国承包商的恐怖袭击事件不但给中国公民在海外的安全敲响了警钟，也给承包工程企业造成了巨大的经济和其他损失，应尽快建立工程承包风险保障制度。

一是鼓励保险机构向国际工程承包项目提供多种类型的保险服务，为我国工程承包企业在境外开展业务中，由战争、政局不稳、国有化等政治因素造成的经济损失提供风险保障。由政策性保险机构通过与承包商签署的承保合同获取我国承包商的代位求偿权，在风险发生后承包商从保险公司获得经济赔偿，保险公司与外方交涉经济获得损失赔偿。利用双边投资保护协定，保障我国企业的合法权益。

二是国家支持设立对外工程承包风险基金，提高我国企业抗风险能力。基金可由中国对外工程承包商会管理，资金来源从公司每年外汇净收入中按一定比例提取（例如韩国为 2%），政府对提取的基金相应减免所得税，中央财政给予部分拨款支持。风险基金主要用于支付商业保险范围之外的风险，如战争、暴乱、恐怖事件等政治风险给企业造成的损失。

（7）继续鼓励对外承包工程企业进行联合、重组

近几年来国际承包商之间的兼并、重组在不断发生，诞生了一些大型的、超大型的承包商集团。我国大型工程承包企业近两年来进行的联合、重组，达到了优势互补、增强竞争力的效果。如中国铁路工程总公司和中国海外工程总公司两家企业重组后，综合实力和国际竞争力明显增强。重组后的中国铁路工程总公司在全球最大 225 家国际承包商的排名大幅度上升，从 2002 年的第 70 位跃至 2003 年的 48 位，2008 年公司营业额排名位居世界第二。2003 年 9 月国资委批复了中国铁道建筑总公司与中国土木工程集团公司实施重组，进一步增强了公司国际竞争力，使海外经营能力和规模得到跨越式的发展，2008 年公司营业额排名位居世界第三。

政府有关部门应该总结、推广公司联合、重组的经验；加快产权制度改革，吸引外来资本，营造富有活力的新机制；研究制定鼓励、支持的政策措施，指导施工、设计单位积极寻求联合与重组的机遇和方式，加快对外承包工程行业联合、重组、改制的步伐，尽快形成一批专业特点突出、技术实力雄厚、国际竞争力强的对外工程承包的大企业、大集团。

面对国际工程承包市场激烈的竞争环境，除了企业间的联合、重组外，有必要采取各种政策措施，鼓励对外承包工程企业以各种方式进行联营。这样可以使企业间资质互补，优势互补，增强在市场上的综合竞争能力；也有利于减少我国承包工程企业在国际市场上互相压价、自相残杀的恶性竞争局面，提高中标率，降低经营风险和交易成本；此外，对于有效地聚集资金，优化资源配置，解决企业普遍存在的资金不足问题也将发挥重要作用。

（8）加强大型企业的自身能力建设

在激烈的市场竞争环境中，我国大型工程承包企业必须加强自身能力建设，向资金密集、管理密集、技术密集，具备设计、施工一体化，投资、建设一体化，国内、国外一体化的跨国公司方向发展。

1）建立技术、管理密集型的工程总承包企业。随着国际工程承包市场的不断发展，国际分工进一步深化，我国工程承包企业必须向国际化的经营模式转变，走智力密集、技术密集和资金密集的道路。

2）熟悉国际建筑业技术标准、规范和市场运行规则，是开拓市场的前提。工程承包企业应加强职工培训，培养一批熟悉国际通用的专业化的管理模式，熟悉工程索赔的合同条件及法律条文，熟悉相关国家的政治文化的专门人才。

3）为了面对日趋激烈的竞争，提升国际工程承包企业本地化运营的能力，我国企业应与欧美企业合作，获得更多的市场准入机会。借鉴我国制造业企业通过跨国并购和股权置换等方式加大了"走出去"的步伐的经验，通过并购当地建筑业企业，进入发达国家工程承包市场。

4）积极开拓高端市场。随着国际工程承包业的利润重心向产业链前端和后端转移，BOT、BT 等集工程建设和项目运营类于一身的项目大幅增长。我国工程承包大型企业要认清形势，集中力量进入高端市场。在继续关注东南亚、中东、拉美、非洲市场的同时，我国大型承包企业应该加快进入欧美市场的步伐。

5）重视属地化经营，规避法律障碍。一般国家都对本国承包商提供各种方便与支持，

而对国外承包商设置一些障碍，这就要求承包商要经营属地化，充分利用当地人力资源和政策法律环境，降低企业运营成本、规避风险。

（9）规范经营，大力整顿经营秩序

对于在国际承包工程市场上，国内企业之间互相压价、自相残杀等恶性竞争行为，虽然有关部门采取了许多协调措施，但治理效果非常有限。究其原因，一是我国对外工程承包主要集中在东南亚、中东、非洲等发展中国家，企业数量多市场相对狭小。二是当前我国对外工程承包企业集中在房建、水利、电力、交通、石化等领域的建设施工方面，企业之间业务同质化严重。要整顿和规范经营秩序，必须采取综合措施。

1）支持发展大型工程承包企业，促使大型工程承包企业逐步退出低端市场，向EPC、PMC、BOT、BT、BOOT等高端市场和高附加值的环保、通讯、资源开发利用等领域，以及欧美等发达国家市场发展。通过大型建筑企业搞工程总承包，搞项目管理，再将中小建筑企业带出去。

2）通过对我国对外工程承包市场进行规划，制定对各种类型的企业在市场和项目上的指导意见。按照企业规模、专业等标准对企业进行分级分类管理，对守规企业给予政策倾斜和鼓励。

3）全面贯彻《对外工程承包管理条例》，明确奖惩措施，依法规范企业的经营行为。对采取不正当竞争手段损害国家利益的企业，要给予相应的惩罚。

4）加强企业之间合作。在国际工程项目竞标中，同一项目有数家中国企业投标的，企业间要加强合作通过协调报价、联合报价等方式参与竞争。达到互利互惠，在合作中实现共赢。

5）充分发挥行业商会在"提供服务、反映诉求、规范行为"方面的作用，支持行业商会在政府主管部门的监督指导下加大项目协调力度，加速推进行业自律。

三、建筑企业可持续发展模式的创新

创新是民族进步的灵魂，创新是国家兴旺发达的力量和源泉，创新是推动企业不断发展的不竭动力。创新是建筑企业可持续发展模式的核心动力源。

（一）经营创新

1. 市场现状

（1）市场需求

市场需求巨大，行业发展空间广阔。"十二五"将是建筑业难得的发展机遇期。据《十二五城镇住房建设规划和中长期建设规划》披露，"十二五"期间全国住房建设总量比较大，估计每年商品房建设大概在 600 万套左右，保障性安居工程 500 万套左右。同时随着铁路投资的放开，参与铁路建设项目资质限制的松动，铁路市场将成为建筑业另一个充满机遇的市场；公路建设，未来 10～20 年是我国路桥建设持续稳定发展的时期，城市轨道建设，港口、电力、水利、环保等建设市场也是市场需求巨大，投资需求巨大。其中公路建设——我国计划建成高速公路 5000km 以上，并确保完成"五纵七横"国道主干线最后 2385km 的建设任务，还将加快西部开发 8 条省际通道建设、30 万 km 农村公路的建设；城市轨道建设——据中国交通运输协会城市轨道交通专业委员会完成的报告显示，现在我国已经进入城市轨道交通快速发展的新时期，在国内 40 多座百万人口以上的特大城市中，已经有 30 多座城市开展了城市快速轨道的建设或建设前期工作，约有 14 个大城市，上报城市轨道交通网规划方案，拟规划建设 55 条线路，长约 1500km，总投资 5000 亿元；水运港口建设——未来 5 年，交通部将进一步拓展资金渠道，扩大水运建设资金规模，加大对长江航道和内河港口等基础设施的投入力度。大规模的水运港口建设，以及对现有码头泊位的大型化、专业化改造，将为建筑业的发展提供更多的机遇和市场。随着国家"十二五"期间，我国国民经济仍将持续稳定的快速增长。因此建筑业发展前景十分广阔。

（2）产业集中度低，产品结构趋同，过度竞争明显

当前建筑企业大都是以相同的组织形式，相似的管理方式，相近的生产水平，相近的生产规模，进行着相近的施工总承包的经营业务，不仅国企的兄弟企业之间竞争，还有低成本策略的民营企业竞争，还有些工程施工总承包只需一级资质即可，往往一个工程报名多达几十家，数量多，业务范围窄的特点，导致实际工作中只能是拼关系，拼价格，低价竞标，低价中标已成为不争的事实。因此建筑企业很难有好的经济效益。企业效益不佳，必然导致企业后劲不足，（如企业高端人才的流失，企业科技研发投入不足等），影响企业可持续发展。

（3）获利水平低

目前，我国建筑市场已基本完全开放，外国承包商要进来，我们的建筑企业要走出去，与国际承包商的竞争不可避免，据统计，目前在中国注册的外国承包商已有 300 多家，另有约 1500 家中外合资合作建筑企业，世界上最大的 225 家国际承包商中，直接或间接的有近 150 家在我国开展业务，外资企业的一些优势已显露出来，如奥运主会场鸟巢等工程，都有外商介入，外商更看重在项目策划，理念设计，融资管理等高利润阶段，而不是特苦、特累，利润较低的施工阶段或施工图设计阶段。

（4）业务领域狭窄

世界上著名的国际承包商其 80％以上业务不仅来自于房建，还来自于基础设施、能源、石化、环保、水力、电力等 4～5 个主要业务领域发展，完全可以回避由于某一行业不景气，而影响企业的发展，其实，除了传统的房建领域，其他行业都是公认的高利润行业。

（5）企业融资能力投资能力急需加强

投资能力和融资能力都是建筑企业成功经营的关键因素，就企业发展来说，如果没有很强的投资能力和融资能力，将很难承接到一些对投资和融资能力要求较高，竞争不是很激烈，收益比较大的"技术型"、"融资型"项目，企业将只能为了低盈利项目和大量的竞争对手拼个你死我活。

2. 经营模式创新

从三个方面探讨经营模式创新问题。

（1）如何在买方市场中创造卖方市场

积极实施资本运营，是促进国有大型建筑企业可持续发展的主要模式之一。比如，国际建筑市场盛行的 BOT、BT 等承包方式就是最好的方式。都是以小资金为代价，撬动大项目启动。这个小资金，对一般的 BOT 项目来说，要求企业自有资金至少占项目总造价的 10％以上，而这 10％通常都在几个亿，十几个亿人民币以上，这对于靠生产为主的建筑企业来说，确有难度，但 BOT，BT 等确实是建筑业的出路，发展方向。建设部建市

[2003] 30 号文件《关于培育发展工程总承包和工程项目管理企业的指导意见》第四章第七条指出："鼓励有投融资能力的工程总承包企业对具备条件的工程项目，根据业主的要求，按照建设—转让（BT），建设—经营—转让（BOT），建设—拥有—经营（BOO），建设—拥有—经营—转让（BOOT）等方式组织实施"。因此，强化建筑企业的融资能力投资能力势在必行。要做到这些，通过正常的生产经营累积，很难达到，诺贝尔经济学奖获得者，美国经济学家史蒂格勒曾说过：纵观世界上著名的大企业，大公司，没有一家不是在某个时候以某种方式通过资本运营发展起来的，也没有哪一家是单纯依靠企业的自身利润的积累发展起来的。可见，资本运营是一条切实可行的途径。有资金就有市场，有资金就能构建企业的核心竞争力，有资金就能走出低层次的恶性竞争，进入高端市场是水到渠成的事，因此，当建筑企业在具备了足够的融资能力以后，可以说，建筑企业从根本上就具备了从源头上夺取高端项目的能力。承包商作为 BOT，BT 项目的发起者，其着眼点，并不仅仅局限于项目的施工阶段，还应包括了前期和后期阶段，即项目建设和经营的全过程。从而改变只能做乙方的地位。实际上 BT 作为集投融资、项目建设、政府特许经营与回购等行为于一体新兴建设模式，在我国正日益引起重视，世界银行在《1994 年世界发展报告》中指出，BOT 至少有三种具体形式，即 BOT、BOOT、BOO。然而，在过去十几年中，BOT 在具体应用中的形式发生了一些变化，BT 就是 BOT 中的另一种衍生。BT（Build-Transfer）即建设—移交，是当今国际建设领域中被普遍采用的投资建设模式，是指根据项目发起人通过与投资者签订 BT 合同，由投资者负责项目的建设（包括筹措资金），并在规定时限内将竣工后的项目移交项目发起人，项目发起人根据事先签订的回购协议，分期向投资者支付项目总投资并加上合理回报。因此，BT 是一种投资方式，有别于普通的工程施工招标。

一个 BT 建设项目通常具备以下的特点：

1）项目发起人多是政府部门；

2）投资者往往是具备一定融资能力的建筑商；

3）投资者投资 BT 项目的收益主要来自两个方面，即发起人向投资者支付的固定的资金成本以及实际建设总投资与回购基数间的差额；

4）BT 项目涉及融资、投资、建设、转让等一系列活动，所涉及当事人的权利义务关系是通过合同确立的，其中通常包括投资建设合同、贷款合同、回购协议、回购资金担保、完工履约担保以及联合体协议等，是一系列合同的有机组合；

5）项目建设期间投资者是项目资产的所有者，这也是 BT 模式别于垫资承包模式的主要特点。

BT 优点在于：

1）有利于促进和发挥建筑企业的投资和融资能力。目前，建筑企业纷纷借助资本运营，大量进行资产重组和企业并购活动，以实现企业的战略扩张。这些行为一方面说明建筑企业已具有一定的投资和融资能力；另一方面也说明急切需要一种机制来引导建筑企业发挥其投资和融资能力。如果实施 BT 融资承包模式，无疑将是一种良好的引导机制。

2）有利于发挥建筑企业在技术和管理上的优势。项目融资中的主要核心风险是完工风险，该风险主要存在于项目建设开发阶段。而我们企业拥有大量的工程施工设备，掌握着核心工艺技术，此外还拥有大量的设计、施工以及管理经验，完全有能力承担工程项目的建设和管理，如果以 BT 融资承包的方式承揽工程，必将有助于防范和控制完工风险。

3）有利于促进建筑企业调整经营模式，适应国际工程承包市场变化。近几年，全球建筑市场的投资者主体结构正在发生变化，承包和发包方式也在发生变革。国际工程承包市场上，带资承包日益普遍，EPC、信贷项目、BT 等方式被普遍采用，项目融资方式占据越来越重要的地位，国际工程承包公司不断强化融资能力。为了适应这种变化趋势，我们必须积极调整其经营模式，积累经验和资本，不断增强融资能力。提高竞争能力。通过直接投资，实现产业链上的多元化发展。建筑企业可以参与项目的可行性分析等前期工作，同时又具有设计、施工、项目管理和风险管理等在实践中积累的丰富经验。BT 融资承包产生相关活动基本上是位于同一产业链上的，是产业链上的多元化发展。

4）允许较高的债务比例，享受税收优惠的好处。项目融资允许项目发起人投入较少的股本，而进行高比例的负债，这是其他融资方式所不具备的特点。

5）解决政府或业主的资金难题，避免了政府债务。政府或业主的风险降低，缩短建设工期，基本建设速度加快。提高项目的运作效率，有利于降低工程造价。可提前满足社会与公众对一些建设项目的要求，从而利于获取项目。

BT 适宜的市场目标：

1）BT，通过建设—转让获得资金（利润）。

2）BT，通过建设—转让获得土地。因为政府财政收入一是靠税收，二靠土地出让。通过占有土地，推动房地产开发，从而带动勘察，设计和施工总承包。

3）BT，通过基础设施开发，生地变熟地，通过土地升值赚取利润。

4）BDT，通过基础设施开发和土地开发捆绑进行，建设引导和带动城市发展。从产业链源头拉动房地产开发，从而带动勘察，设计和施工总承包。

由于目前城市经济发展和企业业务拓展的需求与压力，政府与企业双方对 BT 模式的热情持续高涨，随着投资体制改革、经济发展、企业实力的提升使 BT 模式有了更广阔的市场前景。随着我国市场化经济的深入推进，城市化进程加快，经济增长速度保持在每年8％左右的高水平；即使在遭遇全球金融危机的时候，国家为了拉动需求缓解危机，随即出台了数万亿的基础设施投资计划，从而使我国基础设施的投资不减反增。经济的高速发展必然带来对交通、水务、电力、城市环保等基础设施的迫切需求，基础设施项目的开工数量也逐年增加。这几年各地政府的财力得到了显著的提升，但是一个客观事实是，财力提升的幅度远低于城市基础设施投资增加的幅度，也就是说单一依靠政府的财政力量，更难以满足经济发展的需要和城市基础设施的投资。因此，为缓解财政赤字，政府一直在进行着投资体制的改革与创新，搭建了很多建设融投资的平台，出台了很多优惠政策，应该说成效显著。同时，国内建筑企业试图摆脱对竞争激烈而又利润微薄的承包市场的完全依赖，寻求到新的利润增长点的需求越来越强烈，这些企业的实力和能力在我国经济持续、迅猛发展中得到了有效的提升，已具备了参与 BT 项目的能力，加上其中的佼佼者基本完成了上市，在资本市场的助力下，其投融资能力已不可同日而语。另外，企业上市后也需要获得良好的投资回报回馈股民和众多的投资者，BT 因周期短、回报可观，尤其是对主营业务无论是规模还是效益的拉动作用极为明显，自然成为企业投资首选方向之一，在这样的经济大背景下，这两者的有机契合必然会推动 BT 模式的快速发展，这么多年的实践也充分证明了这一点。

另外企业竞争其实质是产业链的竞争，源头战略，长尾效应是我们所追求的。城市建设发展商就是目前建筑企业另外一种创新的发展模式：

我国正处于工业化，现代化和城市化的快速发展阶段，目前每年都有一千多万农村人口进入城市就业，我国有 8 亿农民，预计将有 3 亿～4 亿农村人口进入城市就业，这个时期将会持续 20～30 年，每年将在城市投资上万亿元，建设数十亿平方米建筑和大量城市基础设施。因此，建筑业至少有 20～30 年黄金发展期。作为建筑企业，应充分发挥自身优势，从城市规划入手，确定城市定位，城市产业规划，城市空间规划，提供投资咨询服务，充分发挥城市区位优势，以城市可持续发展为基础，进行城市开发，打造城市公共系统（交通系统，水系统，能源系统，环境系统，防灾系统等），进行各系统基础设施建设、项目建设。为城市科学发展提供全方位、全过程的建设运营模式。这样，建筑企业从建筑项目的乙方，打工者重新定位为城市建设发展的共谋者，组织者，参与者，建设项目的甲方。以此确保项目话语权，确保项目收益。同时对城市采用新能源，新技术的不愁买家的朝阳项目采用 BT 方式。总之对建筑企业来说，市场占有率是硬件。有市场才有生存和发展的根基，"有项目则生，无项目则死"。如何扩大市场，明确大市场，锁定大项目，紧跟大业主，以高端化推进规模化；创新经营模式，使产业结构调整符合社会投资方向，产业升级符合行业发展趋势要求至关重要。

（2）培育和发展具有国际竞争力的多业务领域的大企业集团

建筑企业要立意深远，为真正的实现企业可持续发展，必须成为国际上盛行的真正的EPC 型总承包企业。当前关键工作是改变大型企业以前行业分割、条块分割的局面。通过 2～3 家的重组，在多专业多领域，大项目，复杂项目上有所作为。通过业务重组、资产重组、债务重组、股权重组、人员重组、机构重组、实现优势互补，优化配置资源，成为管理密集、人才密集、技术密集的总承包企业。具体途径可考虑一是科研院所进入产业集团，实现产研结合；二是强强联合，增强综合竞争力；三是把窗口公司并入大型骨干企业，增强骨干企业海外市场开拓能力；四是通过产业链整合，拓展和完善产业链。当进行有效的管理融合，文化融合以后，可以对有利于开拓国际目标市场的外商建筑企业进行参股或控股，收购或兼并，实现海外项目大部分人才本土化的目标，以及建筑属地化强的特点，成为真正具有跨国背景，具有国际竞争力的 EPC 型总承包建筑企业集团。EPC 的优点是可避免设计、采购、施工的矛盾，从项目整体最优来考虑项目质量、成本等问题，可显著减少项目成本、缩短工期，对业主来说，即使项目付出的价格高一些也愿意，因为可减少风险，且更专业，对承包商来说，如果有足够的整合资源的能力和管理水平，则会有丰厚的利润。2005 年 7 月，建设部、国资委等六部委联合印发《关于加快建筑业改革与发展的若干意见》（建质［2005］119 号）指出：鼓励具有勘察、设计、施工总承包资质的企业，在其资质等级许可的范围内，拓展企业功能，完善项目管理体制，发展成为具有设计、采购、施工管理、试运行（试车）等工程建设全过程服务能力的综合型工程公司，开展工程总承包业务。

（3）产业联盟——把企业做强做大，增强盈利能力

可持续发展是我们的初衷，如何战胜竞争对手，赢得顾客，赢得市场是我们思考的一个课题。产业联盟是否适合建筑企业呢？现在智能建筑，5A 建筑越来越多，现在我们做

施工总承包，弱电部分基本上都不在施工总承包的范围内，这样有两点不理想：一是弱电部分利润较高；二是略显总承包能力不足。在总承包领域内，如果我们能通过产业联盟这种形式，不仅有利于提升我们总承包能力（解决弱电安装，弱电调试的缺腿）提升总承包的形象，也有利于培养我们一批人才，也有利于我们利润增长点的形成。产业联盟让我们还可以与材料生产厂家合作，钢铁集团，建材集团，空调设备集团等厂家联盟，不仅有利于我们总承包能力的形成，也有利于降低成本，在当前工程量清单报价的情况下，利于以较低的价格组价，并迅速知道真实的最低的制造成本，利于增强企业的竞争力和项目运作能力。产业联盟的优点是可以在构筑对竞争对手增加稳固防线的同时，大量吞食竞争对手的势力范围。扩大本企业目标市场的市场份额。因为，当竞争对手只能满足目标消费者某一行业内的需求时，我们却可以通过实施产业联盟，在更宽的领域，更方便、更快捷地满足目标消费者在多个领域内的需求。

（二）理念创新

我们知道，拥有世界第一品牌的可口可乐公司，其可口可乐品牌和配方是企业最有价值的资本，而且还在继续为可口可乐公司创造着丰厚的利润。比尔·盖茨创造的微软神话更为我们揭示了这样一个真理，无形资本创造价值的能力是有形资本无法比拟的。我们可以预见，以技术、品牌、管理、文化为代表的企业无形资本，将逐步取代有形资本，成为企业发展的主导要素。

（1）技术创新。企业只有技术创新，才能不断地向市场推出新产品，不断地提高产品的知识含量和科技含量，改进生产技术，降低成本，进而提高顾客价值，提高产品的市场竞争力和市场占有率，企业只有技术创新，才能掌握行业的关键技术和核心技术，并以此增强企业的核心竞争力。另外，企业高成本时代即将到来，随着企业"走出去"的国际化，企业社会责任的承担，国内民工荒的涌现，无不体现高成本时代的到来，这就要求我们必须进行技术创新，我们必须实现由成本领先地位到技术领先地位的突破。

（2）随着企业的竞争程度的日趋激烈，文化因素的核心竞争力已成为企业战胜对手，稳定发展，走向成功的新动力。美国学者弗兰西斯说："你能用钱买到一个人的时间，你能用钱买到劳动，但你不能用钱买到热情，你不能用钱买到主动，你不能用钱买到一个人对事业的追求。而这一切，都可以通过企业文化而争取到"。"企业文化在下一个 10 年将成为企业兴衰的关键因素"企业文化将会是未来企业的核心竞争力，这将逐步得到证实。

（3）品牌时代已经到来，品牌竞争成为企业竞争力的综合表现，名牌作为高品质、高文化的象征，具有巨大的经济价值，是一个企业永恒的竞争力。

（4）绿色建筑将是未来发展的趋势。我们知道，建筑业是资源消耗产业，目前，在全社会总能耗中，建筑能耗超过 30% 以上，因此要求建筑企业提高资源的利用效率，减少排放，减少污染，发展循环经济，提倡"节能建筑"、"绿色建筑"，"绿色建筑"将是建筑企业可持续发展的必然要求，"绿色建筑"是适应绿色消费浪潮的必然选择，"绿色建筑"是顺应法律公德的必然结果。因此致力绿色产品设计，绿色施工，研发绿色技术，引进绿色观念，推出绿色产品，开发绿色市场，推行绿色管理，是我们建筑企业未来所必须追求的。

第二节　建筑企业战略转型

一、建筑企业战略转型与商业模式创新的内涵

纵观国内外企业发展的一般规律，战略总是用于引领企业发展方向和趋势的，但战略也不是一成不变的。当企业的外部市场环境或者内部资源条件发生变化时，企业就必须适时地调整商业模式和发展战略，这就是企业的商业模式创新和战略转型。企业战略转型是指企业长期经营方向、运营模式及其相应的组织方式、资源配置方式的整体性转变，是企业重塑竞争优势、提升社会价值，达到新的企业形态的过程。从企业发展的历史时间跨度来说，战略转型是企业的一种常态。也就是说，企业在发展过程中可能会发生多次的战略转型，每一次战略转型都必将伴随着商业模式创新。这也就解释了这么一种现象，许多百年老店企业当今的主营业务结构与其创业初期相比，早已面目全非。建筑企业也必然遵循着相同的企业进化规律，建筑企业成长壮大过程的背后，总是可以揭示其不断进行战略转型和商业模式创新的轨迹。

二、建筑企业战略转型与商业模式创新的常规思路

按照通常的规律，建筑企业的商业模式创新，最根本的是企业和服务功能本身的升级，提高资金、科技和知识的含量，在更高层面上满足客户的价值需求，走内涵式、集约式发展道路，而不是仅仅依靠外延式扩展和规模的扩大。具体地说，在增长动力上，要由低劳动成本支撑为主，向技术支撑为主转变；在经营结构上，要沿着产业链的高价值方向调整产品和服务结构，要善于做总承包商或者说是综合集成商，从单纯的工程施工，向工程技术研究、设计、研发、采购、物流到施工、维护等覆盖工程建设全过程的完整的产业链转变，从一头独大转变到为用户提供一站式服务的综合型企业上来，这样既有利于发挥企业整体优势，增强企业的话语权，又有利于提高盈利能力和产值利润率；在产品和服务结构上，由低层次、低附加值施工，向中高档和高附加值工程产品转变；在项目管理上，要从粗放管理型向精细管理型和质量效益型转变；在经营思路上，从急功近利、追求规模向理性经营、长远利益转变。

三、建筑企业战略转型与商业模式创新的演化路径

建筑企业的战略转型的实施载体体现为具体的主营业务转型、管理体制变革和技术创新。换言之，企业战略转型意味着企业应当寻求一种与转型目标要求相一致的商业运作方式，即商业模式。商业模式的基本定义是企业创造价值的核心内在逻辑。本文认为，建筑企业商业模式由市场营销模式、生产组织模式、资源配置模式、竞争结构模式、价值创造模式和企业盈利模式构成。结合建筑行业的特点、建设产业链的流程构造和建筑企业的运行规律，可以把建筑企业商业模式创新路径划分为阶梯式演进的施工承包商模式、工程总承包商模式、工程建设服务商模式、产业发展商模式和城市经营商模式五个层次。

第一层次：施工承包商模式。这是目前众多建筑企业采用的主要运行模式，基本特征是"按图施工"。由于受到长期的计划经济体制的束缚，我国的工程项目建设管理体制处于四分五裂的分割状态和多头管理的格局，在建筑产品产业链条的各个环节都是由独立的法人主体完成的，项目可行性研究由咨询公司完成，项目设计由设计院所完成，项目建造由施工企业完成。

第二层次：工程总承包商模式。建设部在《关于培育发展工程总承包和工程项目管理企业的指导意见》（建［2003］30 号）中将工程总承包定义为："从事工程总承包的企业受业主委托，按合同约定对工程项目的勘察、设计、采购、施工、试运行（竣工验收）等实行全过程或若干阶段的承包"。当施工承包商拥有了勘察、设计、采购等更多的功能后，可以上升为工程总承包商模式。常见的运行模式有（1）设计、施工总承包（DB）：承包商按照合同约定，承担工程项目设计施工，并对承包工程的质量、安全、工期、造价全面负责。（2）设计、采购总承包（EP）：承包商对工程的设计和采购进行承包，施工则由其他承包商负责。（3）设计、采购、施工总承包（EPC）：承包商负责工程项目的设计、采购、施工、安装全过程的总承包，并负责试运行服务。（4）交钥匙总承包（LSTK）：承包商负责工程项目的设计、采购、施工、安装和试运行服务全过程，向业主交付具备使用条件的工程。此外，带有融投资性质的 BT 等模式是工程总承包商模式的高级形态。

第三层次：工程建设服务商模式。这种模式也可以称之为工程项目管理服务模式。建设部在《关于培育发展工程总承包和工程项目管理企业的指导意见》（建［2003］30 号）中将工程项目管理定义为："工程项目管理是指从事工程项目管理的企业受业主委托，按照合同约定，代表业主对工程项目的组织实施进行全过程或若干阶段的管理和服务。"该模式的特点是工程建设服务商不从事具体的工程施工，而是代表业主对工程项目的实施进行管理。这种模式中的工程建设服务商作为业主的代表或业主的延伸，要求其必须具备帮助业主进行项目前期策划、项目定义、可行性研究、办理项目报批、项目融资，以及对设计、采购、施工、试运行等整个过程承担有效的管理和控制，保证项目的成功实施。常见的运行模式有建设管理模式（CM）、项目管理服务模式（PM）、项目管理承包模式（PMC）等。

第四层次：产业发展商模式。当具备较大的资金实力后，工程总承包商或者工程建设服务商可以转型为产业发展商（包括房地产开发商、工业项目开发商、旅游项目开发商等）。在这个层次上，通常伴随着产业资本与金融资本的相互融合，因而，对产业发展商而言，资本运营能力成为其核心能力，而工程管理能力或工程总承包能力仍然是重要的能力组合。产业发展商一般采用直接上市方式、信托方式、公司债券方式、私募基金方式等获得产业发展所需要的大量资金。

第五层次：城市经营商模式。随着经济实力、品牌形象、影响力的升级，产业发展商进而转向城市经营商模式。城市经营商通过为城市提供集成规划、城市投融资、城市开发、城市建设方面的系统服务，从科学发展角度，统筹协调产业驱动、交通引领、招商融资、生态保护、空间拓展、人口聚集、城市形象等，实现城市的可持续发展及综合竞争能力的提升。城市经营商模式可以从老城区改造、城市交通建设、产业园区建设、新城区建设等不同的角度大手笔切入，站稳立足点，然后再纵深扩展覆盖面，最终全方位占据城市经济发展运行的垄断地位。

四、建筑企业综合运营能力的提升

（一）增强建筑企业核心竞争力

核心能力是企业独有的能给企业带来竞争优势和经济效益，在竞争中起决定作用的关键能力，是决定企业竞争胜负的最重要的力量。建筑企业核心竞争力，其实质就是融资能力、技术实力和管理效力。

1. 在社会主义市场经济条件下，融资能力就是企业的造血机能，随着国际上流行的带资承包和支付方式多样化等工程建设方式在国内国际建筑市场的进一步发展，企业融资能力已成为能否承揽工程建设任务的关键。企业融资，一方面企业才能有更多的资金去进行技术创新和技术开发，提高企业的技术装备水平、人均技术装备率和人均动力功率才能与国际大承包商接近，壮大企业技术实力，企业经营才有力度，对创立良好的社会信誉，占领更多的市场份额至关重要。另一方面企业只有融资承包才能更有竞争力，才会占有更多的市场份额。在具体的操作上，我国建筑企业一方面要善于通过和金融企业、投资企业、上市企业之间资金及业务往来，直接或间接参与融资，借壳上市，从而提高自己的融资能力。再一方面，建筑企业要加快改革、改制、剥离重组的步伐，优化重组优良资产，争取集团优良资产上市，直接到资本市场融资。国有大型建筑企业不仅可以在国内资本市场融资，也可以到海外资本市场间接上市融资。

2. 一个企业要有持续的发展力，必须不断地创新，在不断提高自己的技术含量上动脑筋，下工夫，力求能掌握若干个自己独有的核心技术，那样在市场竞争中的主动性才可大大增强，取胜的概率也可大大提高。所谓核心技术，就是自己在竞争中的"杀手锏"，是先进技术，也是竞争对手所没有的关键技术。一个企业掌握的核心技术越多，它的竞争力就越强。纵观一些知名的国际企业，它们之所以长盛不衰，就是它有自己的核心技术，如可口可乐的配方，微软层出不穷的软件等。建筑业尽管是个传统产业，通用技术较多，但是现代建筑结构、功能、材料、环保要求的不断变化，建筑企业本身需要不断创新拓展自己的业务领域。

培育企业核心竞争能力必须有持续的技术创新作支持，技术创新是核心竞争力的关键。现代企业制度体现的是企业资源配置的高效性，而这种高效率能否充分发挥，主要依靠技术创新。技术创新的基本思路是：以市场为导向，以企业为主体，以产品为龙头，以新技术开发应用为手段，以提高企业经济效益、增强市场竞争力和培育新的经济增长点为目标，重视市场机会与技术机会的结合，通过新技术的开发应用带动企业或整个行业生产要素的优化配置，以有限的增量，带动存量资产的优化配置。建筑企业要以技术创新主体的角色，把持续不断的技术创新与日常的工程技能改善和施工现场作业技能改善紧密结合起来。现代工程建设对承包商的技术水平提出了更高的要求，拥有先进技术工艺的承包商往往可以以自身的技术优势为突破口，取得市场竞争的主动权。企业通过技术创新形成自己的核心能力、核心业务。我国长期以来强调建筑业的劳动密集型特征和容纳就业的优势，鼓励技术进步的政策不足，建筑企业从经营、成本等方面缺乏推动技术创新的激励机制，这已影响到建筑企业的竞争力。考虑到建筑企业的现状，建筑企业技术创新首先要加大应用"四新"力度，即通过技术研究在工程上大力使用和推广新技术、新材料、新工艺和新设备，以此为契机，带动创新体系的建立和实施。技术创新带给企业的竞争优势建立在新技术的应用效率上，效率体现在整个施工过程中。一些大中型企业在工程施工中引进了不少有关进度控制和资源总体调配的工程项目管理软件，在实际使用中虽然资源调配计划做得很好，但施工现场的物资资源调用并没有按计划进行，从而导致全盘计划落空。因此，技术创新应该体现在日常的成本管理和基层管理工作中，落实到采购、仓储、领料、工地消耗等现场管理的每一个环节中。

(二）增强企业总承包管理能力

优秀的建筑企业必将从当前的施工层面升级到具有工程总承包和工程咨询服务能力的层面，即能对项目进行整体设计和策划，也就是通过对项目的功能进行市场定位，使项目的投资得以发挥最大的效益。当前，我国建筑企业的业务性质仍停留在建造阶段，项目经理部就相当于一个生产车间，相比之下，一些国外著名承包商多是咨询型、研发型的，由于建造阶段管理成本较高，他们并不特别看中"建造"这个低利润的层面，大多把建造阶段分包给当地公司，目前情况是我国建筑企业缺乏项目整体设计、策划能力、资本运作能力。因此，建筑企业应向工程总承包和工程咨询服务方向发展。

这里有必要进一步强调的是，项目管理应是建筑企业永恒的主旋律。这一点是广大建筑企业经过多年的探索实践和取得的巨大成就所证明了的，只有坚持不懈地抓紧抓好，真正使企业树立"外占市场、内抓管理、重在现场"的经营创新观念，各项工作围绕项目管理并使它渗透到施工生产的全过程，充分运用"四控制、三管理、一协调"的方法，通过强化项目管理，加快和促进企业经营机制转化，实现市场、企业与项目经理部的良性循环，才能形成和增强与跨国公司的竞争。只有具有科研设计、建筑施工、物资供应、项目融资一体化综合配套的工程项目总承包管理能力，才能实行行业智力结构和企业资本运营的优化升级。因此，总承包商应具有智力密集型人才组织结构；具有较强的科研设计和综合开发能力；积极开拓国际市场，将企业国际化作为发展的战略目标；重视技术创新和员工素质培养。总承包商一般不拥有自己的施工队伍，而是对各分包商的业务进行指导，主要包括：质量管理、工期管理、成本管理、安全管理和文明施工管理等。

当前，世界经济一体化集中体现为市场国际化、企业跨国化、资本多国化。在世界经济一体化的条件下，一个民族产业不可能只靠保护，要靠竞争，在竞争中才有地位。为把总承包企业建设成为适应国际化竞争的现代企业，首先要树立正确定位、特色经营的理念，依靠特色参与竞争以求生存和发展。其次是形成差距化生产经营。

从企业的角度看，只有形成自己的特色，才能在市场竞争中立于不败之地。建筑企业应集中于集约密集型的领域，力争做强做大。另外，要树立协同竞争的观念，面对全球化的竞争，要转变"商场如战场，竞争即战争"的思维定式，与供应商、用户乃至竞争对手建立战略伙伴关系，将各自的优势综合起来，努力开拓市场，分享利益。因此，需要关注企业间竞争——合作的基本原则及策略、企业战略联盟的组成及运行、竞争——合作中的利益协调及风险防范等问题。牢固树立竞争与合作的思想，例如，加强与国外大承包商合作，以尽快适应国外承包商的经营模式，从承包方式、融资渠道、管理程序等方面与国际大承包商对接，学习和研究他们的先进经验，熟悉竞争规则，提高竞争力。但是目前许多建工集团，实际是由若干中小企业堆砌而成，母子公司都是在同一市场领域的低水平竞争，多面临较大的财务风险、缺乏核心竞争力和多元发展的综合实力。

因此，龙头企业只能通过市场力量才能锤炼出来。他们应该具有这样一些特点：行业区分不再明显，资本可在不同行业间自由流动和融合；具有高度的资本性特征，不仅有较强的管理和技术投入能力，还有较强向其他行业进行资本投入能力，较强的海外业务扩张能力，通过上市扩股吸收社会资本的能力；服务功能升级，具有设计规划、项目投资管理、项目融资管理、项目经营管理的能力；行业经济与国民经济融合程度明显提高，行业资本向社会资本的转型能力明显增强。所以，作为大型建筑企业集团的控制系统，主要有

"资本控"和"产业结构选择"两部分组成。

资本控制。资本控制的重点是资本经营控制。资本经营是建筑业企业集团应具备的功能之一，也是企业集团优化结构、提高经营效益的有效途径。资本经营的作用和目的是优化存量资本、扩充增量资本、集中分散资本（融资），促进要素流动。因此，在资本经营过程中，应注意协调存量资本与增量资本之间的关系，真正发挥资本杠杆作用。目前，国内正在形成一个大的企业购并高潮，利用这一机会，一些企业将不良资产按市场原则转让给其他优势企业；效益较好的企业集团，则利用自己的优势，实施低成本扩张措施，强化自己的经济实力。从已有的实践看，其中有些扩张是合理的，但为数不少的扩建和购并项目也带有盲目性。有些明显超出企业自身能力；有的在投资新项目的时候忽视了原有资本的经营管理，损害了业已取得的优势和市场地位，反而使效益大幅度下降；更有甚者，因选择不当陷入了债务圈，并危及到企业的生存。类似的教训应引起我们的反思。因此，建筑业企业集团在资本经营形式的选择上必须慎重，要处理好存量资本和增量资本的关系，加强对长远战略决策的科学化及合理性论证。

产业结构选择。企业集团的产业结构选择，焦点问题是应该实行规模化经营还是多元化经营。人们一般认为，实行规模化经营的好处有两个方面：一是有利于降低单位产品经营成本，增强产品的市场竞争力；二是可以鼓励企业加大科技投入，因为一个企业的市场占有份额越大，科技投入的相对成本也就越低。实行多元化经营，最大的好处应该说是分散风险，但不利的因素也有三个方面：一是多元化经营会分散投资，使各个业务单位的投入都显不足，于是难以形成强有力的市场扩张效应；二是会使管理跨度加大，造成部门或者子公司增多，这必须要增加企业高层管理者指挥、协调和监督的难度，从而导致内部资源配置的低效率；三是进入陌生的领域，开展企业原本并不擅长的业务，本身也会有一定的风险。

（三）加强企业战略管理

战略是指企业面对激烈变化的环境，严峻的竞争，为谋求生存和不断发展而做出的总体性、长远性的谋划和方略。其目的在于使企业在正确分析和估量外部环境和内部条件的基础上，求得企业的经营目标、经营结构和资源配置与外部环境提供的机会的动态平衡，从而在激烈的市场竞争环境中，求得企业的生存和不断地发展。企业的经营与管理如何才能适应不断变化的外部环境；如何使自己的各种资源力量和外部环境达到最佳匹配；如何在激烈的竞争中求得生存和发展，完成自己的经营目的。这些都是关系到企业长期的、整体的和本质性的问题，也是企业战略性的问题。企业战略的正确运用，可以引导企业根据自身优势，寻求经营领域；选择经营方向；可以使企业最有效地运用企业各种资源，积极寻找和发现新的市场机会，面对市场变化、经营风险；正确判断，合理决策；同时可以使企业内部各部门、各机构，目标一致，默契配合，统一协调。战略管理的作用表现为下述四个方面。

（1）战略管理可以促使企业合理配置企业资源，从企业整体上优化资源结构，使得资源效能最大程度地利用和发挥，追求企业整体效益的提高。

（2）促使决策者从全局出发将企业内部资源与外部环境因素结合起来考虑，提高企业适应能力和应变能力。它一方面可以使管理者高瞻远瞩排除偶然因素干扰，完成企业战略目标，另一方面它又要求管理者处变不惊，不断审视和调整当前决策以适应运营环境的影响。

（3）战略管理可以优化组织结构，改进决策方法，提高决策效能。它促使企业努力寻求业务发展最具潜力的领域，减少经营的盲目性。

（4）战略管理可以增强企业的凝聚力，发挥企业文化的优势，增强企业协调、沟通关系，最大程度地提高员工的积极性和创造性。使企业日常管理工作系统有序，不断提高管理的效率与水平。

（四）重视企业市场营销管理

现阶段，在国际市场和国内市场中，竞争无处不在，竞争形式纷繁复杂，在竞争中生存、发展或消亡则是必然的。企业可以展开价格竞争，也可以在工程质量、保修服务、施工过程管理、工期等手段上进行竞争。重视竞争，正确分析竞争对手，明确本企业在竞争中的地位，以制定适当而有效的竞争战略和策略。为了规划有效的竞争策略，企业必须尽可能找出有关竞争的资料。具体来说，他们应当了解：竞争对手是谁？其目标是什么？其策略是什么？其长处及短处是什么？其反应模式是什么？企业竞争对手的确认要以其市场地位作为基础，企业的市场地位一般分为市场领导者、市场挑战者、市场追随者和市场拾遗补缺者。各企业的市场地位不同，其行动的原则、目的、目标都各有差异，因此，竞争者也不同。一个有战略眼光的企业，要关注本行业内的竞争者，而且还要洞悉那些竞争者的市场份额、竞争手段、营利能力、企业战略以及和本企业相比的优势与劣势。此外，在具体行动上，有战略眼光的企业应该树立营销系统工程思想，建立大营销体系，建立大营销战略。大营销战略概括起来讲，就是全员参与、全方位出击、全过程对接和全领域渗透。全员参与，并不是人人都要直接从事营销，而是要树立营销成效人人有责的思想，让全体职工都来关心、支持营销，通过营销这一导向目标，来引导企业全员进入市场。营销专业部门是开拓市场的专职部门，对搞好营销工作责无旁贷；工程部门干好工程，创出品牌，以现场促进市场，这是营销中最为重要的资本；技术部门主编两段投标中的技术标和投标中的技术方案，是营销中重要的技术保证；财务部门筹集资金，从资本市场和银行融资，及时办理保险，保证营销费用，是营销的资金保证；人力资源部门加强对人才的引进和培训，向营销部门输送优秀的营销人才，提供社会公共关系的人事资料，是营销的人才保证；政工部门发动职工积极参与营销，引导职工更新观念、适应市场，为营销工作创造良好的舆论氛围，同时对外开展公共宣传，塑造良好的企业形象，是营销的思想保证；后勤服务部门为营销工作提供优质周到、礼貌热情的服务，是营销的后勤保证。这样，就能引导全体职工都来围绕市场和业主需求，立足自身岗位，以良好的工作质量为营销创造条件。

全方位出击，指的是企业各层次都要面向市场，积极开展营销。在一些大型建筑业企业，总部直接面对市场开展以承揽任务为主要内容的营销，而内部各层次的积极性没有调动起来，在中间层次与市场之间隔着企业这堵墙。因此，推墙入海，让各层次开展营销，走向市场很有必要。总部具有人才、信息、资质、无形资产、高层公关方面的优势，应该向高层次的市场营销定位，成为企业营销的主力军。区域公司大多数位于经济发达地区，贴近市场，熟悉当地政策法规，在当地有较好的公共关系，捕捉信息快，应该也可以成为企业营销的"桥头堡"和"情报站"，成为开拓当地市场的主要力量。分公司是一个实体，在设备、资金、人才等方面有一定基础，又具有一定专业优势，是企业营销的主要力量。

项目虽然是一次性临时组织，但却是企业形象的窗口，不仅能以合理的工期、优良的质量、文明的现场和售后服务为企业创造信誉，而且能利用直接面对用户的优势，在分段投标的项目中把项目全过程拿下来，在项目上延伸市场。一些企业项目干得很不错，但由于缺少营销意识，结果项目一竣工就撤走了，没有利用该项目的品牌效应在当地扎根，有的干完主体后，后续任务中利润较大的安装、装饰项目也没能承接到，这是很可惜的。

全过程对接，包括两方面的含意。一是要拓宽营销的范围。营销不仅仅是投标报价、承揽任务，还是包括从信息收集、营销决策、资格预审、投标方案、谈判合约、合同交底到工程预决算、合同实施、公关索赔、收款等过程，上述各环节都必须围绕市场开展业务。二是企业生产经营活动的各环节都必须渗透营销观念。营销阶段自然不必多说。施工生产部门和过程也应当经常与当地政府、业主、设计、监理、建委、计划、银行等部门保持联系，以优良的产品和服务来树立企业信誉。同时，要像那些知名的大型工业商业企业一样，建立用户服务部，在一些项目较多的地区设立售后服务网点，实行用户回访和工程质量保修，收集用户意见，认真对待用户投诉，以优良的竣工后的服务质量来赢得客户。目前，很多大型建筑业企业比较重视工程实体质量，而忽视了交工后的服务质量，缺少售后服务这一环节。这不仅违背了《建筑法》关于质量保修的规定，也失去了扩大市场的一个机遇。

全领域渗透，指的是积极向各行业、各地区和各有关部门渗透，建立起广泛的社会营销网格。一是要加强同政府、计划、建设、国土、招商、规划、银行等单位和部门的联系，及时掌握投资计划和拟建设的项目，掌握产业政策和当地的政策法规，掌握营销的主动权。二是加强与科研、设计、高等院校及有关专家的联系，在营销中请他们当参谋和顾问，提高投标方案的科学性。三是要加强与一些专业公司、地方企业的合作，利用其在专业领域和该地区的优势，组成投标、施工的联合体，既能形成互补优势，又能借船出海，打入专业施工领域，冲破地方保护和行业保护。四是要与那些实力雄厚的大集团、大投资商经常合作，取得他们的信任，从投资源头介入承揽项目。特别是要从企业实际出发，经过科学论证，与他们合作经营，通过融投资带动工程总承包。

此外，要理顺营销管理体制，提高大型企业的集团营销功能，在大型建筑企业里，营销管理体制主要存在两个方面的弊端：一是法人层次、管理层次比较多，各层次同业竞争，特别是总部营销层次较低，没有发挥出集团的整体优势；二是大企业的牌子由下属多个弱小单位扛着，各自为政，有的甚至在同一地区、同一项目上互相贬损、竞相压价压级、恶性竞争，这不仅损害了集团企业的形象，也造成了营销资源的严重浪费。这就需要对大企业内部各层次的营销进行合理定位。大企业应是市场开拓和营销管理的决策指挥中心、信息中心、投标方案中心、人才中心，主要负责营销战略规划、营销布局、高层公关、重大合同的谈判、评审与合约和对下属单位的营销协调，重点跟踪大型项目、国家和省市重点工程。子分公司或专业公司有一定的资金、设备、人才和专业施工优势，重点是在各自的经营专业范围内，负责信息收集与跟踪，主办资格预审，参与公关和投标，编制预决算，工程款的回收，直接承揽中小项目和大型专业施工项目。区域公司是企业在经济发达地区、经济热点地区设立的分支经营机构，有着得天独厚的区位优势，重点是收集信息、企业确定信息的跟踪、营销公关、索赔收款，并办好本地区内各内部单位的营销活动。要扎根当地市场，站稳脚跟，适当辐射周边地区，成为企业开拓当地市场、扩大经营空间的主要力量。特别是那些刚刚组建、实力不强的管理型区域公司，主要是突出营销职能，承揽任务后交给企业施工。当前的竞争主要是大集团、大企业之间的竞争，针对同一地区内部有多个利益主体进入的现状，大企业、集团公司应加强对各个利益主体的协调，联合起来以集团公司和大企业的名义共同投标，中标后再在企业内部进行总分包。

（五）加强企业法制管理

建筑业作为完全竞争性行业，竞争将愈来愈激烈，甚至会出现残酷竞争的局面，竞争的白热化一方面产生积极作用，优胜劣汰；另一方面给建筑企业带来各种风险。所以说，建筑企业应加速健全企业法律顾问制度，充分发挥企业法律顾问的作用，依法治企，除运用经济和行政手段外，应更多地注重运用法律手段，以维护企业的合法权益，并在法律的范围内，实现企业最大效益，最小风险的目的。在实际工作中，我们要提高对建立企业法律顾问制度重要性的认识。企业法律顾问制度是现代企业制度的有机组成部分，对建筑业企业而言，它可以促使企业在市场经济条件下依法求得生存和发展；对社会而言，它可以通过规范企业的组织和行为，实现市场竞争的公平、有序；从国际经济一体化角度讲，它是企业管理制度实现与国际接轨的重要体现；从历史发展过程看，企业法律顾问制度是企业适应市场、抵御市场风险，保障企业自身权益，依法追求利润最大化的最佳选择，是被国内外，特别是国外市场经济发达国家的实践证明的不可替代的现代企业管理制度。我国建筑业企业正在深化改革，改组、改造企业治理结构，构筑现代企业制度，而企业法律顾问则是现代企业制度的重要组成部分，在建立现代企业制度中，具有很强的先导性和实践性。建筑业企业要从建立现代企业制度的高度来认识健全企业法律顾问制度的重要性，要尽快使企业法律顾问制度到位，以推动建筑业企业作为独立的民事主体和法人竞争实体进入市场。另外是从出资人的角度对国有企业提出的约束条件，对企业权益最关注的是出资人，企业在现代企业制度还未建立起来的情况下，政府部门还不得不充当国有资产权益的关注者、保护者，而体现的有效途径之一是通过健全企业法律顾问制度，将企业的组织与行为纳入法制的轨道。依法治企，是企业适应市场的必然要求，而企业法律顾问制度，则是依法治企的有效途径。所以说，尊重法律顾问工作，实质是关心企业，维护企业利益的表现，因为法律顾问工作的目的，是维护企业合法权益，用法律手段，支持企业在市场竞争中发展、壮大、立于不败之地。

（六）强化企业财务管理

科学的财务管理应以扎实规范的财会基础工作为起点。财会基础工作，包括建立完善原始记录管理制度，先进合理的定额管理制度，全面预算制度，财务分析制度等，这都是企业管理必不可少的信息资源。如原始记录管理制度不健全，就不可能及时提供真实、准确、完整的各种基础数据，财务预测，财务决策、财务计划、财务分析就无法进行，甚至导致分析、判断、决策的失误。因此，加强企业的财务管理，首先要规范强化财务基础工作。

先进的管理工具，科学的管理手段，严密的规章制度，只有由具备高素质的现代化财会人员来操作和执行才能发挥应有的功能和作用。在新形势下，财务工作必须要通过运用计划、控制、分析、考核等方法，参与到企业生产经营活动的全过程，为经营者决策和管理提供科学依据。面对财务工作职能职责的变化，仅懂财务而不懂生产技术的财会人员，就无法对企业的生产经营活动进行科学的分析预测，更不能对企业的发展进行有效的协调、控制和监督。过去一般认为"反映"与"监督"是会计的两大基本职能，现行《会计法》则表述为会计核算和会计监督。这就说明新形势下的财务会计工作不再是被动的事后核算和监督，而应主动参与企业生产经营活动的全过程、全方位。强化会计核算职能必须要确保全过程的参与。对于建筑施工企业，财务部门在工程投标中，应通过核算对投标工程主要经济指标进行客观分析，为领导决策服务；工程施工中，要围绕资金核算、成本核算找出优质低耗增加利润的途径，保证把钱用在最需要的地方，获取最大收益；工程竣工后，要正确、系统、完整地反映该项工程的经济活动情况，为以后的工程投标和施工积累经验数据。建筑行业是微利行业，工程成本控制的好坏，对于企业的经济效益关系重大，因此，应积极推行责任成本管理。首先，要把讲究成本，追求投入产出双向效益的观念贯穿到企业生产经营的全过程。动员组织全体员工，每个业务部门积极参与，精心组织，形成上下算，人人算，从算中挖潜，不断增效的良好氛围，同时还要建立健全责任成本管理网络和必要制度，以保证成本管理的有序进行。第二，有关业务部门通力配合，科学编制成本预算。由于施工企业工程项目千差万别，成本计算基本上是订单法，责任成本预算的编制，有较大难度，为此应从施工项目的实际出发，合理划分成本责任中心，明确可控成本范围，充分考虑各方面的节约挖潜措施，实事求是地确定责任成本。只有这样，才能使各责任中心责、权、利分明，有效克服基层只管干不管算，重产出数量不重投入成本，重产值不重效益的现象。第三，严格成本预算执行过程控制。必须坚持内部控制为主，外部控制为辅的形式，对责任中心的成本预算、费用预算和资金预算进行有效控制。第四，完善内部计价和核算制度，及时分析成本的节超和责任成本的奖惩兑现，使参与责任管理的每层责任中心，每个职工真正体会到责权利的统一，从而充分调动自我控制的积极性和主动性，千方百计节耗挖潜，提高劳动生产率，实现企业利润的最大化。因为建筑工程造价2/3是材料款，因此对物质供应商要根据市场供求关系的变化，在不影响企业信誉的前提下，坚持货比三家，灵活调整结算方式，既降低采购成本，又增加资金在项目部的滞留时间；对施工单位实行资金流向跟踪监督，严格执行计划，减少在建工程资金占用，有效地提高和加速了资金的利用率和周转率，在满足工程资金需求的同进，节约使用资金，盘活资金，提高有限资金的使用效能：一要严把投标关，防止资金的流失和浪费；二要实行企业内部资金统一管理，合理调剂，既要满足施工点的资金需求，又要合理集中提高资金的使用效益；三要广开融资渠道，盘活存量资产，减少积压，优化资产结构；加强拖欠账款的清理和回收；五要严把付款关，如对于材料物资的采购，要坚持货比三家，价比三家的原则，优选最佳方案降低采购成本，争取采购质量好、价格优的材料设备。

企业的管理应以财务的管理为中心，财务管理的前提要看这个企业的"雷达系统"——会计报表。会计报表作为一个信息系统，应以真实可靠全面完整的面貌展示在使用者面前。处在市场经济条件下，会计报表除了为国家宏观管理提供所需的信息外，更重要的是为企业管理当局、现在和潜在的投资者、债权人等提供所需的信息。按照我国现行会计制度，如《公司法》的规定，企业的会计报表主要包括：资产负债表、利润表、现金流量表、各种附表及附注说明等。其中资产负债表、利润表、现金流量表是企业主要会计报表。主要会计报表的各个组成部分相互联系，从不同角度说明企业的财务状况，经营业绩和现金流量情况。

（七）加强企业人力资源管理

建立现代企业制度，深化企业改革，涉及面广，层次深厚，但归根结底一是涉及物、二是涉及人；物，包括资产、资金、设备、产品等硬件，也包括所有制、体制、机构、组织、规章制度、信息、资料等软件，人包括领导者、管理者、员工，也包括人的素质、品德、知识、能力以及人际关系，更包括人力资源开发、管理、使用和创造业绩等等，对人是一个最值得下本钱、花精力和取得最大回报的系统工程，任何事业都证明，人是决定性因素，这不仅是人力资源学和人才学理论的一个基本点，也是企业实践的一大指导原则，因此，对企业系统，人力资源是企业的第一资源，是所有资本中最重要的资本。要提高企业的核心竞争力，关键在于人才。而人才市场的逐步完善，社会人才价格的逐步明显，外国企业进入中国后人才本土化趋势的逐步显露，人才竞争的态势已经摆开。在这场竞争中，现在的国内建筑企业明显处在劣势。目前国有企业人力资源方面存在的主要问题是国有企业中，年轻员工很多。年轻的人才有着新的思维方式和新的评价是非的标准，而企业的领导与年轻人的思想、作风、性格方面存在着一定差距，在一定程度上影响了思想上的理解与共识。由于国企的机制问题，管理人员大部分都是本单位提拔上来的，其中之弊端，一是人际关系的色彩比较浓重，二是思维方式、管理意识是传统的。因此，国有企业人才流失严重，已经成为迫在眉睫的大问题。国有企业流失的人才中，有相当一批是在国有企业中经过了几年的培养锻炼，即有专业知识，又有一定工作经验，能独当一面的专业技术人才。企业为培养这些人才曾投入了大量的精力和财力，这些人才大量流失带来的直接后果是国有企业的科技队伍出现了青黄不接的人才"断层"。随着科技人员的流失，大量行业信息和科技成果，客户关系也随着被带走了。

面对严峻的形势，我们也不能一味采取守势，或者感到大势所趋，束手无策。相反，应该主动研究人才成长、使用的规律，探索市场配置人才的路子。同时注意挖掘本企业的优势，建立培养人才、吸引人才、集聚人才的机制，逐步形成人才高地，为不断增强企业核心竞争力提供人才保证。

1. 创造尊重人才的氛围，提供人才施展才能的舞台。应该说，大型建筑企业对于一些干事业的人来说是一个很好的去处。问题是企业能不能为这些人特别是年轻人提供机会，有没有人才处处受尊重的氛围。为此，一是要把青年人才推到工程第一线去锻炼，尤其是在一些重大工程中起用青年人，为他们搭建舞台，满足他们增强才干、尽快成才的成就感。通过这些工程，能涌现出优秀的青年技术、管理人才，从而逐步成为集团各个岗位的骨干。二是为优秀人才设计成长、培养的线路。对在实践中涌现出的优秀青年人才，根据其不同的特点，在各种岗位实践、实习深造、岗位目标等方面确定培养目标和线路，并与本人签定有关协议或合同。这样做，把企业的需要与个人的意愿结合起来，调动两方面的积极性，又有市场化操作的因素，会取得较好的效果。三是在企业建立健全应聘上岗的机制，给青年人以平等的机会。

2. 人才作为一种重要的资源将越来越成为企业争相聘用的对象。所以建筑企业要发展，根据当前情况应重点注意培养三种人才：（1）能适应、加速建筑企业结构调整，熟悉项目管理、创建筑精品的复合型知识人才；（2）能适应技术进步和建筑企业发展需要的经营与决策人才；（3）需要熟悉国际惯例，有一定外语水平并适应超大工程技术人才，真正使企业建立竞争、更新、激励、注重实绩、有效监督的人才机制。在这里有必要指出的是，我们还必须关注外企对专业人才的吸引。外企在待遇上的优势会吸引一部分专业技术人员，从而造成国有建筑企业人才外流，所以我们的建筑企业一定要敢于打破论资排辈，坚持量才录用，并在各种待遇上给予优惠，所以国有建筑企业人力资源管理的核心是把人选好、把人用好、把人育好、把人留好。

另外，企业领导者是现代企业的核心，在组织中处于主导和支配的地位，左右着企业的发展方向和目标，决定着企业的前途和发展。建立和健全企业领导体制，提高领导者的素质，运用科学的领导方式，掌握创新的领导艺术，是现代企业生存与发展对领导者的必然要求。领导者的工作是智慧劳动，一般来说是通过别人的劳动来实现自己意图的工作。领导者需要有预见、创新、号召力和胆识，卓越的企业领导者是企业获得成功的重要条件之一。在一定意义上，没有成功的企业领导者就没有成功的企业，领导者的平庸无能常常是断送企业发展前途乃至使企业走向衰亡的致命因素。所以人力资源中最为珍贵的是具有优秀品德和创造能力的领导人才。领导者是企业最重要的人力资源。

（八）加强企业无形资产管理

在知识经济时代，无形资产对社会经济进步的促进作用更加显著，对企业生存与发展的贡献日益突出。据统计，世界经合组织内一些先进企业有形资产与无形资产的比例已高达1：23。企业的管理及其竞争力的核心大多体现在无形资产上，无形资产已成为企业竞争力的重要因素。

1. 无形资产的含义及特点

无形资产是特定主体所控制的，不具有实物形态，对生产经营长期发挥作用且能带来经济利益的资源。建筑企业无形资产与其他企业相比，还有不同的表现形式，比如：企业资质等级、经营业绩、各种优质工程奖以及具有丰富施工管理经验和掌握关键施工技术的人力资源等。无形资产有三个特点：1）独立性。无形资产相对于有形资产而言有其相对独立性，它可以不依赖有形资产而独立发挥作用，它体现一种权力或取得经济效益的能力。2）互动性。无形资产与有形资产的良性互动是无形资产经营的主要方式，即人们常说的"无中生有""有中生无"，它可促进企业跳跃式发展。3）增值性。无形资产的增值功能源于它的强大的竞争功能和垄断能力，知名企业无形资产的价值往往远高于企业有形资产的价值。

2. 企业无形资产管理现状

（1）重视有形资产占有，轻视无形资产运营

虽已进入知识时代，仍有不少企业，仍满足于对有形资产的占有或拥有，满足于有形资产的价值保有，轻视无形资产运营，如为收点管理费而允许非法挂靠。

（2）企业改制重组时，重有形资产，轻无形资产

有些企业在股份制改造中，不作无形资产评估，即使评估也是作价过低，导致无形资产蒙受损失。

（3）企业无形资产评估不准，高估或少估。如与外方合资时，对方无形资产被高估未引起注意，我方无形资产被低估未引起重视。

（4）技术、工艺失密。

人才无序流动导致无形资产流失，有些企业没有深刻认识到专利技术、商业秘密、软件等知识产权类无形资产的重要性，企业内部缺乏对无形资产的保护机制和保密意识，专

利技术、商业秘密、软件等泄密的情况时有发生。

3. 无形资产管理的重要性

无形资产的管理是合理利用无形资产，保证企业生产经营活动具有良好的技术水平与生产经营条件，充分发挥无形资产的作用，使之成为企业创造经济效益的永不枯竭的无形资源，本书拟从品牌、文化、理念等几个方面来阐述只有重视无形资产管理，才能构建现代建筑企业的核心竞争力。

（1）品牌

进入 21 世纪，企业和产品的竞争从某种意义上即是品牌的竞争。没有品牌，企业就没有灵魂；没有品牌，企业就失去生命力。品牌的价值对企业的生存和发展是非常重要的。在市场经济日益发达的今天，品牌是最有价值的无形资产和竞争武器。美国著名品牌策略专家莱瑞·莱特所言："拥有市场比拥有工厂更重要，拥有市场的唯一办法就是拥有占市场主导地位的品牌"。品牌战略已成为众多知名企业在市场竞争中立于不败之地的法宝，如拥有世界第一品牌的可口可乐公司，其可口可乐品牌价值高达 700 多亿美元，品牌和配方这种无形资产是可口可乐公司最有价值的资产。那么品牌作为企业的一种核心竞争力，对企业竞争能力的提升具有什么样的作用呢？首先，好的品牌形象可以提升企业产品或服务的价格，可以转化为企业直接的经济效益。企业通过品牌形象的建立，塑造具有独特的企业价值观、文化内涵、个性和品质，形成差别化的竞争优势，使竞争对手难以模仿和超越。在消费者需求越来越多元化和强调个性的市场环境下，这点尤为重要。对建筑企业而言，建筑企业是先订单、后生产的特点，要想赢得建设单位的信任，建筑企业首先是品牌的竞争，只有凭借其品牌的知名度、美誉度和良好的市场口碑，才能先声夺人，使自己处于市场竞争的有利地位。品牌的价值是以企业创新和研发为支撑的，归根到底，企业的创新能力决定了企业的品牌含金量。对建筑企业来讲也是如此，因为随着时代的发展，各类建筑工程的科技含量越来越高，施工技术和工艺水平越来越先进，如果技术创新步伐跟不上，必然要遭到市场的淘汰。因为企业只有技术创新，才能不断地改进生产技术，降低生产成本，进而提高顾客价值；企业只有技术创新，才能掌握行业的关键技术和核心技术，从而确保品牌含金量。世界许多知名企业往往都是把品牌发展看成是企业开拓国际市场的优先战略。并把它作为一种开拓市场的手段，最终占领市场。品牌就是市场，品牌就是效益已成为人们共识，品牌作为高品质、高文化的象征，具有巨大的经济价值，是一个企业主要的核心竞争力。

（2）理念

企业拥有先进的理念，有助于企业未来竞争力的形成，对建筑企业而言，绿色建筑将是未来发展的趋势。随着资源过度消耗和环境污染问题的出现，以环境保护和循环经济为特征的绿色消费正影响着人们的消费观念和消费行为。绿色产品在世界市场上有着巨大的市场潜力和广阔的发展前景，开发绿色产品对企业扩大市场份额，获取高额利润，参与国际竞争，树立企业形象等具有特别重要的战略意义。

1）国外绿色建筑现状

20 世纪 80 年代，发达国家进入循环经济时代，其施工企业也相应实施绿色施工。施工工地清静、清洁，普遍采用预拌混凝土和预制混凝土构件、钢构件、木构件，使用高效的环保型工程机械作业，在层数较低的工业和民用建筑施工中大量采用无脚手架作业方式，建设副产物得到再生利用。为了促进施工企业实施绿色施工，日、美、德等发达国家，都制定了相应的法律、法规、政策，对具有绿色施工能力的企业给予奖励。随着循环经济理念已成为世界各国的共识，绿色施工技术也随之成为世界施工技术发展的必然趋势，美、日等发达国家的建筑出版商，已纷纷出版"绿色建筑技术手册"（设计、施工、运行）等介绍和推广绿色施工的技术书籍和刊物，促进了绿色施工的技术进步。

1992年联合国环境与发展大会后，"可持续发展"理念在建筑业界深入人心，绿色建筑、绿色施工成为世界建筑业的发展方向。一些发达国家加快了绿色建筑的推广步伐，英国、美国、加拿大等国相继展开了大规模的住宅区改造工作并建立了各自的绿色建筑评估体系。如1993年，美国绿色建筑业协会成立，负责整合建筑业、领导市场转型、教育业和从业人员，同时负责《绿色建筑评估体系》LEEDTM开发和管理。它被称为世界上最绿色的建筑设计、建筑施工与认证的先导体系。它评估内容包括能源利用与大气环境、室内环境、可持续性选址、材料与资源、节水五部分。

2）国内绿色建筑现状

我国的建筑行业在经过近20年的高速发展后，建筑业对GDP贡献率越来越大，2004年（狭义）建筑业增加值占GDP的比重为7.01%，建筑业已经成为促进国民经济发展的支柱性产业，因此推行绿色建筑业是促进绿色GDP发展的必然要求，绿色GDP，是从GDP中扣除"自然资本"的消耗而得到经过调整的GDP，使其反映资源、环境的损失。绿色GDP成为考虑环境要素下衡量经济发展的重要指标。我国虽然起步较晚，但已开始实施。并有着良好的发展势头。2001年建设部住宅产业化促进中心出台了《绿色生态住宅建筑要点及技术导则》，2003年11月北京奥组委环境活动部起草了《奥运工程绿色施工指南》为实现"绿色奥运"，进一步推动了绿色建筑理念。

3）绿色建筑理念

建筑业包括绿色建筑和绿色施工两个方面。绿色建筑是就建筑产品而言的，绿色施工是就实现建筑产品的施工过程而言的。绿色建筑就是在建筑生命周期（选址、规划设计、施工、使用管理及拆除过程）中，以最节约能源、最有效利用资源的方式，建造最低环境负荷情况下最安全、健康、高效及舒适的居住空间，达到人及建筑与环境共生共荣、永续发展。绿色建筑，又称为生态建筑。绿色建筑的核心价值在于最低限度的能源、资源消耗，对环境无污染，并拥有优良的室内环境质量。绿色施工是指：① 绿色施工追求科学发展观提出的"高效、低耗、环保"的综合效益，要求做到经济效益、社会效益、环境保护三者有机统一，当发生矛盾时，以环保优先为原则。② 绿色施工要求广泛的节约资源，要求在施工过程中做到节约材料、节约用水、节约施工临时用地、节约能源的同时对建筑副产品的再利用。③ 绿色施工在对环境保护力争预防为主的同时要求全面、全过程的环境保护，既要减少施工全过程的噪声超标、扬尘、运输的遗撒、大量建筑垃圾的废弃、油漆和涂料以及化学品的泄漏、有毒有害气体的泄漏，又要减少森林、植被破坏、减少和预防地质灾害（塌方、地陷、山体滑坡等）及竣工后的生态环境复原等内容。我们知道，建筑业是资源消耗产业，目前，在全社会总能耗中，建筑能耗超过30%以上，"绿色建筑"是建筑企业可持续发展的必然要求，"绿色建筑"是适应绿色消费浪潮的必然选择，"绿色建筑"是顺应法律公德的必然结果。"绿色建筑"是建筑企业未来的主要竞争力，因此致力于绿色产品设计，绿色施工，研发绿色技术，引进绿色观念，推出绿色产品，开发绿色市场，推行绿色管理，是我们未来所必须追求的。绿色建筑理念，将会促使建筑业企业放弃粗放型的生产方式，研究节约型设计技术、环保型施工技术以及资源综合利用技术，提高技术创新能力，满足国家对资源节约、环境保护的要求，以此增强建筑企业的核心竞争力。

综上所述，我们不难看出，企业无形资产是一种客观存在，企业无形资产管理是一种运用智慧的管理，重视企业无形资产的管理，是现代建筑企业更好地适应企业竞争必然选择。因为它能构建企业的核心竞争力。

（九）强化企业执行力管理

1. 执行力是企业重要的竞争力

企业执行力是指企业里有许多工作需要我们快速行动，并在行动的过程中，需要我们有百折不挠、不达目的不罢休的精神，更需要我们具体问题、具体分析，在保证企业利益的前提下，把企业工作正确地执行到底，实现既定目标的能力。只有拥有这样的执行能力，才能跨越目标与现实之间的鸿沟。企业执行力不是消极地、被动地执行，而是以系统的观念，从全局出发，积极的创造性的采取行动。企业执行力决定企业远景目标和当前重要任务能否顺利完成及完成的质量，完成的效率。所以说企业执行力是企业重要的竞争力。企业执行力反映企业的管理水平，企业执行力是由多种因素决定的。

2. 企业执行力与企业用人有关

应该说企业用什么样的人，就有什么样的执行力。我们知道，美国钢铁大王卡耐基善于把才能超过自己的人组织到手下工作；长江实业集团李嘉诚在定下企业战略后，善于用专家型人才为自己工作。他们都是成功的企业，企业的战略，企业的目标都得到了很好的贯彻、执行。因此，企业需要什么样的执行力，应根据自己企业性质决定，比如研发类企业、生产类企业，不同行业、不同企业需要的执行力内涵也不同，在企业执行力推行中，近来有许多企业倡导优秀操盘手或企业节点式的关键人物是必要的，但是要注意以下几点：

（1）公司的执行力，关键在于广大员工的执行力。如果执行仅靠少数人去做，是不可能成功的，只有广大员工每一个人都按照既定的目标用心去做事情，讲究速度、讲究细节，讲究纪律、讲究质量，自觉地形成一种执行文化，企业整体才能有执行力。

（2）这里要强调一下企业里的"老黄牛"，企业里的"老黄牛"是指那些埋头苦干、任劳任怨、勤勤恳恳、兢兢业业的人。这种人在各类企业里都是最多的。企业中真正的、大量的、这种有名的、无名的、看得到的、看不到的工作都是这部分人完成的。"老黄牛"虽未被重视，却是执行力最基础的部分。

（3）强调杜绝关系因素，在企业关键岗位上，企业领导者的"知人善任"不是指企业领导者认识的，常接触的人中"知人善任"，而应把目光放在整个企业中。采用科学的方法，发现真正优秀的人才，把真正的人才选出来，委以重任，对提高执行力是必要的。

（4）企业执行力的好坏关键在于企业中层干部履行公司的政策情况如何，企业中层干部应是"领头羊"而不是牧羊人，企业中层干部应是"同志们，跟我来"，而不是"弟兄们，给我冲"。另外企业中层干部不能压制人才，排挤人才，甚至把人才排挤到待岗的岗位上。压制人才、排挤人才，不让人才正常工作，对企业执行力来说是最大的损失。可见企业中层干部的"德才兼备"是提升企业执行力的重要因素。

（5）岗位要适宜。岗位不适宜，人才则可能成"废物"。岗位适宜，"废物"可能是人才，岗位关键是用人所长。

（6）对于执行能力绝对没有打折的空间，不胜任就换人，要确保合适的人在合适的岗位做合适的事。将执行精神落实到企业的各项工作中，是企业具备执行力的决定性因素。

3. 企业执行力与企业激励有关

我们强调提升企业执行力，就是要在企业中推行提升以执行力为导向的管理机制，比如用人机制、激励机制，在现有人力资源的条件下，如何提高企业的执行力？笔者认为，应从各个方面、各个层次、各个角度对员工进行激励，是提高执行力的一个手段，可采用下列激励方法：

（1）理想激励

大多数人都有理想，有成就感的需要，希望不断获得成功。所以有目标，人才有奔头，才能产生动力。因此，要把企业目标与个人价值实现相结合，进行员工"职业生涯设计"，让员工看到干好工作的希望。

（2）任务激励

合理分配工作，尽可能使分配工作适合员工的兴趣和工作能力，人尽其才，才尽其用，可让有潜力的青年人适当地多挑一些重担，大多数青年人会为自己完成一项挑战性的工作而感到自豪。

（3）组织激励

行为科学有一个观点，"员工希望有自我控制的权力"，组织激励就是运用组织责任及权力对员工进行激励。实际工作中，员工们是喜欢责权利激励的。

（4）制度激励

严密企业的各项规章制度，因为它对员工的消极行为是个约束，也为员工好好工作提供了的行为准则、行为规范。

（5）榜样激励

榜样的力量是无穷的，有了榜样员工们便知道该怎干，干到什么程度，榜样就在身边，但要注意榜样的长效性，以免误导员工。

（6）物质激励

市场经济条件下，物质（如工资、奖金、考核、对兑等）激励显然是最有效的，员工的执行动力会大大增强。行为科学告诉我们，人们乐于做受到奖励的事情。

（7）荣誉激励

荣誉是给优秀员工以表扬、光荣称号等，荣誉让员工感到自己做对了，可以满足员工的一定心理需求，故有激励作用。

（8）培训激励

"工欲善其事，必先利其器"。培训可以满足人的求知欲望，可以提高员工的工作水平、能力，让员工对工作充满自信，为提高执行力创造必要条件。

（9）绩效激励

在企业工作中，告诉员工已取得的工作成果和最终目标的差距，是对员工的尊重和信赖，员工可从已取得的成果中受到鼓舞，而对尚存差距，会产生最后冲刺的干劲。

（10）人际关系激励

如果企业各级领导对员工尊重、关心、信任。保持工作群体内人际关系的融洽，能及时调解工作中的矛盾，不至于互相拆台，而是互相支持，团结协作会提高执行力。中国有句古话"人心齐，泰山移"。

（11）环境激励

舒适、清洁的工作环境，齐备、现代化的办公设备，会使员工心情舒畅，精神饱满地工作，有利于提高执行力。

（12）差别激励

在企业执行力上，推行多劳多得，少劳少得，奖优罚劣，不搞平均主义。利益的差别可以推动良性竞争，提高执行力。

4. 企业执行力与员工主观能动性有关

我们知道，一件事情能否做好，关键在于对它的重视程度，自己是否乐于做好这件事。那么如何提高员工的主观能动性，从而提升企业的执行力呢？在企业管理中，公司的管理思想逐步从注重"物"的管理转向注重"人"的管理；从注重"管人的行为"转向注重"管人的思想"，实现真正意义上的以人为本，进行人性化管理。细节决定成败，我们可以从身边的许多小事做起。比如关心员工、尊重员工。关心员工要关心员工的成长，员工的疾苦，员工的生活，特别是在生产一线员工的生活、环境、待遇以及他们紧迫的需求。尊重员工就是要了解和尊重员工们的感情和感受，了解和掌握员工们的思想动态和需求。尊重员工就是要让员工感到企业是一个大家庭，在企业里每位成员都是平等的，企业里的每位成员只是分工不同，员工的个人价值与企业目标可以共同实现，以及让员工参与企业重大决策的讨论等。正因为人不是被动的生产要素，是有思想、有感情的，根据马斯洛的需求理论，一个企业员工，在他的生理要求、安全需求和社会需求得到满足后，尊重需求和自我实现需求就成了他的优势需求。在得到关心，得到尊重后，员工们追求自我价值实现时，员工们会"以厂为家"，员工们真正感到自己是主人翁的时候，会关心企业的一草一木，关注企业的未来和命运，会以饱满的工作热情和高度的责任感，投身到建设企业的各项工作当中去，最大限度地发挥工作中的主观能动性和创新精神，从而提高企业的执行力。

总之，执行力最根本的要素是靠人。选用合适的人才，对员工进行有效的正负激励，并充分发挥员工的主观能动性，是提升企业执行力的重要方法，另外，培育有利于提升企业执行力的企业文化，建立合理的扁平式组织结构等等，也是提升企业执行力的有效方法。企业有了执行力，才能保证企业的竞争力，才能保证企业的长盛不衰。

（十）加强企业文化的管理

建立先进的企业文化，随着企业的竞争程度的日趋激烈，文化因素的核心竞争力已成为企业战胜对手，稳定发展，走向成功的新动力。企业文化是企业组织高速运转必不可少的一种润滑剂，它能创造良好的组织气氛和组织环境，从观念、信仰层次调动组织成员的忠诚心和工作积极性，这是其他管理手段无法取代的。这是因为，企业文化具有：① 整合生产力的功能；② 资产增值功能；③ 导向和约束功能；④ 凝聚和激励功能。反之，如果一个企业文化根基动摇了，精神支柱垮塌了，再强的企业也会垮台。企业文化将成为企业在下一个 10 年企业兴衰的关键因素，企业文化将会是企业最根本的竞争力，这已逐步得到了证实。

　　企业文化是在一定的社会历史条件下，企业及企业职工在生产经营和企业管理中逐步形成的观念形态、文化形式和价值体系的总和。企业文化是一种组织文化，一般它从属于民族的亚文化。在大多数的企业中，企业文化被表现为三种不同的文化形态：一是物质文化，包括企业的产品、物质技术设备、工艺水平、服务项目、环境设施等；二是制度文化，包括企业的组织制度、规章条例、奖惩措施、管理方式、仪式、习俗、人际关系形式等；三是精神文化，包括企业哲学、企业的价值观、企业风尚和企业道德规范、职工的文化素质与行为取向等。

　　建立先进的企业文化具有以下功能：

　　1. 整合生产力的功能。在企业经营管理中，人力、资金、技术、物资设备、信息等生产要素的充分整合是企业生产力的高度创造的条件。而企业文化在整合生产力要素方面具有特殊功效。首先，通过共有的价值观体系的倡导、行为规范的确立和文化氛围的营造，形成强有力的影响和约束力量，使企业成员统一思想，达到组织目标追求方面的共识，从而使组织中的个体融合成为具有共同目标和共同行为能力的集体，有效地防范和消除组织协作中可能产生的摩擦和消耗，实现生产力系统中的人与人关系的最佳组合。其次，企业文化通过促进职工素质的提高和全面发展，使技术和设备中蕴含的生产潜能得到充分释放和发挥，并弥补因技术设备更新加快而造成的生产力发挥周期缩短的影响，进而使生产力系统中的人——机关系得到高度协调和合理配置。另外，企业文化通过对企业形象和企业精神的弘扬，促进企业与社会的沟通与合作，从而使企业在获取各项经营资源、赢得顾客和市场方面取得优势。总之，通过企业文化的整合作用，各生产力要素形成推动企业生存和长期稳定发展的巨大合力。

　　2. 资产增值功能。企业文化作为特定企业环境中生成的群体文化，一经形成便带有本企业经营管理特点和鲜明企业个性与色彩，成为企业的专利和财富，与物质技术设备等有形资产相区别，企业文化是企业的无形资产。在知识经济社会中，企业无形资产，可以为企业带来市场、客户、品牌、合作者等一系列的资产增值。拥有优势的企业文化就可以自如地在有形资产和无形资产之间进行转换和支持，促进企业整体资产的增值。不仅如此，当有形资产遭受损失时，企业文化还可以起到补偿和替代作用。

　　3. 导向和约束功能。企业文化以价值观念和企业精神为核心，通过知识与文化的熏陶、教化作用塑造"企业人"，利用企业文化坚持对职工的需要、追求进行引导，在建立共享价值观的基础上将个人奋斗目标引导到企业目标的实现轨道上。同时，企业文化一旦发育成熟，企业道德、企业风尚、企业规范和企业习俗等就会产生自觉性的约束力。这种文化强制以有形或无形的方式对职工的思想和行为产生自动约束机制，使企业管理实现参与、自觉和制衡的状态，企业管理将得到全面的提升。

　　4. 凝聚和激励功能。企业文化是组织成员在长期共处和携手奋斗中培养起来的群体共识，其最为显著的功能是凝聚和激励的功能。这是由于，通过价值观念及目标的引导，企业将不再是由于相互利益需要而聚集起来的相互利用的群体，而是一个由具有共同的价值观念、共同追求和深厚情感的人凝聚起来的共同体。强烈的认同感、归属感和对自己企业发展的责任感与自信心，将形成坚强的团队精神和持久的激励力量，使全体员工与企业结成命运共同体。同时，在企业文化的长期影响和感召下，共有的价值观念和准则、规范已经内化于职工的思想行为之中，形成职工对本企业文化的自然适应。这种自然适应也强化于职工与企业的依存关系，使职工尽量避免脱离本企业而进入其他文化圈。

5. 辐射功能。企业文化尽管是企业内部的生成物，通常在本企业内发挥作用，但它并非是封闭的。企业文化是企业从环境中吸取养料加工而成的企业产出精华，它深含在企业对外输出的一切成果中。如通过高质量的产品和满意的服务，使顾客感受到不同企业的文化特色，通过各种宣传手段，如电视、广播、报刊、会议等传播方式，宣传企业文化等。企业文化是企业形象的核心内容，企业文化是企业管理的基础，企业文化是企业产品、服务的附加值。企业文化通过各种渠道和媒介辐射到环境和社会公众之中。优秀的企业文化可以成为其他企业及社会组织效仿的榜样，对正确的社会意识和良好的社会风气及道德规范的形成起到积极倡导和促进作用。

此外，由于经济整合趋势的日益明显，市场竞争的渐趋激烈，要求国有建筑企业必须摆脱旧的管理思想和模式的束缚，以新的思维方式创建符合自身实际的、先进、适宜、成熟的、包括经营理念、管理理念等方面内容的企业文化管理体系。这种管理体系应以企业创新为核心，以风险管理为重点，围绕现代企业制度全方位的内在要求，与市场经济相适应，从而在企业的不断发展中具有符合性、指导性的管理作用，并由此形成企业自身独特的，深植于企业员工心中的活动的人文精神，即企业精神或企业风格。

（十一）加强企业信用管理

企业的信用关系到企业的形象、荣誉，是市场关注的焦点；企业的信用也是企业的一种资源，因此深化企业改革，建立现代企业制度，加强企业信用管理是十分必要的。企业信用的最终确立要靠建立现代企业制度，使企业真正成为能够对自己的生产经营高度负责的完全行为主体，这是提高整个企业信用度的大前提。要以实现企业产权多元化为主，使企业内部的各个方面成为真正的责任中心，如果企业产权单一必然会导致企业间、银企之间信用关系的模糊，表现为相互推诿，缺乏监督和制约，其后果是十分严重的。而现代企业制度的建立是一个复杂的社会系统工程，不是一朝一夕就可解决的。所以在信用管理方面，企业不应总是怨天尤人，强调客观原因。提高企业信用，首先要从自己做起，从现在做起，从最基本的基础管理做起。切实加强信用管理，至少会给企业带来两个好处：一是可以增强自我保护意识，防止信用欺诈；二是能够提高企业自身的信誉。所以深化企业改革，加强企业信用管理是关系到企业生存和发展的重大问题。企业应该着眼未来、立足现在，让企业中的每个人，上至老总，下到普通员工都树立起一种信用意识，一种对企业的责任心，从而使企业在激烈的市场竞争中，让良好的信用成为自身的一个卖点。

（十二）加强企业国际化的管理

1. 企业国际化的动因和障碍

随着世界经济一体化和区域经济集团化的不断深化，企业经营国际化已成为势不可挡的热潮。企业在全球范围内利用资源，将自己所拥有的资本、技术、管理技巧、市场联系、研究与开发等方面与东道国当地所拥有的人力资源、自然资源乃至市场规模等优势结合起来，利用跨文化优势，展开跨国经营，在全球范围内实现优势互补，已成为企业国际化经营的主要形式。因此企业国际化根本动因：一是寻求稀缺性或战略性资源；二是寻求市场；三是寻求低成本的生产要素。在全球经济一体化的今天，在本国市场越来越融入世界市场的情况下，我国企业必须尽快走出国门，要在世界市场上获得广泛认可和相应的地位，要在日益激烈的全球化竞争中占有一席之地，国际化是唯一出路。企业国际化最终目的是分工整合资源，提高企业的竞争力和实现可持续发展。因此，我国企业应该审时度势，利用改革开放的大好形势，抓住国际市场的有利时机，积极开展跨国经营，加速我国建筑企业国际化的进程。我国大中型建筑企业集团如何抓住有利时机转换经营机制，向实业化、集团化、国际化、多元化、综合化发展，进行跨国经营，直接参与国际竞争，努力开拓国际市场，在国际市场上最大限度地发挥自己的优势，这对于增强企业活力，提高管理效益，促进我国经济的发展具有重要的现实意义。

企业国际化的障碍：信息时代，经营的主要问题不是地理距离。比起地理距离来，大部分障碍来自如下几点：

一是文化距离。它包括知识水平、文化素养、生活习惯、宗教信仰、民族意识、社会道德规范和语言文字的障碍形成的距离。二是政策、法律环境的制约和风险（即使是世贸组织成员，由于各国都有国家利益高于一切的存在）。三是经济距离。是指两国经济发展水平、国民收入差距、各种资源条件、成本与品质等变数造成的距离。四是具体环境的阻碍，如顾客、竞争者、供应商、营销渠道等。五是企业内部资源的影响，如人力资源、组织结构、企业规模、资金实力、管理水平、公司战略等。只有缩短以上几条的距离，才能保证国际化经营的成功。当前，我国企业搞国际化经营的最大障碍是企业规模小，资金不足，实力有限，竞争力不强。

2. 企业国际化的途径

企业国际化面临两种选择：创建海外企业，或者是收购或兼并海外企业。在多数国家，创建海外企业手续较为简单，创建新企业，尤其是合资企业，常会享受到东道国的优惠政策。当然，创建海外企业往往需要较长的营建期，开业比较慢，由于完全是新建，没有现成的营销渠道，不利于迅速打入东道国以及其他周边国家市场。而收购或兼并海外企业，可以利用被收购或兼并企业的现有生产设备、技术人员和熟练工人，获得非常有用的技术、专利和商标等无形资产；利用目前企业现有营销渠道，较快地进入当地市场，减少了市场开拓时间。走国际化的道路，企业跨国兼并，是当今世界经济发展趋势中的一大突出特点。对企业来说，国际化经营势在必行，企业跨国兼并也就成了打破贸易壁垒、抢占他国市场和提高国际竞争力的一个重要战略手段。在企业发展中具有重要地位，它不仅能够提高企业核心竞争力，降低边际成本，形成规模经济效益，进行低成本扩张，并可迅速利用现有企业设备、人员、技术、无形资产和营销渠道，迅速进入当地市场。

我国"十五"计划纲要中明确提出："通过上市、兼并、联合、重组等形式，形成一批拥有著名品牌和自主知识产权、主业突出、核心能力强的大公司和大集团，提高产业集中度和产品开发能力。"通过资产重组并购，组建企业集团，强化资产联结纽带，可以促进国有资产的优化组合，发挥国有经济的整体优势。因此，我国企业要走出国门，到国际市场上与实力雄厚的跨国公司竞争，就需要采取收购和兼并、扩大规模和广结联盟、增强实力相结合的外部化发展模式。

引导和激发企业收购和兼并行为发生的外部因素主要是产业结构的调整、周期性经济的影响和市场竞争日趋激化。而追求利润最大化是企业收购和兼并的原始力，是激发企业兼并行为发生的内在的根本原因，其中包括追逐规模经济效益，有效降低进入新行业的障碍，提高产品的市场占有率，通过企业兼并达到经验共享和互补，实现产品多样化以减少风险，获得新技术和高层管理人员心理上的满足和成就感。

我国企业在境外实施兼并与收购战略时，应认真分析和研究当地的经营环境，聘请当地的会计师事务所、律师事务所、公关公司等机构进行咨询。投资银行在兼并和收购活动中起着非常关键的作用。目前，西方国家的收购兼并活动主要是由投资银行策划并完成的。我国目前国内资金仍然十分紧缺，资金成本高，加上国家对境外支付限制十分严格，收购的金额不大。因此我国企业境外收购和兼并活动中要特别注意发挥国外投资银行的作用。我国企业兼并的目标应针对法规健全、管理基础较好、技术水平高的欧、美、日等发达国家的企业，以便实施并购后，有利于利用这些企业的技术和设备优势，吸收国外的先进技术和管理经验，并能迅速开拓相关市场，能提供良好的兼并条件。

企业跨国购并是要冒风险的，并不是每个企业进行跨国购并都能获得成功。成功企业的成功经验可能各不相同，但是，一些最基本的成功要素是企业从事跨国购并活动所必须考虑的。企业跨国购并的成功要素归纳起来主要有以下几个方面：

（1）在所熟悉的行业寻找跨国购并目标。企业进行跨国购并，首先要对自身的管理能力有一个准确的估计，即是否能够通过改进被购并企业的经营管理显著增加，被购并企业的价值，是否有能力充分实现跨国购并的互补优势和规模效益。只有当被购并企业的价值显著高于购并价格，企业的跨国购并活动才能说是成功。如果跨国购并目标是同行业企业，就可以在购并后的管理中通过派遣熟悉业务的管理人员，传授长期积累的业务经验、管理方法和技巧，并引进企业文化，改进被购并企业的经营管理。一些研究表明，跨国购并同行业的成功率较高，因为这些公司有丰富的经验和较强的管理能力进行成功的购并后管理。如果在与企业经营的业务，尤其是核心业务完全不相关的行业中寻找跨国购并目标，由于对被购并企业所经营的业务和所处的市场环境不熟悉，缺乏必要的管理经验，往往难以取得成功。

（2）寻求在当地有较强竞争地位和较好经营业绩的企业作为跨国购并的目标。企业进行跨国购并活动，必须面对在东道国陌生的环境中经营可能遇到的各种挑战。不同的政策法规、文化背景、商业惯例和市场环境，都会在不同程度上削弱企业在东道国的竞争优势。因此，购并在东道国有较强竞争优势的当地企业，可以借助被购并企业的良好形象、市场地位、商业联系，迅速在东道国市场上取得成功。如果跨国购并的目标经营不善，负债累累，在市场上没有竞争力，企业完成购并交易后在努力克服自己面临的各种外部环境挑战的同时还要花费大量时间和精力解决被购并企业的经营管理问题，往往会顾此失彼，导致跨国购并的失败。

（3）根据企业经营系统的优势或特点进行跨国购并。一个企业的经营系统包括了从原材料采购、产品设计与开发、产品生产、市场营销、售后服务等不同环节。企业的竞争优势可以体现在它的经营系统的不同环节上，有些环节对企业形成长期竞争优势是十分关键的。成功的企业在完成跨国购并交易后，通常不把改进经营管理的工作放在被购并企业经营系统的各个环节上，而是侧重于经营系统中可以形成长期竞争优势的关键环节。如传授销售技巧，增强销售人员的素质，在市场销环节上形成优势，以便迅速打开产品销路，占领市场。经营系统中的关键环节通常取决于具体企业，而不是取决于具体行业。企业根据竞争的特点和自身的能力确定应首先建立竞争优势的关键环节。因此，有的企业侧重市场营销环节的优势，有的企业侧重新产品开发方面的优势，还有的企业侧重大规模低成本生产方面的优势。对于致力于实现全球经营战略目标的公司，跨国购并所侧重的竞争优势通常与公司业务的全球性能紧密联系在一起。这种全球性职能主要包括全球性生产经营活动的有效协调与规模效益。全球性的广告宣传有助于被购并企业的产品出口；全球性的产品研究与开发可以提高被购并企业的市场应变能力；全球性的资金调配和补贴则能够增强被购并企业的资本实力。

（4）注重通过管理技能的转移获得跨国购并计划的增值。在西方国家多数成功的企业跨国购并活动中，经营系统和管理技能的转移要比单纯扩大规模具有更大作用。管理技能的转移一般是通过由母公司派遣几名高级管理人员补充到被购并企业重要管理岗位上实现的。这种管理人员的国际间流动往往是短期的。首先，这种做法的成本较高，母公司派出的管理人员的工资收入要比当地管理人员的工资收入高得多。其次，由于语言、文化的隔阂以及家庭等因素，大多数外派管理人员不愿意长期在东道国居住。因此，外派管理人员的主要目的是培训当地管理人员，传授必要的管理技能，以保证他们离开后被购并企业按照母公司要求的标准正常运转。母公司不会把所有技能转移到被购并企业中，一般首先转移的是经营系统中关键环节所需的管理技能。有的企业跨国购并的目的是为了获得管理技能，这是管理技能是从被购并企业转移到母公司。也有的企业跨国购并的目的是为了获得当地优秀的管理人员，以便加强在东道国中其他子公司的经营管理。

（5）注重跨国经营特别是跨国购并经验的积累。企业的跨国购并经验可以增加未来跨国购并的成功率。因此，成功的企业一般不满足于完成一次跨国购并交易，而是策划多次跨国购并活动，通过每一次购并活动总结经验，改进方法，增强技能，达到在这类活动中驾轻就熟的目的。许多成功的企业采用阶段性跨国购并计划，以尽快占领东道国市场。例如，在东道国某个行业中先购并一家企业作为支撑点，控制产品经销渠道，然后有计划地购并同行业中其他企业，从而迅速扩大市场份额，在市场上取得主导地位。

（6）注重跨国购并的法律环境。企业跨国购并所面临的环境大体包括三方面内容：一是东道国对外国企业进入证券市场的管制及对外资收购上市公司控制权的限制；二是东道国证券法的其他方面，如证券交易和证券市场的管理形式、内幕交易及其他证券欺诈行为的处罚等；三是与购并活动有关的其他规范，如公司法、外资法、税法等。各国跨国购并的环境是不同的。

3. 国际化的企业管理

（1）国际企业管理不同于一般的企业管理，也不只是一般企业管理的简单延伸和发展，它具有相对的独立性。首先，企业面临的环境不同。国际环境比国内环境更为复杂，包含更多的不可控因素。其次，企业承担的风险不同。从事国际工商业活动的企业除了要承担国内企业应承担的风险外，还要承担因跨国经营可能招致的其他风险，如汇率风险、政治风险、远途运输风险等。第三，企业采用的管理方式不同。由于国家间存在着政治、法律和文化等方面的差异，在国内适用的管理方式在海外企业不一定适用。因此，国际化经营的企业在人力资源、财务、营销和生产诸方面应根据各国的具体情况采用相应的管理方式、决策程序和策略手段。

（2）国际化企业财务管理是一种以资金为中心的管理活动。它要解决的是企业资金的筹措、资金的投放、资金的回收与资金的分配等问题。国际企业财务管理是在国际政治和经济环境下，为了提高企业的竞争能力和经济效益而进行对国际筹资、投资、结算、外汇资金等一系列财务活动的管理与控制。

与国内财务管理相比，国际企业财务管理必须考虑企业面临的新的环境、新的风险、新的挑战以及新的机遇。国际企业的财务人员必须通晓国际金融知识，必须十分熟悉国际金融市场环境、国际金融机构设置及其职能，以及在国际金融市场的融资手段和运作方法，必须密切注意世界金融市场的情况，以便正确地进行财务决策。

为了能够全面反映母公司业绩，有利于宏观管理与评价以及对子公司实施有效的控制，企业必须编制反映全面经营状况的财务报表，把海外子公司与国内母公司（总公司）的财务成果视为一个整体。

（3）企业国际化的项目管理，从我国建筑企业参与国际工程承包的经验教训看，要在国际建筑市场上夺得一席之地，并站稳脚跟，首要的问题就是建立高素质的项目管理班子，主要应作好以下方面的工作。

第一，必须组建强有力的项目管理班子。

其成员都要懂技术、会管理、富有国外施工经验法律知识。这是搞好工程项目管理与国际惯例接轨的关键。尤其要选好项目经理，项目经理是项目管理班子的灵魂，其素质高低，决定着承包工程项目的成败。项目经理一定要头脑清晰，思维敏捷，能审时度势地作出决策。项目经理能对整个工程项目的计划安排、成本预测，管理核算、资金运转周期，材料供应，设备能力以及索赔、保险、当地税务等业务心中有数，能按照国际惯例采取相应对策，防止可能出现的失误和损失。项目经理不仅要有较高的专业技术和领导水平，还要有较高的政治素质、强烈的责任感和敬业精神。要善于学习和借鉴别人的经验，扩大视野，取长补短。另外项目经理要有较好的外语基础，能够与业主、当地专业人员会话，阅读外文资料。具备这些条件，必定能提高工作效率，加快信息掌握，促进与国际惯例接轨。另外，必须熟悉和掌握国际建筑市场状况和动态。当前参与国际工程承包的惯用作法是实行工程总承包和工程分包，这就要求项目必须了解和熟悉工程所在国工程总包和分包的政策规定，采取相应的政策和策略。在工程项目管理上，我们与国际承包工程的大公司如英国的克瓦纳集团、美国的福陆丹尼尔公司和法国布衣格等公司相比，我国的建筑企业总体管理水平还相差很远，管理人员素质相对较低。加上我们国际承包经验不足，有的业主和监理还有故意刁难等情况。面对这种困难，要想在国际工程承包中求生存，求发展，必须按国际惯例采取相应对策。

第二，充分了解 FIDIC 合同条款，以索促管，提高项目管理水平。

我们知道，项目管理中的难点就是索赔，当你处心积虑地准备索赔或进行索赔之时，也许业主或监理也在搞反索赔，往往以质量缺陷和进度拖延进行反索赔。且业主是"高高在上"实施反索赔的，承包商稍有不慎，就会被业主提出反索赔。因此反过来逼承包商搞好质量管理，加强计划安排监控，做好相应的签证。实际上，要成功做好索赔，必须保证做好质量、保证进度。"以索促管"首先最大限度地保护本次工程利益，其次，也是更深远的，由索赔带出自身在合同、成本、质量和进度管理方面的问题。从索赔中去发现问题，以索赔作为动力去解决问题，"以索促管"构成一个动态的、积极的辩证的发展过程，承包商在这个过程中，不断提高项目管理水平。对于国际化的项目，也是如此，首先要精通 FIDIC 有关合同条款。FIDIC 合同条款涉及索赔的内容大致有两个方面。其一是关于工期的索赔，主要是业主不能按规定时限提供有关图纸，设计变更及其他非正常因素等原因导致的工期延误；其二是动用款项索赔，主要有工程变更，单价改变，规范改变及不可预见事件等，如水文地质条件变化，人为干扰等情况都有可能发生。总之，在 FIDIC 合同条款中有很多规定为承包商索赔提供了法律依据，我们要充分利用这些规定，在施工过程中要专门注意与索赔相关事件的发生，及时抓住索赔时机，寻找索赔动因，要做到这一步，不精通索赔条款是很难办到的。作为项目管理班子，特别是项目经理、财务负责人必须精通 FIDIC 合同索赔条款，才能不失时机地提出索赔。其次是及时收集索赔资料，提出索赔方案。FIDIC 的索赔条款是进行索赔的法律依据。在施工过程中，按照索赔条款收集整理的索赔资料是索赔的事实依据。没有后者，或者后者不充分，不详实是达不到索赔目的的。这就要求施工工程主要的管理者，要明确所有的人，所有的岗位责任。因此索赔是一项非常严肃的法律工作、技术工作和经济工作，是一项综合性的系统工程。负责索赔的责任人必须熟悉和掌握索赔条款、有较强的事业心和责任。只有这样的责任人才能收集到准确的索赔资料，达到索赔的目的。

当然，真正实现索赔，并非易事，其关键是工程项目的管理者有没有索赔观念，索赔意识和索赔能力。国际承包工程大都可以遇到索赔，因此，要求承包商在树立法制观念的同时，要坚定索赔的信心，以此达到提高项目管理水平的目的。

第三，加强工程项目风险管理。

无论是在国际工程承包中，还是在国内工程承包中，施工过程中的事故是难免的，往往由此造成的损失也是惨重的，除了事故风险以外，按照国际惯例还有政治风险、社会风险、经济风险、自然风险、人为风险和治安风险等。特别是在国际工程承包中因风险造成损失的频率和概率较国内要高得多。因此，按照国际惯例学会工程项目的风险管理，把可能遭受的损失降到最低限度是提高效益的重要措施。

① 项目风险管理的作用，一是提高施工管理的风险意识，增强对工程项目的监管和风险管理的力度，突出施工技术措施和质量安全操作规程的到位，特别是项目管理人员，施工技术人员及其他相关人员认识到风险的危害性，提高遵规守章的自觉性。二是加强在施工过程中对风险因素进行评估、预测、防范和控制，减少风险的发生和发生风险的能采取有效的弥补措施，从而达到防险、避险，减少损失，降低成本，提高效益的目的。

② 风险管理的途径：依照国际惯例就是实行施工全过程的投保，建立施工保险机制。在实施施工保险时，要尽其可能，对施工全过程包括相关项目环节都要进行分析和研究，进行科学的风险评估，对所有可能发生风险的环节，按照国际惯例能投保的全部进行投保。对不能投保的风险环节要制定相应的，切实可行的防范措施。

③ 合同担保的风险管理：合同担保是维护发包人利益的法律行为，在这方面稍有闪失，就会给承包商带来不可估量的损失，所以合同担保的风险也是相当大的，决不可等闲视之。合同担保是独立于合同具有法律效力的文件。它主要包括：投标担保、履约担保、预付款担保、保证金担保等项目。一般地说，承包商和承保人关系是比较密切的，否则承保人不会给承包商担保。合同担保的关键要认真分析研究发包人的担保条件，要做到合情、合理、合法，损害国格和承包商利益的苛刻条件是不能接受的。另一方面，作为国际工程项目的承包者，要认真研究合同条款，要特别注意和防止业主终止合同的风险条款。同时对担保金额进行技术处理，不能因担保泄漏标价。要选择好履约方式，充分研究保单条款及加强对保函的管理等。

④ 施工保险管理，进行施工投保的目的是转移施工风险，以弥补因风险造成的经济损失。施工保险应包括施工全过程，即所有的施工人员的人身事故保险，材料、设备运输保险等，施工过程的保险要明确各方的风险责任，明确投保险别和申办方式等，要研究保险合同和保险单的条款是否能保护自身利益。所以在进行施工投保时要充分利用 FIDIC 条款中关于保险条款的规定，最大限度地减少失误和经济损失。

第四，必须学会按国际惯例解决项目承包中的争议问题。

有效的国际化管理首先来自对全球经济环境中重要变量的认识。在任何国家的任何行业，管理人员必须对世界上各个国家和地区的地理、人物、文化、风俗等问题有全面的认识。这种认识来自这些国家的市场规模和发展速度、人口、贸易额、贸易构成、自然资源的基础和劳务成本以及财政状况的了解。这种认识可以作为这些国家在国际经营中辨明可能出现的风险和机会的第一步。它可以帮助我们确定向哪些国家和地区进行海外经营。

我国企业搞国际化经营必须要解决好企业优势和企业规模两个问题，即企业实业化和集团化。目前，我国许多工业企业由于缺乏国际贸易和金融经验，尚处在国际化经营的初级阶段。为此，应尽快改变目前相当一部分海外企业各自为政、孤军深入的局面，消除一切不必要的内部竞争，打破企业之间的界限，促进工业型、贸易型和金融型企业集团的有机结合，发挥整体优势，充分利用工业企业的生产规模和科研开发的实力，外贸企业的市场信息和销售网络的优势，金融机构在国际市场上的融资能力，筹建综合性、多功能、国际化经营的跨国企业集团，形成综合群体优势和规模效益，以改变海外投资交叉重复设点、相互削弱的局面。

4. 企业国际化的人才的管理

要建立社会主义市场经济必须要重视培养国际化经营人才。在国际企业内部，财力和物力不过是被动的生产要素，人才是企业的主体，人的要素居于主导和决定的地位。人力资源是企业最宝贵的资源，国际企业之间的竞争本质上是人才的竞争。

培养一批熟悉国际惯例和市场环境又具有在海外从事经营和管理能力的人才是我国企业国际化的关键。跨国经营的专业人才应通晓国际贸易、国际金融、国际营销、国际企业管理和国际商法等知识，熟知国内生产、管理和营销业务，并能按国际惯例管理海外企业。企业派往海外从事子公司业务的经营和管理人员必须要掌握当地语言，熟悉当地文化习俗和社会环境，有较强的公共关系技能和适应能力，强烈的开拓意识和献身精神，并有强烈的爱国热忱、事业心。当然企业如何向国际化转变并保持这种状态，以及探讨它们如何应付竞争日趋激烈的全球环境。企业常常在国外经营失利，但往往并不是因为其经营的工作未做周密准备。如果行政人员被派往海外时并没有充分了解新的文化，或者不能在新环境下发挥其作用，就很可能招致失败。必须要有人去实施或监督这些战略和计划。要完成这项工作，就要离开总部去另一个国家，在那里必须与文化背景不同的当地人合作。经验表明，公司及其管理者失败的原因并非是战略本身错误，而是他们不能成功地将其付诸实施。为这种跨文化冲突做充分的准备是至关重要的，因为失败的代价是高昂的，可能会失去合同，营销额下降，也可能出现预算外开支。因此，作为国际化企业的跨国管理者，应具备下列一些素质：

① 跨国管理者不但要掌握概念和理论，还必须具备新技能。如果看一下全球经济条件下，企业获得成功需要哪些条件，问题就相当清楚了。一个跨国管理者必须具有一整套

技能，包括综合性知识基础和一系列完善的公关能力以及跨文化交往能力。这包括：商务知识和技能，社会、政治和经济体系以及有关文化背景的多种知识；在不确定条件下发现和解决问题的能力；实施的技巧；在新文化背景中熟练运用过去经验的能力和不断创新、发展的能力。

② 发展和使用全球战略技巧的能力。在这个新的全球环境中，参与者要有快速反应能力，能适应跨文化的影响，还应有创业精神并能随机应变。跨国管理者要具有关于国际关系和国际事务（包括全球金融市场和汇率波动）运作知识。只有将这些扩展了的商业技巧与全球责任结合起来，才能获得生产的合理化、产品"批量制作"和低成本，全球性资源寻求等优势。

③ 新的经济状况和竞争格局需要全球性思维。这种思维在组织内的各个层次都需要。具有全球眼光的管理者要在国家与全球规模经济开发之间实现一种平衡。这就是被誉为"全球考虑、区域执行"的能力。

④ 管理文化多元性的能力。当一个人开始处理国际事务时，理解文化以及文化对行业的影响，特别是对管理行为和实践的影响显得重要起来。当人们必须在其他文化环境中工作时，常常会遇到困难，这是因为，在不同文化背景中，人的世界观和思维方式是不同的。由于有多种思维方式的存在，人们看问题的角度不同，对问题的解决方式和方法也不尽相同。每个人都认为自己的方法最正确、最有效。各持己见的结果是出现挫折、冲突或者无法圆满完成战略和计划。理解有两部分内容：一是对文化的了解，或者说其他人的文化是如何影响他或她的行为的；二是自我认识，或知道我们的文化是如何影响我们的行为的。如果不了解我们的不同之处，就难以充分认识他人的不同之处。为了有效地处理好文化多元性的问题，首先，是对文化差异的敏感性；其次，跨国管理者必须能够做到跨文化管理；再次，正视文化的差异并逐渐使其能为企业所用。

⑤ 在灵活的组织中的设计和运作的能力。管理者应具备这样一种能力，即在总部与分部间建立一个权责协议，使得决策尽可能地贴近顾客。尽管这需要一个平衡，但如前所述，为了使生产的经济效益最大化而协调生产的相互依赖性的能力是跨国管理者至关重要的任务。

为了能在这些根本的差异下更加有效地运作，全球性组织应灵活运用各种技能：对模糊的高度容忍性；在机构的设计中高水准的发明创造能力；兼有学习、反应、高效工作的能力；辨别和实施各种不同经营行为和对机构不断改进完善的能力；在不同职能之间和在每个经营行为之中协调复杂的财务、人力资源、营销与生产的相互依赖关系的能力；认清不同地区间的各种生产、营销和组织问题以及优先次序，以及使这些方面与新的组织结构与操作流程相适应的能力。

⑥ 团队中与他人合作的能力。有效的团队协作是成功管理者的必要条件，其原则是人才优势互补，而不是全是优者，互相竞争。只有与他人合作的能力才能发挥有效的工作能力。在一个跨国的环境中，管理者应具备与各种人交往的能力。为了能更好地做到这一点，通晓多国语言并具有高水平的跨文化认识与感受能力是极其必要的。好的交际能力不仅在同事与客户中有积极影响，还对地域分散、文化多样的机构具有特别重要的作用。良好的人际交往能建立起信任，共同的理解则可以构建一个着眼于全球共同价值体系的强大公司文化。

⑦ 在组织内学习知识与推广知识的能力。由于市场需求的多样化、制造与原料供应的分散性，以及产品技术优势与生产过程创新的重要性，学习与转化知识成为全球性成功的重要因素。在全球有竞争力的管理者都极其好学，成功的机构都能迅速有效地协调、推广和使用这些好学的管理者所获得的知识。

随着市场全球化水平的不断提高，对于一定的组织来说，学习和推广知识的能力只会变得越来越重要。在全球性的环境中，人们多渠道获取知识并在其组织内推广知识的能力将是成功的关键。

5. 处理政府干预行为

政府歧视性待遇是政府干预行为的一个主要特点。如果跨国企业子公司的议价能力大于东道国商务资源和市场吸引力之和时，政府就不会采取干预政策。目前最常用的提高分子公司议价能力的方法就是保持对东道国技术和管理能力的领先优势。

（十三）加强企业信息化的管理

世界全面进入信息化时代后，以信息技术为代表的高新技术形成的新经济模式，将在21世纪世界经济中起决定作用。面对信息时代的挑战，我们必须以高新技术改造传统产业，加速企业信息化建设并提高信息服务质量。信息化在本质上就是不断扩大信息技术在各个方面、各个层次的应用，要把提高应用水平作为信息化建设的出发点和归宿。而信息技术是以计算机应用为核心的技术。所谓计算机应用就是开发计算机服务，不论是计算机硬件还是软件，最终都要落实到服务上。信息技术服务的广泛程度、效率与质量是衡量企业信息化建设的重要指标。加速企业信息化建设，应按统筹规划、统一标准、联合建设、互通互联、资源共享的原则。建立数据库和网络联结，实现网上投标、网上查询、网上会议、网上采购、CAD辅助设计等，建立建材和设备数据库，降低采购成本和管理成本，同时为业主提供材料、设备优化选择的新空间。通过建立网上虚拟组织，变径向信息交流方式为平行交流方式，提高效率和准确性。

第五章　建筑企业全面风险管理

第一节　全面风险管理概论

一、全面风险管理的发展历程

风险管理可以追溯到公元前 400 年的船货押贷制度，公元前 500 年，古希腊政治家伯利克利提出"不是要预言未来，而是要为未来做好准备"，公元前 961 年的共同海损制度，此言与该制度应是最先具有风险管理的思想理念性。18 世纪，法国管理学家法约尔把风险管理引进企业经营领域。风险管理于 19 世纪 30 年代萌芽和起源于美国。

在 20 世纪 30 年代，由于受到 1929～1933 年的世界性经济危机的影响，美国约有 40％左右的银行和企业破产，经济倒退了约 20 年。美国企业为应对经营上的危机，许多大中型企业都在内部设立了保险管理部门，负责安排企业的各种保险项目。可见，当时的内部控制和风险管理主要依赖保险手段。

1938 年以后，美国企业对风险管理开始采用科学的方法和工具，积累了许多值得学习的丰富经验。19 世纪 50 年代美国风险管理发展形成一门管理学科，众所公认美国是风险管理的发源地。1949 年美国审计程序委员会下属的内部控制专门委员会经过两年研究发表了题为《内部控制，协调系统诸要素及其对管理部门和注册会计师的重要性》的专题报告，第一次对内部控制做了权威性的定义。1955 年，美国宾夕法尼亚大学沃顿商学院的施耐德教授第一次提出了"风险管理"的概念。

20 世纪 70 年代以后逐渐掀起了全球性的风险管理运动风潮，1972 年美国出版了《风险管理案例研究》，20 世纪 70 年代中期，作为美国"水门事件"调查结果，立法者和监管团体开始对内部控制问题给以高度重视。为了制止美国公司向外国政府官员行贿，美国国会于 1977 年通过了《国外腐败实务法案（1977）》。该法案除了反腐败条款外，还包含了要求公司管理层加强会计内部控制的条款。该法案成为美国在公司内部控制方面的第一个法案。1978 年，美国执业会计协会下面的柯恩委员会（Cohen Commission）提出报告，一是建议公司管理层在披露财务报表时，提交一份关于内控系统的报告；二是建议外部独立审计师对管理者内控报告提出审计报告。1979 年美国土木工程师协会主办了"建造风险与责任分担大会"。英国的风险管理独具特色，C. B. Chapman 教授提出了"风险工程"的概念，对各种风险分析技术集成，以更加有效的风险管理为目的，范围更广，方式灵活，对工程项目投标、决策、安全系数、风险咨询等有很大使用价值。1980 年后，内部控制审计的职业标准逐渐成形。而且，这些标准逐渐得到了监管者和立法者的认可。

1970 年以后，随着企业面临的风险复杂多样和风险费用的增加，法国从美国引进了内部控制和风险管理并在法国国内传播开来。与法国同时，日本也开始了风险管理研究。日本的风险管理研究，起步晚成果丰，1978 年成立了日本风险管理学会，1980 年龟井利明教授出版了《风险管理的理论和实务》、《风险管理学》、《海上风险管理与保险制度》。

此后 20 年来，美国、英国、法国、德国、日本等国家先后建立起全国性和地区性的风险管理协会。英美两国在风险研究方面互补性强，代表了该领域的主流。

1983 年在美国召开的风险和保险管理协会年会上，世界各国专家学者云集纽约，共同讨论并通过了《101 条风险管理准则》，这是风险管理走向实践化的一个重要文件。1986 年，由欧洲 11 个国家共同成立的"欧洲风险研究会"，将风险研究扩大到国际交流的范围。1986 年 10 月，风险管理国际学术研讨会在新加坡召开。风险管理由环大西洋地区向亚洲太平洋地区展开。关于建造风险分类、分级与评估，在 CIOB 的手册《code of practice project management for construction and development》2002 年第三版中，给出了较为系统的论述。

1992 年 9 月，美国 COSO 委员会发布了《企业内部控制——整合框架》，这份框架此后被纳入政策和法规之中，并被各国数千家企业用来为实现既定目标所采取的行动加以更好的控制。1995 年由澳大利亚和新西兰联合制订的 AS/NZS 4360 明确定义了风险管理的标准程序，这就是我们通常说的澳新 ERM 标准，这标志着第一个国家风险管理标准的诞生。

多年来，人们在风险管理实践中逐渐认识到，一个企业内部不同部门或不同业务的风险，有的相互叠加放大，有的相互抵消减少。因此，企业不能仅仅从某项业务、某个部门的角度考虑风险，必须根据风险组合的观点，从贯穿整个企业的角度看风险，即要实行全面风险管理。然而，尽管很多企业意识到全面风险管理，但是对全面风险管理有清晰理解的却不多，已经实施了全面风险管理的企业则更少。但 2001 年 11 月的美国安然公司倒闭案和 2002 年 6 月的世通公司财务欺诈案，加之其他一系列的会计舞弊事件，促使企业的风险管理问题受到全社会的关注。2002 年 7 月，美国国会通过萨班斯法案（Sarbanes-Oxley 法案），要求所有在美国上市的公司必须建立和完善内控体系。萨班斯法案被称为是美国自 1934 年以来最重要的公司法案，在其影响下，世界各国纷纷出台类似的方案，加强公司治理和内部控制规范，加大信息披露的要求，加强企业全面风险管理。接着在 2004 年 9 月，COSO 发布《企业风险管理——整合框架》（Enterprise Risk Management—Integrated Framework），该框架拓展了内部控制，更加关注于企业全面风险管理这一更为宽泛的领域，并随之成为世界各国和众多企业广为接受的标准规范。

到目前为止，世界上已有 30 几个国家和地区，包括所有资本发达国家和地区及一些发展中国家如马来西亚，都发表了对企业的监管条例和公司治理准则。在各国的法律框架下，企业有效的风险管理不再是企业的自发行为，而成为企业经营的合规要求。

我国对风险管理的理论引入与研究始于 1980 年。2005 年以来，针对上市公司和中央企业风险管理问题，国家相关部门出台了多部法规，要求企业建立健全的公司内部控制制度，尽早确立风险管理长效机制；要求央企主动建立企业全面风险管理体系。在大型工程建设，国际工程，房地产开发，金融资本等开展了应用研究。"企业最大的本事就是化解风险"成为业内名言。它标志着我国工程承包企业全面风险管理的时代已经来临，人们在追求高度现代化文明的同时，理所当然地注视并努力推动对风险管理科学技术的深入研究和应用。

二、全面风险管理的基本理论

风险管理理论发展经历了传统风险管理、整体化风险管理和全面风险管理三个阶段。

（一）传统风险管理

彼得·伯恩斯坦（P. L. Bernstein）认为（1996），人类在文艺复兴时期就想操控灾害或风险。随着概率论（Probability）的产生，人们对于灾害事件的估计开始有了客观的科学根据，这推动了风险理论与实证研究的产生，这个时候还没有"风险管理"的名词，但与其功能相当的安全管理（Safely Management）与保险（Insurance）已经有了一定的发展。在这个阶段的安全管理与保险领域中，风险管理的思维仅限于对客观存在的实体损害的管理。真正的风险管理起源于20世纪50年代的美国，最初的风险管理以保险行业最具代表性。

风险管理这一名词最早是由美国宾夕法尼亚大学的所罗门·许布纳博士于1930年美国管理协会发起的一项保险问题会议上提出的。最早论及风险管理的文章出现在1956年的《哈佛商学评论（Harvard Business Review）》上，在这篇名为《风险管理——成本控制的新名词》的文章中，拉赛尔·加拉尔（Russell B. Gallagher）建议：希望进一步扩大风险经理人（Risk Manager）的权限，希望他们在受限制的纯粹被动与消极转嫁的保险功能以外，能够转化与提升为积极的事前风险管理功能，把保险当成是风险管理的工具之一，而非唯一可行的风险管理工具。并指出，在一个企业中应该有专人负责管理风险，即在企业内部应该有一个全职的"风险管理者"。

1970年到1990年是风险管理发展的重要阶段。这一时期，随着经济、社会和科学技术的迅速发展，人类开始面临种类越来越多、危害越来越严重的风险。1979年美国三里岛（Three Mile Island）核电站的爆炸事故，1984年在印度的美国联合碳化物公司（Union Carbide Bhopal，India）农药厂发生的毒气外泄事故，以及1986年前苏联车尔诺比（Chernobyl，Formal USSR）核电厂发生爆炸等多起重大科技灾难，对风险管理在全球的推动与发展，起到了极大的催化与推动作用。这一时期，在美国一些大学的商管学院首先开始讲授一门涉及如何对企业的人员、财产、责任及财务资源等进行保护的新型管理学科，这是风险管理正式在学术领域传授的开始。目前，风险管理已经发展成企业管理中一个具有相对独立功能的管理学科，围绕企业经营和发展的核心目标，风险管理与企业的经营管理、策略管理一样具有十分重要的作用。

（二）整体化风险管理

1990年以后，风险管理进入了整体化风险管理阶段。整体化风险管理冲破了传统风险管理对风险的狭隘理解，把风险看做一个整体进行研究。它从整体上去认识风险，研究和解决的是风险对企业的整体影响。造成这一时期风险管理发生重大转变的原因主要有两个：第一，由于衍生金融商品（Derivatives）使用不当引发了多起金融风暴，促使财务性风险管理有了进一步的发展；第二，保险理财与衍生性金融商品的整合，打破了保险市场与资本市场间的藩篱，财务再保险（Financial Reinsurance）与巨灾风险债券的出现就是明显的例证。新型风险管理是站在整个公司角度的风险管理，常常被称作公司风险管理（Corporate Risk Management），它关注的主要是风险对冲的目的和对整个公司价值的影响。

（三）全面风险管理

全面风险管理是目前风险管理发展的最新趋势，它是一种站在整个公司角度进行的整体化风险管理方式。全面风险管理的核心思想是：一个公司的风险来自很多方面，最终对公司产生影响的不是某一种风险，而是所有风险联合作用的结果，所以只有从公司整体角度进行的风险管理才是最有效的。目前关于全面风险管理的理论主要有以下两大类：第一类是基于组织结构体系全面风险标准化度量的全面风险管理理论——ERM（Enterprise-wide Risk Management）。ERM 的概念是由美国最大的几家银行和证券公司最先提出的。其核心理念是从企业整体的角度，对整个机构内部各个层次的业务单位和业务环节的各个种类的风险进行通盘管理。ERM 要求对市场风险、信用风险、操作风险等各种风险、各种风险所涉及的金融资产与资产组合（利率、汇率、股票、期权等）以及承担具体风险的各个业务单位，进行全面有效的整合风险管理。第二类是基于风险决策因素的全面风险管理理论——TRM（Total Risk Management）。TRM 是从风险决策角度提出的另一种全面风险管理理论，其核心思想是从系统决策的角度出发，引入风险管理策略的三因素概念，这三个因素包括概率（Probability）、价格（Price）和偏好（Preference）因素。风险管理的目标是谋求三要素（3P）的最优均衡。价格用来确定风险防范所需支付的成本，概率用来估计风险（含衍生交易本身风险）发生的可能性，而偏好则用来确定决策者愿意承受风险的程度和信心。目前 TRM 还只是一个理论上的概念，现实生活中建立如此庞大而复杂的 TRM 系统现在看来似乎是不可能的。相对 TRM 理论而言，ERM 具有良好的现实可操作性。

三、企业风险管理的概念

自改革开放、建立市场经济体制以来，国外各种介绍风险管理的理论被介绍到中国，风险管理的研究和应用开始起步，在许多大型工程的建设过程中，也已开始应用风险分析的理论，风险管理研究已成为管理学科研究和实践领域中重要的课题。

风险管理力求把风险导致的各种不利后果减少到最低程度，使之正好符合有关方在时间和质量方面的要求。一方面，风险管理能促进决策的科学化、合理化、减少决策的风险性；另一方面，风险管理的实施可以使生产活动中面临的风险损失降至最低。

构建企业风险管理体系，是在对相关信息采集的基础上，分析可能导致生产活动中出现风险的根源性因素，通过定性与定量相结合的方法发现企业各生产环节管理与运作过程中的潜在风险。充分重视企业风险管理，并对风险分析的理论方法进行全面、深入、细致的研究，建立风险管理体系，将对成功实现企业目标，达到资源的优化配置起到重要的理论指导作用。

（一）风险管理的内涵

1. 风险的含义

风险和危险是不同的，风险包含着一种不确定性，每个结果的概率是可知或可以估计的，而危险则只意味着一种不好的预兆。因此，有时虽然有危险存在，但不一定要冒此风险，我们要想方设法去改变风险发生的条件，使之不发生，甚至带来转机。综上所述，可以这样定义风险：风险就是活动或事件消极的，人们不希望的后果发生的潜在可能性。具体地说，风险一般应具备以下要素：（1）事件（不希望发生变化）；（2）事件发生具有不确定性；（3）风险的影响（后果）；（4）风险的原因。

将风险表示为事件发生的概率及其后果的函数，即

$$R=f(P,C) \tag{5-1}$$

式中　R——风险；

P——概率；

C——后果。

风险和不确定性是我们很容易混淆的概念：不确定性是客观事物永远发生变化的客观特性，是产生风险的原因。虽然风险和不确定性这两个概念经常互换使用，但它们并不是一回事。不确定性仅仅考虑事件发生的肯定程度，而风险则要考虑事件发生后果的严重程度。

不确定性在某些特定的情况下并不完全是坏事，关键要看不确定性是在向着我们希望的方向发展，还是相反。再次说明，风险是针对不希望发生的事件而言的，它包括以下两个方面：

（1）发生的可能性；

（2）一旦发生，后果的严重程度。

由此知道，有两类事件的风险性质是没有争议的，一类事件是"高可能性，严重后果"，对这类事件可以立即判定属于高风险问题；另一类事件是"低可能性，轻微后果"，对这类事件我们可以立即判定属于低风险问题。有两类事件的风险等级的判定是容易引起争议的，它们是：

（1）高可能性，轻微后果；

（2）低可能性，严重后果。

这两类风险性质的判定与个人的主观判断有很大的关系，不同的人由于持有不同的立场、观点，以及所处的环境不同，会有不同甚至相反的判断。后果严重程度如果逐步增大的话，人们在做出决定时会越犹豫，在这种情况下，对项目风险等级的判定会更加依赖个人的解释。这时，主管人员一方面要依靠不同领域的专家，另一方面也要做好准备，对判定风险问题作最后的决断。

2. 风险管理的含义

风险管理涉及各个行业，每个行业都有其自身的特点，企业风险管理是指生产过程中，风险管理部门对可能遇到的各种风险因素进行识别、分析、评估，以最低成本实现最大的安全保障的过程。

从表层上分析，风险管理就是对生产活动或行为中的风险进行管理，从深层上研究，风险管理是指主体通过风险识别、风险量化、风险评价等风险分析活动，对风险进行规划、控制、监督，从而增大应对威胁的机会，以成功地完成并实现总目标。风险管理的主体是管理人员，客体是生产活动中的风险或不确定性，大型、复杂的生产活动过程应设置专门的风险管理机构和相应的风险负责人。

风险管理是一个过程，由风险的识别、量化、评价、控制、监督等过程组成，通过计划、组织、指挥、控制等职能，综合运用各种科学方法来保证生产活动顺利完成；风险管理技术的选择要符合经济性原则，充分体现风险成本效益关系，不是技术越高越好，而是合理优化达到最佳，制定风险管理策略，科学规避风险；风险管理具有生命周期性，在实施过程的每一阶段，均应进行风险管理，应根据风险变化状况及时调整风险应对策略，实现全生命周期的动态风险管理。

（二）风险管理过程及方法

风险管理过程包括风险规划、风险识别、风险评价、风险处理和风险监控几个阶段：

1. 风险规划

风险规划,指决定如何着手进行风险管理活动的过程。风险规划确定一套完整全面有机配合、协调一致的策略和方法并将风险形成其文件的过程,这套策略和方法用于识别和跟踪风险区;拟定风险缓解方案;进行持续的风险评估,从而确定风险变化情况并配置充足的资源。在进行风险规划时,主要考虑的因素有:风险管理策略、预定义角色和职责、各项风险容忍度、工作分解结构、风险管理指标体系。

规划开始时,我们要制定风险管理策略并形成文件。早期的工作是:确定目的和目标;明确具体区域的职责;明确需要补充的技术专业,规定评估过程和需要考虑的区域;规定选择处理方案的程序;规定评级图;确定报告和文档需求,规定报告要求和监控衡量标准。如有可能,还要明确如何评价潜在资源的能力。

风险规划过程的运行机制是为风险管理过程提供方法、技巧、工具或其他手段、定量的目标、应对策略、选择标准和风险数据库。其中,定量的目标表示了量化的目标;应对策略有助于确定应对风险的可选择方式;选择标准指在风险规划过程中制定策略;风险数据库包含历史风险信息和风险行动计划等。

风险管理计划在风险规划中起控制作用。风险管理计划要说明如何把风险分析和管理步骤应用到项目之中。该文件详细的说明风险识别、风险评估、风险处理和风险监控的所有方面。风险管理计划还要说明项目整体评价的风险的基准是什么,应当使用什么样的方法以及如何参照这些风险评价基准对项目整体进行评价。

2. 风险识别

风险识别是风险管理的第一步,即识别实施过程中可能遇到的(面临的、潜在的)所有风险源和风险因素,对它们的特性进行判断、归类,并鉴定风险性质。风险识别的目的是减少结果的不确定性。亦即发现引起风险的主要因素,并对其影响后果做出定性的估计。该步骤需要明确两个问题:明确风险来自何方(确定风险源),并对风险事项进行分类;对风险源进行初步量化。

风险的识别是风险管理的基础,应是一项持续性、反复作业的过程和工作。因为风险具有可变性、不确定性,任何条件和环境的变化都可能会改变原有风险的性质并产生新的风险。对风险的识别不仅要通过感性认识和经验进行判断,更重要的是必须依靠对各种客观统计资料和风险记录进行分析、归纳和整理,从而发现各种风险的特征及规律。常用的风险识别方法有:专家调查法(头脑风暴法、德尔菲法、访谈法、问卷调查法)、情景分析法、故障树分析法等。

3. 风险分析和评价

风险分析和评价是在对风险进行识别的基础上,对识别出的风险采用定性分析和定量分析相结合的方法,估计风险发生的概率、风险范围、风险严重程度、变化幅度、分布情况、持续时间和频度,从而找到影响安全的主要风险源和关键风险因素,确定风险区域、风险排序和可接受的风险基准。在分析和评价风险时,既要考虑风险所致损失的大小,又要考虑风险发生的概率,由此衡量风险的严重性。

风险分析和评价的目的是将各种数据转化成可为决策者提供决策支持的信息,进而对各风险事件后果进行评价,确定其严重程度并排序。在确定风险评价准则和风险决策准则后,可从决策角度评定风险的影响,计算出风险对决策准则影响的度量,由此确定可否接受风险，或者选择控制风险的方法，降低或转移风险。在分析和评价风险损失的严重性时应注意风险损失的相对性，即在分析和评估风险损失时，不仅要正确估计损失的绝对量，而且要估计组织对可能发生的损失的承受力。在确定损失严重性的过程中，必须考虑每一风险事件和所有风险事件可能产生的所有类型的损失及其对主体的综合影响，既要考虑直接损失、有形损失，也要考虑间接损失、无形损失。风险影响与损失发生的时间、持续时间、频度密切相关，这些因素对安全生产的影响至关重要。

风险分析和评价的方法主要有：专家打分法、蒙特卡罗模拟法、概率分布的叠加模型（CIMM 模型）、随机网络法、风险影响图分析法、风险当量法等。

4. 风险处理

风险处理就是对风险提出处置意见和办法。通过对风险识别、估计和评价，把风险发生的概率、损失严重程度以及其他因素综合起来考虑，就可得出发生各种风险的可能性及其危害程度，再与公认的安全指标相比较，就可确定的危险等级，从而决定采取什么样的措施以及控制措施应采取到什么程度。有效处理风险，可以从改变风险后果的性质、风险发生的概率或风险后果大小三个方面提出多种策略。

5. 风险监控

风险监控就是通过对风险识别、估计、评价、处理全过程的监视和控制，从而保证风险管理能达到预期的目标。监控风险实际上是监控生产活动的进展和环境，即情况的变化，其目的是：核对风险管理策略和措施的实际效果是否与预见的相同；寻找机会改善和细化风险控制计划，获取反馈信息，以便将来的决策更符合实际。在风险监控过程中，及时发现那些新出现的以及预先制定的策略或措施不见效或性质随着时间的推延而发生变化的风险，然后及时反馈，并根据对生产活动的影响程度，重新进行风险识别、估计、评价和处理，同时还应对每一风险事件制定成败标准和判据。

风险监控还没有一套公认的技术可供使用，由于风险具有复杂性、变动性、突发性、超前性等特点，风险监控应该围绕风险的基本问题，制定科学的风险监控标准，采用系统的管理方法，建立有效的风险预警系统，做好应急计划，实施高效的风险监控。

风险监控应是一个连续的过程，它的任务是根据整个（风险）管理过程规定的衡量标准，全面跟踪并评价风险处理活动的执行情况。有效的风险监控工作可以指出风险处理活动有无不正常之处，哪些风险正在成为实际问题，掌握了这些情况，管理部门就有充裕的时间采取纠正措施。同时，建立一套管理指标体系，使之能以明确易懂的形式提供准确、及时而关系密切的风险信息，是进行风险监控的关键所在。

风险监控的主要方法有：审核检查法、监视单、风险报告等。

风险管理是一个全寿命的动态过程，与管理的四个阶段，即启动、规划、实施和结束阶段密切结合，渗透在寿命周期的全过程之中。在企业有效开展风险管理能够促进各单位决策的科学化、合理化，减少决策的风险性，能为企业提供安全的经营环境，能够保障企业经营目标的顺利实现，能够促进企业经营效益的提高。无论从理论还是从实践的角度来说，大胆创新、探索性地恰当运用风险管理的理论与方法，已成为企业关注的一个热点，对于提升企业管理水平、加强安全保障、创造更好的经济效益具有十分重要的意义。

四、建筑企业风险管理存在的主要问题

当前，建筑企业面临重大的机遇和挑战，即风险与机遇并存的时代，其风险管理中表现出来的问题主要是：

1. 缺乏正确的风险理念即指对风险的态度和认识。正确的风险理念既不是对风险的无知，也不是对风险意识的薄弱；既不能对风险视而不见，也不能对风险片面强调，即风险管理的地位既不可夸大也不要缩小，一定要实事求是地对待。

2. 缺乏从战略高度认识风险管理的必要性。大多数建筑企业，一般情况下对风险管理问题，大都停留在职能管理的认识层次上，其贵、其重、其危、其必要性尚未得到企业高层的普遍关注，处理风险管理与全面工作的关系缺失精准性。

3. 缺乏完整性系统性的风险管理手段。在风险分析和度量手段上、或在专门化的风险管理工具上，往往被切割成财务、运营、市场、法律等多个层面，缺乏全局性的整合框架和风险管理工作主线。

4. 缺乏全面风险管理运行组织和操作基本流程。组织的风险理念往往缺乏清晰的表达和贯彻，并没有为大多数员工特别是核心人员的理解和认同，也无法落实到具体的工程项目和经常性工作中去。

5. 缺乏工程项目团队风险管控和执行力度。一旦遇到和出现重大风险时，往往是缺乏思想准备，造成措手不及、手忙脚乱、怨声载道，以至于发生"岌岌可危"风险的巨大影响而使经济上非合同内溢价的现象。

6. 缺乏在各个风险管理层面上的风险意识。无论是工程项目投标、还是做经营管理决策，或不闻不见风险；或过分的风险恐惧症；或刻意回避风险；或措施很不得力，总之，无论是面对明式风险或是隐式风险，均表现为风险管理意识淡薄。

7. 缺乏在风险领域中的领导力度。主要表现在重分析外部、轻质疑内部；重一般风险、轻重大风险；重局部风险、轻全面风险，在工作整体安排上，某些领导的注意力和管理力度出现失衡现象。

8. 缺乏积极地主动地应对风险管理的措施。关键是对风险的发生发展的规律性和防治化解的逻辑性尚不掌握，对风险管理的动态性的跟踪、监控、防范、调整、应对等，在较大程度上体现为被动性，没有或不能开动脑筋，在积极应对解决风险问题上下大力气下足工夫。

第二节　全面风险管理的系统方法

一、全面风险管理体系基本构架

企业风险有外在的商业风险和企业内部的管理风险之分。外在的商业风险是指经济大环境、法律法规、竞争对手等因素引发的风险，比如政策的变动、自然灾害等。这种风险在所难免；内部管理风险是指企业因管理和控制不善可能带来的损失，比如说财务方面的问题、人力资源方面的问题等。这种风险可以说是无处不在。企业的风险管理体系应包括四个组成部分：法人治理结构，风险管理组织，财务运营和公司运营的政策、制度与程序，以及内部审计系统。

（一）法人治理结构

法人治理结构无论对企业的风险管理工作还是对企业发展都非常重要。一个好的法人治理结构可以减少决策的失误，防止减少股东资产自失，缩小减少代理人所引发的各种成本。所以，治理结构对于企业的风险管理是至关重要的，它是企业实行有效风险管理的组织保障。

（二）风险管理组织

风险管理组织是专门为企业从事风险管理活动而成立的机构，是职业的风险管理执行者。这个组织对于企业高层风险管理决策的贯彻和实施具有决定性作用。

（三）财务运营和公司运营的政策、制度与程序

所谓的财务运营政策和程序，其实是对财务决策的一系列规定，这对企业的风险管理工作也是至关重要的。就一般企业而言，随着决策涉及财务金额的增加，签字领导的级别也必须相应提高，这就是企业财务运营程序的一个简单例子。其实，对于企业而言，这里的逻辑并不是因为怀疑每个人都有可能出问题而制定制度，而是如果没有一套完善的制度，就肯定或非常有可能会出问题。

（四）内部审计系统

内部审计系统不仅包括财务报表的审计，也包括公司内部控制、程序的执行情况、战略的贯彻情况、依法运行的情况等的审计。风险管理的步骤是风险的识别、风险的评估、风险管理、风险监控，其实就是明确风险、量化风险以后，对风险进行管理和降低，然后进行风险监控。

企业风险管理体系的几个环节——治理结构、风险管理组织、政策与程序、内部审计，其实就是企业进行风险管理的几个保障，也是企业风险管理工作的核心，所有这些方面存在的因素都会对企业风险管理产生重要的影响。一个治理紊乱的公司，经营不可能规范；而一个经营不规范的公司，风险不可能避免，决策失误、资产流失更是在所难免。

二、全面风险管理的基本方法

全面风险管理的基本方法主要有两个：一个是控制法，一个是财务法。

（一）风险管理控制法

控制法是在损失发生之前，通过各种管理和组织手段，力求消除各种风险隐患，减少导致风险发生的因素，将可能发生的损失减少到最低。控制法基本上是事前的风险管理。比如前面提到的企业采购问题，采用制度使采购员和财务人员之间的关系拉开，就是对采购人员采购行为进行的一种控制。风险控制主要包括两个方面：

第一，避免风险。所谓避免风险，就是说放弃或者拒绝可能导致比较重大风险的经营活动或方案。避免是一种被动的、消极的风险控制方法。避免风险是在风险事件发生之前，采用回避的方法完全彻底地消除某一特定风险可能造成的损失，而不是仅仅减少损失发生的可能性和影响程度，因而它的优点是比较彻底、干净利落。

避免风险的一个基本方法是终止某些现有的高风险的产品、服务的生产和新产品、新服务的引进，暂停正在进行的经营活动，挑选更合适的经营业务、经营环境。

避免风险的另一个基本方法是改变生产活动的工作方法和工作地点等。例如化工厂以惰性溶剂取代易燃易爆溶剂，可以避免爆炸的风险，从而避免潜在的和现存的风险。

避免风险的方法有很大的局限性，对于绝大多数的经营决策，不能都采取避免法，因为避免风险的同时，也意味着损失了企业的利润。只要企业有经营活动，就不能完全避免风险。只是对于部分项目、部分风险、部分经营活动，因为它的风险相对较高，企业可以采取简单的避免方法，主动放弃经营。

第二，排除风险。排除风险指在损失发生前，尽量消除损失可能发生的根源，减少损失发生的可能性，减少损失事件发生的概率。在风险事件发生后，减少损失的程度。通常来说，排除风险措施主要有以下几种：

一是调查措施，是指详细了解过去风险损失和经营事故发生的原因。调查和分析是风险管理的有效措施。调查事故和损失的原因，其实就是对前车之鉴的一个总结，目的是为企业的风险控制、为企业决策提供一个科学的依据。

二是损失防范措施，是指降低损失发生频率的措施。控制法是一个避免风险的方法，完全避免了风险；排除法仍然要承担一部分的风险，它是对风险进行排除、控制，减少风险发生的概率，减少风险带来的负面影响。

三是减少损失的措施，是指损失发生后采取各种控制措施，以减少损失的幅度和范围，尽可能保护受损财产。在企业风险管理中，减少损失还应包括为应付实际的损失而制订的应急防范计划。该计划包括抢救措施及企业在发生损失后如何继续进行各种业务活动的计划，旨在尽力减少组织的财产损失。这其实也是一种事后管理。

（二）风险管理财务法

财务法一般是事后的风险管理。所谓财务法，就是如果风险事先发生了，已经造成了损失，企业如何利用各种财务工具，尽量地保障企业生产、运营能够正常进行，或者使企业能够在短时间内恢复正常的生产和运营秩序，对损失的后果给予补偿。

风险管理的财务手段包括风险的自留、风险的转嫁、风险的对冲。

第一，风险的自留。自留风险即自担风险，是一种由企业单位自行设立基金，自行承担损失发生后财务后果的处理方式。运用自留风险方式须具备以下三个条件：

一是企业的财务能力足以承担由风险可能造成的最坏后果，一旦损失发生，企业有充分的财务准备去弥补财务上的损失，不会使企业的生产活动受到很大影响。

二是损失额可以直接预测，即风险标的致损及其可能的后果有较高的可预见性。如果企业无法预测损失可能发生的额度，那也就无法有效地行使风险财务工具，风险发生之后企业可能还是无法进行正常的生产经营活动，这就是一种盲目的冒险行为。

三是在风险管理过程中无其他更好的处理方式可以选择。

第二，风险的转嫁。转嫁风险指企业将其损失有意识地转给与其有相互经济利益关系的另一方承担，通常是因为另一方更有承担该风险的能力和意愿。在财务结果转嫁方式中，保险是最重要也是最常见的形式。

转嫁一般有两种途径：其一是将可能遭受损失的财产转嫁出去，转嫁可能会引起风险及损失的活动；其二是将风险及其损失的财务结果转嫁出去，而不转移财产本身，在进行风险转嫁的同时必须付出一定的代价。财产和重大风险活动的转嫁方式可谓多种多样。比如，将贵重物品交给专门机构负责保管，将高风险的生产经营活动外包等，都可起到转嫁风险的作用。

随着经济环境的变化，相应的金融创新随之而生。第一个创新叫做风险的调换，实际上就是一种转嫁的形式。比如商业银行 A 给 IBM 贷了 50 亿，商业银行 B 给微软贷了 30 亿，为了防止贷款资产的风险过于集中，A 拿出 15 个亿的贷款资产和 B 进行交换，相当于 B 把 15 个亿的款贷给了 IBM，并相应获得 IBM 归还给 A 全部本利的 30%，而 A 把 15 亿贷给了微软，并获得微软归还给 B 全部本利的 50%。这种交换，也可以说是风险的分散，也可以说是风险的对冲。

另外一种金融创新和保险产品原理类似，但是不够标准化。比如商业银行 A 针对某项贷款资产付给商业银行 B 一定的酬金。如果这项贷款资产安全收回，B 白白获得这些酬金；相反，如果这项贷款资产成了不良资产无法收回，或者只有部分可以收回，B 按照协议相应承担一定比例的损失。这也是一种常见的风险转嫁方式。

第三，风险的对冲。对冲在资本市场和金融市场上很常见，就是用现代的金融财务工具、衍生工具等调换的手段来降低风险。

我们把股票、债券、大额存单等叫做金融工具，把期权、期货等叫做金融衍生工具，顾名思义，衍生工具就是在基本工具上衍生或派生出来的工具。期货在现代企业风险管理中的应用非常广泛。比如，石油开采公司为了保证 3 个月后或者 5 个月后石油的价格稳定，可以做石油的空头，使石油按照某个固定的价格卖出去；而炼油厂为了保证几个月后可以通过一个稳定的价格买进石油，就做石油的多头，使石油按照某个固定的价格买进来。

期权的使用也很广泛，就是花钱买进某种行使权，到时候可以将手中的股票或者外汇以某种固定价格卖出去。一个典型的例子是跨国企业的收入问题。许多跨国企业的经营非常分散，在各个地方收入的货币并不相同，这使得公司的财务状况很不稳定，公司面临着各币种外汇牌价波动的风险，这时公司可以使用期货或者期权来规避牌价风险。用期货规避汇价风险的方式是，先大致预计好在国外各地各币种大致的收入，然后做相同币种外汇期货的空头；利用期权则是买进某币种在将来以某固定价格卖出的权利。这种控制风险的方式就是风险的对冲。

第三节　建筑企业风险管理流程

一、建筑企业全面风险管理工作流程

全面风险管理工作以推进全面风险管理体系建设为核心，主要工作流程包括：初始信息收集、风险识别和评估、制定重大风险应对方案、应对方案的实施、风险管理评价和监督改进、风险管理信息系统建设、风险管理文化建设等工作。

（一）初始信息收集流程

其关键工作步骤如下：

1. 进行全面风险管理培训；

2. 制定信息收集计划，主要包括：资料收集、领导访谈、调查问卷、流程梳理等；

3. 收集并整理初始风险信息；

4. 形成各类风险及风险事件列表。

（二）风险识别和评估流程

其关键工作步骤如下：

1. 风险识别培训；

2. 风险识别讨论并确定最终风险列表；

3. 制定风险评估方法与标准；

4. 风险评估培训；

5. 执行风险评估；

6. 汇总风险评估材料，依据确定好的评估方法与标准计算风险水平；

7. 对风险评估结果进行讨论及修正；

8. 风险水平确定及绘制风险图谱。

（三）制定重大风险应对方案流程

其关键工作步骤如下：

1. 风险应对方案培训；

2. 分组进行重大风险应对方案的研讨；

3. 确定各类重大风险应对方案；

4. 整理汇总重大风险应对方案；

5. 确认并审批重大风险管理应对方案；

6. 下发重大风险管理应对方案决议事项；

7. 制定重大风险应对方案具体实施计划。

（四）重大风险应对方案实施和改进流程

其关键工作步骤如下：

1. 相关职能/业务部门组织实施应对方案；

2. 明确风险评估标准，评价应对方案的实施情况；

3. 应对方案调整/改进；

4. 审批调整/改进方案；

5. 评价应对方案和风险管理改进。

（五）突发重大风险应对方案实施和改进流程

其关键工作步骤如下：

1. 发现紧急重大事件，采取应急措施并向上汇报；

2. 组织制定应急应对方案；

3. 审批应急应对方案；

4. 实施应急应对方案；

5. 评价应对方案和风险管理改进。

（六）风险管理评价流程

其关键工作步骤如下：

1. 风险管理评价培训；

2. 收集汇总由各职能/业务部门和下属公司提交风险管理工作资料；

3. 确定风险管理工作评价方法和标准；

4. 进行评价；

5. 提交评价结果，与被评价部门协调，要求反馈意见；

6. 汇总反馈意见，进行综合评价；

7. 风险管理委员会对最终评价结果进行审批。

建筑企业全面风险管理的简要过程还可以用图 5-1 中的流程表示。

该框图是根据国资委对央企全面风险管理指引的内容及要求，并结合建筑企业多年来在国内外建筑市场的实践经验绘制而成。本框图还可根据企业定位与项目的具体情况进行进一步的调整和完善。

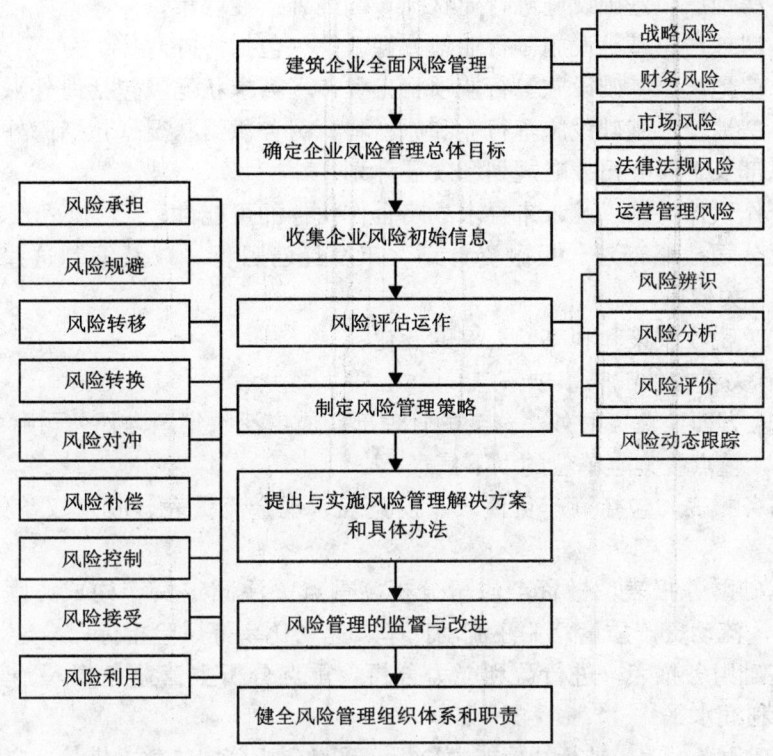

图 5-1　建筑企业全面风险管理流程框图

二、建筑企业风险分类及风险信息收集

(一) 建筑企业风险分类

以建设项目为推动力的建筑企业具有以下特点：一是大型建筑企业业务范围很广，包括融资、设计、建设和运营等；二是建筑产品价值运转具有投资大、周期长、单件性的特点，并且项目最终盈亏不确定性程度高；三是经营业务的参与各方关系复杂；四是大型建筑企业国际化程度高；五是受外部因素的影响很大。结合上述特点，建筑企业的主要风险可分为：

1. 战略风险
2. 财务风险
3. 市场风险
4. 运营风险
5. 法律风险

全面风险管理将围绕此风险分类进行具体风险管理操作。

(二) 建筑企业风险信息收集

实施全面风险管理，应广泛、持续不断地收集与本单位风险和风险管理相关的内外部初始信息，包括历史数据和未来预测。应把收集初始信息的职责分工落实到各有关职能/业务单位。

在战略风险方面，负责战略的管理部门应广泛收集国内外公司战略风险失控导致公司蒙受损失的案例，重点收集与本单位相关的以下信息：

1. 国内外宏观经济政策以及经济运行情况；

2. 建筑、房地产、基础设施等行业状况，国内外产业政策；

3. 建筑、房地产、基础设施等行业地方性政策（包括海外）；

4. 建筑、房地产、基础设施等行业项目工程市场需求状况（包括海外）；

5. 建筑、房地产、基础设施等行业和原材料、劳务供给状况（包括海外）；

6. 公司总部及下属公司战略规划和发展计划；

7. 战略合作伙伴关系以及未来寻求战略合作伙伴的可能性；

8. 各下属公司战略部署、投融资计划、年度经营目标，以及编制这些战略、规划、计划、目标的有关依据；

9. 国家有关税收政策和利率、汇率的变化；

10. 其他有关重大的战略事项信息。

在财务风险方面，负责财务、资金的管理部门应广泛收集国内外公司财务风险失控导致危机的案例，重点收集本单位的以下信息：

1. 公司财务报表，包括资产负债表、损益表、现金流量表、股东权益分配表和财务报表附注；

2. 依据基础财务报表，做资产质量分析，重点关注固定资产构成，固定资产质量；流动资产构成，流动资产质量；关注流动比率、速动比率等风险指标；

3. 依据基础财务报表，进行盈利能力分析，重点分析主营业务收入、营业利润，投资收益以及净利润水平；

4. 依据基础财务报表，进行偿债能力分析，重点分析公司贷款、借款、应付账款、其他应付款的构成，财务费用的水平，重点关注资产负债率、债务资本比率、长期资产适合率；

5. 依据基础财务报表，进行现金流量分析，重点分析经营性现金流的水平，重点关注经营性净现金流与负债、债务利息的比例；

6. 公司成本核算、资金结算和现金管理业务中曾发生或易发生错误的业务流程或环节；

7. 依据基础分析，确定各级公司财务管理、资金管理中容易失控的环节；

8. 与公司相关的行业会计政策、会计估算、与国际会计制度的差异与调节（如退休金、递延税项等）等信息。

在市场风险方面，负责市场营销的管理部门应广泛收集国内外公司忽视市场风险、缺乏应对措施导致公司蒙受损失的案例，重点收集与本单位相关的以下信息：

1. 主要客户和业主、供应商情况，做信用状况分析；

2. 竞争对手的有关情况，与主要竞争对手相比，公司的实力与差距；

3. 建筑、房地产、基础设施等市场潜在竞争者、替代品情况；

4. 建筑、房地产、基础设施等产品的相关价格走势以及供需变化；

5. 建筑、房地产、基础设施等原材料、劳务和分包市场供应的充足性、稳定性和价格变化；

6. 系统内各级下属公司内部竞争的情况。

在运营风险方面，负责项目管理、生产运营、合同管理、质量安全、技术、人力资源、内部控制等的相关管理部门应广泛收集国内外公司忽视运营风险、缺乏应对措施导致公司蒙受损失的案例，重点收集与本单位、本行业相关的以下信息：

1. 公司治理现状、存在的问题；内控体制等管理体制状况、存在的主要问题；

2. 公司投资决策机制，授权管理现状，存在的问题；公司在招投标过程中碰到的主要问题；

3. 公司主要原材料的采购管理状况，存在的问题；

4. 公司产品质量、安全管理体系现状，存在的问题；

5. 公司技术水平、技术管理状况，存在的关键技术问题；

6. 公司人力资源管理状况，人员招（选）聘管理，人力资源的培训问题；

7. 其他与公司运营相关的主要情况。

在法律风险方面，负责法律事务的管理部门应广泛收集国内外公司忽视法律法规风险、缺乏应对措施导致公司蒙受损失的案例，重点收集以下信息：

1. 国内外与建筑、房地产、基础设施相关的政治、法律环境；

2. 影响公司运行的新法律法规和政策；

3. 公司签订的重大协议和工程合同；

4. 公司发生的重大法律纠纷案件的情况；

5. 公司与竞争对手的知识产权情况；

6. 其他与法律、法规相关的信息与文件。

风险管理的信息收集部门对收集的初始信息应进行必要的筛选、提炼、对比、分类、组合，以便进行风险评估。

建筑企业风险管理信息收集框架图可用图 5-2 表示。

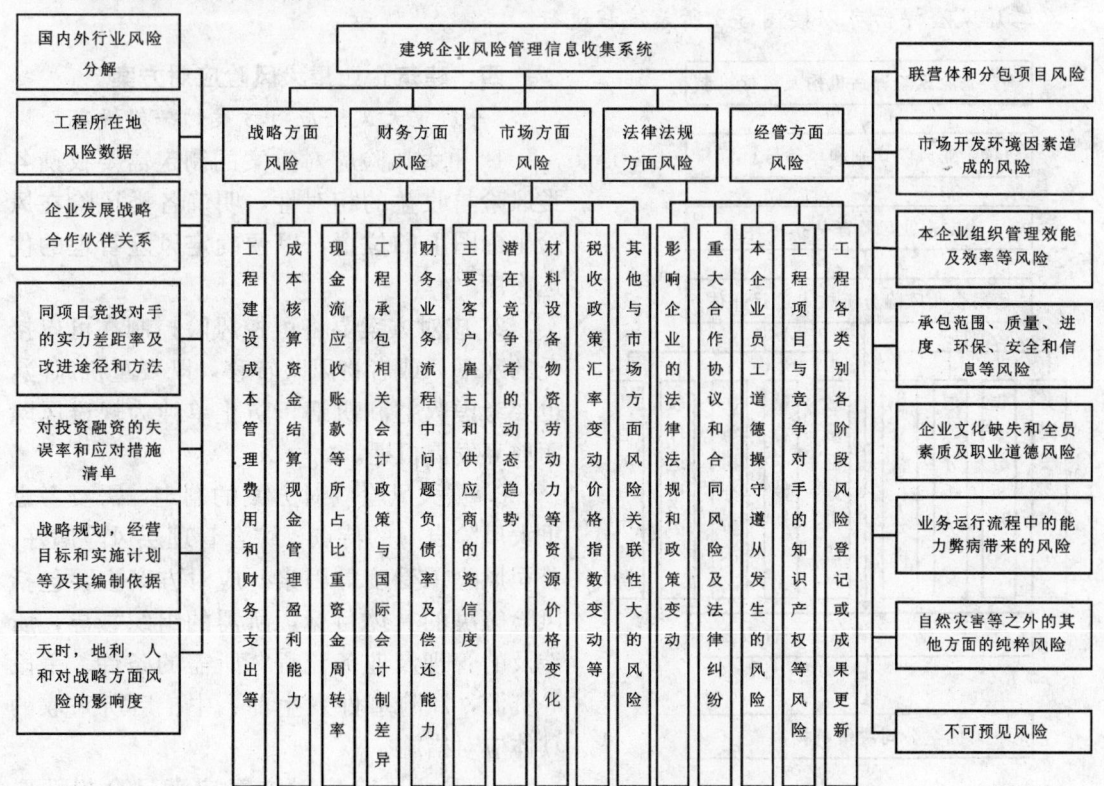

图 5-2　建筑企业全面风险管理信息收集框图

三、建筑企业风险识别和评估

（一）风险识别和评估的一般规定

企业应当对收集的风险管理初始信息、重要业务流程进行风险识别和评估。

风险识别与评估包括风险识别、风险分析与风险评估三个步骤。

1. 企业风险管理归口部门负责制定全系统风险分级标准、风险评估方法、风险评估工作要求等，指导本单位风险识别和评估工作的开展，并对下属公司风险分级标准、评估方法等进行指导与核实。

2. 企业全面风险管理归口部门负责制定本单位风险分级标准、风险评估方法、风险评估工作要求等，指导本单位风险识别和评估工作的开展，并报上级单位备案。

3. 企业进行风险识别、分析、评估，应将定性与定量方法相结合。定性方法可采用问卷调查、流程分析、管理层访谈、集体讨论、专家咨询、情景分析、政策分析、行业分析、标杆比较等方法。

4. 定量方法可采用统计计算、方差分析、权重配比、修正分析等方法。进行风险定量评估时，应统一制定各风险的度量单位和风险度量模型，并通过测试等方法，确保评估系统的假设前提、参数、数据来源和定量评估程序的合理性和准确性，根据环境的变化定期修订假设前提等参数。

5. 在评估多项风险时，应根据对风险发生概率和影响程度的评估，绘制风险坐标图，对各项风险进行比较，初步确定对各项风险的管理优先顺序和策略。

（二）风险评估可以按图 5-3 所示流程进行

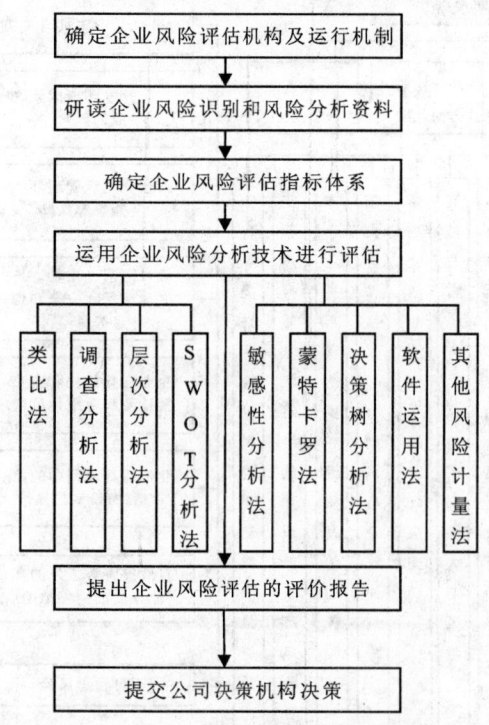

图 5-3　风险评估流程基本步骤

四、建筑企业重大风险应对方案

（一）重大风险应对方案的一般规定

1. 重大风险应对方案的制定需要权衡各类风险与收益的相对性，明确各类风险在风险坐标图上的位置，以便确定风险管理的优选次序。

2. 应对方案要将可控风险控制在可以接受的水平，或者将风险转移，既要重视风险，也要考虑收益和机遇，防止单纯为规避风险而放弃发展机遇。

3. 重大风险应对方案的制定，需要考虑重大风险自身的特点，综合管理层风险偏好、公司风险承受度等因素。应对方案主要包括风险解决的具体目标，所需的组织领导，所涉及的管理及业务流程，所需的条件、手段等资源，风险事件发生前、中、后所采取的具体应对措施。

4. 重大风险应对方案应满足合规性要求，并与公司的经营发展战略保持一致。

（二）重大风险应对方案的内容

包括风险管理策略和风险控制措施：

1. 风险管理策略，主要包括接受、规避、转移、降低等几种策略。

风险管理策略，指公司根据自身条件和外部环境，围绕公司发展战略，确定风险偏好、风险承受度、风险管理有效性标准，选择风险接受、风险规避、风险转移、风险降低等适合的风险管理工具的总体策略，并确定风险管理所需人力和财力资源的配置原则。

2. 风险控制措施，主要包括制度、流程、组织、职能等方面的控制措施。

风险控制措施是应对方案的组成部分，公司应根据风险自身的特点，从制度、流程、组织、职能等方面入手，综合考虑成本效益，提出具体可行的风险控制措施。

第四节　建筑企业风险监控

企业全面风险管理是一项立足于企业管理、服务于企业生产经营的工作，虽源于企业现有的业务管理体系，但并不是一项单独的业务管理工作。本节内容结合国内某大型建筑企业推行全面风险管理的实践，介绍企业全面风险监控。

一、重大风险监控

在上年度对企业风险进行全面排查的基础上，本年度梳理现有业务流程，对与本部门业务相关的风险进行识别，明确宏观经济风险、成本控制风险、工程款结算风险、应收账款风险、市场竞争风险、海外运营风险等六类风险为重大风险，并加强对上述风险的监控管理，针对重大风险的主要表现以及对企业的影响，制定了相应的管控措施。

（一）宏观经济风险

1. 风险产生原因

第一，2010年，国际经济形势复杂多变，国际市场经营前景不容乐观，汇率和利率风险影响不容忽视。海外市场在施项目履约存在风险，同时，新海外市场的开拓也伴随国际环境复杂多变等诸多潜在风险。

第二，国内宏观经济形势在延续2009年回暖的基础上持续向好；房价持续上涨，高价的频现；2010年国内各大中城市房屋销售价格持续快速上涨，推动住房价格攀升至历史最高水平，同时一线城市土地市场持续升温。2010年初，国务院发布"国十条"，涵盖遏制不合理住房需求、加大供给、严格秩序、加快保障等各个方面，合力形成政策组合拳对房地产市场实行全方位调控，严厉程度也远超往年。随着新政的出台，多个省市公布了调控政策细则和针对市场监管的管控措施。

第三，建筑行业竞争进一步加剧，国家对建筑行业管理日趋严格，引导建筑行业进一步调整产业结构、进一步转变经济增长方式，行业优胜劣汰步伐加快。

2. 风险发生后可能给企业带来的影响

第一，复杂的国内外经济形势导致未来经济走势不明朗，宏观经济环境的不确定导致财富效应的效果减少，对房地产的需求也随之减少，从而进一步影响建筑市场。

第二，房地产市场本轮调控政策力度大、措施严，目前绝大多数城市的成交量已有显著下降，部分城市和项目价格出现下调，从各部委坚定的反应态度可以预计，下半年相关政策仍将继续发挥较大影响，购房者观望情绪浓厚，全国及主要城市的交易量将继续低迷，下半年房价可能出现拐点，房价调整速度可能快于以往。

第三，未来保障性住房建设力度将持续加大。温家宝总理在2010年的政府工作报告中提出保障性建设和改造棚户区一共要建设住房580万套，从近来住建部等有关部门的表态来看，未来一段时间内政府计划通过落实保障性住房建设计划来缓解房地产市场的供求矛盾，保障性住房有可能成为未来住宅供应的重要组成部分，这将对商品住房市场产生一定的影响。

3. 风险监控措施

面对当前宏观经济形势的不确定，以及2010年下半年乃至2011年可能产生的房价持续下行或理性回归趋势，应当积极化解风险，多管齐下，做好应对形势变化的积极准备。

第一，密切关注国内外宏观经济和房地产、建筑行业动态，提高宏观经济形势分析能力，灵活处理风险对企业发展造成的不利影响。

第二，积极应对国家产业政策及相关调控政策的发展变化，及时调整企业市场开拓及经营重点。以产业结构调整规划目标为指导，按照实施战略转型的要求及企业自身发展实际情况，不断加大对基础设施和地产业务的要素投入。与此同时，保障各类投资业务安全有序运营，做好投资项目统筹规划，加强投资项目的过程监管，建立和完善有效的投资风险控制及监管体系。

第三，多管齐下，降低国家宏观经济政策调控对企业造成的影响。从市场、财务、资金、技术、人才等多方面入手，积极应对形势变化。

（二）成本控制风险

过程成本控制一直是履约管理工作的重点和难点，该项工作的效果也会直接影响企业的经济效益，所以，一直是生产经营工作的重要关注点。

1. 风险产生原因

第一，业主受国家宏观政策影响，不能及时取得项目贷款。

第二，对业主资金能力判断不准确。

第三，合同签订时条款对我方不利，无法保证款项及时收回。

2. 风险发生后可能给企业带来的影响

第一，业主拖欠工程款导致公司出现资金缺口。

第二，资金缺口需要以银行贷款弥补，产生财务费用。

第三，延迟支付分包分供单位款项，造成结算成本增加。

第四，项目正常履约，但可能发生诉讼风险。

3. 风险监控措施

重点强调成本过程管理控制，尤其关注过程成本风险的控制。以项目商务策划和系统业务培训、指导作为过程成本风险控制的主线，通过商务策划将与成本履约相关的各环节有效地链接，对各时点已经出现或可能出现的成本风险进行明示，有针对性地落实各级成本管理责任。并对过程成本风险进行动态的指导、检查、监督，最大限度地降低、控制履约过程中的成本风险。通过对重点项目的动态跟踪管理，逐步引导项目执行、实施项目商务策划，达到控制项目成本、风险的目的。

（三）工程款结算风险

1. 风险产生原因

第一，国内建筑市场不成熟、体制不健全，建设需求与投资实体不匹配造成市场出现混乱的竞争手段，对违规操作监督不力。

第二，人力资源短缺。近几年，随着一局市场营销步伐的加快，项目人力资源短缺，尤其是优秀的项目管理人员短缺突显。经常有很多项目经理、总工程师、商务经理在项目竣工还未完成结算就投入新的工程，导致原工程的结算无人问津。

第三，某些地区惯例性付款比例较低。

第四，结算周期长、结算拖期一直是结算管理遇到的主要问题，尤其是前几年在项目施工过程中遇到的材料价格上涨、人工费上涨以及停工索赔等诸多因素，导致甲乙双方争议较大，而使结算周期增加、结算难度增加。

2. 风险发生后可能给企业带来的影响

第一，建筑市场投资主体混乱的恶性循环。

第二，工程款严重拖欠后无法通过救济手段、司法判决等有效途径及时进行资金回收。

第三，企业资金压力不断增大，严重影响到企业的运作。

第四，分包分供付款比例高于主合同支付比例，造成资金缺口，需靠贷款弥补，资金成本增加。

3. 风险监控措施

2010 年以来，高度重视已竣项目结算管理，先后两次下发通知督促提示项目积极办理竣工项目结算。在结算过程中，始终坚持事前策划，事中节点控制，事后总结的原则。

事前策划：狠抓新开工项目商务策划，上半年多次赴区域公司会同项目商务人员具体分析合同、项目现状，结合现有管理办法及流程，制定完整商务策划书。针对已竣未结项目，督促区域做好项目结算责任书，对业主结算计划，对分包结算计划，明确业主结算目标值及结算策略，以分部分项为单位，分解工作内容至具体责任人，并约定具体完成时间。对分包结算，严格执行以收定支的原则，确保项目收益最大化。

事中节点控制：针对阶段结算项目，充分抓住该业主结算方式的利好，以精湛的业务水平和充分的资料数据赢得业主的信任与理解，并以此为契机，做好节点成本盈亏分析。针对竣工结算项目，在充分理解结算计划和责任目标的前提下，调动参与竣工结算的商务人员积极性，完善工程竣工效益考核管理制度及流程，以提高业务人员对履约管理的责任心和积极性。对结算中的重点、难点展开详细的论证并最终确定具体解决措施。帮带区域公司指定结算联系人提高业务水平，并以发散式的工作效应，提高项目结算相关责任人的结算意识。

事后总结：注重分析竣工结算后分析总结，并把好的经验及措施移植到类似项目结算工作当中。在确定项目的最终收益后，按照集团公司关于项目目标考核管理办法，对降成显著，完成计划收益指标，如期完成业主结算的相关责任人给予相应奖励。在总结经验的基础上，秉承贡献大奖励高、贡献小奖励低的原则，为业务突出、责任心强的商务人员搭建更大的平台。

（四）应收账款风险

1. 风险产生原因

第一，建筑行业面临激烈的市场竞争环境和买方的强势地位，垫资施工及超低比例进度款的支付成为建筑市场的主流，行业特点决定了应收款项是建筑企业运营必然面临的一大压力。

第二，对客户信用状况不了解或信用控制过于宽松，使对业主资信、资金来源、性质及到位情况的真实性把握不准，综合信誉评审不够，造成应收款项不断增加。

第三，对应收债权确认、计量不及时，导致公司债权信息失实，同时业主故意或者恶意拖延结算时间及无故拖欠工程款项，造成企业资金压力不断增大，应收账款不断增加。

第四，国家对工程款的支付担保制度强制性不到位，工程款拖欠后的救济手段、司法判决法律文件执行困难，甚至无法执行。

第五，各所属单位对应收款项的管理力度有待进一步加强，如结算资料不全、结算不及时、过程催收的管理责任没有纳入目标责任考核，缺乏过程催收的激励制度，影响应收款项的回收率和效果。

2. 风险发生后可能给企业带来的影响

资金压力不断增大，对公司资金流造成不利影响。部分项目工程款久拖不决，造成呆坏账增加，而且工程款拖延支付造成项目资金周转困难，可能影响工程项目的正常履约。

3. 风险监控措施

第一，应收款项的台账管理及拖欠工程款定期统计制度。

第二，诉讼时效保护制度。

第三，清欠防欠例会制度。

第四，开发商信用通报制度。

第五，重大事项监控制度。

（五）市场竞争风险

市场营销中必然蕴含着各种各样的竞争风险，在面对建筑行业格局发展变化的市场时，该种风险有不断加剧之势。有效地避免市场竞争风险是一局市场系统风险防控的重中之重。

1. 风险产生原因

第一，各省市对进入行业、地区的准入限制越发严苛。

第二，系统内各个业务单位之间的竞争。

第三，竞争对手在某些领导领域的优势，形成了技术和市场壁垒。

第四，由于业主资信导致的连锁反应，造成项目履约变化和合同履行困难，影响项目实施。

2. 风险发生后可能给企业带来的影响

第一，各地市的各项准入标准或限制力度不断加大，造成企业开拓新市场时困难不断加大，即便是加大进入成本，也未必能达到预期效果，顺利打开新的地区市场。

第二，此种竞争必然导致企业内部资源无端消耗，企业竞争力度被削弱，并导致品牌受损，并伤及企业效益。

3. 风险监控措施

第一，尽量选择高信用等级业主

市场营销严格遵循年初制定的"立足高端、兼顾中端、放弃低端"的原则，确定除非是谋求进入大市场，争取与大业主合作的项目，否则低端项目必须放弃的思路，做到使用公司品牌承接项目原则不低于 1 亿元，以解决履约资源、经营质量和市场规模的平衡关系。坚定实施"大市场、大业主、大项目"策略，尽量选择高信用等级业主，在"高、大、精、尖"项目上实现突破。

第二，完善、规范统一的大片区授权管理模式

不断完善、规范统一的大片区授权管理模式，加大对区域资源的投入和服务力度。在公司整体战略的推动下，通过片区机构的营销协调，营造资源共享、优势互补的内部经营环境，更好地实现对片区内的统一协调与管理，实现企业的最大利益，塑造良好的社会形象。逐步建立和完善以区域化经营需求为基础的业务规范体系，通过建立科学的业务流程和有效易操作的规章制度，对大片区的经营方式给予有效的保障和支持。

第三，选择发展潜力大、资金有保障的行业

将国有资产占绝对比重，发展潜力巨大，资金有充足保障，盈利空间理想的能源、军工、电子、汽车、银行、电信、军队等行业作为重点目标市场。

第四，建立相对完善的信息登记制度

在项目前期阶段进行分判，对于有冲突项目，由公司总部予以协调，协调后集中优势力量进行后期工作。同时，加强各单位的协作意识，引导各单位定位不同的市场作为主攻方向。

（六）海外运营风险

1. 风险产生原因

海外工程承包受国际政治、经济环境及当地政府政策法规不稳定的因素影响很大，风险产生的原因也很多，主要包括：

第一，境外业务所在国家的文化习俗、政治制度和形势、经济发展水平和经济政策、自然环境、外交政策等方面的差异加大公司在境外经营发展的难度。

第二，对海外合作方资信的调查存在一定难度，造成工程款拖欠或延期支付。

第三，对项目的研究存在片面性和主观性，对工程技术方案、要求的资源配置理解不透彻，发生按国内标准进行投标报价的情况报价偏差，导致项目失标或亏损。

2. 风险发生后可能给企业带来的影响

第一，工程款拖欠或延期支付，降低资金使用效率、增大资金压力。

第二，因追讨欠款产生诉讼或仲裁费用。

第三，工程款无法收回，造成直接经济损失。

第四，造成企业经济及名誉损失。

第五，影响海外业务的发展扩大。

3. 风险监控措施

目前在境外重要工程项目有多个，每个项目由于具体情况不同、风险表现形式不同，采取不同的应对措施。

二、重要风险监控

根据上年度全面风险管理情况，本年度共明确了战略管理风险、投资风险、负债/偿债风险、工程质量安全风险、人力资源风险、合同管理风险、劳务管理风险等七类重要风险加以监控。

（一）战略管理风险

1. 风险产生原因

第一，国内外经济政治形势复杂，环境多变，影响战略研究的不确定因素较多。同时，战略研究所需信息的涉及面广，对信息资料的准确性及时效性要求较高，但目前战略研究的信息获取渠道、分析、决策机制都有待完善。

第二，企业自身发展要求及外部竞争分析不足；未能准确把握企业未来发展趋势，企业发展战略制定不够准确，导致业务实体与战略制定严重不符。

第三，企业因循守旧、创新理念不足，不能根据外界环境变化及时调整策略；战略制定灵活性不够，无法满足企业动态调控要求。

第四，战略制定调研不够，导致战略目标与资源配置无法匹配；战略宣贯不够充分，导致战略目标向下贯彻不到位。

2. 风险发生后可能给企业带来的影响

第一，战略制定错误，导致企业严重偏离正确发展方向；战略制定缺乏正确有效的企业目标，导致经营业绩下降、客户减少，企业最终的发展面临困境。

第二，战略制定所需的信息严重滞后，导致企业错失发展机遇，严重阻碍企业发展；战略实施缺乏灵活性，不能随机应变地指导企业的总体行为；战略可持续发展动力不足，缺乏长期发展动力。

第三，战略目标的宣贯不够彻底，导致战略的全局性受到严重影响，整体战略得不到有效实施；战略实施得不到有效控制，导致企业无法完成战略目标；战略实施得不到有效测评，无法采取及时有效的纠正措施，致使战略目标无法达成。

3. 风险监控措施

根据宏观经济环境及总公司的发展战略调整，将继续加大市场拓展力度，大力发展房地产、市政基础设施板块业务，突破利润增长点，确保战略目标各项经营指标的完成。

第一，继续做大做强房地产投资开发业务

通过区域整合资源、全面联动，通过收购、合作、总承包带动地产开发等多种方式获得房地产开发项目，按照"战略统一、品牌统一、决策统一、过程统一"的管理要求，强化运营控制，将房地产业务发展成为重要的战略产业和利润来源。

第二，加快提升市政基础设施市场份额

依托区位优势，确定以华北地区为根据地，重点开拓东北市场、华东市场、长三角、珠三角区域的战略市场布局，力争在北京市政市场有所突破。

第三，加快推进区域化经营发展

继续深入贯彻区域化经营发展战略，加快推进集团区域化经营进程，进一步探索区域化经营模式，在确保境内市场发展稳固的基础上，继续推进北京、华北、华东、东北等战略产出区，创造条件加快培育华南、西南、西北等重要产出区，使七大片区迈入良性快速发展，提升集团区域化发展速度。继续加快推进区域公司属地化进程。要求区域公司树立标杆意识，加快提升区域规模效益和推进属地化进程。不断完善大片区管理模式。

第四，继续加大海外业务开拓力度

在新市场开拓过程中，将积极采取联动优秀海外经营资源等多种经营方式，发挥施工履约强项，积极拓展市政、路桥、机电等专业市场，积极探索设计施工、EPC、融投资等经营模式。

（二）投资风险

1. 风险产生原因

第一，国家宏观调控政策产生的风险。2010 年，国家对房地产调控力度不断增强，明确提出坚决抑制不合理住房需求、增加住房有效供给、加快保障性安居工程建设，采取了一系列政策措施抑制房价过快上涨，这些政策将会直接或间接对房地产行业产生影响。

第二，投资规模扩展产生的资金压力。近年来，不断加快企业产业结构调整，不断加大房地产领域和基础设施领域的投资。

第三，投资项目信息沟通渠道未明确，影响投资信息的收集利用。

第四，投资规模扩张对管理资源提出更高要求。近年来，房地产投资项目陆续上马，投资项目的数量及规模与以往相比有了较大的提升，这对在房地产投资方面所需各类管理人员无论是在人员数量上，还是在业务素质水平上都有了更高的要求，也对今后投资管理人才储备及人才培养机制带来了更大的挑战。

2. 风险发生后可能给企业带来的影响

第一，由于投资信息不足，对适宜投资项目未能有效参与。

第二，对有效投资信息掌握不全面以致未能对投资机会做出正确判断和决策。

第三，投资决策不合理以致影响企业长远发展。

第四，投资项目过程控制和操作带来政策和法律风险。

第五，投资资金回收期长，资金大量占用造成资金流压力，影响企业财务状况与经营业绩。

3. 风险监控措施

第一，加强对投资宏观政策研究和分析。广泛开展国家在地产投资领域及基础设施投资领域相关政策、市场信息的收集整理工作，分析国家经济形势走向，预判国家政策调控侧重及市场变化趋势，并以此适时调整投资项目的推进速度和投资规模的扩张，努力做好"把握时机，发现投资机会；规避风险，降低投资损失"，为企业投资提供优化指导意见，保障投资业务健康发展。

第二，明确投资事前、事中及事后管理，严格控制投资风险。为了保障各类投资业务安全有序运营，做好投资项目统筹规划，加强投资项目的过程监管，建立和完善有效的投资风险控制及监管体系，对各类投资项目从立项、可行性研究，到决策审批，再到项目执行过程管理，最后项目后评估及损失责任追究整个业务流程各阶段的目标、管理要求及相关人员的职责进行了明确的界定，使投资业务各项工作实现有据可依，建立起行之有效的投资风险管控体系。

第三，强化投资预算的控制作用，使其更好地服务于企业战略投资发展。面对国家宏观调控政策对基础设施投资及房地产投资的控制及监管不断增强的局面，按照"加快投资进程，加速资金回收"的原则，统筹安排各类投资，通过投资预算管理实现对投资项目进程的整体掌控。在投资预算总体安排上，坚持"先在施，后新增"的原则，优先安排资金回收快的投资项目，以投资项目快速周转带动规模效益，确保投资预算与资源要素投入与项目实施进程的动态平衡。

第四，建立完善投资项目信息交流及项目运营信息统计监管机制。

第五，不断打造高素质投资管理团队，有力支持投资规模的不断扩张。

第六，加强投资项目的风险管理。

（三）负债/偿债风险

1. 风险产生原因

第一，项目营销阶段缺乏对资金保障能力的判断与评估。

第二，施工过程中过度依靠信贷资金支持。

2. 风险发生后可能给企业带来的影响

目前公司负债增长较快，半年时间带息负债增长 60%，主要原因在于投资项目的实施占用了总承包主业形成的现金回流。

3. 风险监控措施

第一，增加融资渠道，扩大物资集中采购支付方式的可选择性。

第二，梳理、规范相关制度文件。

随着社会环境、企业管理发生的变化，原有管理办法已不能适应新的形势，为此，重新制定相关制度和办法，对风险防范进行规范。

（四）工程质量安全风险

质量风险

1. 风险产生原因

第一，质量是企业的生命，工程质量对于企业的品牌信誉的影响重大，如果出现工程质量不符合要求、发生工程质量事故，都将受到相关的行政处罚，并使项目成本增加、利润降低，企业品牌及社会信誉受损，直接影响企业的持续生产经营能力。

第二，管理制度的不完善、应急处理措施的不到位、质量管理信息沟通的不及时，都将直接影响工程的质量，可能导致发生工程质量事故、工程质量投诉等，将受到相关部门的行政处罚，同时使项目成本增加、利润降低。

第三，部分现场操作人员的质量意识不强，将直接影响到质量管理的执行效果。

2. 风险发生后可能给企业带来的影响为

发生质量事故，可造成人员和财产的损失；导致企业失去业主的认可和信任，工程的结算无法正常进行，可能导致与业主或使用方发生法律纠纷，或受到相关的行政处罚，使项目的成本增加、利润降低；遭受到市场限入，直接影响企业的正常业务开展，使企业的品牌形象和社会信誉受损，严重影响到企业的持续生产经营能力。

3. 风险监控措施

以不断提高质量管理工作为主线，在统一的质量方针和市场质量经营观念的指导下，逐步提高工程质量，贯彻落实国家有关法律法规、规章制度等要求，切实做好质量管理工作，实现质量管理的科学化、规范化和标准化，为企业品牌的不断发扬壮大保驾护航。

第一，企业经营管理者、员工认真学习落实科学发展观，树立牢固质量意识，坚持质量第一的方针。

第二，瞄准国内外行业质量管理的先进水平，制定本企业质量发展战略和创优目标。

第三，建立与生产经营活动相适应的先进技术装备和设施。

第四，科学有效地应用质量管理理论方法和技术，强化管理创新、实施名牌战略，追求卓越绩效。

第五，企业组织结构能保证各项质量职能的落实。参照 ISO9000 质量管理体系或其他先进模式建立了质量管理体系并持续运行有效。

第六，加强售后服务工作，不断提高企业在用户当中的满意度，树立诚实守信的社会形象。

第七，强化过程管理力度、定期开展质量检查，对于发现的问题及时提出整改要求，并予以复查。

第八，提高各级质量管理人员的质量意识，完善质量事故应急处理措施。

安全风险

1. 风险产生原因

第一，公司制度宣贯不力。

第二，公司安全监管系统及各工作系统能力不足。

第三，监管系统及工作系统人员安全意识不够。

2. 风险发生后可能给企业带来的影响为

导致生产安全事故发生，造成人员伤亡和财产损失。

3. 风险监控措施

主要监控措施有：

第一，对安全管理责任目标进行分解

召开安全生产委员会会议，与各子公司主要负责人、区域公司主要负责人签订安全生产责任状，将安全生产责任向下一级进行传递。

第二，履行企业法人安全生产责任、把好安全生产重要关口

1）安全教育培训和安全宣传活动

2）把好安全检查关

根据总体部署，各单位积极开展了各项安全检查工作。

（五）人力资源风险

1. 风险产生原因

第一，公司人才发展战略模糊，人才发展战略脱离企业战略，人才的储备及培养不能满足企业发展的需要。

第二，专业技术人才队伍建设不系统，对专业人才的开发、培训、激励措施不到位。

第三，熟悉海外项目的工程管理、技术、法律及商务等复合型人员的缺乏。

第四，员工的培训、激励、考核体制不健全，薪酬、绩效体系设计不够合理，无法满足员工职业发展及业务工作的需要。

2. 风险发生后可能给企业带来的影响为

第一，企业整体战略目标难以实现，企业竞争力下降，阻碍企业长远发展及新业务领域的拓宽。

第二，专业人才储备不足，员工素质和能力不能适应企业未来发展的需要。

第三，海外复合型人才匮乏，影响企业海外市场的拓展及海外项目的实施。

第四，影响员工的工作积极性及工作效率，造成员工的流失及人才的短缺。

3. 风险监控措施

围绕企业战略目标，合理设计、实施、监测人力资源规划策略；准确预测专业人才的需求，注重专业人才队伍的建设及复合型人才的开发；建立健全人才培养制度，完备考核、薪酬体系，完善员工职业发展平台。

第一，结合企业的发展战略、目标及组织内外环境的变化，合理预测未来的人力资源管理任务，完善人力资源专项规划。

第二，根据企业的发展实力和战略目标，分析企业内部现有人员的状态，准确预测人才需要状况。

第三，坚持内部选聘与外部招募相结合的原则，建立完善的人才配置资源制度，优化人员配置，合理分配专业人才。

第四，完善培训制度，加大专业人才队伍建设的力度，大力开展各类专业技能培训，提高员工业务能力及素质。

第五，建立公平、合理的薪酬管理制度，结合企业实际情况建立全面薪酬与绩效考核体系。

第六，强化激励机制，重视对人才激励，力争做到激励公平，做到多元化激励、差异化激励、人性化激励和长期化激励。

第七，重视员工的个体成长和职业生涯发展，坚持以人为本的用人原则。为员工提供系统的培训、学习机会，提供广阔的成长空间，提高员工主人翁意识，让员工分享到企业成果。

第八，加强企业文化建设，解决困难群体及京外员工各方面后顾之忧，增强企业凝聚力，提升管理效益。

第九，完善企业人力资源管理信息系统。搭建人力资源信息化管理平台，使人员管理工作的业务流程规范化。集成企业人员信息，为人事决策等方面发挥重要作用。

（六）合同管理风险

1. 风险产生原因

第一，市场的不合理竞争环境致使轻信、盲从对方的口头承诺，忽视法律法规效力，合同评审权限不能放松，下属单位为承接项目隐瞒部分合同信息资料。

第二，对合同隐含的风险重视程度不够，缺少必要的风险防范与控制措施，合同管理不到位。

第三，未能在合同中对歧义内容予以明确，办事人员对法律法规及相关专业知识认识深度不够、合同评审工作需要进一步细化。

第四，管理不规范、监控不利。

2. 风险发生后可能给企业带来的影响

第一，导致履约不利，工程不能顺利进行，易发生法律纠纷、诉讼等，给企业带来风险。

第二，给企业带来巨大的风险，项目亏损还会给企业造成经济损失。

第三，需投入更多的人力物力财力去争取缓解被动局面，有可能带来经济损失或法律风险。

第四，给企业带来负面影响和经济损失。

3. 风险监控措施

合同风险是指企业在与项目相关方签订合同的时候由于合同条款内容不合理或疏漏以及合同管理方面所带来的风险，包括合同条款风险和合同管理风险。合同条款方面的风险主要是指在工程款项的支付、工程变更、违约等责任条款方面存在一定的不合理性或者合同条款本身的不严谨导致的风险。合同管理风险是指项目在对合同管理方面存在漏洞或失误导致的不能利用合同条款保护自己的合法利益而带来的风险。

第一，考察签约方资信状况。

第二，对合同条款严格把关。

第三，深入推进项目法务制度。

第四，对海外项目合同进行专项管理。

（七）劳务管理风险

1. 风险产生原因

第一，分包商无法履行合同规定要求给公司项目运营带来的影响。

第二，分包商在施工过程中拖欠农民工工资，导致我方承担连带责任。

第三，项目部劳动力使用无计划性，造成劳动力不足，无法满足现场施工生产的要求。

2. 风险发生后可能给企业带来的影响

第一，容易引发合同法律纠纷，造成企业用工风险。

第二，容易引发群体性事件，给企业带来负面影响。

第三，引发企业用工风险，管理难度加大。

3. 风险监控措施

第一，严格按照《合格劳务分包队伍名录》的准入标准，做好劳务分包队伍的二次考察工作。

要求各单位严格按照《合格劳务分包队伍准入资格标准》对劳务分包队伍进行考察，并严格按照集团年度合格劳务分包队伍名录范围选择使用劳务队伍。通过严把准入关，保证劳务分包队伍的质量。

第二，严肃劳务分包队伍的警示和清出流程。

在劳务分包队伍无法履行合同规定要求，且发生有损社会稳定、公共利益、企业信誉等不良行为，未造成重大损失的，集团将其列入警示名录，提醒各单位谨慎使用，减少类似风险的发生。

在劳务分包队伍无法履行合同规定要求，且发生重大不良行为的、被各级政府、建设行政主管部门明令清出的、给集团造成严重经济和信誉损失的或集团年度考核不合格的，集团将其列入清出名录，在集团范围内严禁使用，杜绝类似风险的发生。

第三，由于劳务分包人员流动性强，管理难度大，应加强过程管理，保证劳务用工合法化；做实劳务管理基础资料，杜绝恶意讨薪事件的发生。

第四，做好劳动力的统计及劳动力用工计划工作。

第六章　国际工程合同制度

第一节　国际工程合同制度概述

一、国际工程的概念和特点

国际工程就是一个工程项目的咨询、融资、采购、承包、管理以及培训等各个阶段和不同工作内容的参与者来自不止一个国家，并且按照国际上通用的工程项目管理理念和方式进行管理的工程。

根据这个定义，我们可以从两个方面去理解国际工程的概念，可以概括为两个市场、两大领域。

（一）两个市场

国际工程包含国内和国外两个市场。国际工程既包括中国公司去海外参与投资和实施的各项工程，又包括国际组织和国外的公司到中国来投资和实施的工程。中国目前是一个开放的市场，加入世界贸易组织（WTO）之后，工程项目市场更加对外开放，在国内也会遇到大量国内习惯称之为"涉外工程"的国际工程，比如云南鲁布革引水工程、二滩水电工程和三峡水利枢纽工程、河南小浪底水利枢纽工程、山西万家寨引黄工程等。所以我们研究国际工程不仅是走向海外的需要，也是适应加入WTO，巩固和占领国内市场的需要。

（二）两大领域

国际上一般将工程项目分为咨询和承包两个领域。

1. 国际工程咨询：包括对工程项目前期的投资机会研究、可行性研究、项目评估、勘测、设计、招标文件编制、监理、管理、后评价等。工程咨询是以高水平的智力劳动为主的行业，一般都是为建设单位——业主一方服务的，也可应承包商聘请为其进行施工管理、成本管理等，但不得在一个工程项目中同时为双方服务。

2. 国际工程承包：包括对工程项目进行投标、施工、设备采购及安装调试、分包、提供劳务等。按照业主的要求，有时也做施工详图设计和部分永久工程的设计。

目前国际上的工程项目，发展出许多新的模式，如将"设计—建造"统一交由一家公司去实施的模式；又如"EPC交钥匙工程"，即将咨询的部分内容和设计、施工、设备采购及安装一并发包，此外还有管理承包等多种模式。

综上所述可以看出，国际工程涵盖着一个广阔的领域，各国际组织、国际金融机构、各国政府等投资方，各咨询公司和工程承包公司等在本国以外地区参与投资和建设的工程的总和，就组成了全世界各个行业、各种专业都会涉及到的国际工程。

二、国际工程合同概念及特点

（一）国际工程合同

国际工程合同是指不同国家的平等主体的自然人、法人、其他组织之间为了实现某个工程项目的特定目的而签订的设立、变更和终止相互民事权利和义务的协议。

由于国际工程是跨国的经济活动，因而国际工程合同比一般的国内合同复杂。

（二）国际工程合同的特点

1. 合同管理是核心。国际工程合同从前期准备（指编制招标文件）、招投标、谈判、修改、签订到实施，都是国际工程中十分重要的环节，合同有关任何一方都不能粗心大意，只有订立一个好的合同才能保证项目的顺利实施。

2. 合同文件内容全面。国际工程合同文件包括合同协议书、中标函、投标书、合同条件、技术规范、图纸、资料表等多个文件。编制合同文件时，各部分的论述都应力求详尽具体，并注意尽可能减少各个文件之间出现的歧义和矛盾，以便在实施中减少争议。

3. 具有完善的合同范本。国际工程咨询和承包在国际上已有上百年历史，经过不断地总结经验，在国际上已经有了一批比较完善的合同范本，这些范本还在不断地修订和完善，可供我们学习和借鉴。

4. 国际工程项目合同管理各具特点。"项目"本身就是不重复的、一次性的活动，国际工程项目由于处于不同的国家和地区、不同的工程类型、不同的资金条件、不同的合同模式、不同的业主和咨询工程师、不同的承包商和供应商，每个项目都是不相同的，每个项目的合同管理也就各具特点。研究国际工程合同管理时，既要研究各国际工程的共性，更要认真研究其特性。

5. 国际工程合同范本中体现了及时调解争议的理念。近年来，各国际组织及一些发达国家的学会新编制的合同范本中，一方面考虑到了合同分担风险，另一方面均不提倡凡有争议就提交仲裁或诉讼，而都增加了"调解人"角色，以便将争议及时通过调解解决，有利于项目的顺利实施。

6. 合同制定时间长，实施时间更长。一个合同实施期短则 1～2 年，长则 20～30 年（如 BOT 项目），因而合同中的任一方都必须十分重视合同的订立和实施，依靠合同来保护自己的权益。

7. 国际工程项目包括多个合同。实施一个国际工程除主合同外，还可能需要签订多个合同，如融资贷款合同、各类货物采购合同、分包合同、劳务合同、联营体合同、技术转让合同、设备租赁合同等其他合同均是围绕主合同，为主合同服务的，但每一个合同的订立和管理都会影响到主合同的实施。

由此可见，合同的制定和管理是搞好国际工程项目的关键，工程项目管理包括进度管理、质量管理与造价管理，而这些管理均是以合同规定和合同管理的要求为依据的。项目任一方都应配备得力人员认真研究合同，管好、用好合同。每一个企业都应尽早地主动培养一批高水平的合同专家，以满足在日益对外开放的国内市场和走向国际市场实施国际工程项目时的需要。

三、国际工程项目建设的一般程序

各国的工程项目建设程序，政府的和私人的项目都各不相同，但大型工程项目一般均包括如下阶段：即"机会研究阶段→可行性研究→项目评估→项目实施准备→工程设计→工程施工与设备安装采购→试车竣工验收及投产→项目后评价"等阶段。

（一）机会研究阶段

机会研究亦称投资机会研究。是进行可行性研究之前的预备性调研，是花费较短的时间和较少的经费，将项目设想变成初步的项目投资建议。机会研究的重点是作投资环境分析，对建设投资和生产成本进行估算，其精确度在±30％左右。机会研究又分为一般机会研究（鉴定某一地区或部门的投资机会）和特定项目的机会研究。

（二）可行性研究

可行性研究又包括预可行性研究、可行性研究和辅助研究三方面的内容。

1. 预可行性研究。也称初步可行性研究。目的是对机会研究阶段提出的项目方案通过技术和经济分析做出鉴别和估价，判断投资建议是否可行，项目是否有必要进行详细的可行性研究。一般预可行性研究需要花费 2～3 个月的时间，投资估算精确度在±20％左右。

2. 可行性研究。也称详细可行性研究。是对预可行性研究确定的项目方案进行全面深入的技术经济论证，为投资决策提供全面扎实的基础。它调查的范围更广泛，数据更准确。其主要内容是对各种可能拟建方案和建成投产后的经济、社会、环境效益进行技术经济分析、预测和论证，以确定项目建设的可行性，并在可行的情况下提出最佳建设方案及建设地点的建议，作为决策及设计的依据。可行性研究报告是业主投资决策、筹措资金和申请贷款的依据，是下一步编制设计文件的依据，投资估算精度在±10％左右。

3. 辅助研究。辅助研究不是一个阶段，而是大型投资项目在可行性研究阶段中进行的专题研究，如市场、原材料供应、项目规模、设备选择等专题。辅助研究可以在可行性研究工作之前或与之同时进行。

（三）项目评估

可行性研究报告完成之后，一般都会由业主委托另一家咨询公司对可行性研究报告进行评估，重点是可行性研究报告的真实性和可靠性。不同的业主对评估的内容可能有不同的要求，如政府部门可能侧重项目的国民经济效益，而私营企业则更注重项目的财务效益，商业银行则更注重还贷能力的评估。一般项目评估包括以下内容：项目目标、资源、项目实施条件、效果以及项目的效益。项目评估对投资估算的精度也在±10％左右。

根据评估报告，业主才能最后确定某个项目是否立项及立项后将开始的各项准备工作，并确定项目投资目标、项目规模、投资额度及建设地点。

（四）项目实施准备

包括确定项目实施模式，组建项目实施班子，筹集资金，确定项目进度要求，办理各种审批手续和工程设计等。

在设计工作开始后的一段时间，由咨询设计单位协助业主进行工程施工招标（包括招标文件准备、资格预审、招标、评标等）、谈判和签订合同等工作。

（五）工程设计

工程设计是项目实施准备的一项重要内容，在国外一般包括概念设计、初步设计、详细设计三个阶段。

1. 概念设计。也称规划设计和方案设计。主要包括项目的设计依据，基础资料，工程总体布置，主要建筑物和设备选型，环保措施，技术经济分析，价格估算和方案比较、评价。

2. 初步设计。根据对概念设计的审查意见和要求编制，应就已确定的方案进行深入的分析和计算，对图纸和技术要求进一步深入研究和细化。

3. 详细设计。即施工详图设计。这部分在国外多半由承包商负责设计，由监理工程师批准即可用于施工。

国外工程有时只做初步设计即开始招标，签订合同后施工详图交给承包商做，目的是早开工，早投产。

（六）工程施工与设备采购安装

工程施工与设备采购安装是在实施阶段同时进行的工作，一般都通过招标方式进行采购，所以在世界银行、亚洲开发银行均称之为工程采购及货物采购。有时可以由一家承包商同时承担这两项工作，有时由业主分开招标，由供应商负责设备的供货、安装和调试。

（七）试车竣工验收及投产

试车包括承包商及其分包商进行工程调试和业主方的试运行两个阶段。在合同文件中应将所有的试车要求均包含在相应的条款和规范中。工程调试的目的是检验安装的设备功能是否达到了设计和规范要求。业主方试运行的目的是确保工程项目按计划安装和运行。业主试运行后项目将正式交付使用。

（八）项目后评价

项目后评价是世界银行贷款项目生命周期中的最后一个阶段，是指在项目投产一年后，按照严格的程序对项目执行全过程进行认真的回顾，总结经验和教训，供下一个项目实施参考。

四、国际工程项目的管理模式

从工程项目的合同关系与组织管理关系的角度看，国际上的工程项目管理模式可以分为以下几种。

（一）传统的项目管理模式（DBB 模式）

即设计-招标-建造（Design-Bid-Build）模式。该管理模式在国际上最为通用，世行、亚行贷款项目及以国际咨询工程师联合会（FIDIC）的合同条件为依据的项目均采用这种模式。最突出的特点是强调工程项目的实施必须按照设计-招标-建造的顺序方式进行。只有一个阶段结束后另一个阶段才能开始。

在 DBB 模式（图 6-1）中，参与项目的主要三方是业主、建筑师/工程师、承包商。

它具有通用性强的优点，因而长期而广泛的在世界各地应用，管理方法较为成熟，各方都对有关程序熟悉；可自由选择咨询、设计、监理方；各方均熟悉使用标准的合同文本，有利于合同管理、风险管理和减少投资。缺点：工程项目要经过规划、设计、施工三个环节之后才移交给业主，项目周期长；业主管理费用较高，前期投入大；变更时容易引起较多的索赔。这种方式在国内已经被大部分人所接受，并且已经在实际应用。

（二）设计—建造模式

设计—建造模式（Design—Build）就是在项目原则确定后，业主只选定唯一的实体负责项目的设计与施工，设计—建造承包商不但对设计阶段的成本负责，而且可用竞争性招标的方式选择分包商或使用本公司的专业人员自行完成工程实施，包括设计和施工等。在这种方式下，业主首先选择一家专业咨询机构代替业主研究、拟定拟建项目的基本要求，授权一个具有足够专业知识和管理能力的人作为业主代表，与设计—建造承包商联系。

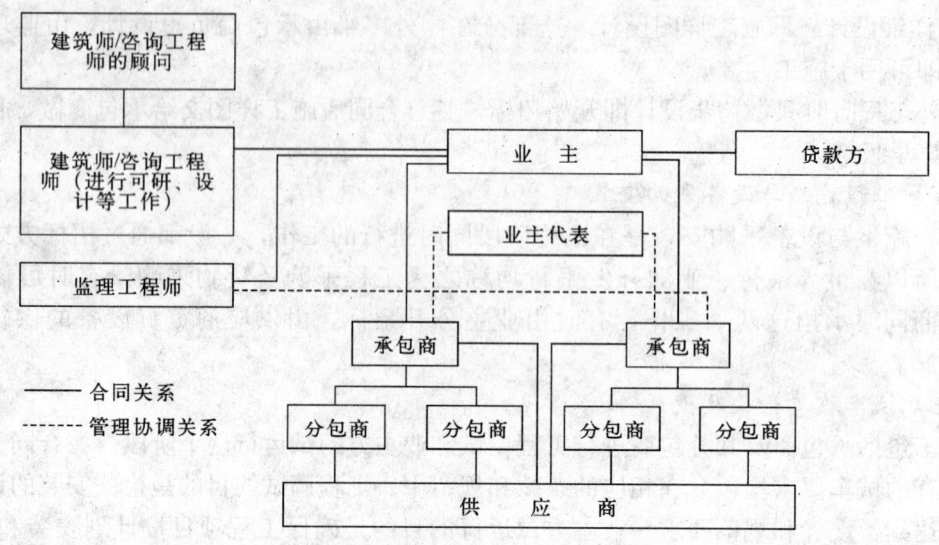

图 6-1   国际上传统的项目管理模式

DB模式（图6-2）的优点是参与项目的三方即业主、设计机构（建筑师/工程师）、承包商在各自合同的约定下，各自行使自己的权利和履行着义务。从而使得三方的权、责、利分配明确，避免了行政部门的干扰。可自由选择咨询设计人员，对设计要求可进行控制，可自由选择监理人员监理工程。

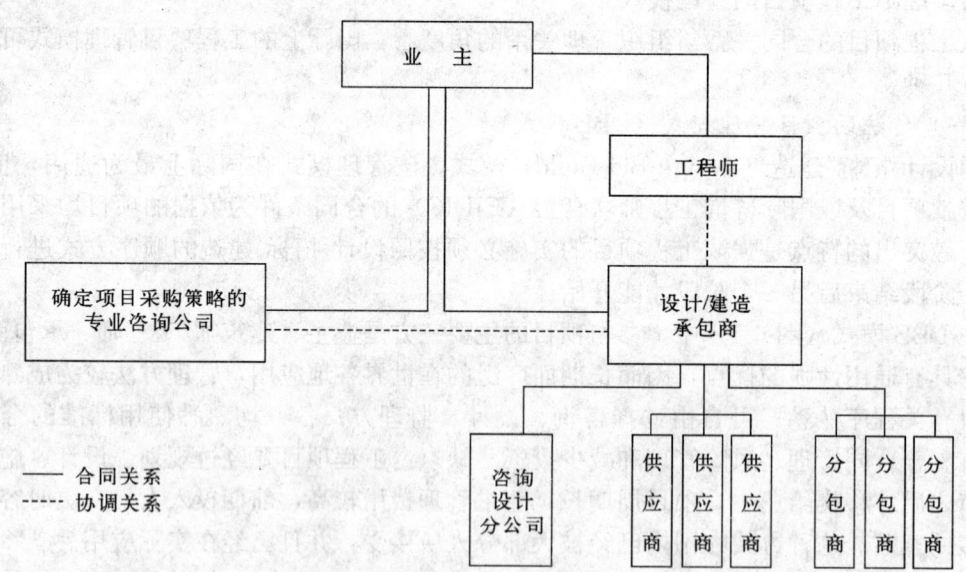

图 6-2   设计—建造模式的组织形式

这种模式也存在着很多不足。在项目管理方面的技术基础是按照线性顺序进行设计、招标、施工的管理，建设周期长，投资成本容易失控，业主单位管理的成本相对较高，设计人员与承包商之间协调比较困难。由于建造商无法参与设计工作，设计"可施工性"差，设计变更频繁，导致设计与施工的协调困难，可能发生争端，业主利益受损。项目周期长，业主管理费较高，前期投入较高，变更时容易引起较多的索赔。

（三）设计—管理模式（Design-Manage）

设计—管理模式是指同一实体向业主提供设计和施工管理服务的工程管理方式。采用设计—管理合同时，业主只签订一份既包括设计也包括类似 CM 服务在内的合同。设计—管理模式（图 6-3）的实现可以有两种形式：一是业主与设计—管理公司和施工总承包商分别签订合同，由设计—管理公司负责设计并对项目的实施进行管理；另一种是业主只与设计—管理公司签订合同，由设计公司分别与各个单独的承包商和供应商签订合同，由他们施工和供货。

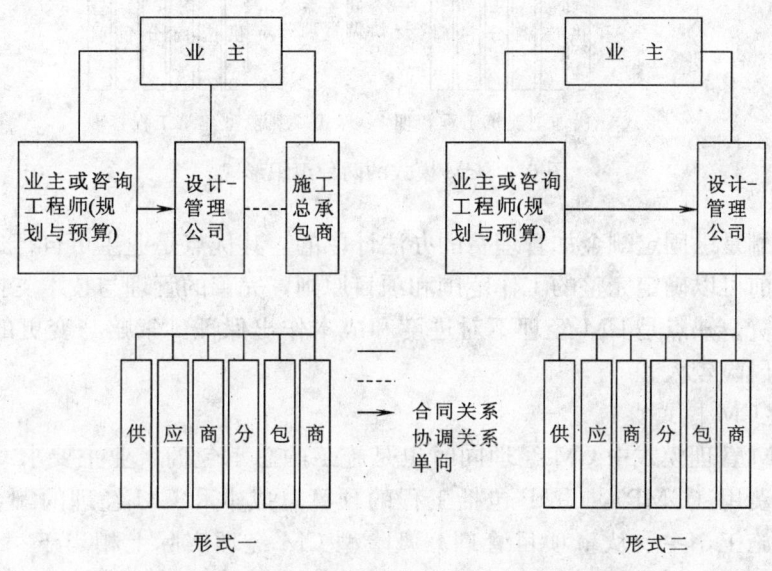

图 6-3　设计—管理模式的两种组织形式

（四）建筑工程管理模式（Construction Management Approach，CM 模式）

这种方式又称阶段发包方式，业主在项目开始阶段就雇用施工经验丰富的咨询人员即 CM 经理，参与到项目中来，负责对设计和施工整个过程的管理。它打破过去那种待设计图纸完全完成后，才进行招标建设的连续建设生产方式。其特点是：由业主和业主委托的工程项目经理与工程师组成一个联合小组共同负责组织和管理工程的规划、设计和施工。完成一部分分项（单项）工程设计后，即对该部分进行招标，发包给一家承包商，无总承包商，由业主直接按每个单项工程与承包商分别签订承包合同。其优点是可以缩短工程从规划、设计、施工到交付业主使用的周期，节约建设投资，减少投资风险，业主可以较早获得效益。缺点是分项招标导致承包费用较高，因而要做好分析比较，认真研究分项工程的数目，选定最优结合点。CM 模式（图 6-4）又可以分为代理型 CM 模式和风险型 CM 模式。

1. 代理型 CM 模式

该模式下业主所关心的问题与 DBB 模式并没有什么不同，但其对 CM 经理的选择会在很大程度上影响业主的利益，因此业主在认真进行资格审查的基础上选择适当的 CM 经理是非常重要的。这种模式中 CM 经理可以提供项目某一阶段的服务，也可以是整个过程的服务。CM 经理的工作是负责协调设计和施工之间及不同承包商之间的关系。项目

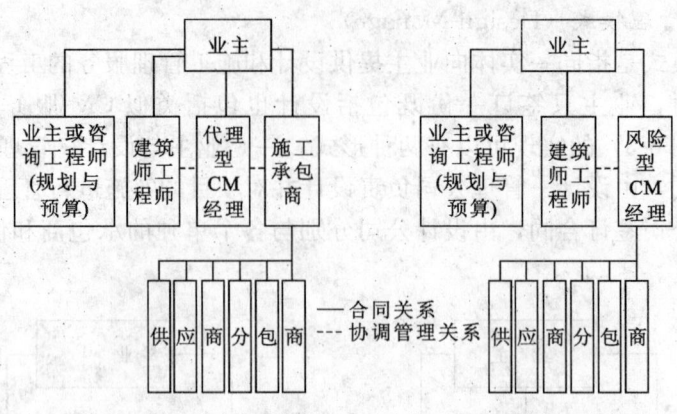

形式一:代理型建筑工程管理　　形式二:风险型建筑工程管理

图 6-4　CM 模式的两种组织形式

管理公司的报酬是以固定酬金加管理费的办法计取的。其优点是业主可自行选定工程咨询人员,在招标前可以确定完整的工作范围和项目原则,完善的管理与技术支持,可以缩短工期,节省投资。缺点是 CM 经理不对进度和成本作出保证,索赔与变更的费用可能较高,因而业主风险较大。

2. 风险型 CM 模式

风险型 CM 管理模式中 CM 经理同时也是施工的总承包商,业主要求 CM 经理提出保证最大工程费用(GMP),GMP 包括工程的预算总成本和 CM 经理的酬金,CM 经理不从事设计和施工,主要从事项目管理。风险型 CM 经理实际上相当于一个总承包商,它与各专业承包商之间有着直接的合同关系,并负责使工程以不高于 GMP 的成本竣工。其优点是:可提前开工并提前竣工,业主任务较轻,风险较小。其缺点是总成本中包含设计和投标的不确定因素,选择风险型 CM 公司比较困难。

(五)设计—采购—施工/交钥匙模式(EPC/Turnkey 模式)

设计—采购—施工/交钥匙模式是一种简练的工程项目管理模式,即由承包商为业主提供包括项目科研、融资、土地购买、设计、施工直到竣工移交给业主的全套服务。采用此模式,在工程项目确定之后,业主只需选定负责项目的设计与施工的实体——交钥匙的承包商,该承包商对设计、施工及项目完工后试运行全部合格的成本负责。项目的供应商与分包商仍须在业主的监督下采取竞标的方式产生。

EPC 总承包/交钥匙模式(图 6-5)之所以在国际上被普遍采用,是因为和其他项目管理模式相比,具有明显的优点:能充分发挥设计在建设过程中的主导作用,有利于整体方案的不断优化;项目实施过程中保持单一的合同责任,在项目初期预先考虑施工因素,减少管理费用;能有效地克服设计、采购、施工相互制约和脱节的矛盾,有利于设计、采购、施工各阶段工作的合理深度交叉;由于工程公司实行的是以项目管理为核心的原则,和强有力的手段,能有效地对质量、费用和进度进行综合控制;由于工程公司是长期从事项目总承包和项目管理的永久性专门机构,拥有一大批在这方面具有丰富经验的优秀人才,拥有世界上先进的项目管理集成信息技术,可以对整个建设项目实行全面的、科学的、动态的计算机管理,这是任何临时性的领导小组、指挥部、筹建处和生产厂直接进行

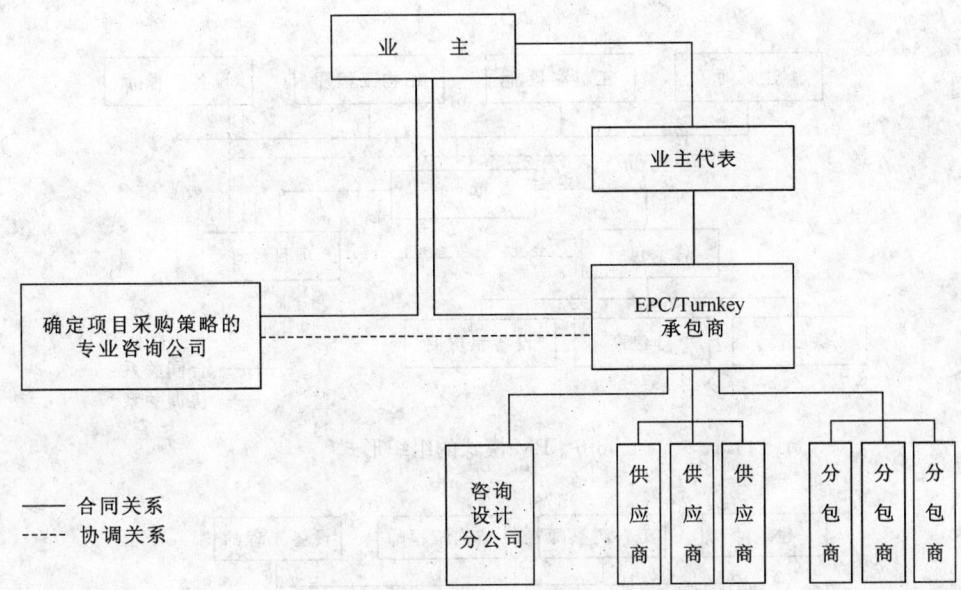

图 6-5　EPC/Turnkey 模式组织形式

项目管理无法实现的,从而达到业主所期望的最佳项目建设目标。

但是这种模式也有其缺点:业主无法参与建筑师、工程师的选择,降低了业主对最终设计和细节的控制力,业主代表担任监理角色,工程设计可能会受分包商的利益影响,由于同一实体负责设计与施工,减弱了工程师与承包商之间的检查和制衡。

(六)项目管理型承包

项目管理型承包即业主聘请专业的项目管理公司,代表业主对工程项目的组织实施进行全过程或若干阶段的管理和服务。由于项目管理型承包承包商在项目的设计、采购、施工、调试等阶段的参与程度和职责范围不同,因此该模式具有较大的灵活性。总体而言,项目管理型承包有两种基本应用模式:

一是业主选择设计单位、施工承包商、供货商,并与之签订设计合同、施工合同和供货合同,委托 PMC 承包商进行工程项目管理。在这种模式中,PMC 承包商作为业主管理队伍的延伸,代表业主对工程项目进行质量、安全、进度、费用、合同等管理和控制。这种情况一般称为工程项目管理服务,即 PM (Project Management) 模式(图 6-6)。

二是业主与项目管理型承包商签订项目管理合同,业主选择或由项目管理型承包商自行选择设计单位、施工承包商、供货商(或其中的部分),最后由项目管理型承包商与之分别签订设计合同、施工合同和供货合同,这种模式亦称为 PMC (Project Management Contracting) 模式(图 6-7)。

(七)BOT 模式

BOT (Build-Operate-Transfer) 即建造-运营-移交模式。这种模式是 80 年代在国外兴起的一种依靠国外私人资本进行基础设施建设的一种融资和建造的项目管理方式,或者说是基础设施国有项目民营化。它是指东道国政府开放本国基础设施建设和运营市场,吸收国外资金,授给项目公司以特许权,由该公司负责融资和组织建设,建成后负责运营及偿还贷款,在特许期满时将工程移交给东道国政府。

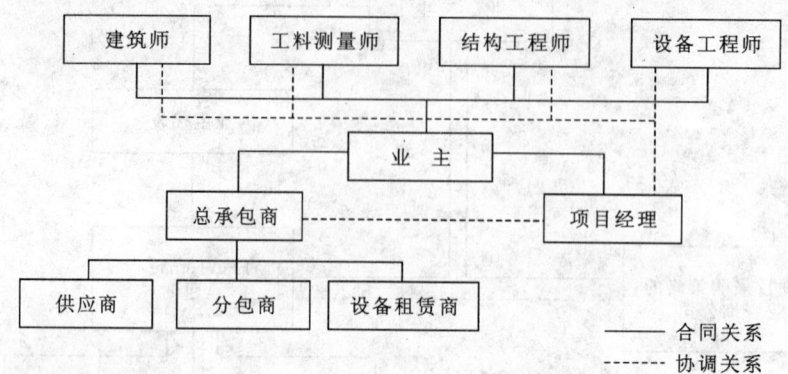

图 6-6　PM 模式的组织形式

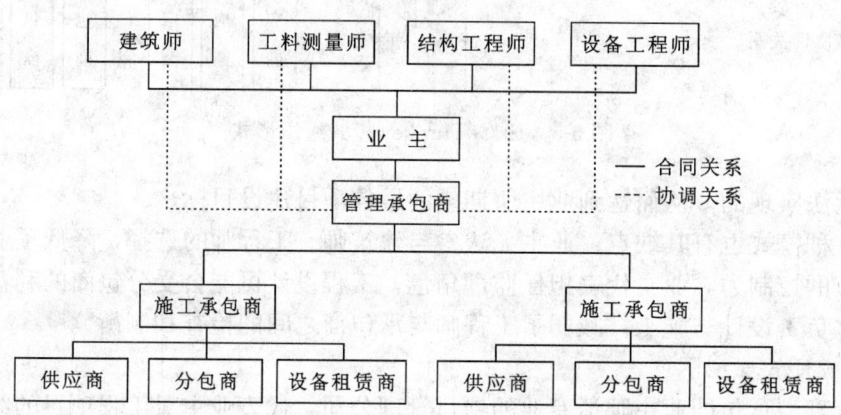

图 6-7　PMC 模式的组织形式

BOT 模式（图 6-8）有其优越性，不仅可以减少东道主国家的外债负担，又可解决基础设施不足和建设资金不足的问题。但也有其不足之处，比如项目发起人必须具备很强的经济实力，资格预审及招投标程序复杂。

五、国际工程承包合同的订立

国际工程承包合同的订立，主要采取招标方式成交。国际招标成交过程，包括招标、投标、开标与中标、签订合同四个阶段。

（一）招标阶段

招标阶段，由招标人向投标人发出要约邀请，通常采用公开招标和选择招标两种方式。公开招标由招标人在国内外报刊上刊登招标广告或通告，邀请愿意承包该项工程的承包人参加投标，是一种无限竞争性招标。选择招标是招标人根据自己的经验和情报，或通过预审程序，有选择地邀请有能力、有资格的承包人参加竞争性投标。

招标需事先做好准备工作，包括确定招标项目，选择代理机构，发布招标通告，进行资格预审，组织投标人到现场勘察，确定标底等项工作，然后，向资格预审合格的当事人发出招标文件进行招标。

招标文件一般应包括合同条件、技术细节和投标须知三个部分，并须规定：招标人没

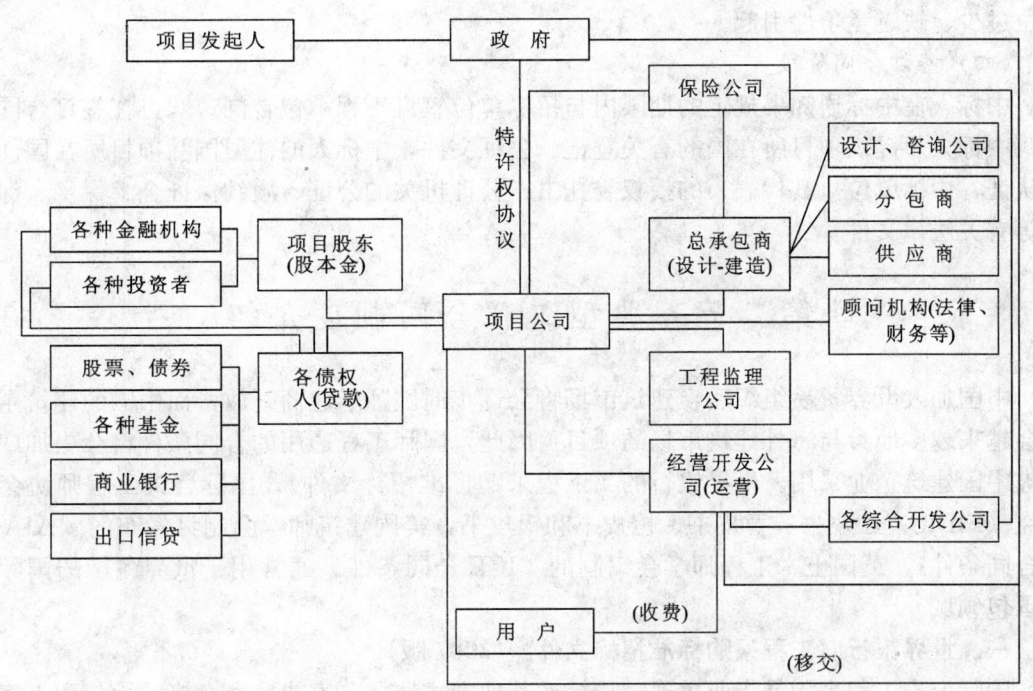

图 6-8　BOT 模式典型结构框架

有义务接受最低标价或任何投标；保留要求投标人澄清其投标内容的权利；给予本国投标人以优惠待遇的声明；发现承包人或其雇员在与合同有关问题上有贪污、贿赂行为，招标人有权解除合同。

（二）投标阶段

投标阶段，由投标人向招标人发出要约。投标者在收到招标文件后，首先应填制资格预审调查表，进行现场调查研究，确定担保单位，选择咨询单位，分析招标文件、核定工作量，确定费用依据、利润方针和报价依据；然后，编制报价书或投标文件。投标文件的内容，包括投标书及附录、投标保证书、价格表、主要工程进度表、交付办法和交付时间表、施工方案、施工组织机构及拟任命的主要管理人及简历、人力安排曲线图，对完成特定任务的体制和方案的说明等；最后，再按照招标文件上规定的条件向招标人发出投标要约。投标书寄出后，投标人可在标书寄出若干天内将其撤回或修改。为防止投标人不适当地撤回投标，除规定期限外，还应要求投标人提供担保人和保证金。

（三）开标与中标阶段

包括开标、评标、定标、废标四个环节。开标是指在规定的时间和地点，运用公开开标、有限开标或秘密开标方式，将每个投标人及其标价予以公布。评标是由招标人对投标书进行审查、评价、比较，从中择优选出二三家标价低、报价条件基本相同的投标人进行谈判，或要求他们再次报价，以促使投标人降低标价、提高履约质量。定标是在评标的后期，由发包人向最终选定的投标人发出中标通知书，中标者接到通知后在规定的时间内向招标人提交履约保证书。废标是指拒绝全部投标。这种情况，可能由标价超过标底或投标单位过少、缺乏竞争性引起。

（四）签订合同阶段

中标人在中标通知书规定的期限内与招标单位签订工程承包合同。双方在签订合同之前，中标人须提供项目所在国的有关登记、公证文件，中标人的注册国驻项目所在国使馆的认证，中标单位对其代表人的授权委托书、公证机关的公证、履约保证金、保函、保险单等有关法律文件。

第二节 典型工程合同制度介绍

中国加入世界贸易组织后，建筑市场将会逐步向国际承建商开放，而中国的建筑企业亦会越来越多地参与海外建筑市场的项目。因此，国际工程通用的合同条件将会更加广泛地被中国建筑企业采用。世界银行的《工程采购标准招标文件》，国际咨询工程师协会菲迪克（FIDIC）红皮书、黄皮书、橙皮书和银皮书，美国建筑师学会制订发布的《AIA 系列合同条件》，英国土木工程师学会编制的《ICE 合同条件》通常用于世界各国的国际工程承包领域。

一、世界银行《工程采购标准招标文件》（2007 版）

国际上，工程采购是指业主通过招标或其他方式选择一家或数家合格的承包商来完成工程项目的全过程。也就是包括编制招标文件、进行招标评标、谈判和签订合同，在项目实施期间进行合同管理等内容。世界银行贷款项目的工程采购、货物采购及咨询服务的有关招标采购文件是国际上最通用的、传统管理模式的文件，也是典型的、权威性的文件。世行的各种文件是世行近半个世纪采购经验的结晶，是高水平的国际工程合同管理文件。通过对世行招标采购文件的学习，了解和熟悉工程采购的国际惯例，加快我国项目管理方面与国际接轨。

世界银行工程采购的标准招标文件（Standard Bidding Documents，缩写为 SBD）最新版本为 2007 年编制。世行编制的工程采购的 SBD 有以下规定和特点：

SBD 在全部或部分世行贷款额超过 1 千万美元的项目中必须强制性使用；只有经过世行批准同意后才可以采用其他的招标文件。

SBD 中的"投标人须知"和合同条件第一部分——"通用合同条件"对任何工程都是不变的，如需修改，可放在"招标数据表"和"专用合同条款"中修改。使用该文件的所有较重要的工程均应进行资格预审，否则，经世行预先同意，可在评标时进行资格后审。

对超过 5 千万美元的合同（包括不可预见费）需强制采用三人争端审议委员会（DRB）的方法而不宜由工程师来充当准司法（quasi-judicial）的角色。低于五千万美元的项目的争端处理办法由业主自行选择，可选择三人 DRB，或一位争端审议专家（DRE），或提交工程师作决定，但工程师必须独立于业主之外。

该招标文件适用于单价合同。如欲将之用于总价合同，必须对支付方法、调价方法、工程量表、进度表等重新改编。

2007 年新发布使用的"工程采购标准招标文件"是基于该文件的 2006 年 5 月版编制的。主要包括以下三大部分九节的内容。如表 6-1 所示。

2007 版世行工程采购标准招标文件组成　　　　　　　　表 6-1

三大部分	节	内容	备　注
第一部分 招标程序	第一节	投标人须知	共包括六部分 41 条内容，不允许改动
	第二节	招标资料表	会对具体工程项目业主可对"投标人须知"不能满足要求的地方在此补充
	第三节	评标和资格标准	
	第四节	投标书格式	
	第五节	合格国家	
第二部分 工程要求	第六节	工程要求	该部分主要内容包括工程的范围、规范、图纸和补充的资料。
第三部分 合同条件和 合同格式	第七节	通用合同条件	全文采用 2006 年 3 月出版的 FIDIC《施工合同条件》（多边发展银行协调版）
	第八节	专业条件	FIDIC《施工合同条件》（多边发展银行协调版）专用合同条件包括：A 部分-合同数据表、B 部分-特定条款。
	第九节	专用合同条件 附录-合同格式	包括授予合同通知、合同协议书、履约保函、预付款保函、保留金保函等内容。

二、FIDIC 合同条件

（一）FIDIC 合同条件概述

1. FIDIC 简介

FIDIC 是指国际咨询工程师联合会法语的缩写，读"菲迪克"，它是国际工程咨询行业的权威性非官方组织，是一个国际性的非官方组织，英文名称是 International Federation of Consulting Engineers。FIDIC 成立于 1913 年。最初的成员是欧洲境内的英国、法国、比利时 3 个独立的咨询工程师协会。1959 年，美国、南非、澳大利亚和加拿大也加入了联合会，FIDIC 从此打破了地域的划分，成为了一个真正的国际组织，目前已发展到世界各地 70 多个国家和地区。中国在 1996 年正式加入了 FIDIC。

2. FIDIC 合同条件

FIDIC 合同条件（FIDIC 土木工程施工合同条件）就是国际上公认的标准合同范本之一。由于 FIDIC 合同条件的科学性和公正性而被许多国家的雇主和承包商接受，又被一些国家政府和国际性金融组织认可，被称作国际通用合同条件。FIDIC 合同条件是由国际工程师联合会（FIDIC）和欧洲建筑工程委员会在英国土木工程师学会编制的合同条件（即 ICE 合同条件）基础上制定的。

FIDIC 合同条件有如下几类：一是雇主与承包商之间的缔约，即《FIDIC 土木工程施工合同条件》，因其封皮呈红色而取名"红皮书"，有 1957、1969、1977、1987、1999 年五个版本，1999 年新版"红皮书"与前几个版本在结构、内容方面有较大的不同；二是雇主与咨询工程师之间的缔约，即《FIDIC/咨询工程师服务协议书标准条款》，因其封面呈银白色而被称为"白皮书"；三是雇主与电气/机械承包商之间的缔约，即《FIDIC 电气与机械工程合同条件》，因其封面呈黄色而得名"黄皮书"，1963 年出了第一版"黄皮书"，1977 年、1987 年出两个新版本；四是其他合同，如为总承包商与分包商之间缔约提供的范本，《FIDIC 土木工程施工分包合同条件》，为投资额较小的项目雇主与承包商提供的《简明合同格式》，为"交钥匙"项目而提供的《EPC 合同条件》。上述合同条件中，"红皮书"的影响最大，素有"土木工程合同的圣经"之誉。

为了适应国际工程建筑市场的需要，FIDIC 于 1999 年出版了一套新型的合同条件，旨在逐步取代以前的合同条件。这套新版合同条件共四本，它们是：

《施工合同条件》（Conditions of Contract for Construction）（新红皮书，1999 年第 1 版）；

《生产设备与设计——施工合同条件》（Conditions of Contract for Plant and Design-Build）（新黄皮书，1999 年第 1 版）；

《设计采购施工（EPC）/交钥匙工程合同条件》（Conditions of Contract for EPC/Turnkey Projects）（银皮书，1999 年第 1 版）；

《简明合同格式》（Short Form of Contract）（绿皮书，1999 年第 1 版）。

但在实际上，它们都是以往各种版本的改进和提高，其本质仍是一脉相承，在许多合同基本原则上仍继承了长期形成的理论和实践。这四本新版合同条件将逐步取代原来的版本而在国际上使用。

在 1999 新版的 4 本合同条件中，除《简明合同格式》标准文本以外，其他 3 本均将条款总数归纳为 20 个主题条款，使这 3 个合同文本的条款结构协调一致，纲目分明，便于参照比较。而《简明合同格式》的主题条款，被压缩为 15 条。4 本新版合同条件主题条款结构见表 6-2。

新版合同条件主题条款表　　　　　　　　　　表 6-2

主条款序号	新红皮书	新黄皮书	银皮书	绿皮书
1	一般规定	一般规定	一般规定	1. 一般规定
2	雇主	雇主	雇主	2. 雇主
3	工程师	工程师	雇主的管理	3. 雇主代表
4	承包商	承包商	承包商	4. 承包商
5	指定的分包商	设计	设计	5. 由承包商设计
6	职员和劳工	职员和劳工	职员和劳工	6. 雇主的责任
7	生产设备、材料和工艺	生产设备、材料和工艺	生产设备、材料和工艺	
8	开工、延误和暂停	开工、延误和暂停	开工、延误和暂停	
9	竣工试验	竣工试验	竣工试验	7. 竣工时间
10	雇主的接收	雇主的接收	雇主的接收	8. 接收
11	缺陷责任	缺陷责任	缺陷责任	9. 修补缺陷
12	测量和估价	竣工后试验	竣工后试验	
13	变更和调整	变更和调整	变更和调整	10. 变更和索赔
14	合同价格和付款	合同价格和付款	合同价格和付款	11. 合同价格和付款
15	由雇主终止	由雇主终止	由雇主终止	12. 违约
16	由承包商暂停和终止	由承包商暂停和终止	由承包商暂停和终止	
17	风险与职责	风险与职责	风险与职责	13. 风险与职责
18	保险	保险	保险	14. 保险
19	不可抗力	不可抗力	不可抗力	
20	索赔、争端和仲裁	索赔、争端和仲裁	索赔、争端和仲裁	15. 争端的解决

（二）《FIDIC 建设工程施工合同》主要内容

因篇幅的限制本部分仅介绍"新红皮书"的相关内容。

《FIDIC 建设工程施工合同》主要分为七大类条款。

1. 一般性条款。一般性条款包括下述内容：（1）招标程序。招标程序包括合同条件、规范、图纸、工程量表、投标书、投标者须知、评标、授予合同、合同协议、程序流程图、合同各方、监理工程师等；（2）合同文件中的名词定义及解释；（3）工程师及工程师代表和他们各自的职责与权力；（4）合同文件的组成、优先顺序和有关图纸的规定；（5）招投标及履约期间的通知形式与发往地址；（6）有关证书的要求；（7）合同使用语言；（8）合同协议书。

2. 法律条款。法律条款主要涉及：合同适用法律；劳务人员及职员的聘用、工资标准、食宿条件和社会保险等方面的法规；合同的争议、仲裁和工程师的裁决；解除履约；保密要求；防止行贿；设备进口及再出口；强制保险；专利权及特许权；合同的转让与工程分包；税收；提前竣工与延误工期；施工用材料的采购地等内容。

3. 商务条款。商务条款系指与承包工程的一切财务、财产所有权密切相关的条款，主要包括：承包商的设备、临时工程和材料的归属，重新归属及撤离；设备材料的保管及损坏或损失责任；设备的租用条件；暂定金额；支付条款；预付款的支付与扣回；保函，包括投标保函、预付款保函、履约保函等；合同终止时的工程及材料估价；解除履约时的付款；合同终止时的付款；提前竣工奖金的计算；误期罚款的计算；费用的增减条款；价格调整条款；支付的货币种类及比例；汇率及保值条款。

4. 技术条款。技术条款是针对承包工程的施工质量要求、材料检验及施工监督、检验测量及验收等环节而设立的条款，包括：对承包商的设施要求；施工应遵循的规范；现场作业和施工方法；现场视察；资料的查阅；投标书的完备性；施工制约；工程进度；放线要求；钻孔与勘探开挖；安全、保卫与环境保护；工地的照管；材料或工程设备的运输；保持现场的整洁；材料、设备的质量要求及检验；检查及检验的日期与检验费用的负担；工程覆盖前的检查；工程覆盖后的检查；进度控制；缺陷维修；工程量的计量和测量方法；紧急补救工作。

5. 权利与义务条款。权利与义务条款包括承包商、业主和监理工程师三者的权利和义务：

（1）承包商的权利。承包商的权利包括：1）有权得到提前竣工奖金；2）收款权；3）索赔权；4）因工程变更超过合同规定的限值而享有补偿权；5）暂停施工或延缓工程进度速度；6）停工或终止受雇；7）不承担业主的风险；8）反对或拒不接受指定的分包商；9）特定情况下的合同转让与工程分包；10）特定情况下有权要求延长工期；11）特定情况下有权要求补偿损失；12）有权要求进行合同价格调整；13）有权要求工程师书面确认口头指示；14）有权反对业主随意更换监理工程师。

（2）承包商的义务。承包商的义务包括：1）遵守合同文件规定，保质保量、按时完成工程任务，并负责保修期内的各种维修；2）提交各种要求的担保；3）遵守各项投标规定；4）提交工程进度计划；5）提交现金流量估算；6）负责工地的安全和材料的看管；7）对其由承包商负责完成的设计图纸中的任何错误和遗漏负责；8）遵守有关法规；9）为其他承包商提供机会和方便；10）保持现场整洁；11）保证施工人员的安全和健康；

12）执行工程师的指令；13）向业主偿付应付款项（包括归还预付款）；14）承担第三国的风险；15）为业主保守机密；16）按时缴纳税金；17）按时投保各种强制险；18）按时参加各种检查和验收。

（3）业主的权利。包括：1）业主有权不接受最低标；2）有权指定分包商；3）在一定条件下可直接付款给指定的分包商；4）有权决定工程暂停或复工；5）在承包商违约时，业主有权接管工程或没收各种保函或保证金；6）有权决定在一定的幅度内增减工程量；7）不承担承包商因发生在工程所在国以外的任何地方的不可抗力事件所遭受的损失（因炮弹、导弹等所造成的损失例外）；8）有权拒绝承包商分包或转让工程（应有充足理由）。

（4）业主的义务。包括：1）向承包商提供完整、准确、可靠的信息资料和图纸，并对这些资料的准确性负完全的责任；2）承担由业主风险所产生的损失或损坏；3）确保承包商免于承担属于承包商义务以外情况的一切索赔、诉讼、损害赔偿费、诉讼费、指控费及其他费用；4）在多家独立的承包商受雇于同一工程或属于分阶段移交的工程情况下，业主负责办理保险；5）按时支付承包商应得的款项，包括预付款；6）为承包商办理各种许可，如现场占用许可，道路通行许可，材料设备进口许可，劳务进口许可等；7）承担疏浚工程竣工移交后的任何调查费用；8）支付超过一定限度的工程变更所导致的费用增加部分；9）承担在工程所在国发生的特殊风险以及任何其他地区因炮弹、导弹对承包商造成的损失的赔偿和补偿；10）承担因后继法规所导致的工程费用增加额。

（5）监理工程师的权利。监理工程师可以行使合同规定的或合同中必然隐含的权利，主要有：1）有权拒绝承包商的代表；2）有权要求承包商撤走不称职人员；3）有权决定工程量的增减及相关费用；有权决定增加工程成本或延长工期；有权确定费率；4）有权下达开工令、停工令、复工令（因业主违约而导致承包商停工情况除外）；5）有权对工程的各个阶段进行检查，包括已掩埋覆盖的隐蔽工程；6）如果发现施工不合格情况，监理工程师有权要求承包商如期修复缺陷或拒绝验收工程；7）承包商的设备、材料必须经监理工程师检查，监理工程师有权拒绝接受不符合规定标准的材料和设备；8）在紧急情况下，监理工程师有权要求承包商采取紧急措施；9）审核批准承包商的工程报表的权力属于监理工程师，付款证书由监理工程师开出；10）当业主与承包商发生争端时，监理工程师有权裁决，虽然其决定不是最终的。

（6）监理工程师的义务。监理工程师作为业主聘用的工程技术负责人，除了必须履行其与业主签订的服务协议书中规定的义务外，还必须履行其作为承包商的工程监理人而尽的职责，FIDIC条款针对监理工程师在建筑与安装施工合同中的职责规定了以下义务：1）必须根据服务协议书委托的权利进行工作；2）行为必须公正，处事公平合理，不能偏听偏信；3）应虚心听取业主和承包商两方面的意见，基于事实作出决定；4）发出的指示应该是书面的，特殊情况下来不及发出书面指示时，可以发出口头指示，但随后以书面形式予以确认；5）应认真履行职责，应根据承包商的要求及时对已完工程进行检查或验收，对承包商的工程报表及时进行审核；6）应及时审核承包商在履约期间所做的各种记录，特别是承包商提交的作为索赔依据的各种材料；7）应实事求是地确定工程费用的增减与工期的延长或压缩；8）如因技术问题需同分包商打交道时，须征得总承包商同意，并将处理结果告之总承包商。

6. 违约惩罚与索赔条款。违约惩罚与索赔是 FIDIC 条款的一项重要内容，也是国际承包工程得以圆满实施的有效手段。采用工程承发包制实施工程的效果之所以明显优于其他方法，根本原因就在于按照这种制度，当事人各方责任明确，赏罚分明。FIDIC 条款中的违约条款包括两部分，即业主对承包商的惩罚措施和承包商对业主拥有的索赔权。

惩罚措施因承包商违约或履约不力，业主可采取以下惩罚措施：（1）没收有关保函或保证金；（2）误期罚款；（3）由业主接管工程并终止对承包商的雇用。

索赔条款：索赔条款是根据关于承包商享有的因业主履约不力或违约，或因意外因素（包括不可抗力情况）蒙受损失（时间和款项）而向业主要求赔偿或补偿权利的契约性条款。这方面的条款包括：（1）索赔的前提条件或索赔动因；（2）索赔程序、索赔通知、同期纪录、索赔的依据、索赔的时效和索赔款项的支付等。

7. 附件和补充条款。FIDIC 条款还规定了作为招标文件的文件内容和格式，以及在各种具体合同中可能出现的补充条款。

附件条款：附件条款包括投标书及其附件、合同协议书。

补充条款：补充条款包括防止贿赂、保密要求、支出限制、联合承包情况下的各承包人的各自责任及连带责任，关税和税收的特别规定等五个方面内容。

（三）FIDIC 合同条件解读

1. FIDIC《施工合同条件》（1999 年第 1 版）

在这种合同形式下，业主负责工程的设计工作，承包商按照业主提供的设计进行施工，但也可能负责小量的施工图设计，比如由承包商设计的土木、机械、电气和构筑物的某些部分。适用于业主任命工程师监理合同的房屋建筑和各类工程的施工项目。《施工合同条件》属于单价合同，但也有某些子项包干价格。工程款按实际完成工程量乘以单价进行结算。一般情况下，单价可随各类物价的波动而调整。在管理方式上由业主委派监理"工程师"管理合同，监督工程的进度、质量、签发支付证书、接收证书和履约证书以及处理合同管理中的有关事项。

国际工程承包市场属于"买方市场"，工程承包的风险主要落在承包商方面，这是不争的事实，也是承包商应具备清晰的风险意识的根本原因。随着市场经济的不断完善，这种风险分配比例应该逐渐向合理公正化的方向发展，而 1999 年新版红皮书在这方面作了重大的改进和完善，主要可归纳为以下 6 点：

（1）承包风险的分配进一步趋向合理

为了避免承包商遭遇工程款支付没有保证的风险，新红皮书第 2.4 条明确规定，承包商有权要求业主通报工程资金落实的情况。而"业主应在收到承包商的任何要求 28 天内，提出其已做并将维持的资金安排的合理说明，……能够按照第 14 条的规定支付合同价格。"这样的规定在红皮书第 4 版中是没有的。

当合同双方中的任何一方有违约行为，非违约方有权提出终止合同。在新红皮书中第 16 条专门提出了"由承包商暂停和终止"的专项条款。如果业主延误支付工程款时，承包商有权暂停施工，甚至有权终止合同。

索赔是合同双方都享有的合同权利。承包商有权按合同规定向业主提出索赔，业主也有权就承包商的违约向承包商索赔。后一种索赔习惯上被称作"反索赔"（Counter Claims）。在新红皮书第 2.5 条中，明确提出了"雇主的索赔"专项条款，以维护业主的利益。

对于敏感的合同问题——承包商的索赔，在很多的情况下，工程师和业主不予置理；或有意拖延；或口头允诺完工后再谈，但工程完工后则不了了之等。在新红皮书中，对承包商索赔要求明确了回答的限期，如第 20.1 条所述："工程师在收到索赔报告或对过去索赔的任何进一步说明后 42 天内……做出回应，表示批准或不批准并附具意见。……在上述期限内对索赔的原则做出回应。"

(2) 对新费率的确定设立了标准

在单价合同中，单价或费率是工程款额大小的决定因素。确定新的、较高的单价，是承包商增加收入的来源，也是业主增加工程投资的根源，因此为合同双方密切关注，经常成为合同争端的焦点。因此，在标准合同条件中明确规定确定新单价或费率的条件，实属必需。新红皮书很好地解决了这一问题，它在第 12.3 条估价（Evaluation）中对确定新费率或单价（A new rate or price）做出了这样的规定：

"在以下情况下，宜对有关工作内容采用新的费率或价格：

① 该项工作测出的数量变化超过工程量表或其他资料表中所列数量的 10% 以上，

② 此数量变化与该项工作上述规定的费率的乘积，超过中标合同金额的 0.01%，

③ 此数量变化直接改变该项工作的单位成本（cost per unit quantity）超过 1%，

④ 合同中没有规定该项工作为'固定费率项目'……"

在同时满足以上诸条件的情况下，就应该确定一个新单价。第 12.3 条中对此还做了其他的详细规定，这对合同的顺利实施提供了基础。而且总的来说，较以往诸版红皮书的有关规定对承包商比较有利。

(3) 对变更和调整提出了新论点

新红皮书第 13 条"变更与调整"（Variations and Adjustments）提出了很重要的规定，在这里不仅对变更的程序，还对因法律改变和成本改变的调整（第 13.3，13.7 和 13.8 条）做出了具体规定，还提出了有关变更的新论点——价值工程（第 13.2 条，Value Engineering）。

众所周知，承包商在实施合同过程中有 3 个增加收入的途径，即工程变更，价格调整，以及施工索赔。第 13 条即对其中的两个途径做出了明确的规定，应该受到承包商的重视。

在变更的程序中（第 13.3 条）指出，承包商对工程变更可以提出"实施的进度计划，竣工时间的要求"，以及"对变更估价的建议书，即费用方面的要求"，"工程师收到此类建议书以后，应尽快给予批准、不批准、或提出意见的回复"。这就是说，工程师在下达工程变更指令（Variation Order）时，应尽快地明确有关工期是否延长及费率如何变更的问题，不能像以前那样久拖不决。

价值工程的提出，在 FIDIC 历版合同条件中是首次。这反映出对承包商合理化建议的重视，无疑对项目的质量、成本和工期有正面的良好作用，亦对项目合同双方的协作有积极意义。第 13.2 条说："承包商可随时向工程师提交书面建议，提出他认为采纳后将（Ⅰ）加快竣工，（Ⅱ）降低雇主工程施工、维护或运行的费用，（Ⅲ）提高雇主竣工工程的效率或价值，或（Ⅳ）给雇主带来其他利益的建议。"

"假如此项改变导致该部分的合同价值减少，工程师应按照第 3.5 款（确定，Determinations）的规定，商定或确定应包括在合同价格内的费用。此项费用应为雇主纯

收益的 50%"。也就是说，承包商的合理化建议如被采纳，其所创造的经济效益由业主和承包商均等分配。这一原则规定，在国际工程合同条件标准文本中是空前的。

在工程变更方面，新红皮书取消了第 4 版的第 52.3 条（变更费用超过 15%）的规定。这一条在第 3 版中的限额是 10%。实践经验证明，第 3，4 版中的这一规定极少应用，而且在具体应用时经常令人感到含义不够明确，不易操作。该条款规定，当变更费用超过"有效合同价"（Effective Contract Price）的 15% 或 10% 时，"应在合同价上增加或减少一个款额……"，而没有说明"这一另外的款额"（Such further Sum）如何具体确定，以及在什么情况下要加入合同价，在什么情况下应从合同价中减去，因此经常引起承包商与工程师之间的争议。

（4）对拖期支付提出了明确规定

新红皮书第 14.8 条"延误的付款"（Delayed payment）写道："如果承包商没有在按照第 14.7 款'付款'规定的时间收到付款，承包商应有权就未付款额按月计算复利，收取延误期的融资费用（Financing Charges）……此融资费用应以高出支付货币所在国中央银行的贴现率 3% 的年利率进行计算，并应用同种货币支付。"

众所周知，以前诸版的红皮书"通用条件"中只是原则性地规定要对拖期支付进行计息，却从未在通用条件中对此事做出如此明确的具体规定，这对合同的顺利实施大有裨益。

（5）对质量保证提出了更高的要求

国际工程的承包施工发展趋势，是采用新科研成果、新施工技术，以及对生产设备和施工的质量提出很高的要求。

在新红皮书第 4.9 条中专门提出质量保证（Quality Assurance）问题，规定："承包商应建立质量保证体系，以证实符合合同要求。该体系应符合合同的详细规定。工程师有权对体系的任何方面进行审查。"

对于生产设备和材料的质量要求，在第 7 条（生产设备、材料和工艺）中做出了明确的规定。第 7.5 条规定："如果检查、检验、测量或试验的结果，发现任何生产设备、材料或工艺有缺陷，或不符合合同要求，工程师可以通知承包商，说明理由，拒收上述生产设备、材料或工艺。承包商应立即修复缺陷，并保证上述被拒收的项目符合合同规定。"

一般情况下，一个项目的质量标准和技术要求在作为合同文件组成部分的技术规程（Specifications）中都有具体的规定。承包商应仔细研究此技术规程，使自己的编标报价工作能够比较准确，也使自己的施工工作能够符合合同文件对质量的要求。

作为一个国际工程的承包商，应建立起自己健全的质量保证体系，得到质量保证体系检验机构的检查认证，如 ISO 9000 系列标准和环境质量系列标准。近年来，这些系列标准的认证书已成为承包商资格审查的必备文件。没有取得质量保证系列认证书的承包商，往往被排除购买招标文件的机会。

（6）为解决合同争端建立专门的组织

红皮书第 4 版第 67 条对"合同争端的解决"中，着重于通过工程师的调解予以友好解决，如友好解决无效，则可提交仲裁（Arbitration）。世界银行在采用 FIDIC 第 4 版的《通用条件》（General Conditions）过程中，对解决合同争端提出了组建"争端评审委员会"（Disputes Review Board，简称 DRB）的办法，取得了很好的效果。这是介于"友好解决"和"仲裁"之间的争议调解组织，在一些项目的合同争端解决中取得争议双方的赞同，把合同争议解决于友好协商的范畴内，避免走向法律裁决。

新红皮书采纳了世界银行推荐采用的"争端评审委员会（DRB）"做法，并将其正式写入通用条件，改名为"争端评判委员会"（Dispute Adjudication Board，简写为 DAB），但其功能与组织形式同 DRB 基本相同。无论是 DRB 对解决争端提出的"建议"（Recommendation），或者 DAB 提出的解决争端的"决定"（Decision），都不具备法律效力，争端双方或其中的任一方均可在规定的时间（28 天）内，对其表示"不满"（dissatisfaction），拒绝接受其"决定"，而要求进一步地将争端提交"仲裁"（Arbitration）来解决。而仲裁庭的裁决则具有法律效力，对争端双方均有制约力。如果任一方拒绝执行仲裁庭的裁决，则可由另一方申请法院强制执行，或按照《联合国承认和执行外国仲裁裁决公约》（简称《纽约公约》）的规定，使国际仲裁的裁决覆盖全世界所有的该公约的签约国。《纽约公约》的签约国在 1995 年末已达95 个国家或地区，我国已于 1997 年签署该公约。由此可见，DAB 的决定和仲裁庭的裁决在法律效力上有原则性的差别。因此，DAB 称为"争端评判委员会"，以免与"仲裁"混淆。

根据实践经验，组织一个 DAB 的程序相当繁复，聘请 DAB 的专家费用亦相当可观；而且，在一般情况下，咨询（监理）工程师能够比较公正地解决合同争议。因此，对于不大的工程项目（例如合同额低于 5000 万美元的工程），可由合同双方在合同的"专用条件"（Particular Conditions）中协商确定聘用一位评判员，或明确仍由咨询（监理）工程师公正地予以解决。

由此可见，新红皮书《施工合同条件》比旧红皮书第 4 版《土木工程施工合同条件》的确有了很大的改进，可能更适应国际工程承包市场发展的需要。但是不可否认，红皮书第 4 版目前在各国的工程承包市场上仍在盛行不衰，仍处于主导地位。这是由于第 4 版已是一本比较成熟的土建工程合同标准文本，它的许多优点仍被人们赏识，操作性已为大家所习惯。估计国际工程承包界完全过渡到采用新版红皮书并取代红皮书第 4 版，至少还需要几年的时间。

2. FIDIC《工程设备与设计——建造合同条件》（1999 年第 1 版）

黄皮书第 3 版于 1988 年出版，名为《电气与机械工程合同条件》（Conditions of Contract for Electrical and Mechanical Works），包括现场安装工作，这里主要涉及机电产品设备的设计、制造、安装、检验、试运行等一系列的承包建设工作。

新黄皮书中的生产和施工包含了较为广阔的领域：即电气及机械生产设备的设计、制造、安装、检验及试运行等供货性质的工作，还有建筑物或土木工程的设计和施工等工作。这种合同形式的特点，是承包商按照业主的要求，对生产工厂的机电等永久设备进行设计、制造和供货，并对生产工厂的建筑物、土木工程、机电工程进行设计和施工。同第3 版比较，新黄皮书在结构、布局和措辞等方面做了重大调整。总的来说，新黄皮书有以下 3 点特色：

（1）十分重视生产设备的质量检验

作为生产设备的电气和机械产品的设计、制造和安装质量，对项目建成后的生产运行有着关键作用。因此，新黄皮书第 9 条"竣工试验"（Tests on Completion）和第 12 条"竣工后试验"（Tests after Completion）对质量检验做了详细的规定。第 9.1 条对竣工试验的顺序明确规定要进行"启动前试验"（Pre-commissioning Test），"启动试验"（Commissioning Test）以及"试运行"（Trial Operation），并且在第5.7条中规定："在竣工试验开始前，承包商应向工程师提供暂行的'操作和维修手册'（Operation and Maintenance Manuals），该手册的详细程度，应能满足雇主操作、维修、拆卸、重新组装、调整和修复生产设备的需要。"

第12.1条"竣工后试验的程序"规定："竣工后试验应在工程或分项工程被雇主接收后的合理可行时间内尽快进行。雇主应提前21天将开始进行竣工后试验日期通知承包商……"如果工程或部分工程未能通过竣工后试验，则按第12.4条"未能通过竣工后试验"的规定，承包商应向雇主支付"未履约损害赔偿费"（Nonperformance damages），此项赔偿费的款额在合同中已经注明。

（2）设计工作是承包商的一项重要任务

承包商应按照"雇主要求"（Employer's Requirement）中规定的标准配备合格的设计人员进行设计工作，并使自己的设计文件符合工程所在国的技术标准，符合建筑、施工和环境方面的法律，以及其他标准规格。

第5.1条"设计义务一般要求"中明确提出："承包商应进行工程的设计并对其负责。"这些设计文件必须经过雇主和工程师的审核后，方可按照实施。但是，"任何此类批准或同意，或任何审核，不应解除承包商的任何义务或职责。"正如第5.8条"设计错误"中所述："如果发现承包商文件中有错误、遗漏、不一致、不适当或其他缺陷，尽管根据本条取得了任何同意或批准，承包商应自费修正这些缺陷及其带来的工程问题。"

（3）合同价格支付按总价合同方式办理

《永久设备与设计——建造合同条件》中的合同价格和支付方式属于总价合同（Lump Sum Accepted Contract Amount），即按中标通知书中指明的总合同价格进行支付。

总价合同的特点，是将总价按规定的期限予以分期支付，一般不需要进行工程量的重新测量（No remeasurement）。因此，承包商承担着由于其设计引起的工程成本变化的风险。只有当出现工程师决定进行某项工程变更（Variations）时，根据13.3条"变更程序"的规定，承包商在某建议书中可以提"改变施工时间"和"调整合同价格"方面的要求时，为了对工程变更进行估价，可以按照承包商在其投标报价文件所包括的单价或其他估价资料，以及进行必要的重新测量，来确定由于工程变更引起的合同价格调整的款额。

对于总价合同，新黄皮书第14条"合同价格和付款"特别强调了以下几点：

第14.1条"专用条件编制指南"（Guidance for the preparation of Particular Conditions）中指出："为了对变更进行估价，可要求投标书随附详细的价格明细表，包括工程量、单价和其他估价资料。此类资料也能用于期中付款的估价。……在编制招标文件时，雇主必须决定是否同意将受投标人报价细目的约束。如果不，他应确保工程师具有对可能要求的任何变更进行估价的必要专业知识。"根据实践经验，在合同文件中包括一个工程量清单（BOQ-Bills of Quantities）是十分必要的。这个BOQ表包含了该项工程所应实施的主要的工作项目（work items），及其初估的工程量、单价等数据。对于总价合同，虽然在支付工程进度款时不需要对已实施的工作项目的实际工程量进行重新测量，但在解决变更（variations）或施工索赔（claims）等问题时，这些BOQ表中的单价则具有适用的价值。

它可以避免在确定新单价（new rates）时可能发生的争议。

第14.3条"期中付款证书的申请"（Application for Interim Payment Certificates）中规定："承包商应在合同规定的支付期限末（如无规定，则在每月月末）后，向工程师提交期中付款申请表，详细说明承包商认为自己有权得到的款额，同时提交包括按第4.21条'进度报告'的规定编制的相关进度报告在内的证明文件。"这说明，无论是按照付款里程碑（Payment Milestones）进行分期支付工程款，或是按月进行支付，支付的款额必须与计划的施工进度挂钩，正如第14.4条"付款计划表"（Schedule of Payments）所叙述的：付款计划表中所列的分期付款额，应是截至月末已实施的工程和已完成的工程变更所估算的合同价格，"如果分期付款额不是参照工程实施达到的实际进度制定的，且如果发现实际进度落后于付款进度表依据的进度时，工程师可按照第3.5条'确定'（Determinations）的规定，商定或确定修改该分期付款额。这种修改应考虑实际进度落后于该分期付款额所依据的原进度的程度。"

3. FIDIC《设计采购施工（EPC）/交钥匙项目合同条件》（1999年第1版）

银皮书《EPC/交钥匙项目合同条件》，同其第一版的内容基本相同。这是由于第一版在1995出版发行时，合同条件编写委员会已有了彻底改写FIDIC诸合同条件文本的考虑，对合同条件的条款简化、语言通俗化有了基本的原则。银皮书的第一版的主题条款有20个，其名称同1999年新版完全相同，仅在两个主题条款的顺序上有无关重要的调整。

这种合同条件采用固定总价合同方式，项目的最终价格和要求的工期具有更大程度的确定性。只有在某些特定风险出现时，业主才会花费超过合同价格的款额，如果业主认为实际支付的最终合同价格的确定性（有时还包括工程竣工日期的确定性）十分重要，可以采取这种合同，不过其合同价格往往要高于采用传统的单价与子项包干混合式合同。

银皮书的合同工程内容，包括承包商对工程项目进行设计、采购和施工（Engineering，Procurement and Construction-EPC）等全部工作，向业主提供一个配备完善的设施，业主只需"转动钥匙"（Turn the Key）就可以开始生产运行，这是美国人习惯的一个称呼。也就是以交钥匙的方式向业主提供工厂或动力、加工设施，或一个建成的土建基础设施工程。

银皮书同新黄皮书一样，对于承包商向其外国业主提供动力设备或机电产品创造了合同机会，对一个国家的设备出口工作非常有利，这也为承包商国家以"出口信贷"（Export Credit）方式加大设备出口工作开辟了渠道。其进一步的发展方向，是以带资承包的方式，向业主国家提供项目的大部分建设资金，通过设计、供货和施工的全套建设工作，建成一个工程项目或生产设施，并经营运行若干年，以确保回收成本和利润以后无偿地交付业主国所有，这就是目前被国际国内日益推广采用的建设—运营—移交BOT（Build—Operate—Transfer）项目。

银皮书的条款结构和语言措辞同新黄皮书很相似，主题条款的名称仅有一条互不相同，这就是第3条，新黄皮书为"工程师"，银皮书则是"雇主的管理"（The Employer's Administration）。这一差别的具体表现是：

（1）银皮书合同方式的合同有关人员中不设置工程师（The Engineer），没有监理"工程师"这一角色，由业主管理合同和工程的具体实施，但其管理没有监理工程师细致。而工程项目的设计工作由承包商负责完成，业主不需要委托设计咨询公司（即工程师）进行设计。

（2）业主对施工项目的管理，具体由其代表——雇主代表（The Employer's Representative）履行。这位代表将被认为具有合同规定的业主的全部权力，除非在极个别特别重要的事项上由业主亲自出面办理，如重大的工程变更和终止合同等。

（3）业主代表有其助手人员，如驻地工程师、设备检验员、材料检验员等。业主的这些人员具有工程师做出"决定"（Determination）的权力，如批准、检查、指示、通知和要求试验等。

关于解决合同争端的"争端评判委员会"（DAB），银皮书和新黄皮书中亦规定可以建立采用，但同新红皮书中对 DAB 的重视程度有所不同。新红皮书规定，对于重大的工程项目，DAB 应该有三人组成，而且必须是常设的（Permanent DAB），其成员应定期地到工程项目上去实地考察。而银皮书和新黄皮书则规定可以采用一人的独任评判员（或三人评判员），而且可建立临时的 DAB（Adhoc DAB），或称特设 DAB。即这个争端评判委员会可因某一专项争端而设立，此争端解决后即可取消。这样灵活机动地解决争端问题，可以节约人力财力，值得参照采纳。

4. FIDIC《简明合同格式》（1999 年第 1 版）

绿皮书《简明合同格式》（Short Form of Contract）是一本全新的合同条件，它以清新简练的面貌出现在国际工程承包舞台上，这是 FIDIC 总部的一项创新。绿皮书有以下特点：

（1）合同的简短格式适用于投资相对较低的、一般不需要分包的建筑或工程设施。对于工程项目投资额在 50 万美元以下、工期在 6 个月以内的承包合同，没有必要全盘采用新红皮书、新黄皮书或银皮书。因为这些小型工程的技术性较简单，多属重复性工作，合同实施过程中一般不出现重大的合同争端问题。这一合同条件对于投资较高的工程，如果其工作内容简单、重复，或建设周期较短，也同样适用。

（2）不设置工程师。由于工程简单，其设计工作可由业主委托承包商负责完成，工地的施工管理工作则由业主委派的代表担任，如绿皮书第 3 条"雇主代表"（Employer's Representative）所述。

（3）评判员的设置可灵活议定。对于合同争端的解决，可由合同双方协商一致的一位评判员（Adjudicator）来调解解决。如无合同争议，则双方可协商不设置评判员。对于评判员的调解决定，合同任何一方表示不满意时，还可诉诸仲裁，由独任仲裁员（Sole Arbitrator）做出最终性的裁决。

（4）适用于发展中国家的承包工程。FIDIC 总部认为，绿皮书条款和措辞均较简明，如果能够被非英语系国家翻译成其母语，则可能在这些国家中广泛采用。它虽然简明，但其管理规则可与国际惯例接轨，较各国自行编写其合同条件要适用得多。

绿皮书《简明合同格式》没有规定计价的方式，到底采用总价方式、单价方式还是其他方式应在附录中列明。其管理方式由业主的代表管理合同。在这种合同形式下，业主承担了较大的风险。除《施工合同条件》第 17.3 款"业主的风险"中规定的风险外，业主承担的风险还包括：不可抗力、工程暂停（除非由承包商的行为失误引起）、业主的任何行为失误、除气候条件外的不利地质条件（有经验的承包商无法合理预见，且在施工现场遇到后，承包商立即通知了业主）、由变更引起的一切延误和干扰、协议中规定的合同适用法律在承包商报价日期后的改变。在这种合同方式中，业主必须在规范和图纸中清楚地表示出工程的哪些部分将由承包商设计以及对工程的整体要求。

国际上近十几年来在工程项目管理的模式和理念方面有了长足的发展。新版 FIDIC 合同条件可以说是国际工程项目管理的国际惯例，但在英国、英联邦国家还是习惯于采用英国有关的学会等组织编制的各种合同范本，而美国及其在国外投资的项目则习惯于采用美国有关的学会、协会等组织编制的各种合同范本。为此，在本章将简要地介绍英国土木工程师学会（ICE）和美国建筑师学会（AIA）编制的有关合同范本。

三、美国 AIA 系列合同条件

（一）美国建筑师学会简介

AIA 是美国建筑师学会（The American Institute of Architects）的简称。该学会创始于 1857 年，作为建筑师的专业社团已经有近 140 年的历史，成员遍布美国及全世界。AIA 出版的系列合同文件在美国建筑业界及国际工程承包界，特别在美洲地区具有较高的权威性，应用广泛。

（二）AIA 合同范本介绍

美国建筑师学会的一个重要成就是制定并发布了一系列的标准化合同文件。AIA 合同文件是为适应美国建筑业的需要，最早出版于 1888 年。当时该文件仅仅是一份业主和承包商之间的协议书，称为"规范性合同"（Uniform Contract）。1911 年 AIA 首次出版了"建筑施工一般条件"（General Conditions for Construction）。

AIA 文件不断地修订既参考了最新的法律变更又反映了不断变化的科技与建筑工业实践。AIA 合同文件形式灵活，通过适当的修改可适应具体项目的需要。AIA 文件的用词力图通俗易懂，尽量避免使用晦涩的法律语言。最新版的合同条件是 2007 年发布的。

作为在美国应用最为广泛的合同文件之一，AIA 合同文件有很多独到之处。AIA 文件力图采取中立的立场，均衡项目参与各方的利益，合理分担风险，不偏袒包括建筑师在内的任何一方。

传统上 AIA 合同文件仅以印刷方式出版。AIA 合同文件目前也以软件的方式发售。使用者可通过 AIA 提供的软件根据项目的需要生成合同文件。

AIA 合同文件经过多年的发展已经系列化形成了包括 90 多个独立文件在内的复杂体系。这些文件适用于不同的工程建设管理模式、项目类型、甚至项目的不同具体方面。根据文件的不同性质，AIA 文件分为 A、B、C、D、G、INT 六个系列：

A 系列：业主与总承包商之间的合同文件（协议书及合同条件）以及与招投标有关的文件，如承包商资格申报表，各种保证标准格式等。

B 系列：业主与建筑师之间的合同文件。

C 系列：建筑师与专业咨询机构之间的合同文件。

D 系列：建筑师行业有关文件。

G 系列：合同和办公管理中使用的文件。

INT 系列：用于国际工程项目的合同条件（为 B 系列的一部分）。

AIA 系列合同文件的核心是"一般条件"（A201）。采用不同的工程项目管理模式及不同的计价方式时，只需选用不同的"协议书格式"与"一般条件"即可。

AIA 文件 A201 作为施工合同的实质内容，规定了业主、承包商之间的权利、义务及建筑师的职责和权限，该文件通常与其他 AIA 文件共同使用，因此被称为"基本文件"。

2007 年版的 AIA 文件 A201《施工合同通用条件》在 1997 后版的基础上进行了较大的修改，主要内容包括：业主、承包商的权利与义务；建筑师与建筑师的合同管理；索赔与争议的解决；工程变更；工期；工程款的支付；保险与保函；工程检查与更正等条款。

四、英国 ICE 合同条件

（一）英国 ICE 简介

ICE 是英国土木工程师学会（The Institution Of Civil Engineers）的简称。该学会创建于 1981 年，是设于英国的国际性组织，拥有会员 8 万多名，其中 1/5 在英国以外的 140 多个国家和地区。该学会已有 180 年的历史，已成为世界公认的学术中心、资质评定组织及专业代表机构。ICE 在土木工程建设合同方面具有高度的权威性，它编制的土木工程合同条件在土木工程具有广泛的应用。

（二）NEC 系列合同范本简介

多年来，ICE 编制的许多合同文件被世界各国广泛采用和借鉴，其中使用最多的便是《ICE 合同条件（土木工程施工）》。FIDIC 的合同条件，如《土木工程施工合同条件》（红皮书）第四版及以前的版本主要是借鉴的 ICE 合同条件，ICE 也为分包合同、设计—建造模式制定了合同范本。但是鉴于传统模式的 ICE 合同条件存在的缺点：合同当事人出自不同的商业利益，在合同实施过程中容易产生冲突；咨询工程师在合同管理中，特别是在出现争端时的公正性日益受到质疑，因而在此类传统的模式下的合同管理中，各方容易引起争端和索赔。为了解决上述问题，ICE 组织了以马丁·鲍恩斯博士（Dr. Martin Barnes）为首的专家工作组，包括资深工程师、工料测量师、律师、项目经理等专业人士，经过几年努力，研究制订了一套崭新的合同范本即 1993 年 3 月出版的新工程合同（New Engineering Contract，NEC），并于 1995 年出版了第二版，更名为"工程设计与施工合同"。最新的 NEC 系列合同范本是 2005 年 7 月出版的第三版，简称为 NEC3。

NEC 合同体现了英国合同体系发展的最新成果，在合同理论和设计思想上有很多独到之处。NEC 合同的主要特点如下：

1. 灵活性：NEC 适用于所有领域，诸如土木、电气、机械和房屋建筑工程的项目，并适用于不同的合同采购策略。可用于承包商承担全部设计责任，承担部分设计责任和不承担设计责任的工程项目，因而可适用于各种工程建设管理模式，包括设计—建造、CM 以及传统模式等；NEC 合同设计了 6 种主要选项（即合同模式）、9 条共用的核心条款和 15 项可任选的次要选项，可根据需要灵活使用；工程分包的比例可以从 0% 一直增加到 100%；由于合同编制的初衷是使其不限定于任何特定的法律制度，因而既可用于英国又可用于其他国家。

2. 简洁性：NEC 采用浅显易懂的英语写成，避免使用长句子，尽量避免了只有施工合同专家才能理解的一些法律术语和措辞。

3. 体现"伙伴关系"（Partnering）理念的项目管理方法：NEC 的工作原则是合同参与各方应相互信任、相互合作地工作，这一原则写在核心条款第一条第一款，体现了"伙伴关系"和"团队精神"。

（1）在合同双方之间合理分摊风险，鼓励业主和承包商通过共同预测来降低风险；

（2）通过严格定义项目决策的客观基础来减少项目决策的主观性；

（3）引入"早期警告程序"及处理"补偿事件"的方法；

（4）设立"裁决人"制度，使争端解决在萌芽状态。

4. 有利于项目的信息化管理：NEC 的操作过程是基于工程实践而制定并以工作流程图的方式表达出来，其完整的逻辑性有利于通过计算机程序加以实现，进而可以通过电子网络技术进行信息交流，并实现"无纸项目管理系统"，有利于工程项目的信息化管理。

NEC3 系列合同范本包括以下六大类文件：

（1）工程设计与施工合同（Engineering and Construction Contract，ECC，黑皮书）。适用于所有领域的工程项目。

（2）专业服务合同（Professional Services Contract，PSC）。适用于项目聘用的专业顾问、项目经理、设计师、监理工程师等专业技术人才。

（3）工程施工简要合同（Engineering and Construction Short Contract，EC-SC）。适用于结构简单，风险较低，对项目管理要求不大苛刻的工程项目。

（4）评判人合同（Adjudicators Contract，AjC）。用于业主聘用评判人的合同。

（5）定期合同（Term Service Contract）。用于按照固定期限采购服务。

（6）框架合同（Framework Contract）。这是 NEC3 新增加的合同范本，用于在业主和承包商之间在完全确定项目内容之前建立一种工作关系。

（三）ECC 合同介绍

工程施工合同 ECC 代表了 NEC 合同范本的核心思想，是整个 NEC 合同体系的基石。ECC 合同的组织结构与传统类型的合同相比有显著的不同。业主方在招标时可根据需要灵活选用适当的选项。

1. 核心条款（Core clauses）（共 9 条）

无论项目采用何种合同策略，核心条款的工作程序对于所有合同都是必须采用和遵守的。核心条款包括：总则、承包商的主要责任、工期、付款、测试和缺陷、补偿事件、所有权、风险和保险、争端和合同终止，共计九部分。

2. 主要选项条款（Main option clauses）（共 6 项）

根据项目不同的风险分摊方案及工程款支付的不同方式，业主在准备招标文件时，可根据自身的管理能力和项目的具体情况选择合同方式的策略。任何项目必须且只能选择一种主要选项。主要选项包括：带分项工程表的标价合同（Priced contract with activity schedule）；带工程量清单的标价合同（Priced contract with bill of quantities）；带分项工程表的目标合同（Target contract with activity schedule）；带工程量清单的目标合同（Target contract with bill of quantities）；成本补偿合同（Cost reimbursable contract）；管理合同（Management contract）。

以上六个选项实际上代表了四种类型的合同模式，标价合同（Priced Contract）、目标合同（Target Contract）、成本补偿合同以及管理合同。标价合同适用于项目范围已经有明确的定义的情况。目标合同的制定也需要有明确定义的项目范围，但是在具体操作上与标价合同有较大不同。承包商的投标价将成为合同的"目标成本"（Target Cost）。如果发生费用超支或节约，业主与承包商将按照合同事先规定的方式进行分摊。这样合同双方都会致力于降低项目成本。成本补偿合同则对承包商的费用实报实销，并按比例支付给承包商间接费。管理合同既适用于通常的管理合同模式，也适用于 CM 工程建设管理模式。

3. 次要选项条款（Secondary option clauses）（共 18 项）

业主在准备招标文件时，可根据项目的具体情况及其自身的要求，任意选择次要选项，也可不选。NEC3 对次要选项进行了重新标号，调整了顺序和一些内容。次要选项共 18 项。次要选项包括：通货膨胀引起调价；法律的变化；多种货币；母公司保函；区段竣工；提前竣工奖金；误期损害赔偿费；"伙伴关系"协议；履约担保；支付承包商预付款；承包商对其设计所承担的责任只限于运用合理的技术和精心设计；保留金；功能欠佳赔偿费；有限责任；关键绩效指数；英国的两个法案（1996 年房屋补助金、建设和重建法案、1999 年合同（第三方权利）法案）二选一；其他合同条件；争议的解决。

4. 其他规定

合同资料（Contract Data）：合同资料包含工程项目以及合同的基本情况，比如开工日期、现场资料的来源、承包商的情况以及参加工程的主要人员等。合同资料的第一部分由业主在招标文件中提供，包括适用于所有合同策略的说明条款以及根据不同合同策略供选择的说明条款。合同资料的第二部分由承包商填写，随投标书一并递交，它包括承包商需要为合同提供的情况，如竣工日期、合同总价、成本组成表等。

成本组成表（Schedule of Cost Components）及成本组成简表（Shorter Schedule of Cost Components）：成本组成表有两种用途，但它不适用于主要选项 F（管理合同）。它规定了因补偿事件引起的成本变化的计价中所包含的成本组成项目；它规定了承包商可直接得到补偿的成本组成项目。

五、亚洲地区使用的合同

（一）香港地区使用的合同

在香港，政府投资工程主要有两个标准合同文本，即香港政府土木工程标准合同和香港政府建筑工程标准合同。这两种标准合同的主要内容有：承包商的责任和义务；材料和工艺要求；合同期限和延期规定；维护期和工程缺陷；工程变化量和价值的计量；期中付款；违约责任；争议的解决。这两种合同都规定，承包商在某些情况下（如天气恶劣，工程量大幅度增加等），可申请延长工期，在获批准后有权要求政府给予费用上的补偿。而私人投资工程则采用英国皇家特许测量师学会（香港分会）的标准合同。该合同除有明确的通用条款外，还有些根据法院诉讼经验而订立的默示条款（如甲方需与承包商合作，在不影响按期完工的前提下，为承建商准备好主要合同工程的场地，以便其安装设备；甲方不得阻止或干涉承建商按合同规定进行的施工等）。这些条款暗中给予承包商一种权力，使之在甲方违约的情况下可以索赔。

（二）日本的建设工程承包合同

日本的建设工程承包合同的内容规定在《日本建设业法》中。该法的第三章"建设工程承包合同"规定，建设工程承包合同包括以下内容：工程内容；承包价款数额及支付；工程及工期变更的经济损失的计算方法；工程交工日期及工程完工后承包价款的支付日期和方法；当事人之间合同纠纷的解决方法等。

（三）韩国的建设工程合同

韩国的建设工程承包合同的内容也规定在国家颁布的法律即《韩国建设业法》（1994

年1月7日颁布实施）中。该法第三章"承包合同"规定承包合同有以下内容：建设工程承包的限制；承包额的核定；承包资格限制的禁止；概算限制；建设工程承包合同的原则；承包人的质量保障责任；分包的限制；分包人的地位，分包的价款的支付，分包人的变更的要求，工程的检查和交接等。

六、FIDIC 合同在中国的应用

随着中国企业参与国际工程承发包市场进程的深入，越来越多的建设项目、特别是项目业主为外商的建设项目中，开始选择适用 FIDIC 合同文本。中国的建筑施工企业开始被迫地接触这上百页合同文本中的工程师、投标保函、履约保函、业主支付保函、预付款保函、工程保险、接收证书、缺陷责任期等国际工程建设的新概念。从北京城建集团接触第一个 FIDIC 合同文本开始，FIDIC 合同逐步在越来越多的工程建设中得到推广和使用，并与我国建筑市场改革开放相对接，对中国的建设体制产生影响和冲击。最典型的体现就是《建设工程施工合同》1999 建设部示范文本，抛弃了多年来沿用的模式，变为和FIDIC 框架一致的通用条款与专用条款，并采用工程师，而前几年开始实施的《建设工程工程量清单计价规范》，更是对旧的量价合一的造价体系的告别。中国的建设市场正在大踏步地和国际建设市场融为一体。

FIDIC 合同强调"工程师"的作用，提倡对"工程师"进行充分授权，让其"独立公正地"工作。目前，建设单位对作为"工程师"的第三方-工程咨询/监理方信任不够充分，对"工程师"往往授权不足，多方掣肘，这使得 FIDIC 合同条款的特色难以发挥。此外，在脱胎于 FIDIC 合同机制的我国建设监理制度下，我国的监理工程师难以发挥FIDIC 条件下的"工程师"作用。

采用工程量清单进行计价和结算，是 FIDIC 合同的另一重大特色。

FIDIC 合同下的风险分担及保险安排有其特点，相对来说也比较公平，在我国公众保险意识相对淡薄、保险市场尚不发达的情况下，建设单位往往不恰当地限制自己的风险，并将有关风险强加给承包商。

在 FIDIC 合同下，工程担保是很重要的，涉及投标保函、履约保函、取舍款保函、工程保留金保函、免税进口材料物资及税收保函、工程款支付保函，内地工程项目较常涉及的是投标保函、履约保函。在工程担保上，目前问题比较突出的是担保不平衡。从长远角度看，这种不平衡将妨碍建设市场的健康发展。

在 FIDIC 条款下，承包商的工程款受偿比较有保障，我们的问题在于，建设单位经常将 FIDIC 合同条款通用条件有关工程款支付的安排悉数推翻，代之以极具中国特色的拖欠工程款相关内容。如今，高达数千万元的巨额工程拖欠款已成为施工企业和政府主管部门的一大心病。

新版 FIDIC 合同中不可抗力条款与中国法律中有关不可抗力的规定基本上不存在冲突。由于中国法律中有关不可抗力的规定比较笼统，为在中国适用 FIDIC 合同的当事人自行约定留下了充足的空间。尽管 FIDIC 合同通用条件中不可抗力条款约定的较为明确，但在中国适用时仍然有必要作适当修改。在不违反中国法律的情况下，中国企业在采用FIDIC 施工合同条件时，可以在合同通用条件第 19 条的基础上更加详细、明确地约定不可抗力条款。

第三节　国际工程市场发展前景

一、中国承包商在国际市场的业务状况

(一)中国的行业现状

经过 30 年的发展，"走出去"的中国企业越来越多。目前，中国具有对外承包工程经营资格的企业已超过 2000 家。

纵观我国企业在本届排名中的表现，可总结有如下特点：

1. 海外工程业绩进一步增长，平均增幅接近全球领先企业水平。我国 51 家内地企业入选本届榜单，较上年增加 2 家，完成海外工程营业额 226.78 亿美元，平均营业额为 4.45 亿美元，相比 2006 年的 3.33 亿美元增长了 34%，接近全球大型承包商业绩整体增幅。2000 年，我们有 34 家企业进入世界最大 225 家国际承包商行列，入选中国企业最低营业额也达到 6200 万美元。2000 年，对外承包工程上亿美元大项目数量是 9 个，到 2007 年已经增加到 138 个，其中 10 亿美元以上的项目 5 个。最大单个项目金额也从 2000 年时约 5 亿美元上升至目前的 83 亿美元。

2. 中国企业呈较好的上升势头，部分排名各有升降。本届入选企业在榜单中的位置与上年基本相同，2 家企业进入前 25 名，26～100 名、100～200 名、200 名以后各有中国企业 11 家、28 家和 10 家。14 家企业排名上升，27 家排名下降，1 家维持不变，9 家企业新入选。在前 10 位入选企业中，中国机械工业集团公司、中信建设有限责任公司、中国冶金科工集团、四川东方电力设备联合公司、中国水利水电建设集团公司排名均稳步提升，其中，四川东方电力设备联合公司和中信建设有限责任公司，名次分别提升了 52 和 26 位，但其余企业排名则有 4～17 位不等的下滑。

3. 中国企业与国际领先承包商的实力仍有较大差距。名单显示，中国入选企业大都集中在名单的后半部分，排在 100 名以外的达到 38 家。本届全球最大 225 家国际承包商平均完成营业额为 13.79 亿美元，约为中国企业平均营业额的 3 倍，我国只有 4 家企业高于该水平。

(二)中国承包商的发展形势

我国对外承包工程行业新的发展，主要表现在以下方面：

一是业务领域广。我国对外承包工程项目，最初以劳动密集型的房建、修路等土木工程为主，目前已逐渐拓展到资金技术密集的冶金、石化、电力、轨道交通、电子通讯等领域。特别是在各类房建、交通运输、水利电力、石油化工、通信、矿山建设等方面具有一定的专业优势，已占到总营业额的一半左右。

二是市场范围宽。从最早的以非洲、中东为主要市场，发展到目前遍及全世界 180 多个国家和地区，基本形成了"亚洲为主、发展非洲、恢复中东、开拓欧美和南太"的多元化市场格局，目前已经拓展到五大洲、180 多个国家和地区。近年来，我国企业开拓欧美和南美市场取得可喜进展，2007 年中国企业在欧洲新签合同额近 50 亿美元，同比增长 19.3%。

三是承揽和实施项目的能力增强，尤其是在工程施工能力和配套能力上。在一些领域的设计能力方面比较突出，承揽大型、特大型项目的能力有了大幅度提高。以 EPC 为代

表的大项目逐渐增多，中国公司完成、追踪的 EPC 项目已经从几千万美元上升到了几亿美元，一些公司开始追踪十几亿美元的大项目。

美国《财富》杂志公布 2008 年度"世界 500 强"名单。中国对外承包工程商会会员企业中有 5 家榜上有名，分别为中国中铁股份有限公司，排名 341，营业收入 237.32 亿美元；中国铁道建筑总公司，排名 356，营业收入 233.35 亿美元；中国建筑工程总公司，排名 385，营业收入 221.28 亿美元；中国交通建设股份有限公司，排名 426，营业收入 199.91 亿美元；中国冶金科工集团，排名 480，营业收入 175.15 亿美元。

二、国际工程承包市场的环境及市场状况

目前，国际承包工程市场正处在一个比较快的发展时期，随着全球经济一体化的发展和经济的复苏，全球建筑工程市场的资本投入快速增长，其中基础设施建设和其他非住宅建设是建筑业投资增长的重要推动力量。增长最快的是亚洲市场，中国、印度、韩国、泰国、越南未来将是亚洲地区建筑业增长最快的国家。

（一）非洲建筑市场

非洲建筑市场也在好转，虽有不利因素存在，如资本外逃、艾滋病流行、政治动乱等。北部非洲市场前景比较光明，特别是地中海沿岸的非洲国家，如利比亚和阿尔及利亚，建筑业投资增长较快。非洲在国际承包市场的地位基本没有变化。在非洲、欧洲和美国的公司显示出强劲的实力，他们占据了市场总额的近 70%。其中，法国基于在非洲的良好的传统，仍然占有优势。但在苏丹、尼日利亚等国家，中国公司有明显的优势和市场份额。

（二）中东建筑市场

在中东地区，尽管伊拉克问题、以色列和巴勒斯坦问题以及对恐怖袭击的担忧影响了建筑业的投资，但由于伊拉克战后重建和海湾地区的经济繁荣，中东市场表现非常乐观，特别是阿联酋的建筑业呈现出高速增长的态势。最近，阿联酋计划建造新机场和扩建其他机场的投资就达到了 180 亿美元，这是中东国家中耗资最大的机场建设工程。欧洲公司在中东地区的业务一枝独秀，占据了市场总份额的一半，其中，意大利和法国继承了其优良传统，依然居于优势地位。美国公司的市场总份额略有下降，而中国公司有较大的发展。当然，由于油价和钢铁价格上涨，承包商的施工成本也在增加，但是，战争并不只给工程承包公司带来坏消息。石油价格的上涨由于政局不稳定而产生，也推动了其他的生意，对于石油和天然气的上游产品的需求"尤其强烈"。

（三）欧美建筑市场

欧洲市场仍然是全球最大的承包市场。在欧洲市场，除了欧洲和美国的公司外，基本看不见其他国家公司的身影，他们占据了市场份额的 97%，其中法国公司表现良好，而德国的公司则表现不佳，市场份额大幅下降。在西欧、英国的市场十分好；法国的市场有些低迷；德国仍然是欧洲最大的市场，但是承包市场正在缩小；俄罗斯对建筑业和城市基础设施的强烈需求将会在建筑领域创造一个好的趋势。总体说来，在西欧内部的工程需求非常平淡。作为整体，欧洲建筑市场投入有所恢复，各地区表现不一。

在加拿大，占有市场份额最大的几个国家是美国、法国、日本和西班牙的公司。其中，美国的公司占到了 65%，这说明，美国在加拿大的承包市场上的地位是非常重要的。在美国市场，美国自己的公司和欧洲的公司占有垄断地位，其他国家的公司占有的市场份

额非常少，几乎可以忽略。在拉美的市场中，欧洲和美国的公司仍然占据前两位，总共占到了总市场份额的 80％ 以上。亚洲公司的市场份额有所上升。美国的建筑需求仍然比较强劲，其中房建和交通运输业增长最快。

南美地区建筑业年均增长率将达到 8％。增长趋势很乐观，但南美地区的经济恢复仍然易受全球较高利率水平的冲击，相对于较高的利率水平来说，南美地区建筑业增长仍然微弱。

（四）东盟建筑市场

中国与东盟多数国家较早就开展了工程承包与劳务合作，中国工程建设企业在东盟各国打下了各有特色的基础。如：中国与新加坡在建立正式外交关系之前已开展承包劳务合作，两国建交后，特别是自 1992 年以来，两国的互利合作得到进一步发展。工程承包业务是中国企业进入泰国经营最早的形式，始于 1980 年。进入菲律宾市场则是 1981 年。中国公司在马来西亚开展承包工程业务始于 1987 年。我国部分大型工程公司已在新加坡、菲律宾等国建立了良好的商业信誉。中国港湾建设总公司通过投标承建了菲日公路 3 号、4 号段，被菲律宾工造部评为样板工程，并组织其他外国公司前往参观。该公司被菲律宾工造部批准为唯一的有资格在菲律宾同时参加两项大型国际工程竞争的外国公司。中国长江动力公司以 ROL 形式承包宾加水电站修复工程，投资大，工期长（营运期 15 年），影响大，拉莫斯总统亲自出席该工程合同的签字仪式。

根据新加坡工程承包市场的特点，从自然条件、资金来源、后续项目、技术要求、投资需求、业主支付能力、货币的稳定性、工资物价水平、政局的稳定性、经营基础、市场隶属性等方面进行评估，新加坡是中国公司进入国际市场理想的桥头堡。中国的承包公司一贯以守信、保质、薄利、重义取胜，经过几年的努力在新加坡市场中占有相当份额。在新加坡的中资机构已有 300 多家，主要以劳务为主，工程分包次之，总承包较少。

中国公司在马来西亚经过十多年的业务拓展，已经在该国工程承包市场建立了自己的信誉。在发电设备、变电站、港口疏浚、道路扩建、房地产开发、楼宇建设等方面取得了显著成果，带动了机电产品和成套设备的出口。

中国在印尼承包的大型工程项目包括：四川东方公司与哈尔滨电站成套设备公司承建的火力发电站项目；中冶总公司、辽宁机械进出口公司、鞍钢和北京市机械进出口公司、攀钢联手为印尼全国铁路改造的铁轨供应项目等。

泰国已是我国重要的海外承包工程市场之一。中国企业完成或正在施工的项目不少是有重大影响的大型项目，如：巴帕南流域开发项目、罗勇码头扩建与港口航道疏浚工程、湄光坝灌溉工程、拉玛八大桥等。目前我国共有 25 家企业在泰国设立子公司、办事处，开展业务。20 世纪 80 年代后，我国企业主要承包或分包以劳动密集型为主的中小型土建项目，泰国发生金融危机前夕，我国企业承揽到的项目逐步由劳动密集型为主向劳动与技术密集型相结合转变。业务领域涉及房地产、公路、桥梁、冶金、水利、码头、航道疏浚、钻井等领域；合同内容也呈多样化，如设计、咨询、建设、设备材料供应、合作管理等。中国工程建设企业承建的曼谷都市污水处理工程、罗勇 TPI 码头工程、泰国崇圣体育馆项目等，华为公司进入泰国市场不到两年，以较灵活的经营机制承揽到泰国移动智能网工程和全国骨干光纤高科技项目，也有云南公司参与的由于政局动荡而无进展的大型钢铁和烟厂项目。

我国工程企业在菲律宾承担了公路、桥梁、港口、电站、输电线路、输水隧道、矿山开采、公共市场等项目的建设，在菲律宾得到好评。我国工程建设企业已在菲律宾市场采用了 BOT、BOO、BTO 等各种方式，相关经验可推广运用。

20 世纪 90 年代后中国公司在越南承包了公路建设、桥梁、电站工程、酒店等项目；一些水泥厂的 EPC 项目，工业项目包括成套设备的出口；在一些小规模的住宅楼生活小区、别墅区的建设等工程承包中也有一席之地。如云南机械进出口公司承包的 BOT 港口项目，云南国际公司承包的铝厂项目等。

中国对柬埔寨承揽的部分完工项目和施工项目主要有：金边电力培训中心，金边电力恢复项目，暹粒机场和候机楼改造、新建办公楼项目，金边水厂项目，柬多条国家公路或国道地段的修复项目，西市自来水厂等。对柬开展劳务合作的主要有广东、上海、福建、浙江等省市的公司。

我国企业与缅甸工程承包与劳务合作方面有很大的进展，山东省农业实业集团公司承建缅甸造船厂 1.2 万 t 载重吨位干船坞；中国国际工程有限责任公司承担向缅甸水泵灌溉工程提供 228 套离心水泵；我国云南机械设备进出口公司在海外承建的最大建设项目——缅甸邦朗电站；中国上海贝尔有限公司同缅甸邮电部签署了耗资近 2000 万美元的缅甸国家通信骨干网改造工程项目合同，另外，中国也正在与缅甸进行道路桥梁建设工程方面的合作。

老挝每年都获得 2~3 亿美元的援助，上述援助大都投向交通、通讯、供水、能源等基础设施建设项目，项目不论大小，老政府大都采用招标方式进行。云南国际经济技术合作公司在 1994 年 11 月，以带资承包方式，利用当地资源，为老挝建成年产 8 万 t 的第一座水泥厂。1998 年由中国政府提供 2 亿元人民币优惠贷款，云南公司自筹 1 亿元，总共 3 亿元，与老挝一家国有公司合合作，共同再建年产 20 万 t 的第二座水泥厂。天津水泥设计院总承包的水泥厂 EPC 项目，云南建工集团承包建设的五星级东盟会议酒店，由云南建工集团承包建设的中国无偿为老方建设的 8000 万美元的第 25 届东南亚运动会场馆，以及计划由中国投资的塔銮湖内建设的 200 公顷"万象新城"项目等。

昆明冶金高等专科学校在近几年也已经与东盟国家的企业进行了一些合作与教育合作，如与越南、老挝、泰国等国家技术人员培训与劳务输出。

中国到东盟开展工程承包项目有效带动了我国部分机电产品、成套设备、原材料和劳务等的出口。

三、中国承包商在国际市场发展前景

（一）中国承包商国际竞争的现状

目前，我国对外承包工程发展正面临着难得的发展机遇，国际承包工程市场空间广阔。据国际权威机构预测，全球建筑市场未来 5 年将保持年均 5% 的增长率，2012 年将达到 6 万多亿美元，美国占 25%，欧洲占 29%，日本占 18%，全球 72% 的建筑业在这三大发展比较完善的市场。按市场开放度 30% 计算，届时国际承包工程市场容量将达 1.5 万亿美元，市场空间十分广阔。我国从事工程建设的设计施工人员有 3400 万人。据不完全统计，其中至少 1000 万人的任务不饱和，工程能力过剩，因此国内企业具备开拓国际工程市场的人力资源储备。

中国企业的综合实力正在不断增强，在与国际一流承包商的竞争中，一些中国企业的

发展规模和承包工程的质量得到了极大的提高。在国际市场中，一些中国企业在非洲、亚洲、拉美地区、中东地区承包了大量的工程业务，中国企业的信誉和业务水平很好，得到了中国企业承建海外工程所在国政府和业主的一致肯定。对外承包工程行业特别有利于展示中国形象，走到世界许多地方，都能看到中国企业的建筑标志，它们体现着中国速度，代表着中国品牌，除此以外，中国企业也吸引了国内大量劳务人员赴工程所在国开展劳务，同时也采购了大量国内建筑材料，提升了中国建筑材料的出口额。例如，近年中国企业成功中标了工程额高达 83 亿美元的尼日利亚现代化铁路改造项目和工程额高达 62.5 亿美元的阿尔及利亚东西高速铁路项目。由中信集团作为总承包商承担德黑兰地铁工程机电系统的建设项目是综合性民用机电产品出口项目之一，也是完全按照国际惯例运作的国际竞标承包工程。中国中信集团公司与安哥拉重建委员会签署的 35.35 亿美元合同安哥拉社会住房 EPC 项目，合同总工期为 3 年，是中国企业在海外签订的最大的房建项目，将带动 7 亿美元的国产设备材料出口。

当然，中国企业也面临一些问题，中国公司仍以东南亚、中东、非洲三个地区为主市场，国际市场仍然是由欧洲、美国等发达国家控制。美国、日本、德国位居前三位，加拿大、英国和巴西等国家也是工程建设投资规模较大的国家，我们大多数公司在短时期内还难以进入这些发达国家的市场。到目前为止，成功打入美国市场并站稳脚跟的只有中建总公司美国有限公司，而进入日本市场的只有一家公司，且一直处于休业状态，这充分说明我们工程承包的综合实力、运营综合化能力及多元化经营能力仍无法与国际大型工程公司抗衡。

中国承包商在国际工程承包市场大多是以单一的生产经营为主的劳动密集型项目，低价竞争是鲜明的特点；还有些企业靠盲目低价竞争扩大市场份额，不利于核心竞争力的锻造，比如施工总承包业务，项目的利润极其透明，竞争非常激烈，商家拼的是执行项目的成本。中国大多数承包商缺乏项目的高端管理和综合运作能力，在资金实力、设备、技术水平、人才、融资能力、项目管理能力、项目运作、跨国经营管理能力等方面与国际上著名的承包商相比还有相当大的差距；在国际化程度、成本控制、风险防范、纠纷处理等方面与发达国家承包商也有明显差距，具体表现在以下方面：

1. 缺乏应有的金融扶持。在对外工程承包中，工程项目越大，需要的流动资金越多。而我企业自有资金少，不能满足承包大型国际项目流动资金的需要；许多发展中国家由于缺乏资金，不少工程需要承包商带资承包，而我国银行对企业的信贷限额度，不能满足承接国际工程的需要；国家控制外汇信贷规模，审批程序复杂，审批时间较长，而许多国际大承包商获得外汇信贷则要容易得多；国际承包工程往往要求承包商出具投标保函、履约保函等，但由于我国许多工程承包企业资产负债率较高，银行很难为其提供保函；我国出口信贷利率比一些发达国家的贷款利率高、还款期短等问题，在国际大型项目上，难得的机遇会因为我们滞后的融资体制和融资能力而痛失，影响了我国企业在带资承包国际工程项目上的竞争力。

2. 技术与管理的较大差距。由于缺乏国际通行的项目管理经验，对国际通行的管理模式及技术标准不熟悉，在一些专业领域仍存在技术差距，如机电安装、使用先进设备的大型高难度土木工程等。在国际工程承包项目中，许多国家往往采取国际通用的 FIDIC 合同管理模式及欧美日等发达国家的技术标准，而我国企业对国际惯例、操作规范和运行规则不够熟悉，与其技术标准不接轨。业务人员对技术的标准、设备的选型、潜在的技术风险等方面的控制显得力不从心，甚至无法控制，在管理过程中就很容易处于被动地位。特别是对大型含土建工程的项目的分析、决策、投标和管理还远没有达到项目管理的要求和标准，在项目运作模式方面比较落后，常常受到以低价中标，付款拖欠和索赔纠纷等问题的困扰。

3. 缺乏复合型国际工程承包管理人才。无论在国际市场还是国内市场，企业的竞争其实是人才的竞争。人才缺乏一直是影响我国对外工程承包的主要问题，也是我国企业与国际大承包商之间，存在较大差距的重要原因。目前我国企业十分缺乏的人才主要有：富有海外经验的国际工程项目经理；设计、采购、施工各阶段的核心管理人员；通晓国际工程法律的人员；项目风险评估人员；国际工程合同管理人员；国际工程财务人员；国际工程融资（从金融机构贷款）人员；国际工程造价估算和报价人员。

此外，语言障碍也是一个突出问题。目前我国企业的技术、管理等人员的外语沟通能力相对较差，使其良好的技术管理素质，难以在国外工程承包中发挥，甚至影响到工作的正常开展。

4. 在国际承包市场知名度不高。尽管近年来我国工程承包企业在技术水平和管理水平上，取得明显进步，但在国际市场尚未树立起较高信誉和知名度，致使我国企业在国际工程、包括国际金融组织贷款工程项目等的招投标中，处于不利地位。中国个别企业无序竞争有损中国企业在国外的利益，也会极大损害中国企业在国外的信誉。

（二）中国承包商国际竞争的出路

近年来，越来越多的国际工程项目要求带资承包，要求承包商以各种方式协助业主进行融资、垫付工程款、参股、提供国际融资保函或全面协助业主融资等都已经成为国际工程承包市场的流行趋势和国际惯例。同时，业主为了节约开支、缩短项目建设工期和尽量减少承包中的中间环节，越来越倾向于将工程项目所需要的设备、物资和材料采购及施工管理由承包商统一负责，EPC、PMC 等总承包的交钥匙模式和 BOO、BOT 方式在工程项目中广为运用。据统计，目前国际工程市场承包额中约 60％是带资承包，很多是 BOT 或 EPC 项目。

EPC、BOT 等项目风险大、投资大、投资回收期比较长，中国大多数承包商经营 EPC、BOT 等项目的经验还比较欠缺。因此，中国承包商需要转变国际经营战略，改善和增强竞争力，开拓新的项目领域和新的项目市场，中国承包商可通过以 EPC、BOT 等方式承揽项目，或根据项目情况提供融资服务或带资承包，或与外国企业结成联合体开展合作，发展资本运营，提高资本运营效率，或以施工总承包、施工分包 EPC、BOT 项目等方式参与国际承包工程竞争，应对国际承包工程市场发展和转变。

中国政府也出台了新的政策和措施鼓励各商业和政策性银行对具备条件的 EPC、BOT 等项目提供融资支持，为中国承包商在国际承包工程中采用 EPC、BOT 方式承包大型项目提供更完善的金融服务和支持手段，如出口信贷和出口信用保险等，为中国承包商实施 EPC、BOT 项目创造了良好的条件和降低、转移风险的措施。中国企业除了可以获得中国进出口银行的支持之外，还可以与国外的商业银行和资金实力雄厚的企业进行合作，共同开拓工程项目。

近些年在国际市场上不断发展壮大的中国承包商有以下类型：

1. 设计类企业，如中国天辰化学工程公司、中国寰球化学工程公司、天津水泥设计院等，其依靠自身在某专业方向的设计优势，通过培养提高国际商务能力和项目管理能力，逐渐向工程公司转变，有的依靠行业背景，形成了集团化的从设计到施工的能力和专业优势。而且，具有一支素质很高的人才队伍，这支队伍在专业技术、项目开发、融资和商务等方面具有很强的能力。拥有一定的先进技术，具有雄厚的资金和融资能力，在工程承包项目中倾向于为业主提供"咨询设计—融资—建造—运营—合资合作"一条龙的整体服务，许多公司可以从项目立项阶段就开始介入，公司高端的项目设计和综合运筹管理、融资能力十分雄厚。

2. 综合类工程施工企业，如中建总公司、中国土木工程公司等大量的国家级企业和地方企业，依靠公司优势和自身专业特点，项目拓展面比较宽，所遇到的行业风险较小，经过多年的市场锤炼和磨合，已经初步具备较好的项目总设计和综合管理能力，这也是这类企业近几年发展比较稳定的重要因素之一。综合类工程施工企业所进行的国际工程承包项目领域，是中国大部分的国际工程承包业务的集中领域，取得了很好的发展并带动了大批的材料、设备和劳务出口。

3. 外经型类企业，如中国机械设备进出口公司、中国技术进出口总公司、中国成套设备进出口总公司、中国万宝工程公司、北方国际合作股份有限公司等，这些公司具有较强的商务能力和一定市场资源整合能力，有的企业还具备一定的融资能力，建立了较为丰富的营销和信息网络，形成了一些成熟的市场。采用 EPC、BOT 方式总承包工程，将工程承包作为带动成套设备出口的基础业务，以工程承包开路，在援外优惠贷款下到境外开展合资合作。然而，这类企业缺乏必要的专业技术、项目的设计能力和施工能力，需要加大与设计类企业和施工企业的合作力度以便扩展业务和提高项目运作能力。

4. 生产型类企业，如中兴通讯、华为、哈电集团等，这类企业依靠其专业技术优势向国际市场拓展，但基本是在其所属的行业内通过承包工程，销售产品设备来参与运营。

总之，我国对外承包工程发展正进入一个非常好的发展时机，随着中国经济的不断增长和综合国力的增强，随着我国对外开放的扩大，中国的对外援助项目也在继续增加，为中国企业拓展业务提供了更多的机会和平台，同时将带动大量的国产设备材料出口和劳务出口。中国是一个人口大国，正在发展为一个教育大国，但目前还不算是一个人力资源大国，世界上很多国家急需大量的技术人才和劳务人员，而中国在劳务型的人力资源输出上所占份额相当小，尤其是在当今大学生就业压力较大的局面下，积极培养和锻炼复合型国际工程承包管理人才走向世界，这也向我国的高等教育提出了严峻的挑战，同时也提供了很好的拓展机遇。

在持续的发展和进步下，中国的工程建设及配套工业装备制造能力在许多方面位于世界前列，一些领域的科技水平已跃居世界领先水平。在冶金、电力、交通、通讯等基础设施领域的优势比较明显。中国企业已经能够设计和建造世界上最长的桥、最高的楼、最大的水电站以及海拔最高的铁路。我们的水电工程领跑天下，玻璃幕墙世界一流，桥梁建设技术日臻完善，这些都是我们进一步开拓国际承包工程市场的坚实基础，同时也是我们下一步继续推动企业"走出去"的重点行业和领域。

中国企业如何寻找和明确企业自身的市场定位是摆在每一个外经型国际工程公司面前的艰巨挑战，中国承包商必须以积极的态度去迎接挑战，转变国际经营战略，培育精干的管理队伍和技术力量，在稳定传统市场的基础上，提高承接国际大型工程项目的能力，提高国际承包工程竞争层次和进行承包方式多样化的发展，实现项目管理与融资能力的结合，施工与设计相结合的多元经营，逐步参与国际承包工程市场 BOT、EPC 等方式的项目，通过对优势市场未来项目的需求情况，结合专业优势和资源优势，在国际承包工程市场上进行有效的积极竞争，抓住机遇，不断向前发展。可以说，中国建筑企业在国际工程承包市场上的发展前景良好，前途光明！

四、开拓国际工程承包市场的注意事项

中国外经企业与发达国家承包商的差距，以及整体的经济状况，有历史的原因，也有在思维、观念等的差异，如何利用与东盟国家的地缘优势，学习其他地方企业做大做强，不断开拓国际工程承包市场，对中国企业来说是一个很好的命题。

1. 国际工程承包市场应该是国内市场的自然延伸，也就是说企业因生存和发展的原因需要国际市场。这种需要可能是为了机会，即为了取得更多的项目；也可能是为了利润，国际工程的利润可能比国内要高一些。但国际工程承包市场的开拓绝不是模仿行为，别人有了国外工程，我也想要有；更不能是一种政府行为，政府部门或上级主管公司不能强迫企业去开拓国际市场；企业更不能为了响应政府的号召去开拓国际市场。从经营环境的角度看，国内市场比国际市场要容易得多。企业决策者应该认真分析企业的市场需要和自身的能力后作出决定。到国外拿项目应该是为了取得更多生存和发展的空间，不应该只是为了所谓的政绩而去拿国外项目等。国际工程承包市场的开拓必须同时具备三个要素（需要、愿望、能力），市场开拓才能成功。国际工程承包市场的开拓是一个渐进的过程，需要大量的时间和资金的投入，需要耐心。由于国际工程承包的特殊性，企业有了对外承包经营权后，首先要认真分析自身的情况，再做好决定进入国际工程承包市场的准备，许多国内企业在拿到对外承包经营权后很难能立即拿到国外工程或拿到项目后能顺利完成、不亏损。

2. 国际工程承包市场是竞争激烈的市场，是国际上最优秀的公司竞争的地方。只有最优秀的公司才有生存的机会，只有准备充分的公司才有成功的希望。抱着试一试、看一看的想法去搞国际工程承包，结果只能是失败。在国际工程承包市场上活跃的都是各国最优秀的企业，管理、技术、人员、资金等各方面都是一流的。和这些企业竞争不是一句"这活我也能干"就能解决所有问题的。开拓国际市场需要在某方面比别的企业做得更好的专业优势和竞争能力，这一点对于准备进入国际工程承包市场的企业尤其重要。中国公司进入国际工程承包市场已经有 20 多年了，中国公司特有的优势已经基本被早期进入的公司消耗完了。用人员费用低、利润率低等优势竞争国际工程已经不再是优势了。现在开拓国际市场需要的是某方面具体的优势，比如，设备管理能力。如果公司的设备管理能力强，可以使设备利用率高出平均水平 10%，在国际经济学中称这种优势为比较优势，即和别的公司相比，具有那方面的优势。不具有确定的比较优势，企业进入国际市场面临的风险要大很多。

3. 国际工程承包市场是风险度很高的市场。搞好的可能性小，搞不好的可能性大。赚大钱的可能性小，赔大钱的可能性大。是否具有开拓国际市场的人员。开拓、经营国际工程最终要落实到具体的人上。还是那句话，无论在国际市场还是国内市场，企业的竞争其实是人才的竞争。有了项目，没有合格的人员，最终的结果只能是亏损。国际工程承包

对管理人员有特殊的要求，如环境适应能力、语言能力、心理平衡能力、身体素质情况等，都与国内工程有所不同。特别是环境适应能力和心理平衡能力是国内项目管理人员在国外项目上遇到的较大问题，也是更换项目经理的直接原因。国内人员在国际工程中遇到的典型问题是分工过细、能力单一、通用人才少，电工不能接自来水管，机修工不懂电路，以及主动管理能力差，不能自主决策。

4. 国际工程承包是纯粹的市场经济，遵守合同是第一原则，只认合同不认人，原则上没有人情可讲，特别是在成本和费用上。没有任何人可以在合同规定之外给承包商提供帮助。独立开拓国际市场能显示一个公司的实力、公司领导的魄力，但风险大，成本高。在国际工程承包市场寻找合作伙伴，本着循序渐进的原则逐步进入国际市场，对新公司来说是比较明智的选择。国际工程承包的合作可以在三个层次上开展：信息、项目、人员。

5. 国际工程承包是国家对外交往的组成部分，任何一个项目搞好了都可以提高本国在项目所在国的地位，搞不好将严重影响国家声誉，造成很恶劣的国际影响。

第七章 建筑企业劳务管理

第一节 建筑劳务管理的发展历程

一、我国建筑业施工劳务形式的变化过程

新中国成立以来，我国的建筑业施工劳务从起步到完善大致上经历了三个阶段的变化过程，而每一个阶段的过程转换都显现出当时的社会经济状况和所处的时代特点，这也就赋予了建筑施工劳务在建筑业的发展过程当中将扮演着重要的角色。

第一阶段：新中国建立以后至十一届三中全会。1949 年中华人民共和国建立后，中国建筑进入新的历史时期，大规模、有计划的国民经济建设，推动了建筑业的蓬勃发展。新中国的修复与重建工程需要投入大量的劳动力，而专业的建筑公司却寥寥无几。以现有的组织资源为依托，各种建筑施工劳务体制应需而生，主要有四种：一是铁道部等专业部门组织内部人员成立了建筑企业，以自营或内包的方式开展建设；二是国有企业使用自身的劳工来进行建设；三是以当年的工程兵为主力，加上小部分私营企业，经改组重建后成立了专业建筑公司，统一划归新成立的建设部管理，负责承包其余一些部委与企业的建设项目，通常我们称之为"外包"；四是各地建筑工会组织社会上的未就业人员，成立集体所有制性质的城镇建筑合作社。这四种形式的建筑施工劳务的组成在当时新中国的规模建设中起到了关键作用，而且这四种形式在相当长的一段时间里成为了建筑劳务依靠发展的主流，建筑从业人员的队伍在这一时期中也得以迅速壮大。

第二阶段：十一届三中全会以后至 2001 年资质就位。这一阶段中建筑施工劳务以国营建筑企业、集体建筑公司、股份制建筑公司、劳务承包人等形式存在。

市场化下的建筑施工劳务体制可以追溯到十一届三中全会以后。随着邓小平对建筑行业生产潜力的肯定，一系列市场改革举措被引入建筑行业中：重组现有管理体制、开放建筑市场、允许国有企业自主经营、建立竞价体制、提高管理技术等。1980 年，国家发布了《建筑安装工程建筑施工劳务合同条例》，允许建筑企业与建设单位建立承包关系。同时，建筑企业开始实行限制劳动用工的内部承包制度，在雇用原单位职工的条件下，允许内部员工进行利润包干。1984 年，承包体制改革的成果得到了一系列正式的官方认可。9 月，国务院颁发《关于改革建筑业和基本建设管理体制若干问题的暂行规定》，强调全面推行建设项目投资包干责任制与工程招标承包制、建设资金拨改贷等，改革建筑安装企业用工制度。当中明确指出，"国有建筑安装企业，要逐渐减少固定工的比例。今后，除必需的技术骨干外，原则上不再招收固定工，积极推行劳动合同制，增加合同工的比重。" 11 月，国家计委和建设部又联合颁发《建筑工程招标暂行规定》，进一步承认了竞价体制，并鼓励缩短竞价时间，降低竞价成本。从此，工程承包与分包经验开始在全国范围内推广开来。建筑劳务工人的数量也急剧上升，在 1985 年达到 1728 万，超过 1978 年的两倍。现代化的建筑施工劳务制度由此开始萌芽。一方面，国企的一些内部承包人开始从原

企业独立出来，雇佣农村劳动力，成为最早的一批包工头。另一方面，农村的一些带工师傅也开始带本村人外出做工，形成另一批庞大的建筑施工劳务队伍。1990 年左右，建筑行业的市场化改革进一步深化。在十一届四中全会确定了"两个转变"的改革基调后，新中国第一部《建筑法》在 1998 年 3 月出台，该法从施工许可证、从业资格审查、招标投标制度方面对建筑业从业规范做出了更明确的规定。可是建设单位只管降低成本的做法，给非正式的劳务用工打开了有利的空间。一方面，很多国有及改制后的建筑企业开始以提供挂靠的方式赚取利润，一不出工，二不出力。另一方面，包工头通过挂靠国有施工企业取得施工许可，再利用传统的社会关系从农村募集劳动力，构成建筑劳务的有生力量。

第三阶段：2001 年资质就位至今。现代化的建筑施工劳务逐步成型，并且以工程总承包公司、项目管理公司、施工总承包公司、专业劳务公司以及劳务承包人等多种形式存在。

2001 年建设部发布了《建筑业企业资质管理规定》，同时印发了《建筑业企业资质等级标准》，2003 年和 2004 年相继发布了《关于培育发展工程总承包和工程项目管理企业的指导意见》和《建设工程项目管理试行办法》等文件。至此，建筑业生产组织形式再一次面临选择。以所有制形式划分的国有、集体、股份制的建筑企业种群已经失去以往的意义，取而代之的是以业务功能范围区分的工程总承包、项目管理、施工总承包、专业承包和劳务分包的企业种群。2005 年建设部发布《关于建立和完善劳务分包制度发展建筑劳务企业的意见》目标是："从 2005 年 7 月起，用三年的时间，在全国建立基本规范的建筑劳务分包制度，农民工基本被劳务企业或其他用工企业直接吸纳，'包工头'承揽分包业务基本被禁止"。

至此，凭借着有关法律法规的建立和完善，现代化的建筑施工劳务制度变得更加成熟和科学，并在多元化的建筑生产活动中起着至关重要的作用。

二、建筑劳务用工体系的构建

建筑劳务用工是指各类建筑结构中涉及的各项工程的用工，包括水、电、风、焊等，通常以工/日为工作单位，是为完成建筑产品生产的一种有偿服务活动，主要包括以下劳务工作：1. 木工作业；2. 砌筑作业；3. 抹灰作业；4. 石制作业；5. 油漆作业；6. 钢筋作业；7. 混凝土作业；8. 脚手架搭设；9. 模板作业；10. 焊接作业；11. 水暖电安装作业；12. 钣金工程作业；13. 架线工程作业。

面对繁多的劳务工作种类，构建一套科学的建筑劳务用工体系十分必要，如图 7-1 所示：

从图中我们可以看出，在目标的选择上劳务工人有着更多角度的决定。他们不光可以直接和劳务企业签订合同，而且随着劳务基地的建立，更多的工人可以通过信息平台上不同类别的有效信息，在劳务企业和承包企业间建立起理性的合同关系。而企业也会针对不同的劳务用工需要向信息平台发布信息进行搜寻，从而可以有效地甄选出所需的劳动用工。在这个过程中，劳务基地和信息平台作为中间推动力量有效地运转着这个系统，从而使得劳务用工体系更加的理性、科学和具有针对性。政府作为外在的推动性力量能够从资金优势上保证对劳务基地和信息平台的有效扶持，从而也能够推动性地保障承包企业的劳务用工需要。

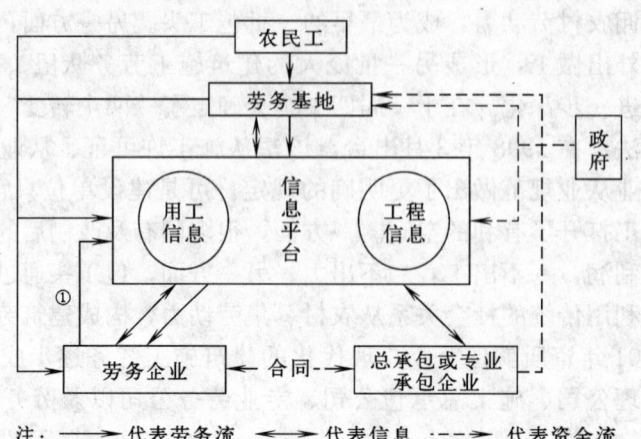

注：——— 代表劳务流　←——→ 代表信息　·····→ 代表资金流

图 7-1　建筑劳务用工体系流程图

（注释：图中①代表合同期满或解除合同的劳务人员，重新到信息平台登记）

三、建筑劳务的形成和发展过程

建筑劳务是指独立于工程承包企业，面向建筑市场，为工程承包企业提供劳务作业并取得相应报酬的建筑活动和务工群体。我国的建筑劳务的形成和发展过程，大致经历了三个阶段。

（一）政府管理的有序流动阶段

20 世纪 80 年代中期，建筑企业使用的农村建筑队，基本是由农村集体经济组织派出的劳动组合。《国营建筑企业招用农民合同制工人和使用农村建筑队暂行规定》要求，企业使用农村建筑队，须经当地政府批准，双方须签订合同。使用方式包括单纯提供劳务，分部分项承包工程，包工包料包费用或联合生产经营。农村建筑队承担施工任务，必须持营业执照，领取施工许可证。双方必须签订合同并报送当地城乡建设主管部门和开户银行。企业对使用的农村建筑队，要在技术、工程质量、施工安全等方面给予帮助、指导，并进行监督检查。建筑业推行项目管理，实行"两层分离"后，为了引导企业合理使用农村劳动力资源，保证建筑劳务有序流动，原建设部、农业部等部门公布了一批建筑劳务基地。劳务输出地各级建设主管部门与工程所在地政府密切配合，并与大型建筑施工企业建立了定向输送务工人员的合作关系。建筑劳务输出大省强化了技能培训、市场分析等一系列管理，并向工程所在地派出了办事机构，加强对派出劳务队伍协调和服务。同时，大力发展本省的"龙头企业"，带动当地劳动力从事建筑业。总的看来，在这一阶段建筑劳务是在政府部门、农村集体经济组织的调控，企业的有效管理下有序流动的。

（二）非法人化的无序流动阶段

20 世纪 90 年代中期，建筑业企业普遍推行了项目经理负责制和项目成本核算制，项目经理部有了用工自主权。很多企业实行了项目经营承包制。一些企业对项目管理失控，项目经理部出于降低成本的需要，直接招用包工队。一些"包工头"为了规避各种管理费用，逐步摆脱了劳务输出地政府部门、城镇集体经济组织的管理，或从乡镇建筑企业游离出来，逐步成为非法人经济实体和建筑劳务的主体力量。企业为规避与务工人员劳动关系的责任，无劳动合同用工，以及务工人员盲目流动的问题相当普遍。

（三）建筑劳务企业化管理阶段

从 2001 年开始，建设部根据《建筑法》等有关法律，颁发了《建筑业劳务分包企业资质标准》，并陆续出台了有关规定。各地建设行政主管部门将取缔"包工头"承揽劳务作业、规范企业用工行为作为建筑市场监管的重要内容，大力发展劳务分包企业，培育建筑劳务市场，建立劳务分包制度；一些建筑劳务输出地政府积极发展劳务经济，加大了农村富余劳动力转移的引导、管理和服务的力度，密切与工程所在地政府和大型建筑企业的联系，根据用工单位的需要，广泛开展技术培训，成建制输出建筑务工人员；大型建筑企业加强了工程项目分包和用工行为的约束，健全对使用劳务队伍的遴选与考核、劳务合同和劳动合同、培训教育与持证上岗、劳动统计与考勤，以及劳务费与工资支付等环节的管理，建筑劳务和企业用工走上了企业化、法制化、规范化的轨道。

第二节 建筑劳务企业的发展现状

一、劳务企业的基本类型与经营方式

1. 劳务企业的基本类型

建筑劳务企业按其组建的过程和方式，大致可分为以下五类：

（1）低等级承包企业改组成立的劳务企业

这类企业具有基本的施工管理力量和经验，有些企业工种设置也比较齐全，因此具有较强的市场竞争能力。由于有些地方采取"配送资质"的方法促使低等级企业向劳务企业转化，有些劳务企业仍保留了原有资质，还具有中小型项目的工程承包能力。

（2）施工总承包企业分离出来的劳务企业

这类企业往往是与总承包企业"一套班子、两块牌子"，或是总承包企业的全资或控股企业。由于这类企业保存了施工总承包企业原有的队伍稳定、专业配套、作业精干的操作人员，既可以依靠总承包企业的工程承包能力获得相对稳定的工程业务，又可以依托其管理力量，以"扩大的劳务分包"方式承揽工程，成为建筑市场中最具有活力的劳务企业。

（3）集体总承包企业成立的劳务企业

这类企业或是由总承包企业素质较差的下属单位整合成立，或是由企业原有操作工人为基础组合成立。他们对总承包企业依附性强，甚至需要总承包企业补贴维持生存，有些企业实际上与总承包企业的劳务管理机构是"一个机构、两块牌子"。企业原有操作工人大多已不成建制，进入劳务企业的人员多是无学历、无职称、无技能、无岗位证书的"四无人员"，主要靠招募"包工头"或零散民工，向总承包企业的项目部派遣劳务队伍，一般不对外承揽劳务作业。一些原部门管理的专业施工企业，由于企业用工制度改革较晚，他们改制分离出来的劳务企业，自有职工尚成建制，具有较强的职业技能和技术、管理能力，并可以从事专业分包，但其主要作用也是面向总承包企业的自身劳务作业需要。

（4）"包工头"申请或联合组建的劳务企业

这类企业数量最多、流动性最强。虽然有些企业中不乏具有精明的劳务带头人、市场信誉良好的作业队和操作技能精干的务工人员，但多数是没有企业经营经历，各项制度不健全，缺乏工程管理能力，务工人员松散，经营资金匮乏的经济组织。有些虽然队伍规模很大，有的号称万人企业，但尚未形成法人治理结构，往往是由出资人或"包工头"各自掌控的作业队伍组成，是多个利益主体、多层次挂靠的联合体。

（5）劳务派遣公司

这类企业不属于建筑业的范畴。既不是专业的建筑劳务企业，也不从事建筑劳务分包，只是向建筑业企业提供零散务工人员或作业班组。

2. 劳务企业的经营方式

建筑劳务企业的经营方式大致分为包清工、扩大的劳务分包（包工包料）和劳务派遣三种。

（1）包清工

这种方式就是以定额工日为依据，对劳务作业按工种进行分包。按劳务分包的规模可分为两种情况：

一是以班组为单位按工种分包劳务作业。这种方式主要适用于总承包企业成立的，带有自营性质的劳务企业，以及工种单一的劳务企业或作业队。

二是劳务企业对部分工种乃至全部劳务作业进行分包。由于施工总承包企业一般希望由一家劳务企业承担劳务作业，以减少多个劳务队伍进场、组织和协调各工种作业的负担。因此这种方式较为普遍。它要求劳务企业具有一定的施工管理能力，技术管理人员，较强的工种协调能力和工种齐全配套的作业队伍。

（2）扩大的劳务分包

这种方式以包工包料为主要特征。普遍采用的是包人工、辅助材料，主要材料实行定额消耗控制的方式。它要求劳务企业具有一定的经济实力和较强的施工管理能力，以及技术、管理人员队伍。从事除主要材料、大型机械设备以外，整体工程"扩大劳务分包"的企业，往往是由具有较低资质的总承包企业、低资质总承包企业转化的劳务企业，或从施工总承包企业分离出来并与之相关联的劳务企业。这种方式带有明显的主体工程分包的特征，也有可能成为工程转包的载体，与现行法律似有相悖之处，故而一些地区禁止这种劳务分包形式。

（3）向承包企业派遣务工人员

这种方式不具有劳务分包的性质，劳务企业也不承担相应的责任，只是向用工单位派出零散务工人员或工人班组，收取管理费用。有些总承包企业成立的、带有劳务管理机构性质的劳务企业也采用这种方式向其项目经理部选派劳务作业人员。

二、劳务企业市场化管理

1. 劳务企业市场竞争方式

建筑劳务企业竞争方式按其承揽业务的途径，大致有以下三种：

（1）通过招标投标或直接承揽承包企业的劳务作业

除北京等个别城市要求施工总承包企业在工程交易场所，通过招标遴选劳务分包企业外，一般总承包企业还是采用内部招标等方式自行遴选劳务分包企业。

（2）与总承包企业长期合作

企业整体或其中作业队与施工总承包企业长期合作，承接劳务作业，或者依附于作为其出资人的施工总承包企业从事劳务作业。大型施工总承包企业普遍运用这种方式遴选劳务作业队伍。

（3）以劳务企业和"包工头"双重身份从事劳务分包，违法承揽劳务作业

鉴于在一些地区尚未禁止"包工头"承揽劳务作业，一些劳务企业经常不以企业名义，与用工管理不规范企业的项目经理部私下交易，以节省税费等费用支出，规避劳务分包人应尽的责任。

（4）部分劳务企业挂靠总承包企业，既以劳务企业名义从事劳务分包，也利用总承包企业资质进行工程承包。

2. 劳务企业管理体系中存在的问题

（1）承包企业用工行为的因素

A. 总承包企业直接使用劳务作业队伍或"包工头"

由于包工头承揽劳务作业尚未得到有效禁止，在行政监管不到位的地区，承包企业与包工头私下交易的现象依然存在。一些企业将劳务作业分包给挂靠在劳务企业的作业队，虽然与劳务企业签订了劳务分包合同，但对务工人员与劳务企业的劳动关系、工资发放、培训和持证上岗情况不予关注；一些企业接受挂靠，或对工程项目部实行经济承包，对劳务用工管理无力控制，劳务分包难以推行；一些总承包企业自办的劳务公司也挂靠了大量"包工头"控制的劳务作业队。这些情况导致劳务分包市场秩序混乱，制约了建筑劳务企业发展。

B. 总承包企业转嫁经营风险

当前工程承包市场拖欠工程款、工程压价等问题没有得到根本解决。大型总承包企业一般能够正确对待这些问题，在人工费亏损的情况下，以合理价格进行劳务分包，保证劳务费支付，避免发生拖欠农民工工资的现象。但一些企业不顾自身经济实力垫款施工，以低于成本价格承揽工程，并以"风险共担"为由，向建筑劳务企业转嫁经营风险，压低劳务价格，拖欠劳务费用，形成价格低、变更频、纠纷多、结算迟的恶性循环，导致劳务企业资金紧张，难以按时足额支付务工人员工资，经济效益低迷。

（2）建筑劳务企业自身的因素

A. 无合同用工现象依然存在，务工人员的保稳工作仍要加强

总承包企业分立的劳务企业，一般与总承包企业有着资产关系，保留了原有的工种齐全、配套的务工人员队伍，作为施工作业的骨干力量。这部分人员一般与企业签订了劳动合同，或者双方具有比较稳定的劳动关系。有些企业的管理人员和少数操作技术骨干还拥有基本社会保障。这些企业根据总承包企业用工和自身发展需要，招用一些外地劳务队伍和零散务工人员作为补充，这部分人员一般没有与企业建立劳动关系。

"包工头"联合组建的建筑劳务企业，一般没有建立法人治理结构，很多属于"包工头"掌控劳务队伍的联合体。务工人员与企业之间没有签订劳动合同、建立劳动关系，而是与"包工头"存在事实上的劳动关系，甚至是口头约定其工资待遇。

B. 挂靠现象严重，专业化程度低

由于总承包企业多希望一家劳务企业承担多工种甚至全部劳务作业，以减少多家劳务企业进场和协调多工种作业的管理工作，按现行规定"劳务作业承包人必须自行完成所承包的任务"，从而催生了一批综合性的劳务企业。而真正具有这种综合劳务作业能力的，只有少数由总承包企业分离出来的劳务企业；一些"包工头"为减少独立成立劳务企业的管理成本支出，规避法人企业应尽的责任和风险，以各自掌控的劳务资源，共同组建建筑

劳务企业，以迎合市场的需要，并通过扩大承揽任务的规模，谋求各自的经济利益。从而形成了一批多个利益主体、多支劳务队伍相互挂靠的建筑劳务企业。有的企业甚至形成了地域性分公司、劳务作业队、工种班组多级挂靠体系。

此外，一些总承包企业成立的自营性质的劳务企业，普遍采用挂靠方式招募劳务队伍，以此规避与直接招用的农民工建立劳动关系，办理社会保险的责任。劳务企业内部挂靠带来的主要问题，一是不利于建筑劳务向专业化、小型化方向发展，二是企业难以履行其应尽的责任，三是容易将企业内部经济矛盾演变为工程承包企业与劳务企业的劳务纠纷，甚至发生务工人员与总承包企业的对立，以及恶意讨薪导致的社会问题。

C. 规章制度不健全，经营管理粗放

一是合同意识淡薄，报价制度不健全。很多劳务企业为了承揽劳务作业盲目低价竞争。劳务分包合同往往是劳务队长以企业名义与用工企业签订，合同内容约定不明确，纠纷不断，扰乱市场秩序和社会秩序。二是企业资源分散，财务制度不健全。大量由"包工头"联合组建的建筑劳务企业，人员、资金、机械设备仍掌握在演变为分公司经理或劳务队长的"包工头"手中，企业管理处于失控状态。企业积累微薄，自我发展能力差。三是对员工培训不重视，薪酬制度不健全。

D. 经营领域狭窄，经济效益低迷

按照现行劳务分包制度的要求，劳务企业经营领域狭小；劳务费收入受到劳动消耗定额及总承包企业人工费成本的控制，正常的劳务分包盈利水平极其有限；经济实力薄弱，难以抵御法人企业所面临的风险，以及应承担的责任，更难以成为容纳建筑业务工人员就业，并与其建立稳定劳动关系，有效保障其合法权益的主要载体。

第三节　建筑劳务管理问题的解决途径

一、完善工程分包体系，引导建筑劳务企业健康发展

1. 完善有关法律，扩展工程分包市场

在现行法律条件下，应更好地发挥劳务分包的作用。劳务分包涉及到工程主体的分包，虽然尚未从法律上明确其在工程建设中的地位，但其积极作用已为社会各方面和工程建设领域广泛认同。应当通过提高其技术水平和智能化程度，来探索工程主体的分包的有效方式，以及劳务分包向工程分包转化的途径。同时，也要防止以不同程度的包工包料为主要特征的"扩大的劳务分包"，成为违法分包和转包的载体，带来新的社会问题，招致业主等方面的非议。

2. 完善政策措施，多种方式发展建筑劳务企业

首先，坚持专业化、小型化的方向，合理控制建筑劳务企业规模。要严格资质审批制度，引导建筑劳务企业适度规模经营。对于申请多项资质的建筑劳务企业，除严查其技术工人数量和持证上岗情况，还应适当提高注册资本金的要求，并增加对其工长、技术员等管理、技术人员的考核条件。对务工人员1000人以上的企业应加强其劳动合同执行情况的跟踪监管。

其次，拓宽劳务企业的经营领域，增强经济实力和自我生存能力。在不违背现行法律的条件下，鼓励企业将劳务分包作业与相关工程业务融合，或者说允许不具有承包资质

的、与工程施工相关的企业从事劳务分包作业。催生一批具有施工操作技术、施工机器设备、加工制作能力的新型专业化劳务分包企业，成为工程分包的合格市场主体、建筑产业工人就业的有效载体。具有多工种的综合性建筑劳务企业，应当拓展施工组织设计能力、预算编制能力，工种协调能力，减轻总承包企业施工管理的压力。

最后，适度发展劳务派遣企业，适应各类企业临时性的用工需求。

3. 制定劳务分包计价办法，规范建筑劳务企业竞争行为

政府工程造价管理部门应对劳务分包费用的构成做出规定。以定额人工费为基础，确定建筑劳务企业管理费、合理利润、培训经费等取费费率。

二、贯彻劳动法规，塑造新型产业工人队伍

1. 多途径吸纳农民工就业，全面推行劳动合同制度

（1）各类企业均可成为用人主体

应当按照《就业促进法》的要求，鼓励各类企业，尤其是众多专业承包企业直接雇佣技术工人。各类企业雇佣务工人员，均应遵守国家劳动法规。不宜为了发展建筑劳务企业，对不同类别企业雇佣务工人员实行不同的政策，引导承包企业分离劳务作业层，推行劳务分包制度。

（2）稳步推行劳动合同制度

无论承包企业还是劳务分包企业，都要按照《劳动合同法》的要求，与雇佣的务工人员签订劳动合同，使各类企业与务工人员建立和谐稳定的劳动关系。建筑劳务企业作为集"用人"与"用工"于一身的市场主体，必须直接与所雇佣的劳动者签订劳动合同，切实履行用人单位的责任和义务，改变层层挂靠导致企业与劳动者劳动关系虚置的状况。

2. 改善就业环境，吸引务工人员从事建筑业

（1）除健全劳动合同制度，推行工伤、医疗保险外，待国家制定和实施农民工养老保险关系转移接续办法后，各类企业均应为务工人员办理基本社会保险，以稳定建筑业务工人员队伍。

（2）切实改善务工人员生产生活条件，丰富务工人员的精神文化生活。

（3）依托地方工会和总承包企业，扶持建筑劳务企业建立工会组织，吸收务工人员加入工会。

3. 广泛开展技能培训与鉴定，提高务工人员素质

（1）保证培训经费来源，多途径开展培训工作

除争取"阳光工程"基金，集中企业职工教育基金外，应考虑解决建筑业务工人员培训经费来源的根本途径，建立社会化的从业培训制度。建议国家有关部门制定有关办法，以政府出资为主，多渠道筹集培训经费，建立建筑业农民工培训基金，由建筑业管理部门统筹管理，对建筑业务工人员实行免费的从业培训和初级工技能鉴定。

社会和行业各方面应履行责任，发挥自身优势，积极参与建筑业务工人员技能培训与鉴定。劳务输出地应从源头上重点开展建筑业务工人员的初级培训，做到"先培训、后输出"。政府有关部门应在考核的基础上，赋予其技能鉴定的资格；总承包企业应通过建设农民工业余学校，结合工程施工的需要开展用工人员的安全教育和补充性技能培训；专业承包企业和建筑劳务企业首先应做好组织工作，安排务工人员参加有关方面组织的技能培训和技能鉴定，今后应将所招用务工人员视为企业职工，履行培训责任；务工人员应积极

参加技能培训，通过技能鉴定，提高自身技术素质和工薪待遇。务工人员晋升技能等级，应自行承担培训和技能鉴定费用。

此外，可考虑对建筑劳务企业管理人员实行岗位培训和持证上岗制度，培养工长等方面的管理人才。

（2）改变以盈利为目的的倾向，避免重复培训鉴定

既要杜绝只收费不培训，技能鉴定虚假的现象，又要防止谋求局部利益，不承认外来务工人员技能鉴定证书导致的重复培训与鉴定。要坚持培训与鉴定分离的原则，对具有相应技能水平的务工人员可直接通过鉴定获得技能鉴定证书。鼓励培训与鉴定机构面向工程项目上门服务，方便企业和务工人员。

（3）建立技能档案制度，便于技术工人合理流动

通过建立建筑业务工人员的技能档案和信息查询系统，记录其技能培训和技能鉴定情况，实现技术工人技能证书地区与企业之间的互认，以防止因务工人员丢失或劳务企业扣押证书造成重复培训与鉴定，便于技术工人合理流动。

三、完善信用体系建设，强化市场监管

为了规范建筑劳务企业的经营行为，应当将现有的建筑市场信用系统，运用到劳务分包市场；同时要探索建筑业从业人员的信用体系建设，加强行政监管。

首先，补充规定劳务分包市场不良行为，加大对承包企业违法用工的处罚力度，加强对建筑劳务企业监管。鉴于建筑劳务企业尚处于发展初期，应将对其监管和处罚的重点放在无合同用工、克扣和拖欠务工人员工资、内部挂靠、恶意讨薪等行为。

其次，加强对执业资格人员执业行为和企业分支机构负责人的监管。总承包企业违法用工往往发生在挂靠项目和实行经济承包的项目。有必要对执业资格人员的执业行为进行跟踪监管，对企业分支机构负责人进行实名制管理，纳入建筑市场信用信息系统。对于频繁变更注册单位的执业资格人员，可取消其执业资格；对于使用多家企业资质或经常变更挂靠单位的挂靠人、"包工头"，应披露其不良行为，逐出各地建筑市场，并依法对接受其挂靠的企业进行处罚。

最后，大力推广建筑业务工人员实名制管理。运用信息化手段实行务工人员身份管理，记录其从业经历、职业技能、劳动考勤、工资支付情况。

四、推进行业自律，规范建筑劳务企业经营行为

1. 积极参与务工人员技能培训和建筑劳务企业管理人员的业务培训。

2. 引导建筑劳务企业建立健全法人治理结构，以及合同、财务、薪酬等各项管理制度。

3. 开展行业调研和形势分析，反映企业诉求，为政府行业管理部门制定政策提供依据。

4. 开展信用评价，推进建筑劳务企业行业自律。

五、开展优秀企业推介活动，增进用工企业与建筑劳务企业的合作。

第四节　建筑工程项目劳务管理

一、劳务管理基本规定

（一）对从事建设工程劳务活动的劳务企业、个人，实行资质和资格管理制度。凡从事建设工程劳务活动的劳务企业，必须取得相应的建筑劳务企业资质，并在资质证书核定

的范围从事建设工程劳务活动。未取得资质证书的，一律不得从事建设工程劳务活动。

（二）劳务企业必须使用自有劳务工人完成承接的劳务作业，不得再行分包或将劳务作业转包给无资质、无自有队伍、无施工作业能力的个体劳务队或"包工头"。

（三）建筑劳务企业必须依法与工人签订劳动合同，合同中应明确合同期限、工作内容、工作条件、工资标准（计时工资或计件工资）、支付方式、支付时间、合同终止条件、双方责任等。劳务企业应当每月对劳务作业人员应得工资进行核算，按照劳动合同约定的日期支付工资，不得以工程款拖欠、结算纠纷、垫资施工等理由随意克扣或无故拖欠。

（四）劳务企业必须建立健全培训制度，从事建设工程劳务作业人员必须持相应的执业资格证书在工程所在地建设行政主管部门登记备案，严禁无证上岗。

（五）建筑业总承包企业、专业承包企业项目部应当以劳务班组为单位，建立建筑劳务用工档案，按月归集劳动合同、考勤表、包工作业工作量完成登记表、工资发放表、班组工资结清证明等资料，并应以单项工程为单位，按月将企业自有建筑劳务的情况和使用的劳务分包企业情况向工程所在地建设行政主管部门报告。

（六）总承包企业或专业承包企业支付劳务企业劳务分包款时，应责成专人现场监督劳务企业将工资直接发放给农民工本人，严禁发放给"包工头"或由"包工头"替多名农民工代领，以避免"包工头"携款潜逃导致农民工工资拖欠。因施工总承包企业转包、挂靠、违法分包工程导致出现拖欠农民工工资的，由总承包企业承担全部责任，并先行支付农民工工资。

二、劳务用工实名制管理

劳务工人实名制管理是在贯彻实施国务院《关于切实解决建设领域拖欠工程款问题的通知》（国办发〔2003〕94号）的过程中，由各地方工程建设行政主管部门和建筑企业提出的，是为了规范建筑市场的正常秩序、加强建筑施工企业用工合法性管理的一项重要举措。

（一）劳务工人实名制管理的作用

实名制管理对规范总分包单位双方的用工行为，杜绝非法用工、劳资纠纷、恶意讨薪等问题的发生，具有一定的积极作用。

通过实名制数据采集，能及时掌握了解施工现场的人员状况，有利于工程项目施工现场劳动力的管理和调剂。通过采集数据公示，公开劳务分包单位企业人员考勤状况，公开每一个农民工的出勤状况，避免或减少因工资和劳务费的支付而引发的纠纷隐患或恶意讨要事件的发生。现场劳务作业人员的实名制为项目经理部安全管理，治安保卫管理提供第一手资料。通过实名制管理卡金融功能的运行，可以减少企业工资发放许多程序，避免农民工携带现金，为企业和农民工提供了极大的便利，同时也使农民工享受社会提供的消费服务功能。

（二）劳务实名制管理的主要措施

1.总承包企业、项目经理部和劳务分包单位必须按规定分别设置劳务管理机构和劳务管理员，制定劳务管理制度。劳务管理员应持有岗位证书，切实履行劳务管理员的职责。

2.劳务分包单位的劳务管理员在进场施工前，应按实名制管理要求，将进场施工人员花名册、身份证、劳动合同文本、岗位技能证书复印件及时报送总包商备案。总包方劳务管理员根据劳务分包单位提供的劳务人员信息资料，逐一核对是否有身份证、劳动合同和岗位技能证书，不具备以上条件的不能使用，总包商不允许其进入施工现场。

3. 劳务管理员要做好劳务管理工作内业资料的收集、整理、归档，包括：企业法人营业执照、资质证书、建筑企业档案管理手册、安全生产许可证、项目施工劳务人员动态统计表、劳务分包合同、交易备案登记证书、劳务人员备案通知书、劳动合同书、身份证、岗位技能证书、月度考勤表、月度工资发放表等。

4. 项目劳务管理员负责项目日常劳务管理和相关数据的收集统计工作，建立劳务费、农民工工资结算兑付情况统计台账，检查监督分包单位队伍对农民工资的支付情况，对分包单位队伍在支付农民工工资存在的问题，应要求其限期整改。

5. 项目劳务管理员要严格按照劳务管理的相关规定，加强对现场的监控，规范分包单位队伍的管理行为，保证其合法用工，依据实名制要求，监督分包单位企业做好劳务人员的劳动合同签订、人员增减变动台账资料。

（三）劳务实名制管理的技术手段

实名制采用"建筑业实名制管理卡"，该卡是具有双重功能的双介质卡，即：具有金融和 IC 管理功能。

1. 工资管理：劳务分包单位企业按月将劳务人员的工资通过邮政储蓄所存入个人管理卡，工人使用管理卡可就近在 ATM 机支取现金，查询余额，也可异地支取。

2. 考勤管理：在施工现场进出口通道安装打卡机，工人进出施工现场进行打卡，打卡机记录工人出勤状况，项目劳务管理员通过采集卡对打卡机的考勤记录进行采集并打印，作为工人考勤的原始资料存档备查，并作为公示资料进行公示，让每一个劳务人员知道自己在本期内的出勤情况。

3. 门禁管理：劳务人员出入项目施工区、生活区的通行许可证。

4. 售饭管理：劳务分包单位按月将每个劳务人员的本月饭费存入卡中，工人用餐时在售饭机上划卡付费即可。

三、劳务分包管理流程

（一）劳务分包的定义及范围

劳务分包是指施工总承包企业或者专业承包企业将其承包工程中的劳务作业发包给劳务分包企业完成的活动。其范围包括：木工作业、砌筑作业、抹灰作业、石制作业、油漆作业、钢筋作业、混凝土作业、脚手架作业、模板作业、焊接作业、水暖电安装作业、钣金作业、架线作业等。

（二）劳务分包管理流程

劳务分包管理流程如下：

劳务分包单位信息的收集→资格预审→实地考察→评定→培训→推荐劳务分包→劳务分包单位参与投标→评标及中标→注册、登记→现场管理→考核、评估→协作终止

1. 劳务分包单位队伍资源信息的收集

总承包商应定期组织对劳务分包单位队伍资源信息的收集、筛选。定期将筛选过的劳务分包单位队伍资源信息提供给劳务分包单位选择和使用部门。

劳务分包单位队伍资源信息筛选的要点：须具有良好施工信誉及充足的劳动力及管理人员资源；须符合施工的各种资格条件；具有较完善的内部管理体系。

2. 资格预审

资格预审内容：劳务分包单位队伍的企业性质、资质等级、社会信誉、资金情况、资源情况、业绩、履约能力、管理水平等。

3. 实地考察

实地考察内容：企业规模、内部管理模式、管理水平、获奖情况、管理人员及劳动力状况；近三年竣工工程的获奖情况及履约状况；在施工程实体施工质量、成本管理水平、现场管理水平、文明施工状况、人员分布。

4. 评定

评定要点：劳务分包单位队伍内部管理要符合企业的要求；管理人员及劳动力相对稳定；工程实体质量能满足企业的要求；企业信誉良好；无不良诉讼记录。

5. 培训

培训内容及要求：总承包企业概况、总承包管理模式、工程质量及安全等项目管理的运作方式以及劳务分包单位员工职业技能提高等。

6. 劳务分包单位参与分包工程的投标

按劳务分包单位招标管理办法的规定程序，选择劳务分包单位参与投标。所推荐的劳务分包单位应来自合格分包单位队伍名录，根据项目具体情况推荐相应资质等级劳务分包单位。

7. 评标及中标

由劳务分包单位招标工作小组组织进行评标、议标工作，由劳务分包单位招标领导小组确定中标单位。确定中标单位之依据：能满足招标文件规定；合理低价；方案符合招标文件要求。

8. 注册、登记

中标的劳务分包单位到总承包单位办理注册登记手续。

由总承包单位协助中标的劳务分包单位办理地方政府的注册手续（包括工程注册、劳务注册）。到地方建设行政主管部门的建筑工程劳务发包承包交易中心和管理中心办理注册备案手续及施工许可证。

9. 现场管理

总承包商全权负责劳务分包队伍在本用工单位的管理，负责入场教育（安全文明、环保、职业安全健康）。劳务分包单位按工程所在地及总承包商的规定办妥各种手续，严格遵守现场安全文明、环保和职业安全健康规定，按规定要求持证上岗。

10. 考核、评估

有效的考核和评估是促进劳务分包单位队伍自身管理能力提高的有效方法。总承包商应对分包单位进行分阶段考核和评估。

11. 协作终止

按照总承包单位与劳务分包单位签订的合同，当分包单位按照合同内容完成与总承包商约定的施工任务时，本次合同终止。

（三）劳务分包合同

劳务分包合同一般分为两种形式：一是按施工预算或投标报价承包；二是按施工预算的清工承包。劳务分包合同的内容包括：工程名称，劳务分包工作内容及范围，提供劳务人员的数量，合同工期，合同价款及确定原则，合同价款的结算及支付，安全施工、重大伤亡及其他安全事故处理，工程质量、验收及保修，工期延误，文明施工，材料机具供应，发包人、承包人的权利及义务，违约责任等。

四、施工过程的劳务管理

1. 分包商进退场管理

(1) 分包商进场前将与甲方签订的施工合同副本报总包备案，并根据合同总价的不同向总包方缴纳一定比例的综合保证金，以保证质量、进度、现场管理符合业主及总包管理要求，该保证金的扣罚必须由总包和监理同时签字。

(2) 分包商进场前先与总包单位签订《现场综合处罚管理规定》。

(3) 分包商进场前须填写"分包商进场申请表"，"分包商进场登记表"经各方签字后方可进场。

(4) 退场规定：分包商负责范围工程验收合格后，填写"分包商退场申请表"和"分包商退场登记表"，经各方签字认可后方可退场。没有办理退场手续的，总包方将禁止退场，押金不予返还。

2. 治安、消防管理

(1) 进场专业分包须与总包单位签订《治安、消防安全包保责任书》。

(2) 总包单位根据花名册，办理分包队伍施工人员进场出入证，分包队伍办理出入证后，方能进出现场。

(3) 分包单位施工人员进场后，须接受总包单位治安、消防安全教育培训后，方可上岗作业。

(4) 分包单位进场后，须严格执行总包单位的《施工现场综合管理处罚管理规定》，如有违章者，将按该规定执行。

(5) 分包单位在施工生产中将无条件接受总包单位的例行检查，如对总包单位检查提出的治安、消防隐患不按期进行整改者，将依法进行严惩，由此造成的后果，由分包单位自行负责。

(6) 分包单位有权监督总包单位的管理，发现总包单位个别人员有吃、拿、卡、要和故意刁难等行为，有权向总包单位领导或业主举报。查实后，将视情节轻重予以处罚，并对举报者予以奖励。

3. 施工现场管理

(1) 各分包单位根据总包单位指定地点搭设临时办公用房及临时库房，任何单位不得私自搭设。

(2) 所有专业分包进场后按总包单位划定的卫生责任区进行封闭式管理，各单位须派专人负责。

(3) 总包单位所管辖区域内，各种安全防护、消防设施应保证安全有效，不得随意损坏、拆除、挪用，如有违反者按《施工现场管理综合处罚规定》执行。

(4) 现场临电由总包单位统一管理，严禁乱拉、乱接，并严格执行建设部颁发的《临时用电管理规定》，不可以无理由人为造成分包的停工。

(5) 分包单位临时用电设备，经总包单位相关人员检查合格后，方可进场施工。对存在严重安全隐患的分包单位，总包单位将予以警告并限期整改，直至消除隐患，确保安全。

（6）现场临水由总包单位统一协调管理，作业及生活区内不得有跑、漏、滴现象。

（7）各分包单位进场后，由总包单位相关部门对其进行现场教育，施工作业人员安全帽应统一，并挂牌并持证上岗，做到文明施工。

（8）各分包单位将随时接受总包单位及各级主管部门的例行检查，对在检查中不合格者，总包单位有权责令其整顿，并进行相应处罚。

（9）施工产生的垃圾由分包单位按木材和其他材料分类装袋封闭，每天在规定的时间内将楼内垃圾清理到总包指定的垃圾站。如由总包方统一消纳，则收取费用；如分包单位自行消纳，必须保证每天及时清运，否则按照《施工现场综合管理处罚规定》进行处罚。

（10）总包单位负责对现场各分包商进行协调，以保证工程的顺利进行。各分包单位将需要协调的内容通过填写"分包配合联系单"交总包单位。

4. 技术、质量管理

（1）各分包单位执行总包单位的质量管理目标及技术管理制度。

（2）分包单位施工前须将所分包工程施工方案报总包审核。

（3）分包单位须设专职的现场负责人、技术员、质检员，各专业人员均须持证上岗。

（4）分包单位进场材料执行进货检验程序，合格后方可使用。

（5）各分包单位所承包范围内的工程变更或洽商必须由总包单位审核、签认，否则，由此造成的不符合或其他后果由分包单位自行负责。

（6）各分包单位不得随意搭设施工用脚手架，如确有需要，可委托总包单位统一搭设或由分包提供经批准的施工方案，总包审查，监理审批后，方可搭设，施工完毕后及时拆除。

（7）施工现场由总包单位提供的各种控制点、楼层标高控制线、轴线等，分包单位不得随意标识、改动，如确因需要单独做点，须经总包单位技术部门同意。

（8）分包单位各分项、分部工程验收执行总包单位"分项、分部工程验收程序"。由总包单位主持，其他各方参加，在自检合格及相关资料齐全总包审核后报送监理进行验收，合格后方可进行下道工序。

（9）各分包单位必须参加总包单位组建的联合检查组，不定期对分包单位的施工组织设计及技术交底落实情况进行联合检查，如发现有不符合标准要求或存在质量隐患的，联合检查组向分包单位提出整改意见，如逾期不进行整改的，总包单位有权责令其停工整改。

（10）分包单位必须派现场负责人参加由总包单位组织的质量、工程例会或协调会、由建设单位组织的设计协调会、由监理单位组织的监理例会，服从建设单位、监理单位及总包单位的统一协调。

（11）总包单位组织各分包单位每月将对各分包单位现场质量进行抽查、评比，对未达质量目标的，总包单位有权对其处罚或停工整改，并将检查结果送业主及监理备案。

（12）各分包单位单项工程竣工验收由各分包单位自检合格，技术保证资料整理齐备，报总包单位，由总包单位统一组织，经总包验收合格后，然后报甲方、监理及设计院进行四方验收，合格后报市质检总站备案。

5. 工程进度管理

（1）分包单位进场前需向总包单位上报其承包范围内工程进度计划，由总包审核后报监理、甲方审批。该进度计划必须服从项目总进度计划要求。

（2）分包单位每月须向总包单位上报下月施工进度计划。

（3）分包单位在每周二之前报下周进度计划及施工部位给总包审核，并对上周进度完成情况进行分析、总结，总包单位根据现场整体计划进行合理安排。

（4）分包单位要根据监理审批后的进度计划合理组织施工，并在规定的工期内完成。

（5）分包单位必须参加由总包单位组织的关于进度等方面的工程协调会或专项会议，并对本单位工程进度完成情况进行分析、总结，并积极采取纠偏措施。

6. 工程技术资料管理

（1）技术资料实行总包负责制，由总包单位汇总各分包单位编制整理的全部施工技术资料。

（2）分包单位须配备专职的资料员，负责收集、管理所分包范围内技术资料，资料员必须持证上岗。

（3）分包单位严格按照当地归档要求及总包单位有关技术资料整理规定进整理归档。

（4）分包单位进场时须填写各类样本一份交总包单位审批，符合标准后统一按此填写。

（5）平时技术资料的填写及保管由各分包单位负责，资料的整理须随施工进度及时整理，并按专业系统归类。

（6）技术资料的填写要字迹清楚，项目齐全，记录准确、真实。采用黑色墨水或签字笔进行书写。

（7）各类资料的签字要齐全，不得随意涂改、伪造或损毁。

（8）分包单位的技术负责人应指导资料整理归档工作，并接受总单位的每月一次的例行检查。

（9）各分包单位在所承包工程竣工验收前，须向总包单位提交三套（二套原件）完整技术资料，经检查符合要求后，才能进行竣工验收，否则，总包单位有权不对其验收。

7. 现场安全管理

（1）各分包单位须设专职安全员，负责现场安全施工的检查与管理工作。

（2）各分包单位进场后，均须与总包单位签订《安全包保责任书》、《安全管理协议书》、《机械租赁安全包保责任书》。

（3）分包单位执行总包单位的安全生产规章制度、安全生产奖惩制度、安全生产检查制度及安全生产教育制度。

（4）分包单位严格执行总包单位的现场安全管理目标，服从总包单位的统一领导、管理和指挥。

（5）各分包单位应积极配合由总包单位、甲方、监理或上级主管部门组织的安全生产大检查。

（6）对总包单位及上级主管部门提出的问题，要有落实、整改、验收，整改不到位的，总包单位有权采取必要措施，以确保安全。

8. 机械设备管理

（1）分包单位的施工机械要有专人负责，并做到定机、定人、定职，做到定期保养。

（2）分包单位机械进场时须填写"设备进场报告单"，一式两份，由总包单位领导签字后方可进场，并留一份存档，凡不申报的，一律不予退场。

（3）分包单位进场的各类机械按总包单位的要求，由各单位进行标识，并注明单位名称，以便检查、管理。

（4）进场的机械设备必须保证状况良好，安全防护装置齐全可靠。

（5）进场的机械设备要按总包单位相关部门要求摆放整齐，小型工机具要及时入库，如遇丢失，由各单位自行负责。

（6）分包单位安装的固定施工机械设备，必须设立安全操作规程牌，挂在设备旁边，并标明操作人员名单，设备的操作必须执行《安全技术操作规程》。

（7）分包单位使用总包单位大型垂直运输机械时，由总包单位统一协调、统一安排、分配运送时间。

（8）分包单位不得擅自使用或挪用现场其他机械设备。

（9）分包单位必须执行总包单位的有关机械设备管理的规定，并接受总包单位的监督与检查。

（10）分包单位机械设备退场时，总包单位根据进场报告一一核对，经检查相符后，方可退场。

9. 料具管理

（1）凡是进入施工现场的一切分包单位，必须遵守项目部的物资管理规定。

（2）各分包单位的材料、工具需进场时，必须先到项目部材料室申报、登记备案。

（3）各分包单位的材料、工具进场后，必须按照总包项目部材料室或工程室指定的位置堆码、摆放整齐，并进行标识，材料进场时须填写"分包商材料验收单"。

（4）各分包单位进场的材料必须是合格的产品，材料的材质证明书、合格证、产品的使用说明书以及安全注意事项等资料必须齐备，并报总包审核、监理审批。

（5）各分包单位在现场存放、使用的材料、工具等，必须保持现场干净，整齐有序，做到工完场清，接受本项目的检查和监督。

（6）各分包单位的施工垃圾、碴土、材料包装物、废弃物等由项目统一清运，清运的费用由各分包方负责承担，其相关物手续到材料室备案。

（7）各分包单位执行总包单位的材料管理规定及奖罚制度，接受总包单位的例行检查。

10. 临电、临水管理

（1）临电管理：

1）总包单位进场后须签订《电焊工责任包保书》、《电工责任包保书》。

2）总包单位负责在楼内每层提供一个提供电源点，电源点之后的线路、配电设备、用电器具由分包单位在满足施工用电规范和总包要求的基础上根据使用需要进行敷设、设置、安装。

3）每月实际发生的电费在当月底结清，如拖欠电费的，总包可停止供电。

4）电费在施工前予交押金，工程竣工后，押金予以退还。

（2）临时用水管理：

1）总包方在楼内每层提供一个水源，由分包单位提供水表，总包负责安装，提供给分包的水源由分包单位负责管理。

2）如有跑、漏水造成损失的，由分包单位赔偿，并停止继续提供水源，所需施工用水由分包单位自行解决。

3）每月实际发生的水费在当月底结清，如拖欠水费的，总包可停止供水。

4）水费在施工前予交押金，工程竣工后，押金予以退还。

11. 环境管理

（1）各分包单位进场后，须与总包单位签订《环境管理协议》，接受总包单位有关环境管理的教育培训。

（2）各分包单位必须重视现场环境管理，对国家明令淘汰的能耗高、技术含量低、噪声超标、渗油、漏油的机械设备不得使用。

（3）机械设备要定期维修、保养，减少噪声，在维护保养过程中产生的废油、废棉纱要及时回收到指定的地点存放。

（4）正确使用施工机械，所有机械操作人员须经培训上岗，以减少人为因素造成噪声污染，夜间施工时间服从总包单位安排。

（5）各分包单位在现场材料运输、装卸和施工作业中，必须符合当地政府交通、环保方面的法律、法规以及本项目的环境保护要求。否则，由此而引起的一切环保方面的不符合，由各分包单位负责。

（6）各分包单位的施工垃圾、碴土、材料包装物、废弃物等，必须按项目指定的堆放场所，按照不同的废弃物进行分类，分别堆放整齐，有序。

（7）各分包单位在施工中必须做到节能、降耗，并接受总包单位的环境例行检查。

第八章 建筑企业国际市场
开拓与风险管理

第一节 建筑企业国际市场开拓

一、后金融危机时期国际市场格局的转变

（一）金融危机对国际经济的影响

金融危机又称金融风暴，是指一个国家或几个国家与地区的全部或大部分金融指标，例如短期利率、货币资产、证券、房地产、土地（价格）、商业破产数和金融机构倒闭数的急剧、短暂和超周期恶化。金融危机可以分为货币危机、债务危机、银行危机等类型。近年来金融危机呈现多种形式混合的趋势。

金融危机的特征是人们基于经济未来将更加悲观的预期，整个区域内货币币值出现较大幅度的贬值，经济总量与经济规模出现较大幅度的缩减，经济增长受到打击，往往伴随着企业大量倒闭的现象，失业率提高，社会普遍的经济萧条，有时候甚至伴随着社会动荡或国家政治层面的动荡。

最近这次的金融危机源于 2007 年 8 月的美国次贷危机，目前已发展成为一场世界范围的资本主义金融危机，它不仅重创了美国金融与经济，并对全球金融体系和世界经济造成了极大影响，使国际金融体系遭受到"大萧条"以来最严重的冲击与考验，同时也逆转了世界经济增长的强劲势头，加速了世界经济的下滑。作为自"大萧条"以来最严重的金融危机，此次国际金融危机将对全球经济金融格局产生巨大而深远的影响，主要表现在三个方面。

1. 全球经济增长将在相当长的时期内处于一个较低水平

国际金融危机前，在信息技术革命、全球化、人口红利和债务膨胀等因素共同推动下，全球经济经历了一个高速增长阶段，2003～2008 年的 6 年间年均增长达 4.7%。危机后，全球经济的基本面发生了重大变化。据联合国数据显示，2009 年全球经济增长率降到 1%，2010 年全球经济增长率 2.4%，并预计 2011 年、2012 年的全球经济增长率 3.1%和 3.5%。未来 3～5 年全球经济增长率在 3%～3.5%之间。

2. 国际金融市场在未来一个时期可能出现反复动荡

近 20 年来，尽管不断发生区域性的金融危机，但由于危机主要来自新兴市场国家，因此全球金融市场总体上是稳定的。国际金融危机的爆发及其演进改变了这一状况。与危机前相比，国际金融市场的不稳定性可能会明显增加，并在较长一个时期内出现反复动荡。这次国际金融危机解决的难度和影响远远大于以前历次新兴市场危机。

3. 全球的经济版图和治理模式将深刻调整

国际金融危机没有改变美国综合国力在全球遥遥领先的局面，但危机改变了世界主要国家和集团的力量对比，也改变了美国参与国际事务的思路和方式。全球政治经济权力的分配和运行都将因之发生深刻变化。金融危机后，在发达国家普遍陷入衰退的情况下，新

兴和发展中经济体的总体增长特别是亚洲主要新兴经济体和拉美主要新兴经济体的强劲增长成为支撑全球经济恢复的重要力量。遏制潜在竞争对手将成为未来一个时期美国的战略重点。尽管金融危机后美国的整体实力有所削弱，但美国不会放弃全球霸主的地位。美国参与和控制国际事务将更多地依靠多边国际组织。

（二）金融危机对中国经济的影响

1. 对出口的影响

次贷危机引起美国经济及全球经济增长的放缓，对中国经济的影响不容忽视，而其中最主要的是对出口的影响。2007 年，由于美国和欧洲的进口需求疲软，我国月度出口增长率已从 2007 年 2 月的 51.6% 下降至 12 月的 21.7%。2008 年 1 月出口总额 1095.8 亿美元，12 月出口总额 1111.6 亿美元，增长率仅有 1.4%，2008 年我国月度出口情况见图 8-1，并且，由于金融危机对出口影响的滞后作用，2009 年我国年度出口总额出现了明显下降的趋势，见图 8-2。

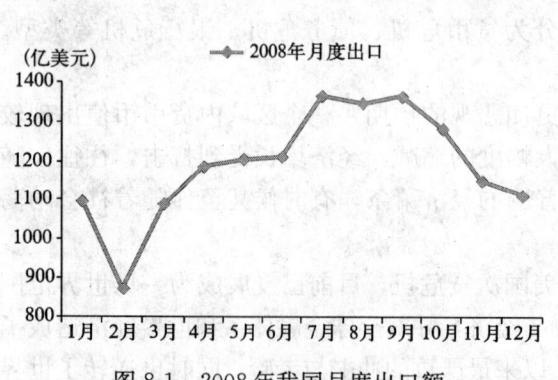

图 8-1　2008 年我国月度出口额

（数据来源：中华人民共和国商务部）

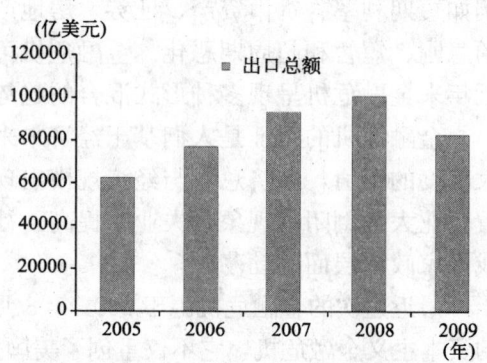

图 8-2　2005 年至 2009 年我国出口总额

（数据来源：中华人民共和国商务部）

美国次贷危机造成我国出口增长下降，一方面将引起我国经济增长在一定程度上放缓，同时，由于我国经济增长放缓，社会对劳动力的需求小于劳动力的供给，将使整个社会的就业压力增加。

2. 经济增长趋缓和就业形势严峻

受金融危机的影响，我国经济增长幅度出现了放缓的趋势。从 2000～2009 年年度 GDP 增长水平来看（图 8-3），此次全球金融危机爆发后的两年 2008 年与 2009 年中国 GDP 增长率分别为 9.6% 和 9.1%，均低于全球金融危机爆发前 2007 年中国 GDP 的增长率 14.2%，同时也低于 2000 年至 2009 年中国 GDP 增长的平均水平 10.9%。

美国次贷危机对我国实体经济造成很大影响，外贸出口企业受到沉重打击，企业预期收益减少，必然通过裁员或降低劳动者工资的方式降低生产成本，在一些地区、一些领域，金融危机的影响表现得非常明显：很多公司开始裁员，招聘需求大幅减少。一些依赖国外订单生存的中小企业减停产，甚至倒闭。尤其是家具、电子产品与纺织品行业受影响最大，进而失业率也不断攀升。本来力量就很弱小的中小企业在这场来势凶猛的危机中，其生存环境越来越恶劣。沿海地区，特别是广东珠三角地区，出现了大量农民工返乡的情况，表明这些地区已经出现中小企业倒闭的浪潮，大量农民工已经沦为失业人员。

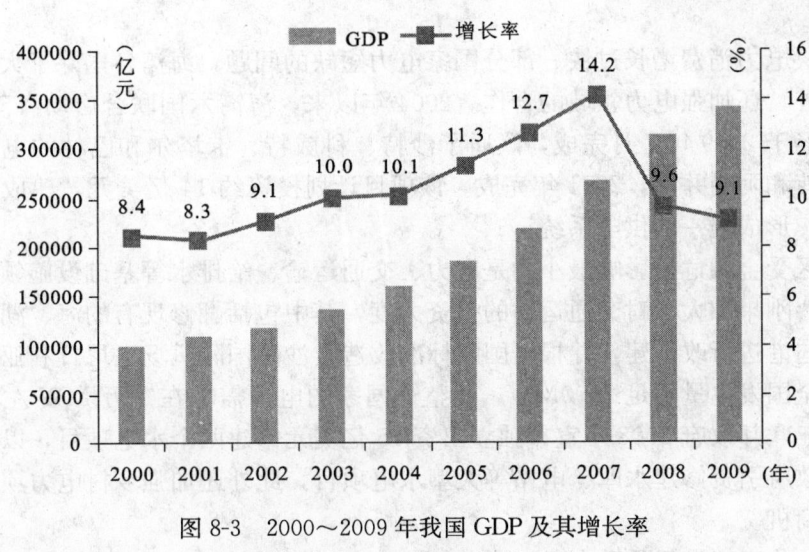

图 8-3　2000～2009 年我国 GDP 及其增长率

（数据来源：2010 年中国统计年鉴）

3. 次贷危机加大我国的汇率风险和资本市场风险

为应对次贷危机造成的负面影响，美国采取宽松的货币政策和弱势美元的汇率政策。美元大幅贬值给中国带来了巨大的汇率风险，美元贬值 10％～20％的存量损失是非常巨大的。在发达国家经济放缓、我国经济持续增长、美元持续贬值和人民币升值预期不变的情况下，国际资本加速流向我国寻找避风港，加剧了我国资本市场的风险。

（三）后金融危机时期的国际建筑市场

金融危机下，建筑市场面临着严峻形势。全球绝大多数国家都在减少建筑项目，一些发达国家的"奢侈建筑"会减少或停建，近一两年国际市场订单量、合同额可能会受较大影响。后金融危机时期国际建筑市场呈现出如下特点：

1. 房建和制造业项目增速放缓，基础设施项目稳步发展

（1）房地产和制造业项目萎缩

在能源价格高涨和财富效应的影响下，近年来各国掀起了房地产热，大大小小的办公楼、住宅楼和别墅开发项目层出不穷，一时间成为投资新热点，并在 2008 年年中到达最高潮。但随着金融危机的不断深化，各国房地产市场迅速降温。巴林的房地产市场受到金融危机的沉重打击，2008 年住宅市场年供应量增加了 44％，而年需求量却下降了约 75％。卡塔尔房产需求锐减，价格急剧下跌，普通房建市场由热转冷。

由于货币流动性持续吃紧，投资者的投资策略趋于保守，制造业项目（不含石油和石化）也出现了萎缩。2009 年阿联酋工业领域投资额下降了 17％，工业项目数由 1 月的 19 个减少到 7 月的 9 个，而投资金额则由 50 亿美元缩减至 40 亿美元。

（2）电力、供水和交通投资增长迅速

发展中国家经济快速发展，人口增长迅速，各国在基础设施方面的投入也不断增加。为保证可靠、充足的电力供应，电力投资增长尤其迅猛。截至 2009 年 6 月，海湾地区共有在建和新开工电力项目 234 个，投资总额达 1620 亿美元。其中沙特、阿联酋和卡塔尔的项目数分别为 110 个、58 个和 14 个，项目投资额的占比分别达到了 38％、35％

和 12%。

为了解决电力消费增长过快、部分国家电力短缺的问题，海湾各国除了大力发展本国电力系统之外，还加强电力领域的合作。2004 年以来，海湾六国联合启动海湾电网工程，第一阶段已经于 2009 年 7 月完成，联通了沙特、科威特、卡塔尔和巴林的电网。第二阶段是与阿联酋和阿曼并网，2011 年完成。该项目计划投资约 14 亿美元，建成后将集成海湾各国电网，形成统一的供电系统。

非洲地区受金融危机影响最小的是电力、交通运输、给排水等基础设施领域。为了应对金融危机，刚果加大了对交通运输的投资力度，其中包括翻修现有的海、湖、河运输设施，对马塔迪港进行改扩建，并根据国际标准改造金沙萨国际机场。尼日利亚的电力供应每况愈下，全国发电量不足 2000MW，而整个国家的电力需求在 1 万 MW 左右，缺口巨大。尼日利亚联邦政府 2008 年宣布独立出资 15 亿美元修建两个水电项目，以改善电力供应。喀麦隆政府引资修建水库、电站等大型水电项目，此外还加强乡村电力项目建设，电力市场出现商机。

(3) 石油化工建设仍是重点

中东国家的产业发展继续倚重石化行业。伊朗国家石化工业公司计划投资 120 亿美元，在国内新建 20 个石化生产和基建项目，其中 16 个为生产项目。沙特计划与国外公司合作筹资 80 亿美元兴建炼化厂，预计 2013 年下半年完工。

2. 发达国家受冲击明显，发展中国家相对稳定

金融危机对发达国家建筑市场冲击明显。首先，金融危机使美国建筑业产值下降，工人失业增加。危机直接影响了美国建筑业和相关行业的投资增长与消费需求。2007 年第二季度，美国建筑业产值为 5647 亿美元，比 2006 年一季度减少了 15.2%。同期建筑业在美国国内经济中所占的比重也从 5.7% 下滑到 4.6%。2007 年美国建筑业的雇员数量从上年的 790 万人减少到 785.1 万人，降幅为 0.6%，明显低于同期全美产业雇员总量 1% 的增幅。2008 年，美国建筑市场继续下滑。2008 年第四季度，建筑业产值为 5104 亿美元，同比下降 5.7%。据美国劳工部数据显示，随着美国房地产市场的繁荣以及泡沫消费的升温，美国建筑业的就业人数大增，2001~2007 年的 7 年间建筑业增加就业岗位 61 万，金融危机全面爆发后，2008 年至 2009 年 11 月，全美建筑业流失了 167 万个岗位。受金融危机影响，2008 年全球 225 家最大的国际工程承包商在美国市场完成营业额 417.6 亿美元，增速由 2007 年的 26.7% 下降至 13.2%。

其次，欧洲的住宅建筑业发展势头逐渐减弱，未来两年将持续低迷，达到自 2002 年以来的最低水平。在美国房市降温的背景下，多年来保持欧洲地区建筑业领军地位的英国建筑市场在 2008 年下半年陷入低谷，房价下跌 15%，2009 年将在此基础上继续下跌 12%，整体建筑业产值可能下降 0.5%。欧洲专业研究机构欧洲建设指出，爱尔兰的建筑业产值 2008 年暴跌 17.7%，是欧洲建筑市场损失最为惨重的国别市场。西班牙建筑业发展面临的问题更多，导致其建筑业产值可能下跌 5.9%。芬兰、瑞典、荷兰的建筑市场相对乐观，分别保持 3%、3.4%、3.1% 的增长。随着越来越多的东欧国家加入欧盟，其基础设施建设投入增加，东欧地区的建筑市场一度非常活跃。

中东地区的建筑业也遭遇了极大的打击，尤其在阿联酋迪拜。由于迪拜债务危机，价值 3560 亿美元的建筑计划被停滞，另有价值 270 亿美元的建筑项目被取消。但随着石油

价格的不断上涨，海湾国家的经济在日益复苏，一定程度上加快了当地建筑市场的复苏与发展。而劳动力短缺、资本设备不足、物价上涨、美元贬值等因素也影响了中东的基础设施建设。

2008年亚太地区在全球建筑市场的份额进一步减少，由2007年的17.9%降至17.6%，完成营业额685.3亿美元，增长23.7%。从短期来看，随着美国金融危机引起的全球性经济衰退的扩散，对亚洲地区的影响会逐步显现，亚洲地区的建筑业发展速度将呈减缓趋势。但从长期来看，如果应对得当，亚洲地区市场能够发挥自身优势，在危机中稳固经济基本面，一旦周期性调整结束，亚洲经济将变得更为强劲，并将进一步提高在全球经济中的地位。

非洲是经济最不发达的大洲，也是工程承包发包额最少的地区之一。国际金融危机造成非洲部分国家汇率大幅下跌，侨汇和出口收入降低，建筑业发展减缓。但在国际社会对非援助的支持下，非洲基础设施建设工程市场仍存商机。在金融危机爆发初期，由于非洲与国际金融体系的联系不强，该地区所受冲击有限。2008年，225家最大的国际工程承包商在非洲地区完成营业额508.8亿美元。

值得注意的是，拉美市场快速增长，将是未来国际工程承包市场的一个潜力区域。巴西近年来吸引了较多的外国直接投资，是拉美地区最大的建筑市场，在世界上仅次于中国、俄罗斯和印度。2007年1月，巴西出台了基础设施建设规划"加速发展计划"，而2014年世界杯足球赛和2016年奥运会的主办权更为其带来了建筑业发展的机会。

3. 中国、土耳其、韩国等发展中国家承包商迅速崛起

金融危机对发达国家建筑企业造成了一定影响，225家全球最大的国际工程承包商中，欧美企业数量较往年有所下降。与此同时，中国、土耳其、韩国等发展中国家的工程承包企业在国际建筑市场上的影响力日益增加。

2008年，共有50家中国公司入选225强排行榜，比2007年减少一家，完成营业额合计为432亿美元，比上年度增长90.5%。入选的土耳其公司由2007年的23家增加至31家，营业额增长65.1%，达到140.5亿美元。13家韩国公司合计完成114.1亿美元，增长42.3%。入选2008年排行榜的美国公司由32家缩减至25家，营业额增长19.6%，为511.2亿美元。65家欧洲企业完成营业额2126.4亿美元，增长18.4%。

4. 金融危机对我国建筑业的影响

金融危机发生后，我国建筑业也出现了困难，主要是国内依托于国际市场的产业企业扩展性基本建设项目暂时搁浅；境外工程因资金短缺而停建、缓建和压缩投资；汇率和利率的大幅震荡造成工程资金的汇兑缩水；房地产市场的持续低迷使得建设速度放缓；市场的揣测和恐慌心态影响了新上项目的决策；企业自身经营动力和信心不足等方面。例如，据国家统计局的报告，2008年建筑业从业人员约为5000万人左右。但2009年春节，从建筑业中返乡农民工占外出农民工的比例为73.3%。

二、国际建筑市场开拓的基本观念和趋向

（一）我国建筑业对国际建筑市场开拓

改革开放初期，根据中央统一部署，原建设部等四部委分别组建了中国建筑工程公司、中国公路桥梁工程公司、中国土木工程公司、中国成套设备出口公司等四家公司，率先开展对外承包工程和劳务合作业务。从此，中国对外承包工程业务从无

到有，从小到大，发展迅速，成绩显著，在国际承包市场上不断开拓进取，取得了骄人的业绩。

经过改革开放 30 年，我国累计在全球 180 多个国家和地区签订对外承包工程（包括设计咨询）合同，1979～2010 年间，我国对外承包工程（包括设计咨询）年合同额从 0.3 亿美元增加到 1300 亿美元，年均增长率达到 31%。2011 年实现海外营业额为 570.6 亿美元，增长 12.8%；占全球市场份额从上年的 13.2% 增长至 14.9%，几乎是 2006 年的三倍。

中国承包商的海外市场集中在非洲、亚洲和中东地区，这三地的营业额占全球营业额的 89.2%。近三年来，中国承包商一直是非洲市场的老大，2010 年中国承包商占据了非洲市场 38.7% 的份额，但相比于 2008 年的战绩（42.4%）有所下滑，说明其他国家承包商也越来越看重非洲市场，竞争愈发激烈；身处亚洲，东道主优势使得中国整个亚太市场的占有率达到 22.7%，但与上年相比，下降了 2.2 个百分点。

从行业分布来看，我国对外承包的领域包括：住宅、石化、交通、制造业、给排水、水利电力等，涉及国际承包市场的多个领域。其主要市场则在土木工程（Civil Engineering），一直是我国对外工程承包的核心。

我国对外工程承包的企业群体也在不断壮大。20 世纪 70 年代末期，我国进入国际工程承包市场的企业只有 4 家，到 2000 年底有资格开展对外承包工程的劳务合作的公司已达 1800 多家。另外，中介服务机构的作用也在不断加大，使这项事业有了新的发展。从 1998 年开始，我国已经进入世界对外工程承包的 10 强，1999 年开始超过韩国。1984 年进入全球 225 家最大国际承包公司排行的我国企业只有 1 家，1995 年有 23 家公司被列入 225 家国际大承包商之中，2003 年则上升到了 47 家；另有 11 家我国企业进入了 200 家最大国际设计公司名录。2011 年中国大陆地区共有 51 家企业入围国际承包商 225 强，中国建筑企业五巨头均入围全球承包商前十强（表 8-1），且中国铁建、中国中铁分占全球承包商状元与榜眼之位，刷新了中国建筑企业在 ENR 的历史。

2011 年度世界 225 家境外工程承包收入最高的公司入榜中国企业　　　　表 8-1

单位：（百万美元）

序号	排名		公司名称	境外工程承包收入
	2010	2011		
1	11	13	中国交通建设股份有限公司	7134.20
2	20	22	中国建筑工程总公司	4871.70
3	24	41	中国水利水电建设集团公司	4010.00
4	26	26	中国机械工业集团公司	3529.50
5	27	46	中国石油工程建设（集团）公司	3476.20
6	29	25	中国铁建股份有限公司	3424.00
7	32	32	中信建设有限责任公司	3252.90
8	33	53	中国中铁股份有限公司	3158.60
9	54	89	上海建工集团股份有限公司	1654.10
10	58	79	山东电力建设第三工程公司	1579.90

我国加入世界贸易组织、全面融入经济全球化是大势所趋。在经济全球化条件下，一国的经济建设和发展只有融入国际分工体系、参与全球竞争，才能取得更大的成功。尤其是在全球货物贸易增长的同时，服务贸易的增长速度也很快，按照世界贸易组织的划分，建筑业属于服务贸易的范畴，全球服务现在达到了 1.3 万亿美元的规模。而另一项预测数据显示 2005～2030 年的 25 年间，全球累计在基础设施上的投资将达到 41 亿美金，2030 年左右，发展中国家的基础设施投资将占到整个市场的 75％。这是一个非常庞大的市场，我国企业必须积极参与。对此，我国有关部门自 2000 年以来颁布了一系列的政策法规，以促进并规范我国企业开拓国际工程承包市场。如：

《关于大力发展对外承包工程意见》（国办发［2000］32 号）

《中国对外承包工程和劳务合作行业规范》（对外贸易经济合作部办公厅转发外经贸合［2000］第 5 号）；

《关于利用出口信贷开展对外承包工程和成套设备出口实行资格审定的通知》（外经贸部、中国人民银行外经贸政发［2000］第 30 号）；

《关于印发〈关于对外承包工程项目项下出口设备材料的工作规程〉的通知》（外经贸部、海关总署外经贸合发［2001］第 579 号）；

《关于部分调整对外承包工程、劳务合作经营资格条件的通知》（对外贸易经济合作部办公厅外经贸发展字［2001］第 735 号）；

《关于做好 2002 年对外承包工程项目贷款财政贴息工作的通知》（财政部、外经贸部财企［2002］第 458 号）；

《关于对外承包工程质量安全问题处理的有关规定》（外经贸部、原建设部 2002 年 11 月 15 日）；

《外商投资建筑业企业管理规定》（原建设部、外经贸部令［2002］第 113 号）；

《关于支持我国企业带资承包国外工程的若干意见》（外经贸合发［2003］65 号文）；

《对外承包工程管理条例》（国务院令［2008］第 527 号）；

《对外承包工程资格管理办法》（商务部、住房和城乡建设部令［2009］第 9 号）；

《对外承包工程项目投标管理办法》（商务部、银监会、保监会 2011 年 12 月 7 日施行）。

可以说，中国承包商成为海外承包市场一支不可忽视的力量，在国际承包市场占据越来越重要的地位。但不可否认，中国承包企业的业务分类不够全面、市场分布也不尽合理，有待进一步开发。中国承包企业在海外承包的业绩不少，教训也不少，还需要修炼内功，将竞争优势从价格向技术、质量、管理等方向转移，提升项目附加值与国际竞争力。

（二）国际建筑市场的经营环境与竞争趋向

国际建筑市场近年来的经营环境与竞争趋向可概括为以下几点。

1. 竞争激烈，盈利微薄

市场竞争将更为激烈，主要原因在于：一是东西方军事对抗体制瓦解后，经济矛盾上升，区域经济合作加强，使保护主义以多种形式出现；二是发展中国家的工程公司也在不断发展壮大，这些国家的政府工程项目对外限制增多，特别是一般的土木工程项目承包，当地公司已有绝对优势；三是大型和技术复杂项目既要靠技术实力，也要靠资金实力去竞争。这就导致一个国际招标项目往往有十几甚至几十家公司竞标，一些有经验的承包商不惜以低于成本的报价冒险投标，靠中标后材料设备出口及合同索赔等手段获得利润。在这种情况下，欠发达和发展中国家的许多公司都很难盈利。竞争的加剧导致国际承包公司海外利润率逐年下降。

2. 资金缺乏，带资投标和实物支付盛行

由于资金特别是外汇短缺，国际承包市场近年来现汇项目减少，带资承包、延期支付和实物支付的项目增多，并且有进一步扩大的趋势。承包商只有在提供信贷、接受延期付款和实物支付等条件方面占有优势，方能占领市场。国际工程承包市场对资金需求的增加促使一些承包商寻找合作伙伴，推动了联合、兼并风行。

3. 发展中国家的基础设施建设越来越多地采用 BOT 方式

BOT（Build—Operate—Transfer 的英文缩写，意思为"建设—经营—转让"）方式是一种新的投资方式，它特别适合于投资金额巨大而且回收投资期限长的大型基础设施，例如港口、码头、铁路、高速公路、机场、电力系统等能源交通项目。过去，这些大型基础设施多由国家投资建设，由于发展中国家的资金短缺而又急需加快发展其薄弱的基础设施，于是政府特许交给民间或外商的投资者组织项目公司主持融资和进行建造，并允许其经营若干年，通过向使用者收费来偿还投资，获得利润回报后再将这些基础设施移交给政府部门。BOT 投资方式的基本特点是：政府对投资的回收不提供担保，原则上也不予投资，仅在土地使用权、收费和税收政策、运营年限等方面给予一定的特权。BOT 方式不仅在发展中国家获得成功（如马来西亚的南北高速公路，菲律宾的电站工程等），也在发达国家作为"公用设施私有化"的一种手段被采用（如英法海峡的海底隧道，法国的一些城市供水工程等），并取得良好效果。

BOT 方式的流行给国际承包商带来了新的领域和机遇，有能力的承包商不仅可以参加投标，承包工程，还可以其全部或部分工程款收入参加到投资者行列，分享工程的长期效益。

4. 技术密集型工程和资金密集型工程增多，项目趋于大型化和复杂化

面临世界政治经济秩序的挑战，各国积极调整产业结构。发展中国家、石油输出国都力图摆脱单一的初级加工经济结构，逐步建立起全面的现代化工农业经济体系，与之相适应的技术密集型项目日益增多。例如石油和天然气工程、石油化工工程、冶金工程、环境工程、通信工程、核能利用工程等明显增多。这一方面表明各国重视发展基础设施和基础工业；另一方面是由于一般性的土木工程（如住房、办公建筑、商厦建筑等）都可以由本国的工程公司承担，无需面向国际招标。随着科学技术的进步和发展，这种趋势将会更快增长。

5. 为增强公司实力，联合和兼并盛行

国际承包市场的激烈竞争，成为促使承包资本集中化的推动力，国际工程承包市场凭借资金和实力在竞争中取胜的形势越来越明显。为了扩大经营规模和发挥综合优势，许多公司都在走联合或兼并的道路。特别是对于大型工程项目，过去处于竞争对手位置的公司现在反过来携手合作，它们组成联合集团（Consortium）或者单个项目合资（Project joint venture）夺标。

三、中国建筑业企业开拓国际市场的竞争优势及策略

（一）中国建筑业企业国际市场的竞争优势

我国建筑企业从事国际工程承包的竞争优势主要体现在以下几个方面。

1. 成本优势

虽然近年来我国劳动力成本在不断上升，但和西方发达国家比还是低得多。在美、英等国建筑业工人每小时工资在 18～20 美元，而我国只有其 1/15～1/10。管理成本和劳务支出相对较低，存在价格竞争优势。

2. 劳动力优势

我国劳动力资源丰富，并有庞大的劳动力供给潜力。我国的人口占世界人口的 22%，建筑业的从业人数占全世界建筑业从业人数的 25%。而且每年新增人口逾千万人，加上大量的农村剩余劳动力，可以为建筑业企业提供源源不断的从业者。

3. 具有众多优良的专业人才

我国拥有约 50 万的项目经理（建筑师），以及各类设计师、工程师，具备良好的素质，而且拥有如此丰富的专业人士资源是许多发达国家的建筑业所不具备的。

4. 吃苦耐劳

我国不仅拥有丰富的劳动力资源和众多优良的专业人才，而且普遍具有吃苦耐劳精神。虽然有观点认为现代建筑业不应太多强调吃苦耐劳和奉献精神，而应加强市场条件下的用人机制。但吃苦耐劳是我国建筑业走向国际的一个优势。

5. 装备优势

随着我国制造能力的增强，国际化合作生产方式加快，国际跨国公司将工程机械产品制造业正在逐步向中国转移。我国的工程机械等装备优势逐步显现。其发展可以积极推动大型装备制造业企业与建筑业企业合作，参与国际竞争。

6. 原材料优势

建筑工程出口能带动我国的建筑原材料的生产和出口。同时，我国原材料品种齐全，质优价廉，国内生产能力强，为我国建筑业在国际上发展提供了良好的物质基础。需要强调的是要加强资源的配置和合理使用，不能靠卖资源，不能损害环境。

7. 在亚洲和非洲国家有良好的关系

亚太地区国家在地理位置上是我国的邻国，与我国有着千丝万缕的联系，对我国建筑业企业开拓亚洲市场是个绝好的优势。长期以来，由于历史和现实的因素，我国在非洲许多国家开展多种形式的经济合作，中国建筑业企业普遍尊重非洲当地文化，心理距离相对较小，和非洲国家建立了良好的关系，成为我国建筑业企业在非洲进一步扩大发展的优势。

8. 已积累了相当的经验

我国建筑业企业从 70 年代开始，已逐步参与国际竞争，尤其是改革开放以来，在国际竞争中取得了良好的成绩，成为国际建筑市场上一支重要的力量。我国建筑业企业已积累了相当的国际竞争经验，这为今后在国际市场上进一步大有作为提供了基础。

9. 母国市场的迅猛发展

中国经济持续高速增长，带动了建筑业的蓬勃发展。中国的建筑市场已经成为世界建筑市场中最具吸引力的市场之一。母国市场的迅猛发展，为中国建筑业走上世界提供了良好的基础。

10. 政府的大力支持

只有政府的大力支持，培育和鼓励，建筑业企业才能健康发展，才能大踏步"走出去"。党中央、国务院提出了"走出去"的发展战略,并指出对外投资、工程承包和劳务合作是实施走出去战略的良好形式,国家也出台了一系列措施,支持我国建筑业企业进一步在国际市场上参与竞争。

（二）中国建筑业企业开拓国际市场的策略

我国建筑企业参与国际工程承包市场的竞争,应该发挥三个方面的积极性:第一,政府部门应通过完善法规与政策体系,加大支持对外承包发展的力度;第二,建筑业协会、商会应加强对企业的协调和指导服务,使我国企业在对外承包中能够发挥整合优势;第三,企业必须提升竞争能力,大力开拓国际工程承包市场。在这三个方面中,关键还是企业自身的努力,为此应采取以下几个方面对策。

1. 要从全球经济结构调整和产业分工格局中寻求商业机会

（1）从国际工程承包市场行业结构中寻求商业机会。目前国际工程承包市场中最重要的还是土建工程,其次是制造业,交通运输业占第三,还有电力、水利等。在全球国际工程承包市场的十大行业里,我国企业已有自己的优势。因此,如何发挥优势,挤进国际工程承包市场的产业链,是值得思考的问题。

（2）要分析全球的经济结构、市场结构与地区市场的影响。例如,目前全球电信市场在急剧膨胀,发展中国家基础设施落后的一个重要方面是在电信业上,帮助他们发展电信业就是一个很大的市场机会。很多发展中国家电力短缺,这些国家的经济发展、产业升级都需要充足的电力供应,帮助他们发展电力也是一种市场机会。在这方面竞争市场是必要的,同时也要注意培育市场,通过帮助这些国家发展电信业和电力,就能逐步培育出以我国企业占主导地位的市场。

2. 加大科技进步力度,增强企业竞争能力,尤其是核心竞争力

（1）技术创新是企业生存发展的紧迫要求,也是迎接世界贸易组织挑战的根本。企业间的竞争实质是知识、技术和人才的竞争,因此在提高企业素质的同时,必须加强科技创新,不断提高产品的科技含量和附加值。

（2）科技创新要跟上国际建筑科技发展的基本趋势。如生态学原理不断介入建筑领域,高技术成果在建设工程和管理中的广泛应用,包括CAD/CAM在工程建设中的应用,使建筑生产综合信息化,建筑机械机电一体化和机器人的开发应用,智能建筑不断发展,新型材料不断产生等;城市地下空间的利用受到很大重视,城市基础设施地下化将是一个重要趋势,资源利用问题日益突出等。

（3）技术创新要同企业的战略定位、制度创新等结合在一起,应选择本企业最熟悉的领域,结合自己的资源优势和盈利前景,根据开拓建筑市场的需要来掌握关键技术,为企业取得更多的市场份额提供技术支撑。

（4）要围绕缩短工期、提高质量、降低成本,在吸取同行业先进经验、先进技术的基础上,形成本企业的核心能力、核心业务。

（5）要在注重技术创新的人才培养和信息储备的同时,加强合作与互助,尤其要加强与高等院校、科研机构和大企业的合作,通过借鉴和利用外部的各种科技、经济资源来增强自身的创新能力。

3. 开展联合,实现优势互补

国际工程承包市场既是一个规范的市场,又是一个风险较大的市场。我国建筑企业要

进入国际工程承包市场，所面临的对手实力更强，竞争将会更激烈，遇到的风险也将更大。因此，为增强自身实力，减少风险，与其他企业进行联合是一个应该考虑的对策。尤其是为了在国际工程承包市场中占有一个相当的地位，加强与国际大建筑公司的合作更是一个应重视的切入点。例如，上海建工（集团）总公司在2000年为争夺中国驻新加坡大使馆新建项目的合同（2.5亿元人民币），与当地较有实力的一家公司组成联合投标体，经过与日本、韩国等国的大公司竞标，最终联合体中标取得了这一项目的总承包权。

国内企业与国际上大公司进行联合，将有利于学习国际上先进的工程管理方法，提高设计、施工、管理和服务水平，也能使企业增强竞争意识、合理索赔意识，为今后提高企业在国际工程承包市场上的竞争力奠定良好基础。

4. 增强企业在国际工程承包市场中的适应能力

学习有关国际规则和惯例，增强企业在国际工程承包市场中的应对和适应能力。要尽快熟悉世界贸易组织的有关规定，切实遵守并灵活运用。真正学习世界贸易组织的结构、基本原则、贸易法规以及我国政府为"入世"所做的承诺，结合我国建筑企业实际，研究制定"入世"后的发展战略，学会按照世界贸易组织的运行规则去运作，不仅可使自己向国际水平看齐，而且还可以避免因对国际惯例不熟悉而遭受不必要的损失。

应尽快熟悉国际市场的竞争规则和行业准则，争取早日获得国际竞争的能力和资格。在世界贸易组织框架下，市场是开放的，在国外企业进入我国市场的同时，我国企业也能更容易地进入国际市场。一般而言，我国劳动力资源丰富，价格便宜，在国际劳务市场上具有比较大的优势，工程建设服务也一直是我国在服务贸易项目中竞争力最强的部门之一。加入世界贸易组织后，我国可以根据协定享受他国的无条件最惠国待遇，我国企业的竞争条件将得以改善。因此，只要我国企业能按照世界贸易组织的规则和国际市场的竞争规则和行业准则去运作，就有更大的可能去获得新的机遇。

5. 加强与金融机构和政府有关部门的合作，提高企业融资能力

融资能力是建筑企业经营能力的重要体现。在国际工程承包市场上，一个施工企业要想争取到合同，就必须具备较强的融资能力，以充足的资金作为后盾。在我国企业对外承包中，资金始终是个大问题，据有关部门2001年估计，如果我国对外承包企业的资金能够解决，对外工程承包的规模至少可以翻一番。因此，我国建筑企业要开拓国际市场，必须尽快提高自身的融资能力。

发展企业的融资能力，应加强企业与金融机构的联系，实现银企合作，减少企业负担。另外，政府部门也可采取一定措施，为企业提供资金支持。在世界贸易组织现在的发展中，政府部门出台支持对外工程承包的金融服务体系和社会服务体系越来越完善，构成国际工程承包市场发展中的一个重要方面。我国应该借鉴国际上的一些有益做法。

6. 强化风险管理，减少企业在国际市场上的经营风险

要构筑以风险管理为基础的战略管理体系，减少战略管理的自身风险。市场的风险时刻与机遇相伴随，企业的经营开拓在获取巨大效益的同时，也必然会面临相应的风险，包括：政治风险、经济风险、技术风险、管理风险、商务风险。围绕经营目标所开展的各项经营必须是以预防风险、消除隐患为基础的系统性活动，而且这种活动必然是在企业的战略管理中得到有机结合，才能达到企业生存和发展的目的。因此，应该从战略管理上明确风险意识，确立风险管理的重要地位。

明确风险管理的基本过程，采取适当措施预防或减少风险：一是投标阶段。在投标阶段应该对所有可能出现的风险因素进行深入分析和探讨，尽可能找出潜在的风险因素，明确各项风险因素的加权值，为投标决策和投标报价提供依据，并制定相应的防范措施。二是合同实施阶段。项目经理和有关人员要经常对投标时开列的风险因素进行分析，特别是对权数较大、发生可能性大的因素更要注意，以主动防范风险的发生。同时要注意研究投标时未估计到的风险，及时采取措施免受其害。三是合同实施结束阶段。要专门对风险问题进行评估总结，以便不断提高公司风险分析和防范的水平。

第二节　建筑业市场风险管理

一、风险管理的基本理论

（一）风险管理的内涵

1. 风险的定义及特征

人们在社会经济活动中总会面临各种各样的风险，这些风险常常使他们蒙受财产或生命的损失。风险一词已在许多领域被人们所熟悉，并被赋予许多特定的涵义。例如：在证券投资中出现的亏损，新产品投放市场未能按预期盈利，建设项目中新技术的采用而带来的潜在的危害，运输业中的货物丢失或损坏，医院中的医疗事故，社会动荡和战争给金融和经济带来的冲击等。这些现象说明风险广泛而深刻地影响着人们的生活，几乎所有的人都或多或少的有风险的经历。

人类历史上对风险问题的研究可以追溯到公元前916年的共同海损制度，以及公元前400年的船货押贷制度。到18世纪产业革命，法国管理学家亨瑞·法约尔在《一般管理和工业管理》一书中才正式把风险管理思想引进到企业经营管理，但长期以来没有形成完整的体系和制度。1930年，美国宾夕法尼亚大学索罗门·许布纳博士在美国管理学会发起的一次保险问题会议上首次提出风险管理这一概念，其后风险管理迅速发展成为一门涵盖面甚广的管理科学，尤其是从20世纪六七十年代至今，风险管理几乎涉及经济和金融的各个领域。

目前，关于风险的定义尚没有较为统一的认识。最早的定义是1901年美国的威雷特在他的博士论文《风险与保险的经济理论》中给出的"风险是关于不愿发生的事件发生的不确定性之客观体现"，该定义强调两点：一是风险是客观存在的，是不以人的意志为转移的；二是风险的本质是不确定性。此后，许多学者根据自己的研究目的和领域特色，对风险提出了不同的定义。如美国学者威廉姆斯和汉斯将风险定义为"风险是在给定条件下和特定时间内，那些可能发生结果的差异"，该定义强调风险是预期结果与实际结果的差异或偏离，这种差异或偏离越大则风险就越大。以上定义代表了人们对风险的两种典型认识。

根据学者的研究成果和实践应用的总结，风险可被定义为：是主体在决策活动过程中，由于客观事件的不确定性引起的，可被主体感知的与期望目标或利益的偏离。这种偏离有大小、程度以及正负之分，即风险的可能性、后果的严重程度、损失或收益。

风险的特征是风险的本质及其发生规律的表现，从上述风险定义可以得出如下风险特征：

（1）客观性与主观性。一方面风险是由事物本身客观性质具有的不确定性引起的，具有客观性；另一方面风险必须被面对它的主体所感知，具有一定的主观性。因为，客观上由事物性质决定而存在着不确定性引起的风险，只要面对它的主体没有感知到，那也不成其为对主体而言的风险，只能是一种作为客观实在的风险。

（2）双重性。风险损失与收益是相反相成的。也就是说，决策者之所以愿意承担风险，是因为风险有时不仅不会产生损失，如果管理有效，风险可以转化为收益。风险越大，可能的收益就会越多。从投资的角度看，正是因为风险具有双重性，才促使投资者进行风险投资。

（3）相对性。主体的地位和拥有资源的不同，对风险的态度和能够承担的风险就会有差异，拥有的资源越多，所承担风险的能力就越大。另外，相对于不同的主体，风险的涵义就会大相径庭，例如汇率风险，对有国际贸易的企业和纯粹国内企业是大有差别的。

（4）潜在性和可变性。风险的客观存在并不是说风险是实时发生的，它的不确定性决定了它的发生仅是一种可能，这种可能变成实际还是有条件的，这就是风险的潜在性。并且随着项目或活动的展开，原有风险结构会改变、风险后果会变化，新的风险会出现，这是风险的可变性。

（5）不确定性和可测性。不确定性是风险的本质，形成风险的核心要素就是决策后果的不确定性。这种不确定性并不是指对事物的变化全然不知，人们可以根据统计资料或主观判断对风险发生的概率及其造成的损失程度进行分析，风险的这种可测性是风险分析的理论基础。

（6）隶属性。所谓风险的隶属性，是指所有风险都有其明确的行为主体，而且还必须与某一目标明确的行动有关。也就是说，所有风险都是包含在行为人所采取行动过程中的风险。

2. 风险构成要素及分类

风险的构成要素不仅决定风险所表现出来的特征，还影响风险的产生、存在和发展。为进一步掌握风险的概念及其本质，必须明确理解构成风险的三要素：风险因素、风险事件和风险损失，以及三者之间的关系。

（1）风险因素。风险因素是指导致、增加或减少损失或损害发生的频率和幅度的因素。例如，工程项目中不合格的材料、不完善的设计文件、价格波动幅度大的建材市场等都是风险因素。风险因素从形态上可分为物的因素（如设备故障等）和人的因素（如欺骗行为、松散的管理等）；风险因素从性质上可分为自然因素（如地震、台风等）和社会因素（如经济政策、法律法规等）。

（2）风险事件。风险事件是指造成生命财产损失的偶发事件，是产生损失的原因或媒介物。例如，建设项目设备采购代表由于收受设备供应商贿赂，以高价买进一批质量低劣、技术落后的设备。这一活动中，设备采购代表的道德品质问题是风险因素，采购的价高质低的设备就是风险事件。风险因素和风险事件在风险损失形成过程中的作用是不一样的，二者之间具有先后的逻辑关系。

（3）风险损失。风险损失是指由风险事件所导致的非正常的和非预期的利益的减少。风险损失有两种形态：直接损失和间接损失。这两种不同的损失，在司法实践中必须仔细加以区分。直接损失是指受害人现有财产的减少，也就是加害人不法行为侵害受害人的财产权利、人身权利，致使受害人现有财产直接受到的损失，如财物被毁损而使受害人财富的减少，致伤、残后受害人医疗费用的支出，人格权受到侵害后支出的必要费用等。间接损失是指可得利益的丧失，即应当得到的利益因受侵权行为的侵害而没有得到，包括人身损害造成的间接损失和财物损害造成的间接损失，如商业信誉、企业形象、社会利益损失等。

有两种理论解释风险三要素之间的关系：一是亨利希的骨牌论，该理论认为风险因素、风险事件和风险损失之所以如三张骨牌般倾倒，主要是由于人的错误行为所致；另一个理论是哈同的能力释放论，该理论强调造成风险损失的原因是由于事物承受了超过其能容纳的能量所致，是物理因素起主要作用。虽然这两种理论在引起风险的主要原因上观点不同，但二者都认为是风险因素引发风险事件，风险事件又导致风险损失。风险因素、风险事件和风险损失三者之间存在有机的联系，组成一条因果关系链，如图 8-4 所示。认识风险作用的因果关系链及其内在规律对规避风险、减少风险损失具有非常重要的实际意义，是研究风险管理和保险的基础。

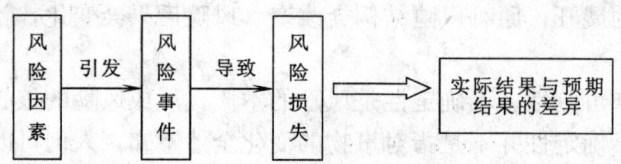

图 8-4   风险作用因果关系链

将风险进行分类的目的，是为了便于风险的识别和对不同类型的风险采取不同的分析方法和管理措施。按不同的原则和标准，建设项目风险有着不同的分类，常见的分类包括：

（1）按风险的控制角度分类

从风险的控制角度，风险可以分为可管理风险和不可管理的风险。

可管理风险是指可以预测和可以控制的风险，反之就是不可管理的风险。某风险是否可管理，取决于客观资料的收集和管理技术掌握的程度。随着数据、资料和其他信息的增加和管理技术的提高，一些不可管理的风险可以变为可管理风险。

（2）按风险后果的承担者分类

若按风险后果的承担者划分项目的风险，有业主风险、政府风险、承包商风险、投资方风险、设计单位风险、监理单位风险、供应商风险、担保方风险和保险公司风险等。

在项目中，风险的最佳分配原则是将风险分配给与该风险关系最密切并最有能力承担的项目参与方。所以，按风险后果的承担者划分项目风险有助于合理分配风险，提高项目对风险的承受能力。

（3）按风险作用的强度分类

依据风险作用的强度大小，风险可以分为低度风险、中度风险和高度风险。当然，按此分类标准也可以将风险划分得更细。

风险按作用的强度进行划分，有利于风险管理者有针对性地采取风险防范措施，将有限的资源和精力用在监控强度高的风险上，以最少的投入取得最大的安全保障。

除此之外，按其他标准分类，风险还可分为：静态风险和动态风险，基本风险和特殊风险，一般风险和个别风险，主观风险和客观风险，微观风险和宏观风险，经济风险和非经济风险，不可避免又无法弥补损失的风险和可避免或可转移的风险以及有利可图的投机风险等。

3. 风险管理的定义

对于不同的行业、不同的项目，风险管理的定义是不同的。将建设项目风险作为考虑的对象，建设项目风险管理可被定义为：建设项目的管理班子根据所制定的风险管理规划对建设项目生命周期的风险进行识别、估计和评价，以此为基础进行风险决策并制定风险应对计划，合理地使用多种管理方法、技术和手段对建设项目活动涉及的风险实行有效的监控，采取主动行动，创造条件，尽量扩大风险事件的有利结果，妥善地处理风险事故造成的不利后果，以最少的成本保证安全、可靠地实现建设项目总目标的管理活动。

从建设项目风险管理的定义可以看出：

（1）建设项目风险管理的工作主要由项目管理班子来负责，特别是项目经理，其他项目参与方有责任承担和管理其所应承担的风险。另外，项目管理班子或风险承担方在进行建设项目风险管理时，需要主动地采取各种预防措施或行动方案，避免风险事件发生后的被动应对，并且能统观全局，有能力利用和创造各种条件，将对建设项目不利的因素转化为有利的因素，将项目存在的潜在威胁转化为获利机会。

（2）风险管理规划是开展建设项目风险管理后续工作的基础和依据。风险管理规划是项目管理规划的子规划，风险管理规划定义如何实施建设项目风险管理活动，为建设项目风险管理活动提供资源、时间上的合理安排等。

（3）风险识别、风险估计和风险评价是建设项目风险管理的主要工作内容，有时也把这三项合称为风险分析。但仅完成这三项工作还不能做到以最少的成本保证安全、可靠地实现建设项目的总目标。还需要在这三项工作的基础上，制定合理的风险应对计划，并在计划的实施过程中进行有效的监控，包括监视和控制。风险监视的主要工作是检查风险管理计划是否在实际中得到实施、建设项目的内外部环境是否发生变化、项目的进展是否与计划一致，如果发现问题就需要及时处理。风险控制就是当建设项目出现风险事件时，项目相关人员及时实施风险管理计划中事先制定的规避措施的活动。做好以上相应内容，才可以说完整地进行了建设项目的风险管理工作。

（4）风险决策是关键。风险评价结果和风险管理规划中制定的风险基准是风险决策的依据，若风险远大于风险基准，则必然是放弃项目；若风险远小于风险基准，则必然是继续项目；若风险大小在风险基准附近时，则需要运用风险决策工具进行科学的决策。风险决策决定建设项目是否继续下去，决策结果直接影响项目最终是成功还是失败，因此，风险决策是非常关键的一项工作。

（5）建设项目风险管理是一项复杂的综合管理活动，涉及建设项目的成本、进度、质量、安全、施工技术、信息沟通等多个方面，依靠单一的管理技术或措施是不能完成的，必须综合运用多种方法和手段，并需要管理科学、系统科学、工程技术、自然科学和社会科学等多种学科的知识。

（二）风险管理的必要性

现代工程建设项目的特点是规模大、建设周期长、技术新颖、参加单位多、外部环境复杂，使其面临的风险比一般项目要大很多，常会造成成本超支和工期延长等情况，进而导致项目的经济效益降低，甚至项目失败。因此，进行风险管理是非常必要的。

（1）风险管理关系到建设项目各方的存亡。许多大型建设项目的投资都在几亿，甚或是几十亿和几百亿以上，如果忽视风险管理或风险管理不善，轻则会造成巨大的财产损失，重则会导致项目失败，巨额投资无法收回，使建设项目各方破产倒闭，甚至还会影响到国家的经济发展。

（2）风险管理直接影响建设项目各方的经济效益。通过有效的风险管理可减少各种不确定事件的发生，降低项目的风险成本，使项目的总成本降至最低。并且，还可使有关各方对其自有资金、设备和物资等资源进行更合理的安排，从而提高其经济效益。例如，当承包商考虑到工程用的建材有涨价的可能时，他就会事先存储足够的建材以防涨价的风险，这样势必会占用大量的资金。但是，如果在承包合同中约定对材料按实结算或可根据市场价格进行调整，那么承包商就可以将这笔资金用到别的地方，从而产生额外的利润。

（3）风险管理有助于提高重大决策的质量，使决策更有把握，更符合项目的方针和目标。通过风险分析，可加深对项目及其风险的认识和理解，澄清各决策方案的利弊，使方案的选择更符合实际、制定的应急计划更具有针对性。例如，如果承包商想采用租赁方式解决施工所需的机具问题，那么他就需要考虑租赁方式可能带来的风险，如损坏赔偿等，这样他才能做出正确的决定。

（4）做好风险管理，不单纯是消极避险，更有助于建设项目各方确立其良好的信誉，加强其社会地位，以及与其他合作者的良好协作关系，进而使其在竞争中处于优势地位。对于某一特定的项目风险，项目各方预防和处理的难度是不同的。风险管理通过合理分配风险，使其由最适合的当事方来承担，这样就会大大降低该风险发生的可能性和风险带来的损失。同时，通过明确各风险的责任方，可避免风险发生后相互推诿责任，避免纠纷的产生。

（5）风险管理可提高建设项目各种计划的可信度，利于改善项目执行组织内部和外部之间的沟通。制定项目计划需要考虑项目在未来可能出现的各种不确定因素，而风险管理的职能之一恰恰就是减少项目整个过程中的不确定性。因此，风险管理使项目计划的制订周密完善、使用可行。

（三）风险管理的步骤

建设项目风险管理是复杂的管理过程，其具体步骤如下：

第一步，风险规划。根据风险管理的理论和方法，结合建设项目特点和内外部环境等，制定风险管理的整体计划，用于指导后续的风险管理各工作环节。

第二步，风险识别。全面识别建设项目所有风险因素，并将这些风险因素进行分类的过程。

第三步，风险估计。对已识别出风险的发生概率、可能产生的影响、影响范围等进行估计的过程，并按照估计结果对这些风险进行排序。

第四步，风险评价。对建设项目风险进行整体的定量分析的过程。

第五步，风险决策。将评价的结果对比事先制定的风险标准即可决定该建设项目是否可继续下去，还是由于风险太大而终止该项目。

第六步，风险应对。如果风险评价的结果在可接受的风险标准下，决定可以继续该建设项目，则项目决策者需要针对该项目的重要风险制定相应的应对计划。

第七步，风险监控。执行风险应对计划，监视建设项目的剩余风险，当出现异常情况时，执行风险应对计划中事先制定的风险规避策略。

建设项目风险管理步骤可以用流程图 8-5 所示。

建设项目风险管理的步骤相互联系并且各个步骤内的知识领域相互交叉。每一个步骤在建设项目风险管理的实际过程中都会发生。虽然这里描述的过程都是带有明确界限的独立组成部分，但是在实践中，它们可能以其他方式相互重叠和影响。例如，在风险监控阶段，如果建设项目所处环境发生变化，则需要重新进行风险识别、估计和评价过程。

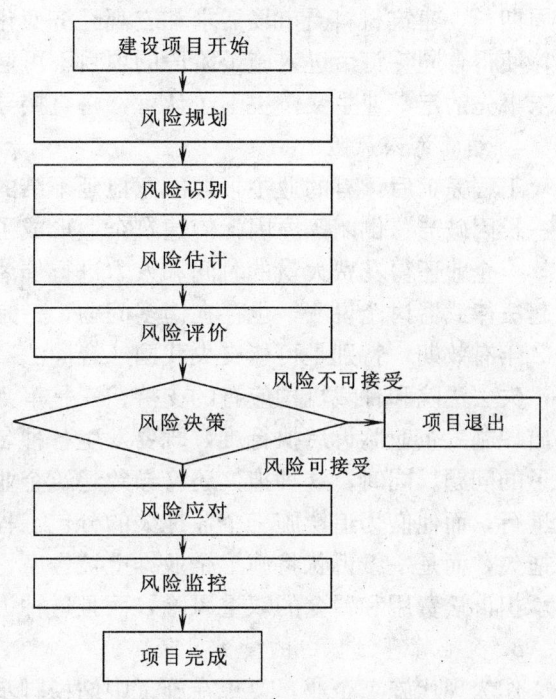

图 8-5　工程项目风险管理步骤

二、建筑业市场风险及防范

（一）国内建筑业市场风险

1. 工程项目的投标风险

施工企业经营营销活动主要是承揽任务、参与工程项目的投标。在目前建筑市场"僧多肉少"、竞争不规范的情况下，往往迫使建筑施工企业必须低价中标，而低价中标中蕴含着很大的施工风险，主要表现在投标成本和投标回报上，以及标价盈利空间的不确定性上。现在施工企业让利的平均幅度高出工程造价的 15% 以上，再加之一些中介机构提取中介费的比例一般在 2%～5%，使项目油水几乎榨干，况且现在业主都是实行固定总价包干，企业想利用索赔获得补偿已不太可能。如果企业在确定报价优惠部分时，对工程预算费用测算不准确，不能使之有效控制在项目部能够承受的范围之内，一旦进入施工，结果只能是以亏损告终，同时还会因费用拖欠引发各种施工问题。

2. 合同履约风险

建筑企业与业主签订的合同因类型选择不同、合同条款遗漏、责任义务不清、签证索赔不明确等原因，形成项目施工中的合同履约风险，尤其是合同实施中的不确定性风险责任如果没有与业主进行合理划分和明确，或由于施工企业总处于劣势地位，所签订合同出现许多"霸王"条款，造成施工企业履约的难度越来越大。比如，在工期上，因工程款拨付不及时、征地拆迁不到位、驻地群众干扰施工等，影响总体工期目标，即便不是施工企业的责任，业主也将责任推给施工企业，不但不给施工企业索赔反而给施工企业出示"黄牌"甚至"红牌"，使企业信誉受损。同时，按规定建筑企业在中标后，还要向业主出具一定的履约保函（包括银行担保或现金担保），在施工过程中，由于资金、成本、技术等因素的影响而未能履行合同约定，必然导致违约行为的发生，从而引发履约风险。

3. 物资供应风险

建筑物材料成本一般占总成本的 50%～70%，对工程成本具有决定性作用。由于施工周期长，建筑材料受市场需求和宏观经济变化的影响较大。近年来，由于钢材价格的攀升，使得合同签订后进入施工阶段的项目不可避免地发生了数量可观的钢材价差，如果合同未事先约定，业主又坚决不予认可，将直接导致项目部巨额亏损。

4. 结算诉讼风险

工程完工后，有的业主采取故意拖延不结的办法，以达到长期拖欠工程款的目的，时间一长因破产、倒闭等原因，使建筑企业形成了大量的坏账、死账。对于被大量拖欠的工程款，企业还得花费大量的时间和人力进行催讨甚至通过法律诉讼解决。建筑企业即使想拿起法律武器讨个说法，也存在诸多问题，一是可能已丧失诉讼时效，超过我国法律规定的 2 年有效期，特别是可能丧失我国《合同法》第 286 条规定的优先受偿权；二是证据不足，失去法院和仲裁机构应有的支持；三是审判或仲裁旷日持久，远水不解近渴；还有可能出现施工企业胜诉后执行难，既要发生各种名目的执行费，还可能碰到无法执行和执行不了的问题。同时，这种拖欠还将导致建筑企业对分包商和材料供应商的价款结算不能及时进行，而他们为追偿施工企业拖欠的分包工程款和材料价款，根本不会顾及建设单位是否拖欠，而是一纸诉状将施工企业推上被告席，其结果毋庸置疑只有败诉，施工企业不得不承担诉讼费用和罚金的双重风险，而且这种诉讼还将危及企业的社会信誉。

5. 企业管理过程中的投资风险

作为现代施工企业，要想在施工中站稳脚步，必须不断提升自身的管理水平。但这必须以投入为代价，以投资作保证。如企业为了提高机械化程度，花巨资购买一些先进设备，当不能及时承接到工程时，企业就面临承担设备闲置浪费的风险；还有在投资开发高新技术方面，有成果难以转化为现实生产力的风险；另外企业为了加快知识更新和人才培养的投入，要冒人才流失的风险，特别是我国加入世贸组织后，国外建筑承包商对国内企业人才的争夺，将会使国内施工企业付出极其沉重的代价。

（二）国际建筑业市场风险

承揽国外工程的风险与国内情况有很大不同。一方面是由于建设项目固有的高风险，另一方面是由于在国际市场的运作和国内市场有很大的不同。国外市场特别是欠发达国家的建筑市场风险更难以预料。如果风险处理不当，就有可能拖垮一个企业。所以在海外经营必须要有高度的风险防范意识，掌握各种规避风险的手段和方法，最大限度地减少损失。

首先需要了解在国际建筑市场上常面临哪些风险。国际工程有许多风险，针对这些风险有各种不同的分类方法，如不可控制风险和可控制风险等。不可控风险表现为自然灾害、政治、经济和社会方面的风险。风险也可以具体分为政治风险（政局不稳、排外情绪、政策改变等）、战争风险、金融风险、市场环境和人文习俗因素带来的风险、企业自身原因造成的经营风险、以及与项目有关的风险等。

1. 政治风险

政治风险对于企业来说是致命的，由于其全局性、无偏性特征，一旦发生，将很难避免受害，也很难得到补偿。可以说在诸多国际风险中，政治风险应被视为最主要的风险之一。作为建筑企业，应时刻注意辨识和管理政治风险，以尽量减少政治风险所带来的损失。归纳起来，政治风险主要体现在五个方面：一是战争内乱和政权更迭。一些国家政局不稳，宗教、民族冲突此起彼伏，甚至爆发内战或国家分裂，导致建设项目终止或毁约，常会给承包商带来重大损失。有时，尽管没有战争内乱，但政权更迭也可能使项目从盈利变为亏损。二是征收和国有化。非洲的部分国家，会对我国建筑业企业强收差别税，还有些拒绝办理出口物资清关和出关，转弯抹角地没收企业资产。三是政治暴力事件。贸易保护主义驱动的政治暴力风险，以及由于在施工过程中因为劳动权益问题引发的工人罢工问题，常会给施工企业造成诸多被动。四是政府干预竞争。一些西方国家，利用政府间的合作、援助等干预国际承包工程的招标，致使其他企业前期的努力化为乌有，无形中增加了国际承包工程的政治风险。五是拒付债务。有些国家在财力枯竭的情况下，以粗暴的方式废弃工程项目合同并宣布拒付债务。如果是私营工程，承包商可以采取某些法律行动来维护自己的利益，但对于政府工程往往很难采取有效的措施。

2. 战争风险

战争是政治的继续，是另外一种政治。二战以来，局部战争从未停止过。即使目前苏联解体，东欧国家巨变，美苏之间的冷战结束以来，情况也是如此。1991 年的海湾战争、2003 年 3 月美英联军发动的伊拉克战争，都使我国许多在中东承包工程的建筑业企业蒙受了巨额损失，这一事实就是明证。不但如此，美国还利用占领伊拉克、控制伊拉克临时政府的军事和政治优势，排斥其他国家的工程公司，垄断了伊拉克战后重建的绝大部分重要合同。

3. 金融风险

金融风险首先是国家债务危机风险。近年来，发展中国家外债负担沉重。一旦工程所在国发生债务危机，海外业务的收入就难以汇回国内。其次是金融投机风险。金融全球化大大增加了交易品种，各种投机、套利资金经常冲击发展中国家的金融市场，发展中国家经常发生"资本外逃"。三是汇率风险。汇率变动给对外承包工程带来相当大的风险，特别是 BOT、BOOT 项目，由于投资回收期很长，汇率风险相对更高。四是汇兑限制风险。有些非洲国家，因采取汇兑限制政策，即使承包商有幸得到一张暂借外汇的期票，其规定的利率也很低，而且要多年以后才归还本金。五是通货膨胀风险。通货膨胀在某些发展中国家相当严重，年通货膨胀率高达百分之数百，给对外承包工程带来了很高的风险。

4. 市场环境和人文习俗因素带来的风险

一是对东道国就业本土化及物价上涨等因素认识不够。多数中资公司逐步在海外采取工程总承包模式，自己负责购买建材，涨价成本完全由自己承担。二是对所在国法律法规及代理制度等相关规定认识不够。由于受语言能力和英语水平限制，一些项目经理疏于对项目合同的管理，埋下了隐患。三是对当地风俗和习惯做法认识不够。我国企业对当地的民俗习惯、宗教禁忌以及工程量变动情况、建材供应情况不熟悉、不适应，都会给项目施工带来不利影响。

5. 企业自身原因造成的经营风险

一是投标工作不严谨。由于投标询价不准确，对当地市场、项目现场缺乏实地调查，对施工现场勘查不深不细，一些中资企业付出了高昂的代价。例如，某施工企业在阿曼的公路项目，山体远看像国内黄土高原的土质山，实则土夹石且石方居多，石质坚硬。由于实地考查不细，仅以普通土方开挖报价，造成诸多被动和巨大损失。二是发展定位亟须落到实处。由于种种原因，大部分海外单位缺乏背水一战、长期扎根海外的意识和行动，这无疑是海外经营的大忌。三是项目管理模式不够高效。有些企业在管理方法、发展理念等方面还有明显差距，主要表现为决策效率不高，资金到位迟缓，物资设备保障问题突出，劳务管理、施工组织不尽合理，施工现场责权利不明确。四是海外经营人才匮乏。相对于企业海外经营发展规模与速度，企业在人才的深度和厚度上还远远不够。缺少熟悉国际市场技术标准、操作规范以及市场运行规则的人才。再加上语言、理念的差异，普遍存在与业主、监理沟通不到位的问题。五是海外项目监管乏力。海外项目存在严重的信息不对称、反映不及时、沟通联系困难等情况。

6.和具体工程项目有关的风险

对一个具体工程项目来说，企业还会面临各种风险，包括有：（1）决策风险，如项目信息真伪，是否值得跟踪等。（2）中介风险。中介风险在于一个工程有许多中介在跟踪，而且骗取佣金的不在少数。（3）代理风险。代理风险在于代理人与承包人利益其实不一致。代理人追求的是工程中标，而亏损与代理人无关。（4）合同语言不同理解的风险。（5）保函风险。承包商要开具多种保函，如投标保函、履约保函、预付款保函、维修保函等。保函是一种或有负债，一旦开出，主动权在受益人手中。

三、建筑业市场风险的防范

（一）风险应对的常用策略

风险应对，可以从改变风险后果的性质、风险发生的概率或风险后果大小三个方面提出多种策略。下面介绍风险减轻、风险预防、风险转移、风险回避、风险自留和风险利用六种。具体采取哪一种或几种，取决于建设项目的风险形势。

1.风险减轻

风险减轻是指将建设项目风险的发生概率或后果降低到某一可以接受的程度。在制定风险减轻措施时必须依据风险特性，尽可能将建设项目风险降低到可接受水平，常见的途径有以下几种。

（1）减少风险发生的概率

通过各种措施降低风险发生的可能性，是风险减轻策略的重要途径，通常表现为一种事前行为。例如，施工管理人员通过加强安全教育和强化安全措施，减少事故发生的机会；承包商通过加强质量控制，降低工程质量不合格或由质量事故引起的工程返工的可能性。

（2）减少风险造成的损失

减少风险造成的损失是指在风险损失不可避免要发生的情况下，通过各种措施以遏制损失继续扩大或限制其扩展的范围。例如，当工程延期时，可以调整施工组织工序或增加工程所需资源进行赶工；当工程质量事故发生时，采取结构加固、局部补强等技术措施进行补救等。

（3）分散风险

分散风险是指通过增加风险承担者来达到减轻总体风险压力为目的的措施。例如，联合体投标就是一种典型的分散风险的措施。该投标方式是针对大型工程，由多家实力雄厚的公司组成一个投标联合体，发挥各承包商的优势，增强整体的竞争力。如果投标失败，则造成的损失由联合体各成员共同承担；如有中标了，则在建设过程中的各项政治风险、经济风险、技术风险也同样由联合体共同承担，并且，由于各承包商的优势不同，很可能有些风险会被某承包商利用转化为发展的机会。

（4）分离风险

分离风险是指将各风险单位分离间隔，避免发生连锁反应或相互牵连。例如，在施工过程中，将易燃材料分开存放，避免出现火灾时其他材料遭受损失的可能。

2. 风险预防

风险预防是指采取技术措施预防风险事件的发生，是一种主动的风险管理策略。常分为有形和无形两种手段。

（1）有形手段

工程法是一种有形手段，是指在工程建设过程中，结合具体的工程特性采取一定的工程技术手段，避免潜在风险事件发生。例如，为了防止山区区段山体滑坡危害高速公路过往车辆和公路自身，可采用岩锚技术锚固松动的山体，增加因开挖而破坏了的山体的稳定性。

（2）无形手段

无形手段包括教育法和程序法。

教育法是指通过对项目人员广泛开展教育，提高参与者的风险意识，使其认识到工作中可能面临的风险，了解并掌握处置风险的方法和技术，从而避免未来潜在工程风险的发生。建设项目风险管理的实践表明，项目管理人员和操作人员的行为不当是引起风险的重要因素之一，因此，要防止与不当行为有关的风险，就必须对有关人员进行风险和风险管理教育。教育内容应该包含有关安全、投资、城市规划、土地管理及其他方面的法规、规范、标准和操作规程、风险知识、安全技能等。

程序法是指通过具体的规章制度制定标准化的工作程序，对项目活动进行规范化管理，以尽可能避免风险发生和造成的损失。例如，我国长期坚持的基本建设程序，反映了固定资产投资活动的基本规律。实践表明，不按此程序办事，就会犯错误，就要造成浪费和损失。所以，要从战略上减轻建设项目的风险，就必须遵循基本建设程序。再如，塔吊操作人员需持证上岗并严格按照操作规程进行工作。

3. 风险转移

风险转移，又称为合伙分担风险，是指在不降低风险水平的情况下，将风险转移至参与该项目的其他人或其他组织。风险转移的目的不是降低风险发生的概率和减轻不利后果，而是通过合同或协议，在风险事故一旦发生时将损失的一部分转移到有能力承受或控制项目风险的个人或组织。

风险转移通常有两种途径：一种是保险转移，即借助第三方——保险公司来转移风险。该途径需要花费一定的费用将风险转移给保险公司，当风险发生时获得保险公司的补偿。同其他风险规避策略相比，工程保险转移风险的效率是最高的。第二种风险转移的途径是非保险转移，是通过转移方和被转移方签订协议进行风险转移的。

建设项目风险常见的非保险转移包括出售、合同条款、担保和分包等方法。

（1）出售

该方法是指通过买卖契约将风险转移给其他单位。因此，卖方在出售项目所有权的同时也就把与之有关的风险转移给了买方。例如，项目可以通过发行股票或债券筹集资金。股票或债券的认购者在取得项目的一部分所有权时，也同时承担了一部分项目风险。

（2）合同条款

合同条款是建设项目风险管理实践中采用较多的风险转移方式之一。这种转移风险的实质是利用合同条件来开脱责任，在合同中列入开脱责任条款，要求对方在风险事故发生时，不要求自身承担责任。例如，在国际咨询工程师联合会的土木工程施工合同条件中有这样的规定："24.1 除非死亡或受伤是由于业主及其代理人或雇员的任何行为或过失造成的，业主对承包商或任何分包商雇佣的任何工人或其他人员损害赔偿或补偿支付不承担责任……"，这一条款的实质是将施工中的安全风险完全转移给了承包商。

（3）担保

担保是指为他人的债务、违约或失误负间接责任的一种承诺。在建设项目管理上是指银行、保险公司或其他非银行金融机构为项目风险负间接责任的一种承诺。当然，为了取得这种承诺，承包商要付出一定的代价，但这种代价最终要由项目业主承担。在得到这种承诺后，当项目出现风险时就可以直接向提供担保的银行、保险公司或其他非金融机构获得。

目前，我国工程建设领域实施的担保内容主要包括：承包商需要提供的投标担保、履约担保、预付款担保和保修担保，业主需要提供的支付担保，以及承包商和业主都应进一步向担保人提供的反担保。其中，支付担保是我国特有的一种担保形式，是针对当前业主拖欠工程款现象而设置，当业主不履行支付义务时，则由保证人承担支付责任。

（4）分包

分包是指在工程建设过程中，从事工程总承包的单位将所承包的建设工程的一部分依法发包给具有相应资质的承包单位的行为，该总承包人并不退出承包关系，其与分包商就其所完成的工作成果向发包人承担连带责任。

建设工程分包是社会化大生产条件下专业化分工的必然结果。例如，我国三峡水利项目，投资规模巨大，包括土建工程、建筑安装工程、大型机电设备工程、大坝安全检测工程等许多专业工程。任何一家建筑公司都不可能独自承揽这么大的项目，因此有必要选择分包单位进行分包。

4. 风险回避

风险回避是指当项目风险潜在威胁发生可能性太大，不利后果也太严重，又无其他策略可用时，主动放弃项目或改变项目目标与行动方案，从而规避风险的一种策略。

如果通过风险评价发现项目的实施将面临巨大的威胁，项目管理班子又没有别的办法控制风险，甚至保险公司亦认为风险太大，拒绝承保，这时就应该考虑放弃项目的实施，避免巨大的人员伤亡和财产损失。

回避风险是一种最彻底的消除风险影响的策略。风险回避采用终止法，是指通过放弃、终止或转让项目来回避潜在风险的发生。

（1）放弃项目

在建设项目开始实施前，如果发现存在较大的潜在风险，且不能采用其他策略规避该风险时，则决策者就需要考虑放弃项目。例如，某大型建筑施工企业预投标某国际工程，经调查研究发现，该工程所在国家政治风险过大，因此主动拒绝了该建设项目业主的招标邀请。

（2）中止项目

在建设项目实施过程中，如果预见到自身无法承担的风险事件将发生，决策者就应立即停止该项目的实施。例如，在国际工程施工过程中，若发现该国出现频繁的罢工、动乱，社会治安越来越差的情况下，应立即停止在该国的施工项目，从而避免由此引起的人员和财产的损失。

（3）转让项目

当企业战略有重大调整或出现其他重大事件影响项目实施时，单纯地放弃或中止项目会造成巨大损失，因此需要考虑采取转让项目的方式规避损失。另外，不同的企业具有不同的优势，对于自身是重大的风险可能对其他企业来说却不是，因此在面临可能带来巨大损失的风险事件时，应考虑转让项目的策略。

5. 风险自留

风险自留是指项目主体有意识地选择自己承担风险后果的一种风险应对策略。风险自流是一种风险财务技术，项目主体明知可能会发生风险，但在权衡了其他风险应对策略后，处于经济性和可行性考虑，仍将风险自留，若风险损失真的出现，则依靠项目主体自己的财力去弥补。

风险自留分主动风险自留和被动风险自留两种。主动风险自留是指在风险管理规划阶段已对风险有了清楚的认识和准备，主动决定自己承担风险损失的行为。被动风险自留是指项目主体在没有充分识别风险及其损失，且没有考虑其他风险应对策略的条件下，不得不自己承担损失后果的风险应对方式。

当项目主体决定采取风险自留后，需要对风险事件提前作一些准备，这些准备有时可被称为风险后备措施，主要包括费用、进度和技术三种。

（1）费用后备措施

费用后备措施主要是指预算应急费，是事先准备好用于补偿差错、疏漏及其他不确定性对建设项目费用估计产生不精确影响的一笔资金。

预算应急费在建设项目预算中要单独列出，不能分散到具体费用项目下，否则，建设项目管理班子就会失去对这笔费用的控制。另外，预算人员也不能由于心中无数而在各个具体费用项目下盲目地进行资金的预留，否则会导致预算估价过高而失去中标的机会或使不合理的预留以合法的名义白白花出去。

预算应急费一般分为实施应急费和经济应急费两种。实施应急费用于补偿估价和实施过程中的不确定性，可进一步分为估价质量应急费和调整应急费。估价质量应急费主要用于弥补建设项目目标不明确、工作分解结构不完全和不确切、估算人员缺乏经验和知识、估算和计算有误差等造成的影响；调整应急费主要用于支付调整期间的各项开支，如系统调试、更换零部件、零部件和组装的返工等。经济应急费用于对付通货膨胀和价格波动，分为价格保护应急费和涨价应急费。价格保护应急费用于补偿估算项目费用期间询价中隐含的通货膨胀因素；涨价应急费是在通货膨胀严重或价格波动厉害时期，供应单位无法或不愿意为未来的订货报固定价时所预留的资金。价格保护应急费和涨价应急费需要一项一项地分别计算，不能作为一笔总金额加在建设项目估算上，因为各种不同货物的价格变化规律不同，不是所有的货物都会涨价。

（2）进度后备措施

对于建设项目进度方面的不确定因素，项目各方一般不希望以延长时间的方式来解决。因此，项目管理班子就要设法制订一个较紧凑的进度计划，争取在项目各方要求完成的日期之前完成项目。从网络计划的观点来看，进度后备措施就是通过压缩关键路线各工序时间，以便设置一段时差或者浮动时间，即后备时差。

压缩关键路线各工序时间有两大类办法：减少工序（活动）时间或改变工序间的逻辑关系。一般来说，这两种方法都要增加资源的投入，甚至带来新的风险，因此应用时需要认真斟酌。

（3）技术后备措施

技术后备措施专门用于应付项目的技术风险，是一段预先准备好了的时间或资金。一般来说，技术后备措施用上的可能性很小，只有当不大可能发生的事件发生时，需要采取补救行动时，才动用技术后备措施。技术后备措施分两种情况：技术应急费和技术后备时间。

① 技术应急费。对于项目经理来说，最好在项目预算中打入足够的资金以备不时之需。但是，项目执行组织高层领导却不愿意为不大可能用得上的措施投入资金。由于采取补救行动的可能性不大，所以技术应急费应当以预计的补救行动费用与它发生的概率之积来计算。这时，项目经理就会遇到下面问题：如果项目始终不需要动用技术应急费，则项目经理手上就会多出这笔资金；但一旦发生技术风险，需要动用技术后备措施时，这笔资金又不够。

解决的方法是：技术应急费不列入项目预算而是单独提出来，放到公司管理备用金账上，由项目执行组织高层领导控制。同时公司管理备用金账上还有从其他项目提取出的各种风险基金，这就好像是各个项目向公司缴纳的保险费。这样的做法好处：一是公司领导高层可以由此全面了解全公司各项目班子总共承担了多大风险；二是一旦真出现了技术风险，公司高层领导很容易批准动用这笔从各项目集中上来的资金；三是可以避免技术应急费被挪为他用。

② 技术应急时间

为了应对技术风险造成的进度拖延，应该事先准备好一段备用时间。不过，确定备用时间要比确定技术应急费复杂。一般的做法是在进度计划中专设一个里程碑，提醒项目管理班子：此处应当留意技术风险。

6. 风险利用

应对风险不仅只是回避、转移、预防、减轻风险，更高一个层次的应对措施是风险利用。根据风险定义可知，风险是一种消极的、潜在的不利后果，同时也是一种获利的机会。也就是说，并不是所有类型的风险都带来损失，而是其中有些风险只要正确处置是可被利用并产生额外收益的，这就是所谓的风险利用。

风险利用仅对投机风险而言，原则上投机风险大部分有被利用的可能，但并不是轻易就能取得成功，因为投机风险具有两面性，有时利大于弊，有时相反。风险利用就是促进风险向有利的方向发展。

当考虑是否利用某投机风险时，首先应分析该风险利用的可能性和利用的价值；其次，必须对利用该风险所需付出的代价进行分析，在此基础上客观地检查和评估自身承受风险的能力。如果得失相当或得不偿失，则没有承担的意义，或者效益虽然很大，但风险损失超过自己的承受能力，也不宜硬性承担。

当决定采取风险利用策略后，风险管理人员应制定相应的具体措施和行动方案。既要充分利用、扩大战果的方案，又要考虑退却的部署，毕竟投机风险具有两面性。在实施期间，不可掉以轻心，应密切监控风险的变化，若出现问题，要及时采取转移或缓解等措施；若出现机遇，要当机立断，扩大战果。

（二）风险防范的一般措施

建筑企业要想在激烈的市场竞争中生存并谋求进一步发展，就必须解决好如何防范风险的问题。一方面，建筑企业要加强风险的分析、预测，建立风险预警系统，做好风险的管理工作；另一方面，当风险发生之后，要做好风险的控制和转移，努力减轻、分散风险，把风险降低到最低程度；第三，企业应加强自身建设，企业实力增强了，则抵御风险的能力也就增强了。具体地讲，建筑企业在防范市场风险上有以下几种对策：

1. 理性投标，防范投标风险

项目投标是建筑企业生产经营的起点，防范这一过程中可能发生的风险非常重要。首先，要做好市场信息筛选，认真做好前期调研，全方位、多渠道地掌握业主及其项目的有关资金、立项、审批、招标等情况，对不讲诚信、确无实力的业主和存在投资风险的项目，企业要敢于忍痛割爱、拒绝诱惑；其次，投标时，建筑企业应根据自身经营状况和经营目标，既要考虑自身的优势和劣势，也要考虑竞争的激烈程度，还要分析投标项目的整体特点，并把握招投标过程中的投标策略和报价技巧，用尽可能少的投入换取尽可能多的项目回报。

2. 把好签订合同关，防范合同履约风险

合同是约束双方行为、履行约定条款的法律文件，一经签订，任何一方都必须遵守。因此，在合同签订前，必须熟悉和掌握国家有关法律法规，认真研究条款，分析合同文本，通过合同谈判的方式，对条款进行拾遗补缺，避免损害自身利益的条款存在，虽然处于弱势地位的建筑企业在许多情况下确实难以做出更多的选择，但也应避免饮鸩止渴的风险。一方面，建筑企业必须转变思想观念。在市场经济体制日趋完善的情况下，同样作为市场主体的建筑企业，虽然经常处于"乙方"的位置，但与甲方或业主是平等的民事主体，没有高低、贵贱之分，只是各自承担的责任不同而已。因此建筑企业在签订合同时，要克服投标阶段的被动，摆好平等的身份，当对方要求自己承受对方转嫁的不合理风险时，要敢于根据法律规定提出自己的要求，不要担心伤了和气而丢了市场。殊不知，市场不同情弱者，企业遭受的损失还得自己担着。如果我们不断容忍，岂不放纵对方独断专行。如果我们大家都能大胆地拿起法律武器，不仅能够避免太多的风险发生，使自己的合法权益得到保护，还能改变我们建筑企业长期处于被动挨打的地位，实现与甲方真正意义上的"平等"。另一方面，必须讲究方式方法，沉着应对。由于市场的规范不可能一步到位，还有待时日，那么建筑企业的"被动地位"也不可能马上完全扭转，因此，在洽谈合同时，要讲究策略和技巧，在什么地方舍弃，在什么地方争取，要做到心中有数，处处设防，取之有度，尽量不要撕破脸皮。但对拒不讲理、一意孤行的合作方，要据理力争，尽量排除风险因素，努力把风险降低到最小程度。

3. 加强采购管理，防范物资采购风险

要想防范物资采购风险，必须加强对物资采购全过程、全方位的监督。一是审查企业采购部门物料需求计划和物资采购计划。二是要建立合格供应商名单，依法签订供货合同。三是实行阳光采购，进行内部公开招标，货比三家，在保证质量的同时，确保降低材料采购成本。四是对业主指定的供货商要依法收取合理的工程配合费，明确付款方式，坚决制止业主直接向分包方付款的现象，维护企业合法权益。对于大宗材料，一定要在合同中约定按市场价取费，争取业主签认。五是在签订合同时就要有计划地将业主有可能发生拖欠的资金风险，按比例地向供应商转移，防止因工程款拖欠使自己成为被告，承担不必要的经济损失和社会信誉损失。

4. 运用法律武器，防范竣工结算和法律诉讼风险

要及时做好工程的结算工作，及早办理工程结算报告。竣工结算风险实际上是前期合同谈判和施工过程风险的延伸和凸现。预防竣工结算风险，一是在合同谈判中，要力争把后期可能遇到的问题在合同条款中加以细化和明确，以免日后扯皮；对存在的隐患，要从工程开工就要做好打官司的一切准备工作，注意收集和整理相关资料。二是在内部管理上，要实行项目承包责任制和风险抵押金制度，消除项目亏损无人承担责任的风险。三是对业主常见的拖欠工程款、变更索赔等行为，能通过和谈方式解决的，要妥善予以解决；但是对拒不讲理单方面进行工程价款审计、缩水和罚款的业主，要痛下决心，坚决诉诸法律，维护企业利益。

5. 提高自身管理水平，增强抵御风险的能力

一个企业管理水平的高低，直接反映抵御风险能力的大小。因此，强化管理、提高管理水平，不仅能够有效地抵御风险，而且还能减小风险造成的损失。通过精细管理，改变粗放型管理方式，将工程项目作为企业效益的源头，以项目管理为主线，以按标准体系运行和成本控制为切入点，强化建筑过程中的质量、成本、工期控制，通过全面贯彻质量、职业健康安全、环境体系，使之渗透到项目管理的方方面面，并延伸至班组、工序，以确保体系有效运行，从而规范公司管理，同时通过实行项目目标承包责任制等方法加强项目成本控制，重视"二次经营"，以实现效益最大化，避免低报价中标带来的效益风险，使企业呈现良性发展的态势。

第九章　建筑企业资金筹集与财务分析

第一节　建筑企业资金筹集

一、企业筹资概述

（一）资金筹集的概念与分类

资金是企业筹办和从事生产经营活动的物质基础，是企业财务活动的起点。资金筹集管理是企业财务管理的一项重要内容。建筑施工企业的资金筹集活动，按不同标准进行分类。按照所筹资金的性质，可分为权益筹资和债务筹资；按照所筹资金的用途，可分为流动资产筹资、固定资产筹资、无形资产筹资、对外投资筹资等；按照所筹资金的来源，可分为内部筹资和外部筹资；按照是否通过金融机构，可分为直接筹资和间接筹资。

1. 权益筹资

权益筹资是指企业筹集权益资金的财务活动。权益资金是企业投资者的投资及其增值中留存企业的部分，是投资者在企业中享有权益和承担责任的依据，在企业账面上体现为权益资本，包括实收资本（股本）、资本公积、盈余公积和未分配利润。根据企业的组织形式不同，企业可采取发行股份和吸收直接投资等方式筹集实收资本。资本公积是企业资本的一种储备形式，可按照法定程序转增资本。盈余公积是企业按照规定的比例从税后利润中提取的资本积累，包括法定公积金和任意公积金。法定公积金和任意公积金可用于弥补企业亏损或者转增资本。未分配利润是企业已实现、但尚未向投资者分配的利润，在向投资者分配之前可以作为企业生产经营活动的资金来源。

2. 债务筹资

债务筹资是指企业筹集债务资金的财务活动。债务资金是企业债权人向企业提供的借款、商业信用等，企业须在一定期限内归还，往往还需支付利息，按照筹资方式不同，可分为借款筹资、商业信用筹资、发行债券筹资、融资租赁筹资等；按照期限不同，可分为短期筹资和中、长期筹资。

（二）筹资渠道与筹资方式

1. 资金筹集的渠道

计划经济时期，我国企业筹集资金的渠道有国家投入、银行借款和企业自留资金三种，其中以国家投入资金即财政资金为主。随着社会主义市场经济的建立和完善，企业的资金筹集渠道呈现多元化趋势，主要有国家财政、银行、非银行金融机构、资本市场、其他单位或者个人、外商资金及自身积累等。

各种渠道的资金在体现资金供应量的大小时，存在着较大的差异。有些渠道的资金供应量大，而有些渠道的资金供应量则较小。资金供应量的大小在一定程度上取决于财务环境的变化，特别是货币政策、财政政策。

2. 资金筹集的方式

施工企业筹集资金的方式主要有发行股票、吸收直接投资、发行企业债券、贷款、商业信用、融资租赁等。

资金筹集的渠道和方式既有联系，又相互区别。同一渠道的资金可以采取不同的筹资方式取得，而同一筹资方式又往往适用于不同的筹资渠道。企业进行筹资，必须实现两者的合理选择和有机的结合。企业筹资管理的重要内容是如何针对客观存在的筹资渠道，选择合理的筹资方式来筹集资金。选择合理的筹资方式，并有效地进行筹资组合，降低资金成本，最大限度地回避筹资风险。

（三）资本金制度

资本金制度是国家围绕资本金的筹集、管理以及所有者的责、权、利等方面所作的法律规范。

1. 资本金

企业资本金就是企业在工商行政管理部门的注册资金，是企业进行生产经营的资金基础。按照我国企业法人登记管理条例规定，企业申请开业，必须有法定资本金。法定资本金是指国家规定开办企业必须筹集的最低资本金数额，即法定程序确定的资本。建立资本金制度，有利于健全企业自主经营、自负盈亏、自我发展和自我约束的经营机制，有利于正确计量企业的盈亏，有利于保障企业所有者权益，有利于保护债权人的利益，有利于正确反映企业资产、负债状况，为投资者提供准确的投资信息。

2. 资本金的分类

建筑企业筹集的资本金，按其投资主体可分为国家资本金、法人资本金、个人资本金、外商资本金等。国家资本金是有权代表国家投资的政府部门或者机构以国有资产投入企业形成的资本金。法人资本金是企业法人、社团法人以其可支配的资产投入企业形成的资本金。个人资本金是社会个人或本企业内部职工以个人合法财产投入企业形成的资本金。外商资本金是外国投资者及我国香港、澳门台湾地区投资者投入企业形成的资本金。

3. 资本金的筹集

在符合国家法律法规的前提下，企业可以采取国家投资，各方集资或发行股票等方式筹集资本金。投资者可以用现金、实物、无形资产等形式向企业投资，投资者缴付的出资额超出资本金的差额、法定资产重估增值以及接受捐赠的财产等计入资本公积；企业对筹集的资本金依法享有经营权，在企业经营期内，投资者除依法转让外，不得以任何方式抽回。企业筹集的资本金，必须聘请中国注册会计师验资，并出具验资报告，由企业据以发给投资者出资证明。为了加强对企业筹集资本金的管理，建筑企业财务制度明确了资本金保全以及投资者对其出资所拥有的权利和承担的义务。

4. 资本金管理

（1）资本金保全。企业筹集的资本金，在生产经营期间，投资者除依法转让外，不得以任何方式抽走。但中外合作经营企业按照规定，在合同中约定合作期满时，合作企业的全部固定资产归中国合作者所有。投资者可以在合作企业合同中约定，外国合作者在合作期限内先行回收投资。

（2）企业增加或减少注册资本金数额，必须办理变更登记。企业的公积金可以依照法律手续转增资本金。

（3）投资者按照出资比例或者合同、章程的规定，分享企业利润，分担风险及亏损。

（四）企业筹资管理的要求

建筑企业在筹集资金过程中，应对影响筹资活动的各种因素，如资金成本、筹资风险、资金结构、投资项目的经济效益、筹资难易程度等进行综合分析与评价，并应满足以下要求。

1. 合理确定筹资数额

企业应合理确定资金需要量，使筹资数量与资金需要量相平衡、一致，防止筹资不足或筹资过大，增大资金的筹集成本，降低筹资效果。

2. 正确选择筹资渠道与方式，力求降低资金成本

各种筹资渠道与方式的难易程度、财务风险、资金成本各不相同。企业财务人员应结合本企业实际情况，选择最适合的筹资渠道与方式，实现最佳的筹资组合，力争将筹资成本降低到最低限度。

3. 适时取得资金来源，保证资金投放需要

企业在筹资活动中，应预计好用资时间，及时将筹集到的资金投放使用，避免筹资过早造成投放前的闲置浪费，或筹资滞后影响投放的有利时机。

4. 努力创造良好的筹资环境

企业应不断地改善施工生产管理，把握建筑市场动向，增强企业实力，获取投资者的信任，增强企业筹资的吸引力。

此外，企业筹资应留有余地，即企业筹资后还应保持一定的举债空间和偿债能力，为企业长期稳定、健康的发展创造条件。

二、建筑企业权益资金筹集

（一）权益资金的特点及其形成方式

1. 权益资金的特点

权益资金，即权益资本，它具有以下特点：

（1）法定性。为了确认法人资格，企业设立、变更和注销都须进行工商注册登记，其中，权益资本的投入和增减是主要登记事项。一经登记，注册资本和实收资本就不得随意变更。投资者以其出资额享有的权益和承担的责任，经由工商行政管理机关登记注册后，才正式得到法律的承认。

（2）主动性。权益资本是投资者为实现特定目标而主动、自愿投入企业的。不同于债务资金。

（3）永久性。除了企业清算、转让股权等特殊情形，投资者不得随意从企业收回权益资本。换言之，企业可以无限期地占用投资者的出资，投资者只能以利润分配、转让股权等法定形式取得投资回报。

2. 权益资金的形成方式

权益筹资是指企业筹集权益资金的财务活动。权益资金是企业投资者的投资及其增值中留存企业的部分，是投资者在企业中享有权益和承担责任的依据，在企业账面上体现为权益资本，包括实收资本（股本）、资本公积、盈余公积和未分配利润。根据企业的组织形式不同，企业可采取发行股份和吸收直接投资等方式筹集实收资本。资本公积是企业资本的一种储备形式，可按照法定程序转增资本。盈余公积是企业按照规定的比例从税后利润中提取的资本积累，包括法定公积金和任意公积金。法定公积金和任意公积金可用于弥

补企业亏损或者转增资本。未分配利润是企业已实现、但尚未向投资者分配的利润,在向投资者分配之前可以作为企业生产经营活动的资金来源。

（二）对出资的要求

1. 出资的形式

按照《公司法》、《中外合资经营企业法实施条例》等法律、行政法规的规定,投资者可以采取货币资产和非货币资产两种形式出资。用以出资的非货币资产必须具备两个条件,即能够以货币估价和能够依法转让。据此,实物、知识产权、土地使用权、股权、特定债权等可以作价出资,劳务、信用、自然人姓名、商誉、特许经营权或者设定担保的财产等则不具备出资条件。在实物资产中,以机器设备、其他物料作价出资的,应当是企业生产所必需的;以工业产权、专有技术等知识产权作价出资的,该知识产权应当为投资者所有。中外合资经营企业外国投资者出资的工业产权或者专有技术,必须能显著改进现有产品的性能、质量,提高生产效率,或者能显著节约原材料、燃料、动力。

2. 以特定债权出资

特定债权,指企业依法发行的可转换债券以及按照国家有关规定可以转作股权的债权。在实践中,企业可以将特定债权转为股权的情形主要有:

（1）上市公司依法发行的可转换债券,在满足约定条件的情况下,债券持有人可将债权转换为股权。对某些投资回报率稳定、收益可靠的基础设施、基础产业投资项目,以及经济效益好的竞争性投资项目,经国务院批准,可以试行通过发行可转换债券筹措资本金。

（2）金融资产管理公司持有的国有及国有控股企业债权,经国家有关部门批准后,可以实行债权转股权。原企业相应的债务转为金融资产管理公司的股权,企业相应增加实收资本或资本公积。

（3）企业实行公司制改建、资产重组时,经银行以外的其他债权人协商同意,可以按照有关协议和企业章程的规定,将其债权转为股权,企业相应增加实收资本或资本公积。

（4）国有企业境内债权人将持有的债权转给外国投资者,企业通过债转股改组为外商投资企业。

（5）国有企业改制时,账面原有应付工资余额中欠发职工工资部分,在符合国家政策、职工自愿的条件下,依法扣除个人所得税后可转为个人投资。未退还职工的集资款也可转为个人投资。

3. 出资的最低限额及期限

从 2006 年 1 月 1 日起,设立公司实行折衷的授权资本制,即投资者必须认足全部注册资本,但可以按照法律和公司章程的规定,分期缴纳。相应地,为了保护投资者和债权人的合法权益,维持企业正常生产经营,《公司法》对投资者出资的最低限额与到位期限作了规定和限制:

（1）有限责任公司注册资本的最低限额为人民币 3 万元。

（2）股份有限公司的设立分发起设立和募集设立两种方式。发起设立是指由发起人认购公司应发行的全部股份而设立公司。募集设立是指由发起人认购公司应发行股份的一部分,其余股份向社会公开募集或者向特定对象募集而设立的公司。股份有限公司注册资本的最低限额为人民币 500 万元,申请上市的股份有限公司股本总额不少于人民币 3000 万元。股份有限公司采取发起设立方式设立的，公司全体发起人的首次出资额不得低于注册资本的 20%，其余部分由发起人自公司成立之日起 2 年内缴足；其中，投资公司可以在 5 年内缴足。在缴足前，不得向他人募集股份。股份有限公司采取募集方式设立的，发起人认购的股份不得少于公司股份总数的 35%。

4. 投资者非货币出资的评估作价

按现行规定，企业以非货币资产出资设立公司的，"应当评估作价，核实资产。国有及国有控股企业以非货币资产出资或者接受其他企业的非货币资产出资，应当遵守国家有关资产评估的规定，委托有资格的资产评估机构和执业人员进行；其他的非货币资产出资的评估行为，可以参照执行。"

(1) 国有资产评估。国有及国有控股企业以非货币资产出资或者接受其他企业的非货币资产出资，需要委托有资格的资产评估机构进行资产评估，并以评估确认的资产价值作为投资作价的基础。经国务院、省政府批准实施的重大经济事项涉及的资产评估项目，分别由本级政府国有资产监管部门或者财政部门负责核准，其余资产评估项目一律实施备案制度。这可以有效避免虚假出资或通过出资转移财产，导致国有资产流失。

(2) 其他企业的评估。根据《公司法》的规定，公司"对作为出资的非货币财产应当评估作价，核实财产，不得高估或者低估作价"。严格来说，这并不要求必须聘请专业评估机构评估，相关当事人或者聘请第三方评估后认可的价格也可成为作价依据。不过，聘请专业中介机构评估相关非货币资产，至少有两方面好处：一是其专业性和独立性较强，能够更好地保证评估作价的真实性和准确性；二是根据《公司法》的规定，承担资产评估的机构因出具的评估结果不实，给公司债权人造成损失的，除能够证明自己没有过错的外，在其评估不实的金额范围内承担赔偿责任。因此，聘请专业资产评估机构评估相关非货币资产，可以有效地保护公司及其债权人的利益。

5. 对无形资产出资方式的限制

《公司法》要求全体股东的货币出资金额不得低于公司注册资本的 30%，也就是说无形资产出资最高比例可达到 70%。这有利于促进科技成果的产业化，调动企业和研发人员自主创新的积极性。但《外资企业法实施细则》另有规定，外资企业的工业产权、专有技术的作价应与国际上通常的作价原则相一致，且作价金额不得超过注册资本的 20%。

(三) 普通股筹资

1. 股票的种类及价值、价格

股票是股份公司为筹集自有资金而发行的有价证券，是股东按所持股份承担义务享有权利的书面凭证。股票是代表股东权利的有价证券，是一种票式证券，票面应记载规定事项，需由董事长签字和发行公司盖章，股东与股票的权利和义务不可分离。

(1) 股票的种类

股票按股东的权利和义务不同，可分为普通股和优先股；按其是否记名，可分为记名股和不记名股；按股票是否标明金额，可分为面值股票和无面值股票；按其投资主体不同，可分为国家股、法人股、个人股和外资股；按其发行对象和上市地区，可分为 A 股、B 股、H 股和 N 股。

(2) 股票价值。股票的价值主要有以下几种：① 票面价值：即股票票面上所记载的金额。② 设定价值：发行无面值股票时，根据核定股本和发行股数为股票设定的价值。

③ 账面价值：即每股所代表本公司账面资产净值。④ 清算价值：公司破产清算时，每股所代表被清理资产的实际价值。⑤ 内在价值：筹资者或投资者对某种股票分析得出的估计价值。

（3）股票价格。股票价格实际上就是股票的市场价值，也就是在证券市场上买卖股票的价格。股票价格的高低取决于股票所能带来的收益的大小。

2. 股票的发行、上市、暂停与终止

（1）股票的发行。股份有限公司在设立时要发行股票筹资，公司设立之后，为了扩大经营，调整资本结构，仍需增资发行股票筹资。股票发行实行"公开、公平、公正"的原则，必须"同股同权、同股同利"。发行股票应接受国务院证券监督管理机构的管理和监督。

（2）股票上市。股票上市是指股份有限公司公开发行的股票经批准在证券交易所进行挂牌交易。经批准在证券交易所上市交易的股票称为上市股票。具备股票上市条件的股份有限公司经申请由国务院或国务院授权的证券管理部门批准，其股票方可上市。我国《公司法》规定，股东转让其股份，以及股票进入流通，必须在依法设立的证券交易所里进行。股票上市公司必须公告其上市报告，将其申请文件存放在指定的地点供公众查阅，并定期公布其财务状况和经营情况。

（3）股票暂停与终止。股票上市公司若公司股本总额、股权分布等发生变化，不再具备股票上市条件；或者公司不按规定公开其财务状况，或对财务报告作虚假记载；或者公司有重大违法行为；或者公司最近 3 年连续亏损等，应由国务院证券管理部门决定暂停其股票上市，后果严重的终止其上市。另外，公司决定解散、被行政主管部门依法责令关闭或者宣告破产的应由国务院证券管理部门决定终止其股票上市。

3. 股票筹资的优缺点

与其他融资方式相比，普通股筹措资本具有以下优点：没有固定的利息负担；没有固定的到期日；增加公司举债能力，提高公司信誉等。

普通股筹措资本具有以下缺点：普通股筹措资金成本高；公司增加了对社会股东的责任；可能会分散公司的控制权；降低普通股每股净收益，可能引起股价下跌等。

三、建筑企业负债筹资

（一）企业负债及其偿还

1. 企业负债及其分类

企业负债是指企业承担的能够以货币计量，需要以资产或者劳务偿付的债务。它一般包括企业借入资金和应付的款项等。在市场经济条件下，负债是企业筹集资金的重要方式。

负债可按其偿还期限的长短分为流动负债和长期负债。

流动负债是指可以在一年内或者超过一年的一个营业周期内偿还的债务，主要用于维持企业正常的生产经营活动。它主要包括：短期借款，应付及预收货款，应付票据，应付内部单位借款，应付税金，应付股利和其他应付款，应付短期债务，预提费用等。

长期负债是企业借入的偿还期在一年或超过一年的一个营业周期以上的各种借款，主要用于基本建设、技术改造及生产经营等方面。长期负债包括：长期借款、应付长期债券、应付引进设备款、融资租赁应付款等。

2. 负债的利息处理与偿还

企业负债要支付一定的利息。流动负债的应计利息支出计入财务费用；长期负债的应计利息支出，在筹建期间计入开办费，在生产期间计入财务费用，在清算期间计入清算损益，其中与购建固定资产或者无形资产有关的，在资产尚未交付使用或者虽已交付使用但尚未办理竣工决算以前，计入购建资产的价值。

企业对债权人的负债，必须到期归还本和利。如果因债权人的原因而使企业无法归还债务，该债务计入营业外收入。

（二）银行贷款

贷款是银行或其他信用机构按一定利率贷出的货币资金，以及由此引起的信用活动。企业可以向银行等金融机构借入资金。根据《贷款通则》的规定，银行贷款根据风险承担的不同，有自营贷款、委托贷款和特定贷款三类；按照时间的不同，有短期贷款、中期贷款和长期贷款之分；按照贷款形式的不同，又可分为信用贷款、担保贷款和票据贴现等几种。按贷款条件，可分为信用贷款、抵押贷款和保证贷款等；按贷款时间的长短，可分为短期贷款和长期贷款；按用途可分为流动资金贷款、固定资金贷款和个人消费贷款。

1. 短期贷款

银行短期贷款，又称为短期借款，是指企业向银行或其他非银行金融机构借入的期限在一年以内的借款。短期借款是企业筹集短期资金的重要方式，按照目的和用途分为以下几种：

（1）定额借款。是指企业按国家核定的流动资金向银行取得的借款。

（2）超定额借款。是企业为解决由于季节性和临时性原因造成的超过定额的流动资金需要而从银行取得的借款。

（3）结算借款。是指以托收承付结算凭证为保证从银行取得的借款。

（4）积压物资借款。指企业为解决从库存物资中划出的超出积压物资所需资金而从银行取得的借款。此项借款通常由超定额借款转入。

（5）临时贷款。是由于临时合理资金需要，企业向银行申请的贷款，最长不超过6个月；卖方信贷，是银行对批准购销的销货单位（卖方）发放的以赊销商品为对象的贷款，期限一般为1年，最长不超过2年；票据贴现贷款，即持有银行承兑汇票或商业承兑汇票的企业在流动资金周转困难时，凭承兑汇票向银行申请取得的贷款，期限最长不超过6个月。

2. 长期借款

长期借款是指企业向银行或其他非银行金融机构借入的，使用期限在一年或一年以上的各种借款，主要用于固定资产投资和流动资金的长期占用。

企业可以根据不同的借款用途向提供贷款的机构和单位，如政策性银行、商业银行、保险公司等，借入用于固定资产的投资借款、更新改造借款、科技开发借款和新产品试制借款等。

借款合同是规定借贷双方权利和义务的契约。合同订立后，即产生法律效力，当事人在享受权利的同时，必须严格遵守合同条款，履行合同规定的义务。长期借款除根据借款合同的规定按期支付利息外，银行还会向借款企业收取其他费用。

3. 银行借款的其他形式

(1) 信用贷款，即单凭借款人的信用而无需提供抵押品的贷款。

(2) 抵押贷款，即银行要求借款人提供一定的抵押品作为保证的贷款。

(3) 循环贷款协议，即借款人与银行之间协商确定贷款的最高限额，在限额内借款人无需提供抵押品，可自由地使用这些贷款，不停地循环，周转使用。

(4) 补偿余额贷款，即贷款时在银行中保留一定的补偿余额。补偿余额是银行要求贷款的企业在其存款账户中所具有的最小存款数额，一般为贷款的 10%～20%。

4. 借款利息的支付方式

(1) 利随本清法（收款法）。采用这种方法，借款的名义利率（亦即约定利率）等于其实际利率（亦即有效利率）。

【例 9-1】企业需借款 80000 元以偿还到期的债务，贷款利率 8%。则计算一年到期偿还借款本息为

$$100000\times(1+8\%)=108000（元）$$

$$实际利率=\frac{100000\times8\%}{100000}=8\%$$

(2) 补偿性余额法。补偿性余额是贷款银行要求借款人在银行中保持按贷款限额或实际借用额的一定百分比计算的最低存款余额。采用这种方法，借款的名义利率（亦即约定利率）低于其实际利率（亦即有效利率）。

【例 9-2】企业需借款 80000 元以偿还到期的债务，贷款银行要求维持 20% 的补偿性余额，利率 8%。即企业为取得 80000 元的款项偿还借款，必须借款 100000 元。则企业借款的实际利率为

$$实际利率=\frac{100000\times8\%}{100000\times(1-20\%)}=10\%$$

(3) 贴现法。采用此方法，实际利率会高于名义利率，其计算如式（9-1）所示：

$$实际利率=\frac{利息}{贷款金额-利息}\times100\%=\frac{名义利率}{1-名义利率}\times100\% \tag{9-1}$$

【例 9-3】某企业从银行取得借款 200 万元，期限 1 年，名义利率 10%，利息 20 万元，按照贴现法付。企业实际可动用的贷款 180 万元（200 万元－20 万元），该项贷款的实际利率为

$$贴现贷款实际利率=\frac{20}{200-20}\times100\%=\frac{10\%}{1-10\%}\times100\%\approx11.11\%$$

（三）发行债券

1. 债券及其种类

债券是企业为取得资金而发行的借款凭证。企业在发行债券时承诺在规定日期、按规定的利率归还债券利息和本金。债券的持有人是企业的债权人，优先于股东分红，公司破产清理时可优先收回本金。债券的利息率较低且稳定，债券利息支出可列入费用，可以减少企业缴纳所得税额。

长期债券按照不同的标志可分为不同的类别，按照债券上是否标记有持券人的姓名或名称，分为记名债券和无记名债券；按其有无指定的财产作担保，分为抵押债券和信用债券；按照利率的不同，可分为固定利率债券和浮动利率债券；按照债券的偿还方式不同，

可分为一次到期债券和分次到期债券；按其能否上市，可分为上市债券和非上市债券；按照债券的附加条件，分为优惠债券、收益债券、附有认股权证债券和可转换债券等。

2. 债券的基本要素

债券是债务人为筹集资金而发行的，向债权人承诺在未来一定时期支付利息和偿还本金的一种有价证券。债券的基本要素主要有：债券的面值、债券的期限、债券的利率、债券的价格等。

债券可分为溢价发行、平价发行和折价发行。债券的发行价格的计算如式（9-2）所示：

$$债券发行价格 = \frac{票面金额}{(1+市场利率)^n} + \sum_{t=1}^{n} \frac{票面金额 \times 票面利率}{(1+市场利率)^t} \tag{9-2}$$

【例 9-4】某公司发行每张面值为 100 元，每年付息两次，票面利率为 9％ 的 4 年期公司债券，发行时市场利率为 10％，则该债券的发行价格为

$$债券发行价格 = \frac{100}{\left(1+\frac{10\%}{2}\right)^n} + \sum_{t=1}^{n} \frac{100 \times 9\% \times \frac{6}{12}}{\left(1+\frac{10\%}{2}\right)^t}$$

$$= 100 \times 0.6768 + 4.5 \times 6.463 = 96.76 \text{ 元}$$

3. 债券评级

公司发行的债券通常需要由债券评定机构评定等级。按国际通行的惯例，债券的等级分为三等九级，即 A、B、C 三等。长期债券筹资具有资金成本较低；保障普通股的控制权；发挥财务杠杆的作用；筹资对象广、市场大等优点；但债券筹资的财务风险高；限制条件十分严格。

（四）融资租赁

1. 租赁及其种类

租赁是出资人和承租人通过签订契约，由出租人应承租人的要求，租赁其所需设备，在一定时期内供其使用并按期收取租金。租赁是指出租人在议定的期间内有偿向承租人出租资产使用权的一种经济行为。这种方式下，用户既不一次大量投入，又可及时利用先进设备加速企业技术进步，是一种灵活的筹资方式。设备租赁有融资租赁、经营租赁及服务出租等几类。

（1）经营租赁。即出租人将自己经营的出租设备进行反复出租，直至设备报废或淘汰。

（2）服务出租。即租赁公司向用户出租设备，同时还提供保养、维修、验车、事故处理等。主要用于车辆租赁。

（3）融资租赁。即由租赁公司融资，买进设备，租给企业使用，企业交租金。这种形式将贷款、贸易、出租有机结合在一起，是设备租赁的重要形式。

2. 融资租赁租金

融资租赁是由租赁公司（出租人）按承租单位要求出资购买设备，在较长的合同期内提供给承租单位使用的一种信用业务。它以融通资金为主要目的，是融资与融物相结合的、带有商品销售性质的租赁活动，是企业融通资金的一种重要方式。

融资租赁根据出租人购买设备的资金来源和付款对象来看，可分为直接租赁、转租

赁、售后回租；根据出租人对设备的出资比例分为单一投资租赁、杠杆租赁。

融资租赁设备的租金由租赁手续费、融资利息及构成固定资产价值的设备价款、运输费、途中保险费和安装调试费等及其他费用（根据双方承担的义务而定）组成。

（1）后付租金。在我国筹资企业与租赁公司商定的租金支付方式，大多是租金于每年末支付一次，且各期数额相等。后付租金的计算如式（9-3）所示：

$$年租金=\frac{固定资产价值}{(P/A,i,n)} \tag{9-3}$$

（2）先付租金。筹资企业有时可能会与租赁公司商定，等额租金于每年年初支付，即采用先付租金形式。先付租金的计算如式（9-4）所示：

$$年租金=\frac{固定资产价值}{(P/A,i,n-1)+1} \tag{9-4}$$

3. 融资租赁的优缺点

（1）融资租赁的优点是迅速获得所需资产；租赁筹资具有较大的灵活性；融资租赁的租金相对固定；分享国外出租人的税收优惠或加速折旧所获得的好处；租金在税前扣除，有利于减轻企业所得税负担；免遭设备陈旧过时的风险；租金在整个租赁期内分摊，适当降低企业不能偿付的风险。

（2）融资租赁的缺点是资金成本率相对较高；不利于改进设备；在国际融资租赁时，要承担外汇风险；不得已解除合同，承租企业要一次付清全部债款，压力较大；租赁期满不能获得设备残值，可视为企业的机会损失。

（五）商业信用

商业信用是指在商品交易中由于延期付款或预支贷款所造成的企业间的信贷关系，是企业间的一种直接信用行为，属于自然性融资。企业在商品或服务交易中，与其他企业单位之间由于延期付款或者预收货款形成的借贷关系。

1. 应付账款

应付账款是企业因购买材料、物资或接受劳务等应付而未付给供应单位，所取得的信用形式。即卖方允许买方滞后一段时间支付货款的形式。应付账款按其付款期限，折扣信用条件的不同，可分为免费信用、有代价信用和展延信用三种。免费信用是企业无须任何代价而取得的信用，如银行允许的三天付款期限；有代价信用是企业有条件享受销售者提供的信用，如买方提前付款，买方给予一定的现金折扣；展延信用是企业在信用销售者提供的信用期满后，以拖延付款的方式强制取得信用。

应付账款是企业应付而未付的费用，故形成债务，相当于接受供应厂家提供的一笔无息贷款，是企业短期筹资的重要方式，是一种无筹资成本的自然性融资。

2. 应付票据

应付票据是企业进行延期付款交易时，所开具的反映债权债务关系的带息或不带息票据。一般是由销货者或购买者签发，由承兑人（付款方或代理银行）承兑，期限最长不超过6个月。根据承兑人不同，可将应付票据分为商业承兑汇票和银行承兑汇票两种。银行承兑汇票是由收款人或承兑申请人签发，并由承兑申请人向开户银行申请，经银行审查同意承兑的票据；商业承兑汇票是由收款人签发，经付款人承兑，或由付款人签发并承兑的票据。

除上述两种应付款外，企业还可能有长期应付款，如应付引进设备款等。应付款中还包括应付工资、应付福利费、应付投资者利润、应付股利、应缴税金及其他应付款。

3. 预收账款

预收账款是企业在交付货物之前向买方预先收取部分或全部货款的一种信用形式，相当于向买方借用资金，然后用货物清偿，可以缓解资金占用过多的矛盾。一般要在一年或一个营业周期内交付产品或提供劳务，以资抵偿。当卖方已知买方信用欠佳或销售周期长而产品售价高时，往往运用预收款方式。

预收款项主要包括预收工程款，预收备料款，预收销货款，预收购房定金，预收代建工程款，预提费用（预先提取但尚未实际支出的各项费用）。

商业信用融资具有自然性融资方便、不需成本或成本很低、灵活性高、限制条件少等优点；但商业信用融资的信用期限一般都较短，并且如果放弃现金折扣，要付出较高的资金成本。

（六）借用国外资金

借用国外资金包括：外国政府贷款、国际金融组织贷款、国外商业银行贷款、发行国际债券、出口信贷、国际租赁、补偿贸易等。

1. 外国政府贷款

外国政府贷款是外国政府通过财政预算每年拨出一定款项，直接向我国政府提供的贷款，利率较低（2%～3%），期限较长（20～30 年），数额有限，限定用途。

2. 国际金融组织贷款

国际金融组织包括国际货币基金组织、世界银行、国际开发协会、国际金融公司、国际农业发展基金会、亚洲开发银行等组织。其中我国的世界银行贷款项目较多。

3. 国外商业银行贷款

国外商业银行贷款包括国外开发银行、投资银行、长期信用银行、开发金融公司等向我国提供贷款。国内通过中国银行、国际信托投资公司和中国投资银行办理。其优点是可以较快筹集大额资金；其缺点是利率高，费用负担重，且利率浮动。

4. 发行国际债券

发行国际债券是指我国金融机构、政府、企业等在国外金融市场上发行的以某种货币为面值的债券。国际债券偿付期限较长（一般在 7 年以上），筹得的款项可以自由运用，可连续发行。其缺点是手续繁杂。

5. 出口信贷

出口信贷是西方国家政府设置的专门信贷，目的是鼓励资本和商品输出。其利息率较低，期限 10～15 年，但借款方只能用于购买出口信贷国设备。

6. 补偿贸易

补偿贸易又叫往返贸易，即在信贷的基础上，国外企业向我国企业提供机器设备、专有技术、专利、各种服务及培训人员等，待项目竣工投产后，企业以产品或双方商定的其他办法清偿所提供设备等折合的资金。

7. 国际租赁

由租赁公司垫资购入设备，或直接向制造商租入设备，再租给生产厂使用，期满后租用人可退租、可续租或交完租金后设备转归承租人使用。其优点是便于租用更新设备或使用新技术，对降低产品成本和提高出口产品竞争力有利。

第二节　建筑企业的营业收入与利润分配

一、建筑企业的营业收入

（一）建筑企业的营业收入及其构成

建筑施工企业的营业收入是企业因工程施工、提供劳务、作业、房地产开发，以及销售商品取得的收入，是企业经营成果的价值表现。

建筑施工企业营业收入包括：工程价款收入、劳务、作业收入、产品销售收入、材料销售收入、多种经营收入、设备租赁收入，以及其他业务收入。建筑施工企业的基本营业收入是工程价款收入，占有最大的比例。工程价款收入包括：工程价款结算收入、工程索赔收入、向发包单位收取的临时设施基金、劳动保险基金、施工机构调遣费等。建筑安装工程价款结算收入包括：直接工程费、间接费、利润及税金项目。如表 9-1 所示。

建筑安装工程价款结算收入构成　　　　　　　　表 9-1

费　用　项　目			计　算　方　法
直接工程费	人工费		$\sum$（人工工日×日工资单价×实物工程量）
	材料费		$\sum$（材料用量×材料单价×实物工程量）
	施工机械使用费		$\sum$（机械台班数×机械台班费×实物工程量）
	其他直接费		土建工程：（人工费+材料费+机械使用费）×费率 安装工程：人工费×费率
	现场经费	临时设施费	
		现场管理费	
间接费	企业管理费		土建工程：直接工程费×费率 安装工程：人工费×费率
	财务费用		
	其他费用		
计划利润			土建工程：（直接工程费+间接费）×利润率 安装工程：人费率×利润率
税金	营业税，城市建设维护税，教育经费附加		（直接工程费+间接费+利润）×税率

（二）建筑企业营业收入的实现

1. 企业营业收入的确认

营业收入的确认即营业收入记账时间的确认。营业收入的确认是以营业收入的实现或成立为依据的。

（1）工程价款收入的确认方式。总的原则是，施工企业出具"工程价款结算账单"，经发包单位签证后确认为销售收入的实现。第一，实行合同完成后一次结算工程价款办法的工程，在合同完成后，施工企业与发包单位进行工程价款结算时，确认为收入的实现。第二，实行旬末或月中预支、月终结算、竣工后清算办法的工程，应分期确认合同价款的实现，即月终承包与发包双方进行已完工程价款结算时，确认为承包合同已完部分的工程收入实现。第三，实行分阶段结算的工程，应按合同规定的形象进度分次确定已完阶段工程收益的实现。第四，实行其他结算方式的工程，其合同收益应按合同规定的结算方式和结算时间，在与发包单位结算工程款时，确认收入是一次或分次实现，本期实现的收入额，是本期结算的已完工程价款或竣工一次结算的全部合同价款。

（2）其他营业收入的确认。其他营业收入确认，是施工企业销售产品或商品、租赁设备、销售材料、提供劳务时，以发出商品，开具发票或账单，收到货款或取得了收取货款凭证后，确认为营业收入实现。代销商品、产品和以托收承付结算方式发出的商品和产品，以对方已经销售或者承认付款，确认为营业收入实现。

2. 施工企业工程价款的结算办法

（1）按月结算。即实行旬末或月中预支，月终结算，竣工后清算的办法。跨年工程，年终进行工程盘点，办理年度结算。结算对象是分部分项工程。

（2）分段结算。对于工期超过一年的工程，可按照工程形象进度，划分为不同阶段进行结算。分段结算可按月预支工程款。结算对象是工程阶段或形象进度。分段结算总额不超过总造价的 90%，其余 10%留待工程竣工后结算。

（3）竣工后一次结算。适用于建设项目或单项工程全部建筑安装工程建设期在一年以内，或工程承包合同在 100 万元以下的工程。可按月中预支工程款，竣工后一次结算。

3. 预付备料款的结算与扣还

按月结算的工程，一般应预先收取备料款。收取备料款的限额为

$$预收备料款限额＝\frac{全年施工产值×主要材料所占比重}{年度施工天数}×材料储备天数 \qquad (9-5)$$

按一般规律，建筑工程按年计划施工产值的 25%拨付；在材料费占工程造价 7%的情况下，相当于四个月的材料用量。安装工程按年计划施工产值的 10%拨付；材料所占比重较大的按 15%左右拨付。

预收备料款应在工程后期随着所需材料和结构件储备量的减少，以抵冲工程价款的形式陆续归还，到工程完工时全部还清。起扣点时累计完成的工程造价余额为

$$起扣点＝承包工程价款总额－\frac{预收备料款}{材料费所占比重} \qquad (9-6)$$

第一次扣还的预收备料款为

$$第一次扣还的预收备料款＝\left\{累计已完工程价值－开始归还预收备料款时的工程价值\right\}×材料费比重 \qquad (9-7)$$

以后各次应扣还的预收备料款为

$$以后各次应扣还的预收备料款价值＝每次结算的已完工程价值×材料费比重 \qquad (9-8)$$

【例 9-5】某工程合同总值为 1000 万元，材料费占工程造价比重为 70%，预收备料款按合同总值的 25%拨付，则应如何收取与扣还预收备料款？

【解】① 预收备料款：1000×25%＝250（万元）

② 起扣点＝承包工程价款总额－$\dfrac{预收备料款}{材料费所占比重}$

$$＝1000－\frac{250}{70\%}＝643（万元）$$

③ 若至 6 月份累计已完工程价值 600 万元，7 月份完成工程价值为 110 万元，则 7 月份应归还预收备料款为

$$(600+110-643)×70\%=47（万元）$$

④ 若8月份完成工程价值为90万元，则8月份应归还预收备料款价值为

$$90×70\%=63（万元）$$

⑤ 以后各月应扣还的预收备料款价值为

$$(1000-600-110-90)×70\%=140（万元）$$

⑥ 总计扣还的预收备料款价值为

$$47+63+140=250（万元）$$

这样，恰好把开工前预收的工程备料款全部扣回。

4. 中间结算

建筑施工企业逐月按完成的分部分项工作量计算各项费用，向建设单位办理中间结算手续。在旬末或月中，建筑施工企业向建设单位提交预收工程款账单（表9-2），建设单位审核无异议后，承认支付。办理月末结算时，应先确定本月实际完成的工程量，再以此计算已完工程价值，据以填写"工程价款结算账单"（表9-3）和已完工程月报表（表9-4），通过银行结算。

工程价款预支账单　　　　　　　　　　　　　表 9-2

建设单位名称：　　　　　　　年　　月　　日

单项工程项目名称	合同预算价值	本旬（或半月）预计完成数	本旬（或半月）预支工程款	本月预支工程款	应扣预支款项	实支款项	说明
1	2	3	4	5	6	7	8

施工企业（签章）　　　　　　　　财务负责人（签章）

工程价款结算账单　　　　　　　　　　　　　表 9-3

建设单位名称：　　　　　　　年　　月　　日

单位工程项目名称	工程造价	本期应收工程款	应抵扣款项					本期实收款	备料款余额	本期止已收工程款累计	说明
			预支工程款	备料款	直接供应材料价款	其他往来款	合计				
1	2	3	4	5	6	7	8	9	10	11	12

施工企业（签章）　　　　　　　　财务负责人（签章）

已完工程月报表　　　　　　　　　　　　　表 9-4

年　　月　　日

单位工程项目名称	施工图预算	建筑面积	开竣工日期		实际完成额		实际形象进度			
			开工日期	竣工日期	至上月止已完工程累计	本月已完工程	基础	结构	装修	其他

5. 竣工结算

竣工结算在工程竣工验收后进行。施工单位向建设单位提出附有"工程竣工验收书"的工程价款账单，建设单位审核承认支付，银行结算。工程价款竣工结算公式如式（9-9）所示：

$$\frac{竣工结算}{工程价款}=\frac{合同}{价款}+\frac{施工过程中合同}{价款调整数额}-\frac{预付及已结}{算工程价款} \tag{9-9}$$

二、建筑企业的利润

建筑施工企业利润总额是建筑施工企业在一定时期内经营活动所取得的财务成果，它由营业利润、投资净收益、营业外收支净额组成，即为

$$利润总额＝营业利润＋营业外收入－营业外支出 \tag{9-10}$$

建筑施工企业利润总额扣减所得税费用的余额，即为净利润。

（一）建筑企业的营业利润及流转税

1. 建筑企业营业利润

建筑施工企业的营业利润，是由营业收入减去营业成本、营业税金及附加、销售费用、管理费用、财务费用、资产减值损失，加上公允价值变动受益、投资收益计算而得，由工程结算利润和其他业务利润组成，其计算公式如式（9-11）所示：

$$营业利润＝营业收入－营业成本－营业税金及附加－销售费用－$$
$$管理费用－财务费用＋投资收益 \tag{9-11}$$

其中：营业收入由主营业务收入和其他业务收入组成；营业成本由主营业务成本和其他业务成本组成。

建筑施工企业（含其内部独立核算的施工单位）已向工程发包单位（或总包单位）办理工程价款结算而形成的利润是工程结算利润，由工程价款收入扣减工程实际成本和工程结算税金及附加计算可得。

除工程价款收入以外的其他业务收入扣除其他业务成本及应负担的费用、流转税金及附加后所得的利润是建筑施工企业的其他业务利润。建筑施工企业主要有以下几种其他业务利润。

（1）产品销售利润。指企业内部独立核算的工业企业销售产品所形成的利润。

$$产品销售利润＝产品销售净收入－产品销售成本－产品销售税金及附加 \tag{9-12}$$

其中：产品销售税金及附加包括产品销售税、消费税、城市维护建设税、教育经费附加。企业收到出口产品退税及减免税退回的税金，作减少产品销售税金处理。

（2）材料销售利润。指企业及其内部独立核算的材料供应部门销售材料所实现的利润。

（3）其他销售利润。指除上述各销售利润以外的其他销售的利润。如企业内部非独立核算的辅助生产部门、对外单位或企业内部其他独立核算单位提供产品和劳务所实现的利润。

（4）多种经营利润。是企业举办一些与工程施工无直接联系的其他行业的经营业务，其营业收入减营业成本、营业税金等后形成的利润。

（5）机械设备租赁利润。指企业对外单位或企业内部其他独立核算单位出租工机具和生产设备的租金收入，减租赁成本和营业税金后形成的利润。

（6）其他利润。包括：无形资产转账利润，联合承包节省投资分成收入，提前竣工投产利润分成收入等。

由于这两部分属期间费用，按《企业财务通则》规定，应直接计入当期损益。

2. 建筑施工企业流转税及附加税

流转税是对商品生产、流通和提供劳务的销售额或营业额征税的各个税种的统称。流转税的税源大，收入及时稳定，国家可以通过调整流转税调节生产和流通。

建筑施工企业应缴纳的流转税及附加税有：营业税、城市维护建设税及教育费附加。

（1）营业税。是以营利单位和个人的商品销售收入额，提供劳务取得的营业额为课税对象的一种流转税。如式（9-13）所示：

$$应纳营业税＝营业额×税率 \tag{9-13}$$

建筑施工企业缴纳的营业税率，一般为营业额的 3%。

（2）城市维护建设税。是为了加强城市公用事业和公共设施的维护建设而开征的税种，以附加的形式依附于流转税（营业税、增值税、消费税）应纳税额。建筑施工企业以营业税应纳税额为计税依据计算应纳城市维护建设税，税率按照大中小三类地区分别为 7%、3%、1%。

（3）教育费附加。是为了发展地方教育事业，扩大地方教育经费来源而征收的一种税。建筑施工企业以所缴纳的营业税应纳税额为计税依据，附加费率为 3%。

（二）投资净收益

投资净收益是投资收益和投资损失的差值，是企业利润总额的构成部分。

1. 企业对外投资收益

企业对外投资收益包括以下内容：

（1）对外投资分得的利润。指企业以现金、实物、无形资产等进行对外投资或联营合作分得的利润。

（2）股利。是企业以股票形式投资分得的股息和红利收入。

（3）债券利息。指企业以购买债券形式投资获得的利息收入。

（4）企业对外投资到期收回或中途转让取得的超账面差额，以及按"权益法"核算股权投资在被投资单位增加的净资产中所拥有的数额。

2. 企业对外投资损失

投资损失包括对外投资分摊的亏损，投资到期收回或中途转让取得的低于账面价值的差额，按"权益法"核算的股权投资被投资单位减少的净资产中所分担的数额等。

（三）营业外收支净额

营业外收支净额是营业外收入与营业外支出的差额，是企业利润总额的组成部分。

1. 营业外收入

营业外收入指企业生产经营活动虽无直接因果关系，但与企业有一定联系的收入，它包括以下内容：

（1）固定资产的盘盈和出售（报废清理）净收益。盘盈的固定资产净收益是按原价减估计折旧后的差额。出售固定资产净收益是指变卖固定资产所取得的价款减清理费后的数额与固定资产账面净值的差额。

（2）罚款收入，包括罚款、索赔款、赔偿金、违约金等。

（3）因债权人单位变更或撤销等原因而无法支付的应付款项。

（4）教育费附加返还款：指教育部门返还教育经费附加给企业补贴办学经费款。

2. 营业外支出

（1）营业外支出是指与企业生产经营没有直接关系，但却是企业必须负担的各项支出，包括：

1）固定资产毁损、盘亏、报废和出售的净损失。

2）非季节性和非大修理期间的停工损失。

3）职工子弟学校和技工学校经费支出与收入差额。

4）非常损失。指自然灾害造成的企业全部损失扣除保险赔偿款及残值等的净损失，及由此造成的停工损失和善后清理费用。

5）公益救济性捐赠。

6）未履行经济合同支付的赔偿金、违约金、罚款等。

（2）以下支出不得列入营业外支出，应从收益总额中扣除：

1）违法经营的罚款和被没收的财务损失；

2）税收滞纳金、罚金和罚款；

3）自然灾害或意外事故损失要赔偿的部分；

4）超过国家规定允许扣除的公益、救济性捐赠以及非公益、救济性的捐赠；

5）各种非广告性质的赞助支出；

6）与取得收入无关的其他各项支出。

三、建筑企业年度经营亏损的弥补

（一）建筑企业经营亏损的含义

建筑施工企业从事工程施工生产经营活动，其目标是尽可能获得利润。但在实际经营过程中，由于市场竞争会导致产品价格下降；由于管理不善会导致各项成本费用的上升；为了扩大销售或维持生产经营，会发生大量的财务费用、销售费用；甚至由于企业经营者私自转移资产、侵占企业资产、低价销售产品以及决策失误，也会导致大量的资产损失。在一定的经营期间，当获得的所有收入小于为取得收入而发生的各项成本费用以及资产损失时，企业的经营成果就表现为亏损。因此，亏损是指建筑施工企业在一定经营期间内所取得的全部收入不能抵补全部成本费用及损失而出现的差额。

建筑施工企业产生的亏损，根据形成的原因大致可分为三类：一是由于企业自身经营管理不善造成的，称之为经营性亏损，它属于非故意性亏损。二是由于执行国家政策造成的，这类业务不一定以盈利为目的，发生的亏损，称之为政策性亏损。三是由于经营者恶意经营企业、或者贪污侵占、擅自转移企业资产等违法行为造成的亏损，称之为恶意性亏损。从某种程度上说，这种亏损也属于经营性亏损，同时也属于主观造成的舞弊性非正常亏损。

（二）建筑企业弥补经营亏损的规定

建筑施工企业作为市场经济的主体，投资者以出资额为限对企业承担责任，企业发生的经营性亏损，将会导致企业所有者权益的减少。因此，亏损弥补通常是指企业用现有的所有者权益或者以后年度实现的利润补偿以前年度发生的亏损（负收益）的财务活动过程。

根据《通则》第四十九条的规定，弥补亏损主要包括以下内容：

1. 弥补的是经营性亏损，即企业用税前利润弥补的亏损应该是企业在经营过程中形成的亏损，对于政策性亏损，应当向国家申请财政补贴。

2. 依照税法规定弥补，即依照税法的规定，企业发生的年度经营性亏损，可以用下一年度的税前利润弥补，下一年度的利润不足弥补的，可以连续5年用税前利润弥补，连续5年不足弥补的，用税后利润弥补。这里需要说明的是，5年的税前利润弥补期限内，无论企业是盈利年份还是亏损年份，均作为亏损弥补期计算弥补年份。而对于5年的税前利润弥补期限内的任何一年发生的亏损，又都可以单独计算各自的亏损弥补期限。

3. 符合《公司法》的规定。依照《公司法》的规定，法定公积金不足以弥补以前年度亏损的，在按规定提取法定公积金之前，应当先用当年利润弥补亏损。企业发生的亏损在税后利润不足弥补的情况下，通常可以用企业所取得的盈余公积加以弥补。但是，企业用盈余公积弥补亏损，应当由董事会提出弥补亏损方案，经股东大会或者类似的权力机构审议决定。

4. 按照规定的顺序和比例弥补，即企业在以前年度亏损未弥补完之前，不得向投资者分配利润。也就是说，企业的未分配利润如果是负数（未弥补亏损），企业就不得向投资者分配利润。其目的是防止企业将债权人的资产用来向投资者分配，从而损害其他利益相关者的利益。同时，企业用资本公积弥补亏损，应该经过股东大会的审批。盈余公积属于全部投资者所有，要使用这些资金，应征得全体投资者同意。

（三）建筑企业经营亏损弥补的程序

1. 税前利润弥补。即企业本年度发生的亏损，可以用下一年度的所得税前利润来弥补，税前利润弥补亏损后有剩余的，剩余部分应该依法缴纳所得税。如果下一年度所得税前利润仍不足弥补亏损的，可连续弥补，但用税前利润连续弥补期限不得超过5年。

2. 税后利润弥补。即企业本年度发生的亏损，当连续5年用税前利润弥补后，仍不足弥补的，从第6年起，应当用税后利润弥补。

3. 盈余公积弥补。即企业发生的亏损，依照税法的规定弥补后仍未弥补的亏损，由董事会提议，经股东大会或类似权力机构批准，可以用所提取的盈余公积来弥补。

4. 资本公积弥补。企业的资本公积从其形成来源看，它不是由企业实现的利润转化而来的，本质上应当属于投入资本范畴。因此，它与留存收益有根本区别。在我国，资本公积用来转增资本，但在具体工作中因现实需要，经过国家批准，国有企业的资本公积可以用来弥补政策性重大亏损。

此外，由于国家政策或者企业依法改制过程发生的下列损失，可以依次用来对分配利润、盈余公积、资本公积和实收资本进行弥补：

（1）企业重组过程中清查出来的价值减损；

（2）住房制度改革过程中出现的损失和一次性的住房补贴；

（3）企业会计核算制度转换造成的损失；

（4）企业依照国家规定分离办社会职能以及主辅分离过程中，经批准核销的特定损失。

四、建筑企业年度利润的分配

年度净利润是建筑施工企业在一个会计年度内实现的税后净利润，也是企业年度经营所获得的剩余价值。依照《公司法》以及企业章程等的规定，企业实现的净利润，归投资者所有，应当依法向投资者分配。利润分配就是将企业的净利润在投资者和企业再投资之间进行分配的过程。企业本年实现的净利润，加上年初未分配利润（或减去年初未弥补亏损），即为可供分配的利润。《企业财务通则》第五十一条规定："企业弥补以前年度亏损和提取盈余公积后，当年没有可供分配的利润时，不得向投资者分配利润，但法律、行政法规另有规定的除外。"

（一）利润总额的调整

按财务制度规定，企业的利润总额按照国家规定作相应调整后，依法缴纳所得税，即在缴纳所得税前要扣除以下项目的款项：

（1）所得税前弥补亏损。企业的亏损有政策性亏损和经营性亏损。经营性亏损原则上由企业自行解决。按财务制度规定，企业经营性亏损在 5 年内用所得税前利润弥补不足部分，应用缴纳所得税后的利润弥补。

（2）境外所得和投资收益的税务处理。境外所得，已在境外缴纳的所得税款，准予在汇总纳税时从其应纳税款中扣除，计算如式（9-14）所示：

$$\frac{境外所得税}{扣除限额}=\frac{境内、外所得依税法}{计算的应纳税总额}\times\frac{境外所得额}{境内、外所得额} \tag{9-14}$$

（3）按国家有关规定允许企业税前调整的其他项目。如规定留给企业治理"三废"产品盈利净额。

（二）缴纳所得税

所得税是法人或自然人在一定时期内以纯收入额为征税对象的各个税种所组成的总体。征税的目的是调节纳税人的收入，促进纳税人的经营管理，有利于国家对企业进行监督与管理，调整、规范国家与企业的分配关系，促进企业转换经营机制，实现公平竞争。

内资企业是企业所得税的纳税人。应纳税所得额是纳税人每一年度的收入总额减去准予扣除项目后的余额。收入总额包括：生产与经营收入、财产转让收入、利息收入、租赁收入、特许权使用费收入、股息收入及其他收入。收入的计算以实际发生数为准，而不论其是否真正实现。准予扣除的项目是指与纳税人取得收入有关的成本费用和损失。内资企业所得税实行 25％的比例税率。

【例 9-6】 某企业某月份的工程结算收入为 800 万元，工程结算成本为 320 万元，营业费用为 6 万元，流转税税金及附加为 150 万元，其他业务收入为 45 万元，其他业务支出为 40 万元，管理费用为 60 万元，财务费用为 3 万元，投资收益为 15 万元，营业外收入为 7 万元，营业外支出为 10 万元，则计算企业应缴纳多少所得税。

【解】 企业应纳税所得额＝800＋45－（320＋40）－6－60－3－150＋15＋7－10＝278（万元）

应纳所得税额＝278×25％＝69.5（万元）

（三）影响利润分配的因素

可供分配的利润如何在投资者和企业再投资之间进行分配，构成了企业利润分配的基本内容。建筑施工企业实现的净利润属于投资者所有，但为了保证企业相关利益者的利益，《企业财务通则》虽未规定企业应当采用何种政策理论来制定企业的利润分配方案，但要求企业应充分考虑现金流量状况，以利于企业长期稳健地发展。通常，建筑施工企业在制订分配方案时应考虑以下因素。

1. 企业发展战略对利润分配的影响

一般而言，在可供分配的利润中，企业除按规定提取法定盈余公积以外仍可适当留存一部分，用于扩大再生产。企业留用的利润，从产权关系上看，仍属于企业投资者所有，如果企业使用这部分资金带来了更多的收益，投资者的利益会更有保障。因此，企业在进行利润分配前，应依据企业发展战略的要求，结合企业的经营及财务状况、筹资能力、面临的投资机会，统筹处理好分配与积累的关系，不断增强企业的发展后劲。如果企业有很好的投资项目，又需要筹集大量的资金，当前的现金流又不足以满足发展项目的需求，企业向投资者分配利润的水平可以从低确定，而将实现利润留存企业，作为投资和发展的资金。这样可以降低企业筹资成本，有利于实现企业发展战略。

2. 职工利益对企业利润分配的影响

企业的税后利润归投资者所有，这是投资者投资于企业的动力所在。但企业的利润与经营者和其他职工的辛勤工作是分不开的，没有全体职工的参与和努力，企业利润的实现及不断增长将极为困难。效益好的企业，更能够给经营者和其他职工的劳动报酬及福利待遇提供经济保障，也容易给经营者和其他职工带来成就感、荣誉感、归属感，从而激发他们的积极性和创造性。因此，在保障投资者利益的前提下，如何提高经营者和其他职工的参与意识，吸引人才，增强企业竞争力，一直是现代企业管理面临的重要而有意义的课题。国家允许一些企业实行多种分配形式改革，企业已经按规定实行分配制度改革的，在制订利润分配方案时，要适当考虑经营者和其他职工的利益，以调动各方面的积极性。

3. 研究分析利润分配的方式和比例

企业实施利润分配方案，可以采取派发现金和送红股的方式，不同的分配方式对企业发展及股权结构会产生不同的影响。采用现金分配方式，企业须支付大量的现金，对现金流不足的企业而言，如果筹资能力不强，对其未来的发展就极为不利。采用送红股分配方式，企业通过扩大股本来实现分配，企业的股权结构一般也不会因此而发生变化，却因不必支付现金，企业实现利润对应的现金仍然留在企业，这样对现金流不足的企业来讲，可以大大缓解其发展资金不足的压力，对其未来的发展就会产生积极的影响。因此，企业进行利润分配时，应当根据已经确定的投资机会和项目，进行可行性研究和分析，拟订合理的利润分配的形式和比例，并根据企业现金流的缓急情况，决定利润分配方案的实施时机。

4. 比较利润分配的资金成本

企业进行利润分配，实质是对投资者其他投资机会的再投资收益和企业本身的再投资收益进行比较。投资者分取利润后用于其他项目的投资收益，如果超过留存企业用于企业本身投资项目的收益，投资者就会要求较高的分红比例。反之，投资者就会倾向于将利润留存企业用于发展。因此，在进行利润分配时，企业应当对投资项目所需资金及其可能的筹集渠道进行分析，比较资金成本的大小，确定向投资者分配利润的比例。

5. 制订的利润分配方案应贯彻同股同权原则

企业制订利润分配方案，应依据同股同权原则，按照公开、公平、公正的要求，大股东不能侵蚀小股东的既得利益，不能损害企业或者其他投资者的利益。投资者在企业按股权比例享有其合法利益，不得以在企业中的其他特殊地位谋取利益。同时，利润分配方案应当提交股东（大）会等类似权力机构讨论，并充分尊重中小股东的意见。

利润分配贯彻同股同权原则的一个特例，是中外合作经营企业的外方合作者可以加大分红比例，以提前收回投资。但是，必须符合法律法规的要求，并经全部投资者审议批准后，在企业章程、协议中予以明确。

（四）企业年度利润分配顺序

建筑施工企业年度净利润，除法律、行政法规另有规定外，按照以下顺序分配。

1. 弥补以前年度亏损

企业当年实现的净利润，首先应按照规定弥补以前年度发生的亏损，即将本年度实现的净利润与前期未分配利润或未弥补亏损合计，计算出本年累计盈利或累计亏损。企业实现的净利润在以前年度亏损未弥补完之前，不得提取法定公积金。

2. 提取 10% 法定公积金

经计算有本年累计盈利，按本年净利润抵减年初累计亏损后的余额，计提 10% 比例的法定公积金，累计提取的公积金总额达到注册资本的 50% 以后，可以不再提取。需要说明的是，提取法定公积金的基数，不是累计盈利，也不一定是本年的税后利润。只有在年初没有未弥补亏损的情况下，才能按本年净利润计算提取数。

3. 提取任意公积金

企业提取法定公积金后，企业章程对提取任意公积金有规定的，按企业章程的规定提取任意公积金，可以根据股东大会决议的比例提取任意公积金。国有企业根据政府规定或主管财政机关及其他有关部门、机构核定的比例，计算上缴国家利润，其扣缴法定公积金和上缴利润后的剩余利润，全部作为任意公积金管理。因此，国有企业可以将任意公积金与法定公积金合并提取。

4. 向投资者分配利润

建筑施工企业以前年度未分配的利润，可以并入本年度利润一并进行分配。在充分考虑现金流量状况后，应当按照"同股同权、同股同利"的原则，向投资者分配。属于各级人民政府及其部门、机构出资的企业，应当将应付国有利润上缴财政。企业需要拿出多大比例的净利润用于向投资者分配利润，除了要有足够的累计盈余外，还要考虑企业盈余的稳定性、投资机会、债务需要和举债能力等因素，尤其是发放现金股利（利润），需要重点考虑企业的现金流量状况。股利分配政策一般有剩余股利政策、固定或持续增长的股利政策、固定股利支付率政策、低增长加额外股利的政策等常见的股利政策可供选择。

国有企业可以将任意公积金与法定公积金合并提取。股份有限公司依法回购后暂未转让或者注销的股份，不得参与利润分配；以回购股份对经营者及其他职工实施股权激励的，在拟订利润分配方案时，应当预留回购股份所需利润。

第三节　建筑企业财务分析与评价

一、财务分析与评价概述

1. 财务分析和评价及其目的

财务分析和评价是根据财务报表等对企业财务状况和经营成果，运用科学方法进行分析、比较、考核，借以评价企业的财务管理状况，为扩大经营成果服务的一项经营管理活动。

财务分析和评价的目的主要在于：

（1）为财务报表的使用者提供信息。

（2）评价企业过去的经营业绩。

（3）判断企业在同行业中的财务地位及竞争力。

（4）分析企业在财务上存在的问题。

（5）为预测企业的未来趋势提供科学依据。

2. 财务分析与评价的指标与方法

（1）财务分析与评价指标，通过计算财务比率分析，如表 9-5 所示。

财务分析与评价指标一览表　　　　　　　　　　　　　表 9-5

类　　别	名　　称	计算公式
偿债能力指标	流动比率　※	流动资产/流动负债
	速动比率　※	速动资产/流动负债
	现金流动负债比率	年经营现金净流量/年末流动负债
	现金比率	（货币资金＋交易性金融资产）/流动负债
	资产负债率　※	负债总额/资产总额
	产权比率	负债总额/股东权益
	有形净值债务率	负债总额/（股东权益－无形资产净值）
	长期资本负债率	非流动负债/（非流动负债＋股东权益）
	已获利息倍数	息税前利润/利息支出
营运能力指标	劳动效率	主营业务收入净额或净产值/平均职工人数
	存货周转率　※	营业成本/平均存货
	存货周转天数	360 天×平均存货/营业成本
	应收账款周转率　※	赊销收入净额/平均应收账款净额
	应收账款期	365 天×平均应收账款净额/赊销收入净额
	流动资产周转率	营业收入/平均流动资产
	固定资产周转率	营业收入/平均固定资产
	总资产周转率	营业收入/平均总资产
盈利能力指标	营业利润率　※	营业利润/营业收入（工程结算收入）
	成本费用利润率	净利润/成本费用总额
	盈余现金保障倍数	经营现金净流量/净利润
	总资产报酬率	息税前利润/平均资产总额
	净资产报酬率	净利润/平均资本总额
	资本收益率　※	净利润/平均资本
发展能力指标	营业收入增长率	本年营业收入增长额/上年营业收入总额
	资本保值增值率	扣除客观因素后的年末所有者权益/年初所有者权益
	资本积累率	本年所有者权益增长额/年初所有者权益
	总资产增长率	本年总资产增长额/年初资产总额
	营业利润增长率	本年营业利润增长额/上年营业利润总额
社会贡献能力指标	社会贡献率	企业社会贡献总额/平均资本总额
	社会积累率	上交国家财政总额/企业社会贡献总额

注：表中带有※的指标是施工、房地产开发企业财务通则里规定的常使用的指标。

（2）财务分析与评价方法主要有比较分析法、趋势分析法和综合分析法。比较分析法可分为横向比较和纵向比较。纵向比较是对财务指标进行前后两期的比较，目的是看发展与变化；横向比较是将实际指标与标准值或同行业水平进行比较，以衡量企业的财务管理效果。趋势分析法主要是在分析历史财务状况的基础上，对企业的未来作出预测，一般使用图形分析。综合分析法是对财务状况作多指标的综合分析，以全面地反映企业的财务状况。

【例 9-7】某企业的财务报表有关资料，如表 9-6～表 9-10 所示，则计算各项分析评价指标如下。

资产负债表　　　　　　　　　　　　　　　　　　　　　表 9-6

编制单位：某建筑工程公司　　　　2010 年 12 月 31 日　　　　单位：万元

资　　产	年末数	年初数	负债及所有者权益	年末数	年初数
流动资产：			流动负债：		
货币资金	575	287.5	短期借款	690	517.5
交易性金融资产	69	138	交易性金融负债		
应收票据	92	126.5	应付票据	57.5	46
应收账款	4577	2288.5	应付账款	1150	1253.5
预付账款	253	46	预收账款	115	46
应收股利			应付职工薪酬	23	11.5
应收利息			应交税费	57.5	46
其他应收款	138	253	应付利息	138	184
存货	1736.5	3829.5	应付股利	322	115
一年内到期的非流动资产	517.5	46	其他应付款	264.5	207
其他流动资产	92		预计负债	23	46
			一年内到期的非流动负债	575	
			其他流动负债	34.5	57.5
流动资产合计	8050	7015	流动负债合计	3450	2530
非流动资产：			非流动负债：	0	0
可供出售金融资产		517.5	长期借款	5175	2817.5
持有到期投资			应付债券	2760	2990
长期股权投资	345		长期应付款	575	690
长期应收款			专项应付款		
固定资产	14237	10982.5	递延所得税负债		
在建工程（专项工程支出）	207	402.5	其他非流动负债		172.5
固定资产清理		138	非流动负债合计	8510	6670
无形资产	69	92	负债合计	11960	9200
开发支出			股东（所有者）权益：		
商誉			股本（实收资本）	1150	1150
长期待摊费用	57.5	172.5	资本公积	115	115
递延所得税资产			盈余公积	1150	460
其他非流动资产	34.5		未分配利润	8625	8395
非流动资产合计	14950	12305	减：库存股		
			股东权益合计	11040	10120
资产总计	23000	19320	负债及股东权益总计	23000	19320

利润表 表 9-7

编制单位：某建筑工程公司　　　　　　2010 年度　　　　　　　单位：万元

项　　目	本年数	上年数
一、营业收入	34500	32775
减：营业成本	30406	28784.5
营业税金及附加	322	322
营业（销售）费用	253	230
管理费用	529	460
财务费用	1265	1104
资产减值损失		
加：公允价值变动收益		
投资收益	69	
三、营业利润	1794	1874.5
加：营业外收入	517.5	828
减：营业外支出	11.5	
四、利润总额	2300	2702.5
减：所得税	736	862.5
五、净利润	1564	1840

利润分配表 表 9-8

编制单位：　　　　　　　　　　2010 年度　　　　　　　　　单位：万元

项　　目	本年累计	上年实际
1. 净利润	1564	·1840
加：年初未分配利润	8395	8050
其他转入	—621	—460
2. 可供分配的利润	9338	9430
减：提取盈余公积	391	460
应付利润	322	575
3. 未分配利润	8625	8395

现金流量表 表 9-9

编制单位：　　　　　　　　　　2010 年度　　　　　　　　　单位：万元

项　　目	金额
一、经营活动产生的现金流量：	
销售商品、提供劳务收到的现金	32315
收到的税费返还	

续表

项　目	金额
收到的其他与经营活动有关的现金	115
经营活动现金流入小计	32430
购买商品、接受劳务支付的现金	27174.5
支付给职工以及为职工支付的现金	333.5
支付的各项税费	1046.5
支付的其他与经营活动有关的现金	161
经营活动现金流出小计	28715.5
经营活动产生的现金流量净额	3714.5
二、投资活动产生的现金流量：	
收回投资所收到的现金	46
取得投资收益所收到的现金	69
处置固定资产、无形资产和其他长期资产所收回的现金净额	138
处置子公司及其他营业单位收到的现金净额	
收到其他与投资活动有关的现金	
投资活动现金流入小计	253
购建固定资产、无形资产和其他长期资产所支付的现金	4243.5
投资支付的现金	345
支付其他与投资活动有关的现金	
投资活动现金流出小计	4588.5
投资活动产生的现金流量净额	−4335.5
三、筹资活动产生的现金流量：	
吸收投资所收到的现金	
取得借款收到的现金	3105
收到其他与筹资活动有关的现金	
筹资活动现金流入小计	3105
偿还债务支付的现金	230
分配股利、利润和偿付利息所支付的现金	1748
支付其他与筹资活动有关的现金	287.5
筹资活动现金流出小计	2265.5
筹资活动产生的现金流量净额	839.5
四、汇率变动对现金及现金等价物的影响	
五、现金及现金等价物净增加额	218.5
加：期初现金及现金等价物余额	425.5
六、期末现金及现金等价物余额	644

现金流量表（续）　　　　表 9-10

编制单位：　　　　　　　　　　2010 年度　　　　　　　　　　单位：万元

补充资料	金　额
1. 将净利润调解为经营活动现金流量：	
净利润	1564
加：计提的资产减值准备	
固定资产折旧、油气资产折耗、生产性生物资产折旧	1150
无形资产摊销	23
长期待摊费用摊销	−126.5
处置固定资产、无形资产和其他长期资产的损失（减：收益）	
固定资产报废损失	
公允资产变动损失	
财务费用	1265
投资损失（减：收益）	−69
递延所得税资产减少（减：增加）	
递延所得税负债减少（减：增加）	
存货的减少（减：增加）	2380.5
经营性应收项目的减少（减：增加）	−2438
经营性应付项目的增加（减：减少）	−34.5
其他	
经营活动产生的现金流量净额	3714.5
2. 不涉及现金收支的投资和筹资活动：	
债务转为资本	
一年内到期的可转换公司债券	
融资租入固定资产	
3. 现金及现金等价物净增加情况：	
现金的期末余额	644
减：现金的期初余额	425.5
加：现金等价物的期末余额	
减：现金等价物的期初余额	
现金及现金等价物净增加额	218.5

二、企业偿债能力指标分析

偿债能力是指企业对债务清偿的承受能力和保证程度。对企业债务清偿能力的分析主要包括短期偿债能力分析和长期偿债能力分析。衡量企业短期偿债能力的指标有流动比率、速动比率；衡量企业长期偿债能力的指标有资产负债率、流动负债率、总负债率、所有者权益比率等。

1. 短期偿债能力分析

如果企业无法保持一定的短期偿债能力，则企业偿还长期债务也有困难，可能会导致破产。企业短期偿债能力指标包括流动比率和速动比率。

（1）流动比率。是用于反映短期偿债能力的比率。一般情况下，流动比率越高，说明企业短期偿债能力越强，债权人的权益越有保证。流动比率的计算如式（9-15）所示：

$$流动比率=\frac{流动资产}{流动负债} \tag{9-15}$$

一般认为，企业的流动比率为 2：1 较为适宜。一般情况下，影响流动比率最主要的因素是营业周期、应收账款数额、存货的周转速度。

根据表 9-6，该企业本年度流动负债为 3450 万元，流动资产 8050 万元（一般取年末值，下同）。则

$$流动比率=8050/3450=2.33$$

该比率大于 2，说明该企业短期偿债能力较强。

（2）速动比率。是从流动资产中扣除存货部分，再除以流动负债的比值。如式（9-16）所示：

$$速动比率=\frac{速动资产}{流动负债} \tag{9-16}$$

式中：$速动资产=\frac{流动}{资产}-存货-预付账款-\frac{一年内到期的}{非流动资产}-\frac{其他流}{动资产}$

一般而言，速动比率为 1 时是安全标准。因为如果速动比率小于 1，必使企业面临很大的偿债风险；如果速动比率大于 1，企业因现金及应收账款资金占用过多而大大增加企业的机会成本。影响速动比率可信性的重要因素是应收账款的变现能力。

根据表 9-6，该企业本年度流动负债为 3450 万元，速动资产 5451（8050－1736.5－253－517.5－92＝5451）万元。则

$$速动比率=5451/3450=1.58$$

根据施工企业特点，速动比率允许低于 1。

（3）现金流动负债比率。主要从动态角度对企业的实际偿债能力进行考察。如式（9-17）所示：

$$现金流动负债比率=\frac{年经营现金净流量}{年末流动负债}×100\% \tag{9-17}$$

该指标较大，表明企业经营活动产生的现金净流量较多，越能保障企业按时偿还到期债务，但比率过高则表示企业流动资金利用不充分，收益能力不强。

根据表 9-6，该企业本年度流动负债为 3450 万元，若年经营现金净流量为 3714.5 万元。则

$$现金流动负债比率=3714.5/3450=1.08$$

（4）现金比率。是企业现金类资产与流动负债的比率。现金类资产主要指货币资金和交易性金融资产（有价证券）。如式（9-18）所示：

$$现金比率=\frac{货币资金+交易性金融资产}{流动负债} \tag{9-18}$$

现金类资产是变现能力最强的流动资产，因此，现金比率越高，企业短期偿债能力越强，反之，越弱；但是，该比率过高可能说明企业现金持有量过高。

根据表 9-6，该企业本年度流动负债为 3450 万元，货币资金为 575 万元，交易性金融

资产为 69 万元。则

$$现金比率=(575+69)/3450=0.187$$

2. 长期偿债能力分析

（1）资产负债率。表明在企业资产总额中，债权人提供资金所占的比重，以及企业资产对债权人权益的保障程度。资产负债率越小，表明企业的长期偿债能力越强。如式（9-19）所示：

$$资产负债率=\frac{负债总额}{资产总额} \tag{9-19}$$

其中负债包括流动负债和长期负债，资产指资产总额扣除备抵账户后的净额。一般情况下，资产负债率越小，说明企业长期偿债能力越强。保守的观点认为资产负债率不应高于 50%，而国际上通常认为资产负债率等于 60% 时较为适当。从债权人来说，该指标越小越好，这样企业偿债越有保证。从企业所有者来说，该指标过小表明企业对财务杠杆利用不够。企业的经营决策者应当将偿债能力指标与获利能力指标结合起来分析。

根据表 9-6，该企业本年度负债总额为 11960 万元，资产总额为 23000 万元。则

$$资产负债率=11960/23000=0.52$$

这表明企业举债经营程度较高。

（2）产权比率。是衡量长期偿债能力的指标之一，也称为债务股权比率。产权比率越低，表明企业的长期偿债能力越强，债权人权益的保障程度越高，承担的风险越小，但企业不能充分地发挥负债的财务杠杆效应。如式（9-20）所示：

$$产权比率=\frac{负债总额}{所有者权益} \tag{9-20}$$

一般情况下，产权比率越低，说明企业长期偿债能力越强。产权比率与资产负债率对评价偿债能力的作用基本相同，两者的主要区别是：资产负债率侧重于分析债务偿付安全性的物质保障程度；产权比率则侧重于揭示财务结构的稳健程度以及自有资金对偿债风险的承受能力。

根据表 9-6，该企业本年度负债总额为 11960 万元，股东权益（所有者权益）总额为 11040 万元。则

$$产权比率=11960/11040=1.08$$

（3）有形净值债务率。是企业负债总额与有形净值的百分比。有形净值是股东权益减去无形资产净值后的净值，即股东具有所有权的有形资产的净值。如式（9-21）所示：

$$有形净值债务率=\frac{负债总额}{股东权益-无形资产净值} \tag{9-21}$$

有形净值债务率指标实质上是产权比率的延伸，它更为谨慎、保守地反映在企业清算时债权人投入的资本受到股东权益保障的程度。该指标可用来衡量长期偿债能力及保护债权人利益的能力。从长期偿债能力来看，该比率越低越好。

根据表 9-6，该企业本年度负债总额为 11960 万元，股东权益（所有者权益）总额为 11040 万元，无形资产净值为 69 万元。则

$$有形净值债务率=11960/(11040-69)=1.09$$

（4）长期资本负债率。长期资本负债率反映企业长期资本的结构，是非流动负债占长

期资本的百分比。如式（9-22）所示：

$$长期资本负债率＝\frac{非流动负债}{非流动负债＋股东权益}×100\%\qquad(9\text{-}22)$$

根据表 9-6，该企业本年度非流动负债为 8510 万元，股东权益（所有者权益）总额为 11040 万元。则

$$长期资本负债率＝8510/(8510＋11040)＝0.44$$

（5）已获利息倍数。又称为利息保障倍数，是指企业一定时期息税前利润与利息支出的比率，反映了获利能力对债务偿付的保障程度。其中，息税前利润总额指利润总额与利息支出的合计数，利息支出指实际支出的借款利息、债券利息等。其计算如式（9-23）所示：

$$已获利息倍数＝\frac{息税前利润}{利息支出}\qquad(9\text{-}23)$$

其中：息税前利润总额＝利润总额＋利息支出

一般情况下，已获利息倍数越高，说明企业长期偿债能力越强。国际上通常认为，该指标为 3 时较为适当，从长期来看至少应大于 1，且比值越高，企业长期偿债能力一般也就越强。已获利息倍数若较小，则说明企业承担的亏损、偿债的安全性的风险加大。

根据表 9-7，该企业本年度利润总额为 2300 万元，财务费用为 1265 万元，其中假定利息费用为 120 万元。则

$$已获利息倍数＝(2300＋1265)/1265＝2.82$$

（6）或有负债比率。是指企业或有负债总额对所有者权益总额的比率，反映企业所有者权益应对可能发生的或有负债的保障程度。其计算如式（9-24）所示：

或有负债总额＝已贴现商业承兑汇票金额＋对外担保金额＋

未决诉讼、未决仲裁金额（除贴现与担保引起的诉讼或仲裁）＋

其他或有负债金额　　　　　　　　　　　　　　　（9-24）

（7）带息负债比率。是指企业某一时点的带息负债总额与负债总额的比率，反映企业负债中带息负债的比重，在一定程度上体现了企业未来的偿债（尤其是偿还利息）压力。其计算如式（9-25）所示：

$$带息负债比率＝\frac{带息负债总额}{负债总额}×100\%\qquad(9\text{-}25)$$

其中：带息负债总额＝短期借款＋一年内到期的长期负债＋长期借款＋应付债券＋应付利息

三、企业营运能力指标分析

运营能力是指在外部建筑市场环境下，通过企业内部人力资源和生产资料的合理配置，对财务目标产生作用的能力。

1. 人力资源营运能力的分析

通常采用劳动效率指标对人力资源营运能力进行标评和分析。劳动效率是指企业主营业务收入净额（或净产值）与平均职工人数之间的比率，其计算如式（9-26）所示：

$$劳动效率＝\frac{主营业务收入净额或净产值}{平均职工人数}\qquad(9\text{-}26)$$

对企业劳动效率进行考核评价主要是采用比较的方法。例如，将实际劳动效率与本企

业计划水平、历史先进水平或同行业平均先进水平等指标进行对比。

2. 生产资料营运能力分析

生产资料的营运能力，实际上就是企业总资产及其各个构成要素的营运能力。企业营运能力指标主要体现在企业资金周转状况上，其主要指标为存货周转率。生产资料营运能力分析主要包括以下比率：

（1）营业周期。是指从取得存货开始到销售存货并收回现金为止的这段时间。其长短取决于存货周转天数和应收账款周转天数。其计算如式（9-27）所示：

$$营业周期＝存货周转天数＋应收账款周转天数 \tag{9-27}$$

（2）存货周转率。是用于衡量和评价企业购入存货、投入生产、销售收回等各环节管理状况的综合性指标。其计算如式（9-28）所示：

$$存货周转率＝\frac{营业成本}{平均存货} \tag{9-28}$$

其中：平均存货＝（年初存货余额＋年末存货余额）/2

用时间表示的存货周转速度的指标是存货周转天数。其计算如式（9-29）所示：

$$存货周转天数＝\frac{360d}{存货周转率}＝\frac{360d×平均存货}{营业成本} \tag{9-29}$$

根据表9-6和表9-7，该施工企业本年度存货年初数为3829.5万元，期末数为1736.5万元，营业成本（工程结算成本）本年累计数为30406万元。则

$$存货周转率＝30406/[（3829.5＋1736.5）÷2]＝30406/2783＝10.93（次数）$$

$$存货周转天数＝360 天/10.93＝33d$$

采用平均存货的原因是：如果企业生产经营带有较强的季节性，那么年度内各季销货额、销货成本、存货会有很大幅度的波动，采用平均存货计算，就减轻了季节性变动带来的不良影响。

存货周转率是衡量企业营运能力很重要的一个指标，它说明了一个企业销货能力的强弱和存货是否过量，反映了存货利用效率。这个指标越高，则存货周转越快，存货利用得越充分，这个指标低，则存货周转慢，可能表明企业产成品积压过多，销售不出去，在销售环节出现毛病，或者表明产成品中残次品增多，不适应生产需求，或者表明在生产环节出现障碍，或者表明有过多的库存材料，以至呆滞起来，不能更多地供生产经营之用，当然存货周转率也不能过高，否则，也可能说明企业经营管理出现一些问题，例如：库存材料量太低，致使生产经营出现中断，为了满足经营生产需要，只得增加采购次数，从而增加企业生产费用。

（3）应收账款周转率。是用于反映应收账款周转速度的指标。即为年度内应收账款转为现金的平均次数，它说明应收账款的流动速度。如式（9-30）所示：

$$应收账款周转率＝\frac{赊销收入净额（营业收入）}{平均应收账款净额} \tag{9-30}$$

用时间表示的应收账款周转速度的指标是应收账款周转天数，也称为平均应收账款回收期或平均收现期，它表示企业从取得应收账款的权力到收回款项、转换为现金所需要的时间。如式（9-31）所示：

$$应收账款周转天数＝\frac{360d}{应收账款周转率}＝\frac{360d×平均应收账款净额}{赊销收入净额} \tag{9-31}$$

一般来说，应收账款周转速度越高，平均收现期越短，说明应收账款的收回越快。

根据表 9-6 和表 9-7，该施工企业本年度应收账款年初数为 2288.5 万元，期末数为 4577 万元，营业收入（工程结算收入）本年累计数为 34500 万元。则

$$应收账款周转率 = 34500/[(2288.5+4577)÷2] = 34500/3432.75 = 10.05（次数）$$

$$应收账款周转天数 = 360 天/10.05 = 36d$$

根据上述计算的存货周转天数和应收账款周转天数，计算营业周期为：

$$营业周期 = 存货周转天数 + 应收账款周转天数 = 33d+36d = 69d$$

（4）流动资产周转率。用于反映流动资产的周转速度。如式（9-32）、（9-33）所示：

$$流动资产周转率 = \frac{营业收入}{平均流动资产} \tag{9-32}$$

$$流动资产周转天数 = \frac{360d}{流动资产周转率} = 平均流动资产 \times \frac{360d}{营业收入} \tag{9-33}$$

在一定时期内，流动资产周转次数越多，周转天数就越短，表明以相同的流动资产完成的周转额越多，流动资产利用效果越好。

根据表 9-6 和表 9-7，该施工企业本年度流动资产年初数为 7015 万元，期末数为 8050 万元，营业收入（工程结算收入）本年累计数为 34500 万元。则

$$流动资产周转率 = 34500/[(7015+8050)÷2] = 34500/7532.5 = 4.58（次数）$$

$$流动资产周转天数 = 360 天/4.58 = 79d$$

（5）固定资产周转率。用于反映固定资产的周转速度。其计算如式（9-34）所示：

$$固定资产周转率 = \frac{营业收入}{平均固定资产净值} \tag{9-34}$$

该比率越高，说明企业固定资产利用充分，能充分发挥效率。反之，若固定资产周转率越低，说明固定资产使用效率不高，企业的营运能力不强。

根据表 9-6 和表 9-7，该施工企业本年度固定资产净值年初数为 10982.5 万元，期末数为 14237 万元，营业收入（工程结算收入）本年累计数为 34500 万元。则

$$固定资产周转率 = 34500/[(10982.5+14237)÷2] = 34500/12609.75 = 2.74（次数）$$

（6）总资产周转率。用于反映资产总额的周转速度。其计算如式（9-35）所示：

$$总资产周转率 = \frac{营业收入}{平均资产总额} \tag{9-35}$$

总资产周转率高，表明企业全部资产的使用效率高；如果这个比率较低，说明使用效率较差，从而影响企业的盈利能力。

根据表 9-6 和表 9-7，该施工企业本年度总资产年初数为 19320 万元，期末数为 23000 万元，营业收入（工程结算收入）本年累计数为 34500 万元。则

$$固定资产周转率 = 34500/[(19320+23000)÷2] = 34500/21160 = 1.63（次数）$$

四、企业盈利能力指标分析

施工企业盈利能力是指企业的资金增值能力，通常表现为企业利润数额的大小和盈利水平的高低。企业经营的直接目的就是追求更多的利润，企业经营的好坏在于利润的多少。企业盈利能力分析是企业财务分析与评价的重要组成部分，也是评价企业经营管理水平的重要依据。

1. 营业利润率

营业利润率，是企业一定时期营业利润与营业收入（工程结算收入）的比率。其计算公式如式（9-36）所示：

$$营业利润率＝\frac{营业利润}{营业收入}\times100\% \tag{9-36}$$

营业利润率越高，表明企业市场竞争力越强，发展潜力越大，盈利能力越强。

在实务中，也经常使用营业毛利率、营业净利率等指标来分析企业经营业务的获利水平。主营业务毛利率。

营业毛利率用于反映每一元主营业务收入（工程结算收入）扣除主营业务成本（工程结算成本）后，有多少可以用于各项期间费用和形成盈利。其计算如式（9-37）所示：

$$营业毛利率＝\frac{营业收入－营业成本}{营业收入}\times100\% \tag{9-37}$$

营业净利率用于反映每一元主营业务收入（工程结算收入）所带来的净利润的多少。其计算如式（9-38）所示：

$$营业净利率＝\frac{净利润}{营业收入}\times100\% \tag{9-38}$$

根据表 9-7，该施工企业本年度营业利润为 1794 万元，净利润为 1564 万元，营业收入（工程结算收入）本年累计数为 34500 万元，营业成本（工程结算成本）本年累计数为 30406 万元。则

营业利润率＝1794/34500×100％＝5.2％

营业毛利率＝（34500－30406）/34500×100％＝11.87％

营业净润率＝1564/34500×100％＝4.53％

2. 成本费用利润率

成本费用利润率是企业一定时期利润总额与成本费用总额的比率。其计算公式如式（9-39）所示：

$$成本费用利润率＝\frac{利润总额}{成本费用总额}\times100\% \tag{9-39}$$

其中：成本费用总额＝营业成本＋营业税金及附加＋销售费用＋管理费用＋财务费用

成本费用利润率越高，表明企业为取得利润而付出的代价越小，成本费用控制得越好，盈利能力越强。

根据表 9-7，该施工企业本年度营业利润为 1794 万元，营业成本（工程结算成本）本年度累计数为 30406 万元，营业（工程结算）税金及附加为 322 万元，管理费用为 529 万元，财务费用为 1265 万元，营业费用为 253 万元。则

成本费用利润率＝1794/（30406＋322＋529＋1265＋253）×100％＝5.47％

3. 盈余现金保障倍数

盈余现金保障倍数是企业一定时期经营现金净流量与净利润的比值，反映了企业当期净利润中现金收益的保障程度，真实反映了企业盈余的质量。其计算公式如式（9-40）所示：

$$盈余现金保障倍数＝\frac{经营现金净流量}{净利润} \tag{9-40}$$

一般来说，当企业当期净利润大于 0 时，盈余现金保障倍数应当大于 1。该指标越大，表明企业经营活动产生的净利润对现金的贡献越大。

根据表 9-7 和表 9-8，该施工企业本年度净利润为 1564 万元，经营现金净流量为 3714.5 万元。则

$$盈余现金保障倍数＝3714.5/1564＝2.375$$

4. 总资产报酬率

总资产报酬率是企业一定时期内获得的报酬总额与平均资产总额的比率，反映了企业资产的综合利用效果。其计算公式如式（9-41）所示：

$$总资产报酬率＝\frac{息税前利润总额}{平均资产总额}\times100\% \tag{9-41}$$

其中：息税前利润总额＝利润总额＋利息支出

一般情况下，总资产报酬率越高，表明企业的资产利用效益越好，整个企业盈利能力越强。

根据表 9-6 和表 9-7，该施工企业本年度利润总额为 2300 万元，财务费用 1265 万元，其中假定利息费用为 120 万元，资产年初数为 19320 万元，期末数为 23000 万元。则

$$资产净利率＝(2300＋1265)/[(19320＋23000)÷2]\times100\%＝16.85\%$$

5. 净资产收益率

净资产收益率，又称为净值报酬率或权益报酬率，是企业一定时期净利润与平均净资产的比率，反映了企业自有资金的投资收益水平。其计算公式如式（9-42）所示：

$$净资产收益率＝\frac{净利润}{平均净资产}\times100\% \tag{9-42}$$

其中：平均净资产＝（所有者权益年初数＋所有者权益年末数）÷2

一般认为，净资产收益率越高，企业自有资本获取收益的能力越强，运营效益越好，对企业投资人、债权人利益的保证程度越高。净资产收益率是最具综合性与代表性的指标，它反映了企业资本运营的综合效益。

根据表 9-6 和表 9-7，该施工企业本年度净利润为 1564 万元，股东权益年初数为 10120 万元，期末数为 11040 万元。则

$$净资产收益率＝1564/[(10120＋11040)÷2]\times100\%＝14.78\%$$

6. 资本收益率

资本收益率，是企业一定时期净利润与平均资本（即资本性投入及其资本溢价）的比率，反映企业实际获得投资额的回报水平。其计算如式（9-43）所示：

$$资本收益率＝\frac{净利润}{平均资本}\times100\% \tag{9-43}$$

其中：平均资本＝[（实收资本年初数＋资本公积年初数）＋（实收资本年末数＋资本公积年末数）]÷2

上述资本公积仅指资本溢价（或股本溢价）。

五、企业发展能力指标

发展能力，是企业在生存的基础上，扩大规模、壮大实力的潜在能力。分析发展能力主要考察以下八项指标。

1. 营业收入增长率

营业收入增长率，是企业本年营业收入增长额与上年营业收入总额的比率，反映企业营业收入的增减变动情况。其计算如式（9-44）所示：

$$营业收入增长率 = \frac{本年营业收入增长额}{上年营业收入总额} \times 100\% \qquad (9-44)$$

其中：本年营业收入增长额＝本年营业收入总额－上年营业收入总额

营业收入增长率大于零，表明企业本年营业收入有所增长。该指标值越高，表明企业营业收入的增长速度越快，企业市场前景越好。

2. 资本保值增值率

资本保值增值率，是企业扣除客观因素后的本年末所有者权益总额与年初所有者权益总额的比率，反映企业当年资本在企业自身努力下实际增减变动的情况。其计算公式如式（9-45）所示：

$$资本保值增值率 = \frac{扣除客观因素后的年末所有者权益}{年初所有者权益} \times 100\% \qquad (9-45)$$

一般认为，资本保值增值率越高，表明企业的资本保全状况越好，所有者权益增长越快，债权人的权益越有保障。该指标通常应大于100%。

根据表9-6，该施工企业本年度股东权益年初数为10120万元，期末数为11040万元。则

$$资本保值增值率 = 11040/10120 \times 100\% = 109.09\%$$

3. 资本积累率

资本积累率，是企业本年所有者权益增长额与年初所有者权益的比率，用于反映企业当年资本的积累能力，评价企业发展潜力的重要指标。其计算公式如式（9-46）所示：

$$资本积累率 = \frac{本年所有者权益增长额}{年初所有者权益} \times 100\% \qquad (9-46)$$

式中：本年所有者权益增长额＝所有者权益年末数－所有者权益年初数

资本积累率越高，表明企业的资本积累越多，应对风险、持续发展的能力越强。

根据表9-6中数据资料，计算资本积累率为

$$资本积累率 = (11040 - 10120)/10120 \times 100\% = 9.09\%$$

4. 总资产增长率

总资产增长率，是企业本年总资产增长额同年初资产总额的比率，反映企业本期资产规模的增长情况。其计算如式（9-47）所示：

$$总资产增长率 = \frac{本年总资产增长额}{年初资产总额} \times 100\% \qquad (9-47)$$

其中：本年总资产增长额＝年末资产总额－年初资产总额

总资产增长率越高，表明企业一定时期内资产经营规模扩张的速度越快。但在分析时，需要关注资产规模扩张的质和量的关系，以及企业的后续发展能力，避免盲目扩张。

5. 营业利润增长率

营业利润增长率，是企业本年营业利润增长额与上年营业利润总额的比率，反映企业营业利润的增减变动情况。其计算如式（9-48）所示：

$$营业利润增长率 = \frac{本年营业利润增长额}{上年营业利润总额} \times 100\% \qquad (9-48)$$

其中：本年营业利润增长额＝本年营业利润总额－上年营业利润总额

6. 技术投入比率

技术投入比率，是企业本年科技支出（包括用于研究开发、技术改造、科技创新等方面的支出）与本年营业收入的比率，反映企业在科技进步方面的投入，在一定程度上可以体现企业的发展潜力。其计算如式（9-49）所示：

$$技术投入比率＝\frac{本年科技支出合计}{本年营业收入}×100\%　\tag{9-49}$$

7. 营业收入三年平均增长率

营业收入三年平均增长率表明企业营业收入连续三年的增长情况，反映企业的持续发展态势和市场扩张能力。其计算如式（9-50）所示：

$$营业收入三年平均增长率＝\left(\sqrt{\frac{本年营业收入}{三年前营业收入}}-1\right)×100\%　\tag{9-50}$$

一般认为，营业收入三年平均增长率越高，表明企业营业持续增长势头越好，市场扩张能力越强。

8. 资本三年平均增长率

资本三年平均增长率表示企业资本连续三年的积累情况，在一定程度上反映了企业的持续发展水平和发展趋势。其计算如式（9-51）所示：

$$资本三年平均增长率＝\left(\sqrt{\frac{年末所有者权益总额}{三年前年末所有者权益总额}}-1\right)×100\%　\tag{9-51}$$

一般认为，资本三年平均增长率越高，表明企业所有者权益得到保障的程度越大，应对风险和持续发展的能力越强。

六、社会贡献能力分析

社会贡献能力分析主要考虑社会贡献率、社会积累率，还可以评价企业的职工人数、企业对投资者和债权人的分红和付息总额、企业大气偿付债务的财务信誉等。

1. 社会贡献率

社会贡献率是用于反映企业对国家或社会贡献水平高低的指标。其计算如式（9-52）所示：

$$社会贡献率＝\frac{企业社会贡献总额}{平均资产总额}　\tag{9-52}$$

企业社会贡献总额包括工资（含奖金、津贴等工资性收入）、社会保险费支出、公益救济性捐赠支出、利息支出净额、应交税金、净利润等。

2. 社会积累率

社会积累率是用于反映企业上缴国家财政总额相对于企业对社会贡献的比率。其计算公式如式（9-53）所示：

$$社会积累率＝\frac{上交国家财政总额}{企业社会贡献总额}　\tag{9-53}$$

其中：上缴国家财政总额包括应交税金及政府费税收入等。

七、财务状况综合分析

财务综合分析是指将营运能力、偿债能力、盈利能力和发展能力等诸方面的分析纳入一个有机的整体之中，全面地对企业经营状况、财务状况进行解剖和分析，从而对企业经济效益的优劣作出准确的评价与判断。财务综合分析主要采用杜邦分析法。

杜邦财务分析体系是利用财务指标之间的内在联系，对企业施工生产经营活动及其经济效益进行综合分析评价的方法。

该体系以净资产收益率为核心，将其分解为若干财务指标，通过分析各分解指标的变动对净资产收益率的影响来揭示企业获利能力及其变动原因。杜邦财务分析体系各主要指标之间的关系如式（9-54）所示：

$$净资产收益率＝总资产净利率×权益乘数$$
$$＝营业净利率×总资产周转率×权益乘数 \qquad (9\text{-}54)$$

其中：$权益乘数＝\dfrac{资产总额}{所有者权益}＝\dfrac{1}{1－资产负债率}$

杜邦财务分析体系如图 9-1 所示：

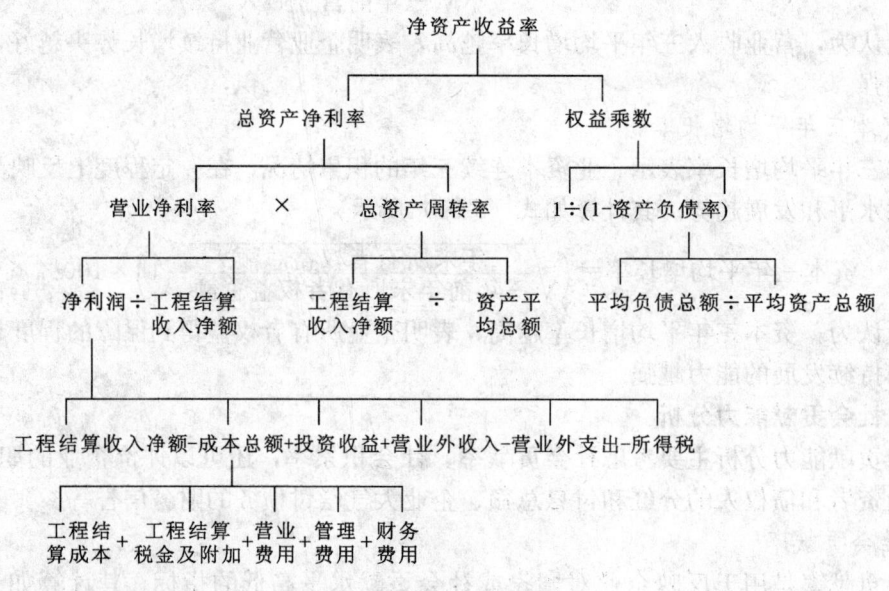

图 9-1　杜邦财务分析体系图

第四节　建筑企业经济活动分析

一、建筑企业经济活动分析的概念

物质产品的再生产过程就是经济活动。建筑施工企业在进行建筑产品再生产的过程中所进行的经营管理，必须取得好的经济效果。这就要求全面、深入地掌握各项技术经济指标的完成情况，进行认真的分析，以便情况明了，方法对头。

通过经济核算，可以取得各项指标的完整数值和一系列原始资料。这些可以概括地反映企业经济活动的全貌。然而经济核算只反映了企业生产经营的一些现象问题，还不能说明本质，不能回答产生问题的原因，更无法指出未来怎么办。只有对经济核算的结果进行分析才能解决这些问题。

所谓经济活动分析，就是在会计核算、统计核算和业务核算的基础上，结合计划指标和企业管理情况，分析和研究企业经济活动的状况，寻找计划完成好坏的原因，总结经验，肯定成绩，揭露矛盾，找出差距，提出改进措施，使企业管理水平不断提高。它是经济核算的继续和提高，是经济核算的灵魂和方法。

二、经济活动分析的任务和对象

1. 任务

（1）检查计划的完成情况，分析其完成水平，找出有利因素和不利因素、成绩和差距，评定企业的经济活动。

（2）发掘企业内部的潜力。即促进增产节约、提高工程质量、降低工程成本和增加资金积累等的一切可能性。

（3）使干部和工人了解企业的生产和经济活动情况，发现问题，改进工作，开展竞赛，积极参加企业管理，更好地贯彻节约制度。

2. 对象

经济活动分析的对象是企业的全部或企业某一内部单位或某个别工程项目或专门问题。

三、建筑企业经济活动分析的内容

建筑施工企业经济活动分析的内容，如表 9-11 所示：

建筑施工企业经济活动分析的内容 表 9-11

项　　目	内　　容	负责单位
施工生产计划完成情况分析	产值计划完成情况的分析；实物工程量计划完成情况的分析；工程项目进度情况的分析；工程质量的分析	生产计划部分、技术部门
劳动工资分析	劳动力保证情况分析；出勤率、工时利用率和劳动效率分析；劳动生产率分析；工资基金使用的分析	劳动工资部门
材料供应情况分析	材料收入计划执行情况分析；材料耗用计划执行情况分析；材料储备情况分析；材料消耗定额执行情况的分析	材料供应部门
施工机械使用情况分析	机械装备率分析；机械完好率、利用率和使用效率分析；机械维修工作分析	机械管理部门、生产部门
工程成本分析	工程成本综合分析；单位工程成本分析——材料费分析、人工费分析、施工机械使用费分析、施工管理分析	财务部门
企业财务状况分析	资金平衡分析；流动资金分析；固定资金分析；其他资金分析；利润分析	财务部门

从表 9-11 可以看出，经济活动分析的范围相当广泛，涉及各个专业和各个专业部门。

四、建筑企业经济活动分析的原则和依据

1. 经济活动分析的原则

经济活动分析是企业经营管理中一项非常重要而且很复杂的工作，只有坚持不懈并且注重实效才能做好。在工作中应坚持下述原则：

（1）经济活动分析必须坚持实事求是的原则。只有切实掌握并坚决尊重实际情况，经济活动分析才能得出正确的结论。因此在分析时要系统、全面、正确、真实地占有资料，

从实际出发，切忌主观。

（2）经济活动分析必须坚持辩证唯物主义的观点。对各种复杂的情况，必须划清现象和本质、主观因素和客观因素、经济因素和技术因素；既要肯定成绩，又要发现前进中的问题；要抓主要矛盾和主要矛盾方面，切忌作形而上学的分析。

（3）经济活动分析要全面，切忌片面性。企业的各项经济活动是互相联系，互相制约的，只有全面的分析才能把握规律。要认真地、从全部事实出发，在各种事物的相互联系中进行分析。一项指标反映经济活动的某一方面情况；两项指标结合起来就能反映事物的一定现象；把多项指标执行情况结合起来分析研究，就能掌握企业经济活动的各方面情况，进而把握企业经济活动的规律。所以在进行经济活动分析时，不仅要分析每项指标的执行情况，而且必须把产量、质量、劳动生产率、材料消耗、工程成本、利润和资金占用等指标联系起来进行全面分析，不能孤立地分析一两项指标。当然，要做到在全面分析的基础上，根据实际情况，抓住重点（主要薄弱环节），深入分析，突破关键，掌握全局。

2. 经济活动分析的依据

建筑企业经济活动分析，一般地说，要根据以下资料：

（1）建筑企业本身的计划资料。它是经济活动分析的标准，如各项技术经济指标的计划资料。

（2）企业的经济核算资料。如企业的统计报表，会计报表和其他核算资料。

（3）企业的历史资料。它便于与历史情况相比，借以认识企业经济活动的规律。

（4）先进企业的资料。包括本地区、全国和国外先进企业的各项指标，作为对比，以便寻找学习的目标。

（5）调查研究的资料。通过调查研究，可以掌握大量生动、具体的经济活动情况，是第一手资料，是报表数字资料的补充。

五、建筑企业经济活动分析的方法

（一）经济活动分析的形式

经济活动分析的形式是根据需要选定，大致可按不同的划分标准而有不同的分析形式。

1. 根据分析进行的时间分为事前分析、日常分析和事后分析

事前分析是在编制计划时对各项经济指标进行预测分析，对能否完成计划作出正确判断。这种分析一般体现在计划说明书中。

日常分析是一种不定期分析。就是在计划的执行过程中，也即生产进行的过程中，对经济活动进行分析。这种分析简单、灵活、能及时发时问题，及时指导改进工作。

事后分析是在计划执行以后，按年度、季度、月度进行定期分析。这种分析的对象是已经发生了的经济活动。目的在于全面揭示分析期内一些经济活动的规律性情况和日常分析中不易暴露的问题，以便找出分析期内的经验和问题，改进下一期的工作。

2. 根据所包括的内容范围分为全面分析和专题分析

全面分析是对企业的全面的经济活动情况进行全面的、综合的分析研究。目的是揭露企业经济活动的不协调现象及各种因素的内在联系。这种分析不宜太频繁，一般按年度或季度进行分析。

专题分析是针对企业的经济活动中所发生的重大问题或关键性问题进行专门地、深入

细致地分析研究。它的特点是分析范围小，不受时间限制，比较灵活，可利用的资料比较广泛。它是企业领导及时发现和解决生产经营及管理中的薄弱环节的一个重要手段。

（二）经济活动分析的基本程序

经济活动分析的基本程序主要包括：

（1）制订提纲或计划。分析提纲要列出分析的主要问题、所需要的资料范围以及调查研究的内容和方法。

（2）收集资料，掌握情况。首先要收集上述的有关经济活动的资料，还要收集其他各种活资料，诸如会议记录、决议、报告等文字资料，活动的情况等。

（3）揭露矛盾，发现问题。在掌握了大量的、必要的资料以后，就可以着手进行分析。在分析时注意用对比的办法揭露矛盾、发现问题。但是，只找出了数量上、现象上的差距还不够，还必须找出原因，尤其要找出主要原因，看到问题的本质。

（4）写出书面材料，提出措施。对分析的结果，要加以整理，写出书面材料。在材料中将内容系统化，最后要针对发现的问题提出措施，指导今后工作。

（三）经济活动分析的一般方法

一般方法是各项经济活动分析可以共同采用的方法，其要点是：以党的方针政策和国家计划任务作为研究评价企业经济活动的依据；在分析时从总的评价开始，按时间、地点由浅入深地进行分析研究；对计划执行结果的影响因素加以分类，据以查明各种因素对计划的影响程度；相互联系地研究各种因素，把经济、技术、政治三方面的因素结合起来分析；以会计核算、统计核算和业务核算资料为依据进行综合分析。

经济活动分析的一般方法可以说明企业经济活动的一般情况，但还不能深入说明影响企业经营活动的具体因素。因此，为了深入剖析企业的经济活动，还必须利用技术方法。

（四）经济活动分析的技术方法

经济活动分析的技术方法，是指在分析时采用的具体数学方法。技术方法较多，究竟应该采用哪一种，要根据企业的特点，分析的目的，以及所掌握的资料的性质、内容而定。下面结合实例介绍几种主要的经济活动分析技术方法。

1. 比较分析法

比较分析法简称比较法、又称对比法，是经济活动分析最主要的方法。它是利用指标数字进行对比分析，以便发现问题，找出差距。一般是把本期指标的实际完成情况同以下几方面指标进行对比：

（1）实际数与计划数比较，用以说明完成计划的程度，并指出进一步分析的方向。

（2）本期实际完成数与前期实际完成数比较，用以说明发展速度和企业管理的改进情况。

（3）本期实际完成数与先进单位比较。所谓先进单位，包括本行业、本地区、外地或国外的先进单位。目的是找出差距，以便学习先进。

（4）还可以进行工程项目之间的比较。将产品产量与资金占用情况进行比较；将工程成本与结算收入进行比较等。也可以将几种对比同时结合运用。

在比较时，要特别注意指标的可比性。它只适用于单因素，对影响指标完成好坏的多因素分析要用其他方法。在比较分析中要善于使用相对数指标。

【例 9-8】试对比较表 9-12 进行分析。

计划完成比较   表 9-12

项目	计划数（万元）	实际完成数（万元）	完成计划（%）
承包工程总量	35.4	40.2	113.6
其中：自行完成	31.2	36.2	116.0
分包完成	4.2	3.8	90.5

　　【解】 从表 9-12 对承包工程总量计划数与实际数的比较，可以看出，企业超额完成了计划。但是分包单位并没有完成计划，因此还要进一步寻找分包单位没有完成计划的原因。

　　如果企业承包工程总量计划也没有完成，则要找出是自己本身的问题大，还是分包的问题大，并进一步分析原因。

　　2. 因素分析法

　　因素分析法的要点是：

　　（1）根据某项指标各因素的相互关系，列出算式。各因素的排列应遵循正确的顺序。

　　（2）将算式中的各项指标的计划数值（即变动前的数值）依次用实际数值（即变动后的数值）来代替。

　　（3）将代替后的数值与代替前的数值进行比较，其差异数就是该项指标变动后对分析对象的影响程度。

　　【例 9-9】 某单位对总产值计划完成情况进行的分析，见表 9-13。

总产值计划完成的因素分析   表 9-13

指标	本期计划	本期实际	本期实际比计划完成增减
总产值（万元）	39650	41540	+1890
职工人数（人）	6500	6700	+200
全员劳动生产率（万元）	6.1	6.2	0.1

　　从表 9-13 可见，总产值增加了 1890 万元，总产值受职工人数及全员劳动生产率两项因素的影响，影响程度计算如下：

　　　　计划数 $= 6500 \times 6.1 = 39650$（万元）　　　　①

　　　　第一次替换 $= 6700 \times 6.1 = 40870$（万元）　　②

　　　　第二次替换 $= 6700 \times 6.2 = 41540$（万元）　　③

　　　　② - ① $= 40870 - 39650 = 1220$（万元）　　　　④

　　　　③ - ② $= 41540 - 40870 = 670$（万元）　　　　　⑤

　　④式计算的结果说明，由于人数的增加，使总产值增加了 1220 万元；⑤式说明，由于劳动生产率的提高，使总产值增加了 670 万元。两项总计使总产值增加了 1890 万元。然而真正有价值的、能够反映成绩的是劳动生产率提高而增加的那 670 万元。

　　3. 差额分析法

　　差额分析法是因素分析法的一种简化形式，是利用各个因素的实际数与计划数之间的差额来计算各因素对计划完成情况影响程度的一种分析法。

　　根据【例 9-9】中资料，采用差额分析法进行分析如下：

（1）由于职工人数变动对总产值的影响：

（本期实际职工人数－本期计划职工人数）×本期计划劳动生产率

＝（6700－6500）×6.1＝1220（万元）

（2）由于全员劳动生产率变动对总产值的影响：

（本期实际劳动生产率－本期计划劳动生产率）×本期实际职工人数

＝（6.2－6.1）×6700＝670（万元）

（3）总产值增加＝1220＋670＝1890（万元）

在经济活动中，实际与计划指标发生差异往往存在着量差和价差两项因素，可以用差额分析法进行计算，所以这种方法又叫量差价差分析法。

参 考 文 献

［1］何伯森. 国际工程合同管理（第二版）. 北京：中国建筑工业出版社，2011 年 2 月.
［2］张建中. 中国对越南国际工程承包的现状、问题及对策. 对外经贸实务，2010，5：73-76.
［3］吴清，王通. 浅谈工程项目管理模式. 价值工程，2011 年 3 月.
［4］侯渡舟，张岩. 中国国际工程承包行业现状及策略分析. 西安建筑科技大学学报（社会科学版），2009，28（1）：39-41.
［5］百度百科. http：//baike. baidu. com.
［6］张钦辉，吉昱华. 国际金融危机对世界及中国经济的影响. 特区经济，2011，8：70-73.
［7］张水茂. 当前国际金融危机对中国经济的影响. 现代商业，2011，11：259.
［8］金锐. 金融危机影响下的国际建筑市场—2008 年全球最大 225 家国际工程承包商业绩述评. 国际经济合作，2009，10：4-13.
［9］贡晟珉，成虎. 中国建筑业国际竞争力的比较分析. 建筑经济，2000，1：35-38.
［10］温海成. 中国建筑业企业国际化问题研究. 重庆大学博士论文，2007.
［11］全国建筑企业职业经理人培训教材编写委员会. 全国建筑企业职业经理人培训教材. 中国建筑工业出版社，2006.
［12］杨红玉. 施工企业的市场风险及防范对策. 建筑，2005（2）：73-75.
［13］李云，张意翔. 中国建筑企业国际化的 SWOT 分析：基于 WTO 背景. 企业改革与发展，2010，6：156-159.
［14］王雅秋. 施工企业生产经营过程中的风险控制与防范. 社科纵横，2006，4：59-60.
［15］沈亚军. 金融危机下的世界建筑业与中国之应对. 生产力研究，2011，2：91-93.
［16］雷胜强. 国际工程风险管理与保险. 北京：中国建筑工业出版社，2002.
［17］陈起俊. 工程项目风险分析与管理. 北京：中国建筑工业出版社，2007.
［18］中国建筑业协会. 中国建筑业发展战略与产业政策研究报告. 北京：中国建筑工业出版社，2011.
［19］注册会计师全国统一考试辅导编审委员会. 财务成本管理. 北京：经济科学出版社，2011.
［20］叶可. 略论建筑施工企业内控制度建筑. 企业研究，2011，24：22-25.
［21］林旭东. 浅论我国建筑企业全面风险管理模式. 中国论券期货，2010，12：33-36
［22］中国建筑业协会. 2010 年度中国建筑业双百强企业研究报告. 北京：中国建筑工业出版社，2011.